*ENTRE OS FIÉIS*

*V. S. NAIPAUL*

# *ENTRE OS FIÉIS*

## *Irã, Paquistão, Malásia, Indonésia — 1981*

Tradução:
CID KNIPEL MOREIRA

COMPANHIA DAS LETRAS

Título original:
*Among the Believers: an Islamic journey*

Capa e ilustração de capa:
*Takashi Fukushima*

Preparação:
*Cássio de Arantes Leite*

Revisão:
*Isabel Jorge Cury*
*Ana Maria Alvares*

Dados Internacionais de Catalogação na Publicação (CIP)
(Câmara Brasileira do Livro, SP, Brasil)

Naipaul, V. S., 1932–
Entre os fiéis : Irã, Paquistão, Malásia, Indonésia — 1981 / V. S. Naipaul ; tradução Cid Knipel Moreira. — São Paulo : Companhia das Letras, 1999.

Título original: Among the Believers.
ISBN 85-7164-900-6

1. Islã — Ásia 2. Países islâmicos — Descrição e viagens 3. Naipaul, V. S., 1932 — Viagens — Países islâmicos I. Título.

99-1869 CDD-297.095

Índices para catálogo sistemático:
1. Ásia : Islã : Viagens : História e descrição 297.095
2. Islã : Ásia : Viagens : História e descrição 297.095

1999


EDITORA SCHWARCZ LTDA.
Rua Bandeira Paulista, 702, cj. 72
04532-002 — São Paulo — SP
Telefone: (011) 866-0801
Fax: (011) 866-0814
e-mail: coletras@mtecnetsp.com.br

*Nos primeiros tempos, a história do mundo consistiu, por assim dizer, numa série de episódios desconexos, cujas origens e conseqüências eram tão distantes entre si quanto suas localidades, mas deste momento em diante a história se torna uma totalidade orgânica: assuntos da Itália e África estão ligados aos da Ásia e da Grécia, e todos os acontecimentos têm relação e contribuem para um fim único.*

Políbio (morto em 118 a.C.),
sobre a ascensão de Roma

*Mas não primei apenas na poesia. Eu tinha uma grande inclinação pela mecânica, e diversas invenções minhas foram muito admiradas na corte. Arquitetei uma roda para movimento perpétuo, que necessita apenas de um pequeno impulso para rodar para sempre. Fiz diferentes tipos de papel colorido; inventei um novo tipo de tinteiro; e estava no curso feliz de produzir tecido, quando fui detido por sua majestade, que disse a mim: "Asker, atenha-se a sua poesia: sempre que preciso de tecido, meus mercadores o trazem da Europa".*

James Morier,
*The adventures of Hajji Baba of Ispahan* (1824)

# *SUMÁRIO*

*I*

*IRÃ*

*As revoluções gêmeas*



*II*

*PAQUISTÃO*

*As colinas de sal de um sonho*

## *III*
## *CONVERSAS NA MALÁSIA*
### *A fé primitiva*



## *IV*
## *INDONÉSIA*
### *Usurpações*



## *RETOMADA*
### *A sociedade dos fiéis*

# I

# *IRÃ*
# *As revoluções gêmeas*

*Esse Qom é um lugar sobre o qual, exceção feita à religião e separando-se os que merecem ser salvos dos que devem ser condenados, ninguém abre a boca. Todo homem que você encontra é descendente do Profeta ou homem da lei* [...] *Talvez, amigo Hajji, você não saiba que esta é a residência do célebre Mirza Abdul Cossim, o primeiro mushtehed* (*divino*) *da Pérsia; um homem que, se tivesse dado a si mesmo o devido estímulo, teria feito as pessoas acreditarem em qualquer doutrina que ele decidisse promulgar. Tamanha é sua influência que muitos acreditam que ele poderia subverter até a autoridade do próprio xá, e fazer com que seus súditos considerassem seus firmãs sem valor, como tantos outros papéis inúteis.*

James Morier, *The adventures of Hajji Baba of Ispahan* (1824)

# 1

# *PACTO DE MORTE*

Sadeq iria comigo de Teerã à cidade santa de Qom, 160 quilômetros ao sul. Ainda não me encontrara com ele; tudo fora organizado por telefone. Precisava de um intérprete iraniano e o nome de Sadeq me fora dado por alguém de uma embaixada.

Sadeq estava disponível porque, como muitos iranianos depois da revolução, perdera seu emprego. Ele tinha um carro. Quando nos falamos ao telefone, ele disse que seria melhor irmos de carro até Qom; os ônibus iranianos eram terríveis e podiam ser dirigidos em velocidades assustadoras por motoristas muito descuidados.

Acertamos um preço para o seu carro e seu trabalho de motorista e intérprete; e o que ele pediu era razoável. Ele disse que devíamos partir o mais cedo possível na manhã seguinte para evitar o calor do mês de agosto. Ele levaria a esposa para o escritório em que ela trabalhava — ela ainda tinha emprego — e depois viria direto para o hotel. Eu deveria estar pronto às sete e meia.

Chegou alguns minutos antes das oito. Tinha cerca de trinta anos, era baixo e alinhado no vestir, bonito, a cabeça bem tratada pelo barbeiro. Não gostei dele. Via-o como um homem de origem humilde, de educação simples, mas com um grande orgulho desdenhoso, respeitoso mas ressentido, que não gostava de si mesmo por aquilo que estava fazendo. Era o tipo de homem que, sem doutrina política, só com ressentimentos, havia feito a revolução iraniana. Poderia ser interessante conversar com ele por uma hora ou duas, mas seria difícil passar alguns dias em sua companhia, como agora eu me dispunha a fazer.

Ele estava sorrindo, mas trazia más notícias para mim. Achava que seu carro não conseguiria chegar até Qom.

Não acreditei. Achei que ele simplesmente mudara de idéia.

Eu disse: "O carro foi idéia sua. Eu queria ir de ônibus. O que aconteceu entre ontem à noite e agora?".

"O carro quebrou."

"Por que você não me telefonou antes de sair de casa? Se você tivesse ligado, poderíamos ter apanhado o ônibus das oito. Agora nós o perdemos."

"O carro quebrou depois que eu levei minha esposa para o trabalho. O senhor realmente quer ir para Qom hoje?"

"O que há de errado com o carro?"

"Se o senhor realmente quiser ir para Qom, podemos arriscar ir com ele. Depois que ele pega, tudo bem. O difícil é fazê-lo pegar."

Fomos examinar o carro. Estava tão bem estacionado junto à calçada, e não muito longe do portão do hotel, que dava para desconfiar. Sadeq sentou-se ao volante. Chamou um homem que passava, um dos muitos trabalhadores inativos de Teerã, e o homem e eu começamos a empurrar. Um jovem com uma maleta, talvez um funcionário a caminho do escritório, chegou e ajudou sem ser solicitado. A rua estava esburacada e poeirenta; o carro estava muito empoeirado. Estava quente; as descargas de carros e caminhões que passavam aumentavam ainda mais o calor. Ora empurrávamos o carro no fluxo do tráfego, ora em sentido contrário; e o tempo todo Sadeq tranqüilamente sentado ao volante.

As pessoas que vinham pela calçada chegavam e ajudavam um pouco, depois iam cuidar de suas vidas. Ocorreu-me que eu também deveria fazer o mesmo. Aquilo — empurrar o carro de Sadeq de um lado para outro — não era maneira de chegar a Qom; o que começara de forma tão pouco promissora não iria terminar bem. Por isso, sem dizer nada a ninguém, nem ali nem depois, deixei Sadeq, seu carro e seus ajudantes voluntários, e voltei para o hotel.

Liguei para Behzad. Behzad também me fora recomendado como intérprete. Mas tinha havido certa dificuldade em localizá-lo — era um estudante descompromissado na grande cidade de Teerã; e quando ele me ligara na noite anterior, eu já havia combinado com Sadeq. Eu agora contava para Behzad que meus planos tinham fracassado. Ele não colocou nenhuma dificuldade e gostei dele por isso. Disse que ainda estava disponível e me encontraria dentro de uma hora.

Ele não achava que devêssemos ir de carro até Qom. O ônibus era mais barato e eu conheceria um pouco mais o povo iraniano. Disse também que eu deveria comer algo bem substancial antes de partir. Era o ramadã, o mês em que os muçulmanos jejuavam do alvorecer até o crepúsculo; e em Qom, a cidade dos mulás e aiatolás, não seria possível comer ou beber. Em algumas partes do país — com o entusiasmo islâmico geral — pessoas haviam sido chicoteadas por quebrar o jejum.

A atitude de Behzad, até por telefone, foi diferente da de Sadeq. Sadeq, um sujeitinho em ascensão, e talvez apenas um degrau ou dois acima de um camponês, tentava sugerir que estava acima do nível geral dos iranianos. Mas realmente não estava; havia muito da histeria e confusão iranianas encerradas em seus olhos sorridentes. Behzad, explicando seu país, reivindicando-o inteiramente, conseguia, contudo, parecer mais objetivo.

Quando nos encontramos no saguão do hotel, na hora que ele havia marcado, senti-me imediatamente à vontade com ele. Ele era mais jovem, mais alto e mais escuro que Sadeq. Era mais educado; não havia nele nada do janota, nem do nervosismo e do orgulho rude de Sadeq.

Seguimos por táxis de linha — táxis urbanos que operam ao longo de rotas fixas — até a rodoviária na zona sul de Teerã. A zona norte — que se espalha para cima das colinas marrons, esmaecidas na névoa diurna — era o setor elegante da cidade; era onde ficavam os parques e jardins, as avenidas orladas de plátanos, os blocos de apartamentos caros, os hotéis e restaurantes. A zona sul de Teerã ainda era uma cidade oriental, mais populosa e abarrotada, mais do tipo feira, cheia de pessoas que tinham se mudado da zona rural; e a multidão no pátio da rodoviária, poeirento e forrado de lixo, assemelhava-se a uma multidão rural.

Alguém em um guichê encardido informou a Behzad que haveria um ônibus para Qom dali a meia hora. O ônibus em questão estava vazio e estacionado sob o sol quente. Nenhum saco ou fardo no teto, nenhum camponês paciente esperando do lado de fora ou sendo assado lá dentro. Aquele ônibus parecia estar estacionado para o resto do dia. Não acreditei que fosse partir dali a meia hora; Behzad também não. Entretanto, havia outro serviço de transporte em Teerã e que oferecia ônibus com ar-condicionado e assentos numerados. Behzad procurou um telefone, encontrou moedas, telefonou e ninguém atendeu. O calor de agosto aumentara, o ar estava cheio de pó.

Um táxi de linha nos levou até o outro terminal, que ficava no centro de Teerã. Painéis sobre um extenso balcão informavam os nomes de distantes cidades iranianas; havia até uma linha diária, passando pela Turquia, com destino à Europa. Mas o ônibus matutino para Qom já partira; não haveria outro num prazo de muitas horas. Era quase meio-dia. Não havia nada a fazer senão voltar para o hotel e repensar.

Fomos caminhando; não havia espaço para os táxis de linha. O tráfego era intenso. Não se poderia dizer que Teerã, após a revolução, fosse uma cidade em ação; mas as pessoas tinham carros, e a cidade inativa — com tantos projetos abandonados, tantos guindastes imóveis no topo de edifícios inacabados — podia dar a impressão de atividade desesperada.

O desespero era sugerido pelo modo como os iranianos dirigiam. Dirigiam como pessoas para quem o automóvel fosse novidade. Dirigiam como pedestres; e o fluxo de tráfego de Teerã, ao capricho das paradas e desvios individuais, sem faixas definidas, era como uma multidão acotovelando-se na calçada. Essa maneira de dirigir não era compensada por nenhuma sorte típica dos cidadãos de Teerã. De cada dois carros, um tinha a porta ou o pára-lama amassado, ou amassado e remendado. Um artigo num jornal local (culpando o xá por não ter dado à cidade um sistema viário mais moderno) dizia que os acidentes de trânsito eram a maior causa isolada de mortalidade em Teerã; a cada mês, 2 mil pessoas morriam ou ficavam feridas.

Chegamos a um cruzamento. E ali perdi Behzad. Eu ficara esperando que o trânsito parasse, mas Behzad não esperara comigo. Simplesmente começou a atravessar, evitando cada carro que se aproximava, ora parando aqui, apressando-se ali, alterando o ângulo de seu caminho e, como alguém que cruza um desfiladeiro sobre o esguio tronco de uma árvore caída, sem nunca olhar para trás. Somente olhou para trás quando chegou ao outro lado. Acenou para que eu atravessasse, mas não consegui dar um passo. Os semáforos mais adiante estavam quebrados e os carros não paravam.

Ele entendeu meu desamparo. Voltou em meio ao tráfego e então — como uma galinhola que conduz seu filhote pela correnteza de um rio — conduziu-me por perigos que a todo momento pareciam prestes a me engolfar. Ele me conduzia pela mão; e, da mesma maneira que a galinhola se coloca um pouco adiante da corrente e quebra a força da água que, caso contrário, arrastaria para sempre sua pequena cria, Behzad me mantinha em seu abrigo, caminhando um pouco à minha frente e um pouco para o lado, de forma que ele seria atingido primeiro.

E, quando estávamos do outro lado da via, ele disse: "Você terá sempre de me dar sua mão".

Com efeito, era o que eu já começara a fazer. Sem Behzad, sem o acesso à língua que ele me propiciava, eu teria sido uma pessoa meio cega em Teerã. E teria sido particularmente frustrante não dispor de uma língua nessas ruas, pichadas e contrapichadas de slogans com sprays multicoloridos na fluida escrita persa, e cobertas de cartazes e caricaturas revolucionários que enfatizavam o sangue. Agora, com Behzad, as paredes falavam; muitas outras coisas assumiam significado; e a cidade se alterava.

A princípio, Behzad parecera neutro em seus comentários, e eu pensara que isso fazia parte de sua integridade, seu desejo de não ir além de sua função de tradutor. Mas Behzad era neutro porque estava confuso. Era um revolucionário e saudou a derrubada do xá; mas a revolução religiosa que sobreviera ao

Irã não era a revolução que Behzad queria. Behzad não tinha fé religiosa.

Como isso tinha acontecido? Como, num país como o Irã e crescendo numa cidade provinciana, ele aprendera a viver sem religião? Era simples, disse Behzad. Seus pais não o haviam instruído na fé; ele não fora enviado à mesquita. O islã era uma religião complicada. Não era filosófica ou especulativa. Era uma religião revelada, com um Profeta e um conjunto completo de regras. Para acreditar, era necessário saber muito sobre as origens árabes da religião e levar a sério esse conhecimento.

No Irã, o islã era ainda mais complicado. Era uma divergência da convicção principal; e essa divergência tinha suas raízes na disputa político-racial em torno da sucessão do Profeta, que morreu em 632 d.C. O islã, quase desde o começo, tinha sido um imperialismo e também uma religião, com uma história inicial muito parecida a uma versão acelerada da história de Roma, desenvolvendo-se da cidade-estado ao suserano peninsular e daí ao império, com as tensões correspondentes a cada fase.

A divergência iraniana tornara-se doutrinária, e tinha havido divergências dentro da divergência. Os iranianos reconheciam uma linha especial de sucessão do Profeta. Mas um grupo leal ao quarto homem nessa linha iraniana, o quarto imã, havia se desmembrado; outro grupo possuía idéias próprias a respeito do sétimo. Só um imã, o oitavo (envenenado, como o quarto), fora enterrado no Irã; e seu túmulo na cidade de Mashhad, não muito longe da fronteira russa, era objeto de peregrinação.

"Muitas dessas pessoas foram mortas ou envenenadas", disse Behzad, como se explicasse sua falta de convicção.

O islã no Irã, o islã xiita, era um assunto complicado. Para manter vivas antigas hostilidades, aferrar-se à idéia de vingança pessoal mesmo depois de mil anos, ter uma lista especial de heróis e mártires e vilões, era necessário ser instruído nisso. E Behzad não fora instruído; simplesmente se mantivera alheio. Quando muito, fora instruído na descrença, pelo pai, que era comunista. Era mais aos pobres do que aos santos que o pai de Behzad se referira. A memória que Behzad preservava com devoção especial era a do primeiro dia em que seu pai lhe falara sobre pobreza — a sua própria e a dos outros.

Na calçada do lado de fora da embaixada turca, dois curandeiros, bronzeados e usando turbantes, estavam sentados diante de sua banca de pós coloridos, raízes e minerais. Eu havia visto dois outros curandeiros em Teerã e os imaginara como equivalentes iranianos dos curandeiros homeopatas da Índia. Mas os nomes que esses iranianos estavam invocando como autoridades médicas — segundo Behzad me disse, após escutar sua conversa de vendedor para um grupo de camponeses — eram Avicena, Galeano e "Hipócrate".

Avicena! Para mim, só um nome, alguém da Idade Média européia: nunca me ocorrera que ele fosse persa. Nessa calçada poeirenta, o repertório médico era uma lembrança da glória árabe de mil anos antes, quando a fé árabe se fundiu com a Pérsia, com a Índia e com os resquícios do mundo clássico que ela suplantara, e quando a civilização muçulmana era a civilização central do Ocidente.

Behzad era menos reverente do que eu. Não ligava para aquele passado muçulmano; e não acreditava em remédios de calçada. Tampouco se importava com a arquitetura do xá: os motivos persas antigos do Banco Central iraniano, e o passado ariano, pré-islâmico, que ela proclamava. Para Behzad, essa ênfase na antigüidade da Pérsia e na antigüidade da monarquia era apenas parte da vaidade do xá.

Ele olhou para o banco, para o bronze e o mármore, e disse sem emoção: "Isso não significa nada para mim".

Sua iconoclastia era completa? Seria ele persa ou iraniano em alguma coisa que não seu amor pelo povo iraniano? Sua fé política o purificara?

Não. Teerã havia passado por uma revolução. Mas a vida normal prosseguia por estranhos caminhos e, entre os slogans e cartazes com sua ênfase em sangue, havia os vendedores de quadros nas calçadas. Ofereciam ampliações fotográficas coloridas de lagos suíços e florestas alemãs; ofereciam paisagens oníricas de rios e árvores. Também ofereciam pinturas de crianças e belas mulheres. Mas as mulheres estavam chorando, e as crianças estavam chorando. Lágrimas grandes, gelatinosas, fielmente retratadas, escorriam pelo meio de suas faces.

Behzad, cujo pai era professor de literatura persa, disse: "A poesia persa é cheia de tristeza".

"Mas lágrimas só pelas lágrimas, Behzad..."

Firme, como um homem que não iria discutir o óbvio, e não iria dar ouvidos a nenhuma tolice artística, ele disse: "Essas lágrimas são *belas*".

Paramos por aí. E do tópico das lágrimas passamos mais uma vez, enquanto caminhávamos, para a revolução. Havia dois cartazes que eu havia visto em muitas partes da cidade. Eram do mesmo tamanho, feitos no mesmo estilo e claramente formavam um par. Um deles mostrava um pequeno grupo de camponeses trabalhando num campo, usando um carrinho de mão ou um arado — pelo desenho não dava para saber ao certo. O outro mostrava, em silhueta, uma multidão alçando rifles e metralhadoras como se em saudação. Eram como os cartazes de uma revolução popular: um povo consciente, vitorioso, uma nova dignidade do trabalho. Mas o que dizia a legenda persa no alto?

Behzad traduziu: "Décimo segundo imã, estamos esperando por você".

"O que significa?"

"Significa que estão esperando pelo décimo segundo imã."

O décimo segundo imã era o último da linha iraniana de sucessão do Profeta. Essa linha terminara mais de mil e cem anos antes. Mas o décimo segundo imã não tinha morrido; sobrevivia em algum lugar, esperando voltar à terra. E seu povo estava esperando por ele; a revolução iraniana era uma oferenda a ele.

Behzad não podia me ajudar mais; não podia me ajudar a entender aquele êxtase. Apenas podia expor os fatos. Behzad não tinha convicção, mas estava cercado pela convicção e podia entender a carga emocional disso tudo. Para ele, bastava dizer — como ele disse, sem intenção irônica — que o décimo segundo imã era o décimo segundo imã.

Mais tarde em minha jornada islâmica, quando fatos complicados da história e da genealogia se tornaram mais familiares, tornaram-se mais que fatos, tornaram-se artigos de fé prontamente compreendidos, eu começaria a entender um pouco da paixão muçulmana. Mas quando Behzad traduziu para mim a legenda desses cartazes revolucionários, fiquei confuso.

Não era sobre esse messias oculto que os iranianos haviam escrito nas paredes de Londres e outras cidades estrangeiras antes da revolução. Eles tinham escrito — em inglês — sobre democracia; sobre a tortura da polícia secreta do xá; sobre o "fascismo" do xá. "Abaixo o xá fascista": este era o slogan recorrente.

Eu não acompanhara de perto a questão iraniana; mas me parecia, a julgar apenas pelas pichações de iranianos no estrangeiro, que a religião chegara atrasada ao protesto iraniano. Somente quando a revolução começou entendi que ela possuía um líder religioso que estivera por muitos anos no exílio. O aiatolá Khomeini, no meu entender, havia sido lentamente revelado. À medida que a revolução se desenrolava, sua santidade e autoridade pareciam crescer e, no final, eram vistas como se tivessem sido absolutas desde o princípio.

Plenamente revelado, o aiatolá demonstrara não ser nada menos do que o intérprete, para os iranianos, da vontade de Deus. Por seu aparecimento, ele anulava, ou tornava triviais, todos os protestos anteriores contra o "fascismo" do xá. E aceitava seu papel. Foi como intérprete da vontade de Deus que ele se dirigiu "aos cristãos do mundo" em um anúncio no *New York Times* de 12 de janeiro de 1979, três semanas antes de voltar ao Irã de seu exílio na França.

Metade da mensagem consistia em bênçãos e saudações de Deus. "As bênçãos e saudações de Deus todo-poderoso a Jesus Santificado [...] sua mãe gloriosa [...] Saudações ao clero [...] aos cristãos amantes da liberdade." Metade era um pedido de orações cristãs em dias santos, e uma advertência aos "líderes de alguns países cristãos que, com seu poder satânico, estão apoiando o xá tirano".

E era como intérprete da vontade de Deus, como juiz último do que era e do que não era islâmico, que Khomeini governava o Irã. Alguns dias depois de minha chegada a Teerã, eis o que ele dizia no rádio: "Eu devo dizer a vocês que durante o regime ditatorial anterior, as greves e paralisações deixavam Deus contente. Mas agora, quando o governo é um governo muçulmano e nacional, o inimigo está empenhado em tramar contra nós. E, portanto, a organização de greves e paralisações é religiosamente proibida porque é contra os princípios do islã".

Isso me parecia familiar, e intelectualmente admissível, mesmo com poucos dias em Teerã: a autoridade especial do homem que governava como cabeça política e igualmente como voz de Deus. Mas a idéia da revolução como algo mais, como uma oferenda ao décimo segundo imã, o homem que tinha desaparecido em 873 d.C. e permanecido "encoberto", era mais difícil de captar. E a imitação dos motivos revolucionários do final do século XX — os cartazes que pareciam celebrar os camponeses e as guerrilhas urbanas, os trajes de Che Guevara dos Guardas Revolucionários — tornava aquilo mais perturbador.

Behzad traduzia; as paredes falavam; Teerã parecia estranha. E a zona norte de Teerã — um pedaço caro da Europa, dispendiosamente assentado na areia e nas pedras das colinas, criação do xá e da grande classe média que passara a existir graças à riqueza incriada do petróleo — parecia uma fantasia. Havia arranha-céus, hotéis internacionais, lojas exibindo produtos caros com marcas internacionais; mas essa grande cidade fora enxertada na zona sul de Teerã. A zona sul de Teerã era a comunidade a partir da qual a zona norte tão rapidamente evoluíra. E a zona sul, obediente à vontade de Deus e do décimo segundo imã, a fizera curvar-se.

Os muçulmanos eram parte da pequena comunidade indiana de Trinidad, a comunidade na qual nasci; e pode-se dizer que durante toda a minha vida eu conhecera muçulmanos. Mas eu sabia pouco sobre sua religião. Minha formação era hinduísta e cresci com a noção de que os muçulmanos, embora com raízes ancestrais na Índia e, em muitos sentidos, semelhantes a nós mesmos, eram diferentes. Eu nunca fora instruído nos detalhes religiosos, e talvez ninguém em minha família realmente os conhecesse. A diferença entre hindus e muçulmanos era mais uma questão de sentimento de grupo e um mistério: as hostilidades trazidas da Índia por nossos avós hindus e muçulmanos haviam se atenuado em uma espécie de sabedoria popular em torno da infidelidade e traição do outro lado.

Pessoalmente, eu não tinha fé religiosa. Cresci em meio a rituais e cerimônias que quase não entendia. Em Trinidad, com suas muitas raças, meu hinduísmo era, na verdade, um apego a minha família e seus costumes, um apego a minha própria diferença; e imaginava que entre os muçulmanos e os demais havia apegos e recatos semelhantes.

O que eu sabia do islã era o que todos de fora sabiam. Eles tinham um Profeta e um livro; acreditavam em um único Deus e detestavam as imagens; tinham uma idéia de céu e inferno — uma idéia sempre difícil para mim. Tinham seus próprios mártires. Uma vez por ano, desfilavam seus mausoléus alegóricos pelas ruas; os homens "dançavam" com pesadas luas crescentes, ora balançando as luas de um jeito, ora de outro; os tambores batiam, e às vezes havia combates rituais usando varas.

As brigas de vara eram uma simulação de uma antiga batalha, mas a procissão era de luto e comemorava a derrota naquela batalha. Onde ocorrera a batalha? Qual fora sua causa? Em criança, nunca perguntei; e foi só mais tarde que passei a saber que a cerimônia — da qual participavam tanto hindus como muçulmanos — era essencialmente xiita, que a batalha tinha a ver com a sucessão do Profeta, que fora travada no Iraque, e que o homem especificamente pranteado era neto do Profeta.

O islã, a julgar por aquilo que eu dele percebia do lado de fora, era menos metafísico e mais direto do que o hinduísmo. Nessa religião de medo e recompensa, estranhamente composta de guerra e ressentimento mundano, havia muita coisa que me lembrava o cristianismo — mais visível e "oficial" em Trinidad — e que me possibilitava achar que a conhecia. A doutrina, ou o que eu pensava ser sua doutrina, não me atraía. Não me parecia digna de ser investigada; e, no curso dos anos, apesar das viagens, eu pouco havia acrescentado à noção formada em minha infância em Trinidad. As glórias dessa religião estavam no passado remoto; ela não havia gerado nada parecido com o Renascimento. Os países muçulmanos, quando não eram colonizados, eram despóticos; e quase todos, antes do petróleo, eram pobres.

A idéia de viajar para certos países muçulmanos tinha me ocorrido no inverno anterior, durante a revolução iraniana. Eu estava em Connecticut e, algumas noites, assistia aos noticiários da televisão. Fiquei tão interessado pelos eventos no Irã quanto pelos iranianos que estavam nos Estados Unidos e que eram entrevistados em alguns programas.

Havia um homem num paletó de tweed que falava a linguagem pura do marxismo, mas era mais complicado do que sua linguagem sugeria. Ele tinha um quê de almofadinha e orgulhava-se de sua habilidade em manipular o jargão que havia aprendido; era como um homem que exibisse um domínio idiomático de uma língua estrangeira. Estava orgulhoso de sua revolução iraniana — ela lhe conferia glamour. Mas, ao mesmo tempo, ele percebia que o lado religioso não era tão fascinante para sua platéia; e estava tentando — com a ajuda do paletó de tweed, da linguagem idiomática e de seu maneirismo — apresentar-se tão sofisticado quanto qualquer um que estivesse assistindo, e sofisticado no mesmo sentido.

Em outra noite, em outro programa, uma mulher iraniana com a cabeça coberta vinha nos contar que o islã protegia as mulheres e lhes dava dignidade. Mil e quatrocentos anos atrás, na Arábia, dizia ela, as crianças do sexo feminino eram enterradas vivas; foi o islã que colocou um paradeiro nisso. Bem, nem todos vivíamos na Arábia (nem mesmo a mulher com a cabeça coberta), e muitas coisas tinham acontecido desde o século VII. Será que as mulheres — particularmente aquelas tão impetuosas quanto a mulher que nos falava — ainda precisavam da proteção especial que o islã lhes concedia? Precisavam do véu? Precisavam ser banidas da vida pública e proibidas de aparecer na televisão?

Eram essas as perguntas que me ocorriam. Mas o entrevistador, que diariamente fazia perguntas já preparadas para as pessoas, não podia perder tempo. Passava para a próxima pergunta, que era sobre o tipo de estado islâmico que ela desejava ver no Irã. Era algo como a Arábia Saudita que ela tinha em mente? Já bastante exaltada, ela se inflamou diante daquilo; e com o rosto envolvido por seu xador, ela parecia uma freira brava, cheia de reprimendas. Era um engano que muita gente cometia, disse ela; mas a Arábia Saudita *não* era um estado islâmico. E era como se ela estivesse dizendo que a Arábia Saudita era um barbarismo declarado, e que o estado islâmico do Irã ia ser totalmente diferente.

Foi sobre a beleza da lei islâmica que ouvi um terceiro iraniano falar. Mas o que ele estava fazendo, estudando direito numa universidade americana? O que atraíra esses iranianos para os Estados Unidos e a civilização representada por esse país? Será que não podiam dizer? A atração existia; era mais do que uma necessidade de educação e qualificação. Mas a atração não era admitida; e nessa atração, humilhante demais para ser admitida por um povo antigo e orgulhoso, havia perturbação — manifestada em dandismo, mimetismo, ostentação e rejeição.

Uma educação americana ou não islâmica havia dotado de competência e autoridade a mulher com o xador. Agora, ela parecia estar questionando o valor do tipo de pessoa no qual se transformara; ela estava negando parte de seus próprios dotes. Todos aqueles iranianos na televisão americana estavam conscientes de sua platéia americana, e davam a impressão de estar dizendo menos do que pretendiam. Talvez não tivessem nenhum meio de declarar tudo o que sentiam; talvez houvesse certas coisas que preferiam não dizer. (Foi somente no Irã que entendi o que a mulher do xador pretendera dizer com relação à Arábia Saudita. Era uma questão sectária e poderia ter sido considerada muito complexa para uma platéia televisiva: os árabes e os persas pertencem a seitas diferentes, têm linhas diferentes de sucessão do Profeta, e existe entre os dois um rancor histórico.)

Aprendi mais com um excelente romance iraniano, que li nessa época. As pessoas podem se esconder atrás de declarações diretas; a ficção, por seus meios aparentemente indiretos, pode deixar claros os impulsos ocultos. O romance, *Foreigner*, apresentado por seu editor americano como o primeiro romance em inglês escrito por um iraniano, era de autoria de uma jovem, Nahid Rachlin. Fora publicado em 1978, ainda durante o governo do xá. O livro evita fazer comentários políticos. Seu protesto é mais oblíquo; a constrição política aprofunda a paixão; e o romance, com todo o seu ar de inocência, é um romance de violação, desamparo e derrota.

A narradora é Feri, uma mulher iraniana de trinta e dois anos que mora em Boston. Ela estudou nos Estados Unidos, casou-se com um professor universitário americano, e trabalha como bióloga em um instituto de pesquisas. Movida por um impulso, Feri regressa a Teerã para passar duas semanas de férias. A cidade para a qual ela regressa está cheia de carros e edifícios "ocidentais" (a narradora, curiosamente, prefere usar essa palavra em lugar de "novos" ou "modernos"); mas não é uma cidade glamourosa. As ruas podem estar cheias de bandidos; e a vida familiar nos pátios ocultos das casas velhas é restritiva e sórdida, trazendo a Feri lembranças de investidas incestuosas, mulheres conversando sobre menstruação e estupro, e mulheres ouvindo o sermão mensal de um sacerdote muçulmano e chorando ao ouvir mais uma vez as tragédias dos heróis xiitas do Irã.

Para Feri, a vida na casa de sua própria família é incompleta. A mãe está vivendo com outro homem em outra cidade; o pai casou-se novamente. Feri decide abreviar suas férias e voltar para Boston. Para tanto, precisa de um visto de saída do Irã e, para obtê-lo, precisa da permissão de seu marido. Começa a parecer que ela caiu em sua própria armadilha e que nunca mais voltará à claridade e à luz dos subúrbios de Boston.

Ela sai à procura da mãe e, numa aldeia rural em ruínas, a encontra triste e desolada. A mãe precisa de ajuda; mas Feri, a bióloga de Boston, precisa de mais amor. Encontrando a mãe, ela volta a ser uma criança: adoece. É levada para o hospital local. Fica apreensiva com os padrões do hospital, mas o médico de plantão a tranqüiliza. O equipamento é moderno, diz o médico, que também se formou nos Estados Unidos. Ele poderia ter ficado lá mas — por razões que não consegue explicar, exceto a de que os iranianos que vão para os Estados Unidos se tornam desenraizados — preferiu voltar; e, na época, durante um mês, diz ele, acalmou-se visitando mesquitas e santuários.

Feri é em parte seduzida pela compreensão do médico e, no hospital, reflete sobre sua vida nos Estados Unidos. Ela sempre fora uma estranha, solitária apesar do marido e dos amigos, sempre deslocada em termos sexuais e sociais; ela não consegue explicar nada do que fez, não consegue dizer por que viveu aquela vida americana. Era muito dedicada ao trabalho mas, agora, mesmo aquele trabalho — de experiência e pesquisa — parecia sem sentido, trabalhar por trabalhar, trabalhar para se enquadrar. Sua vida nos Estados Unidos, apesar do estudo, do trabalho e do marido, era uma vida vazia. É quando o médico conta para Feri que a dor em seu estômago provém de uma antiga úlcera. "Você a trouxe consigo", diz o médico. "Agora você não tem nenhum direito de ter medo do hospital, de mim, ou de seu país. O que você tem é uma doença oriental."

O marido americano de Feri, que já fora chamado, chega para levá-la de volta. Ele é visto como um estranho, mas integralmente (e essa integridade é uma das virtudes do romance): um homem do trabalho e do intelecto, mais reservado do que solitário, auto-suficiente, um homem produzido por outra civilização, sendo o seu casamento com uma iraniana seu único ato não convencional. Para Feri, é impossível voltar para a vacuidade americana com alguém tão distante. Ela perderá seu trabalho de pesquisa, mas não se importa.

De fato, ela deixará de lado aquela vida ansiosa, de trabalho e intelecto, totalmente voltada para fora. Fará como fez o médico: visitará mesquitas e santuários e, para fazer isso, vestirá o xador. Ela acha que nunca foi feliz de verdade. A tranqüilidade lhe é trazida por sua renúncia (e, curiosamente — uma das ótimas soluções da romancista —, por idéias de pesquisas que agora ela jamais realizará).

E — conquanto a romancista não o esclareça — é como se Feri e o médico, desviando-se da vida do intelecto e do esforço, tivessem firmado entre si um pacto de morte iraniano. Nas emoções de sua religião xiita, tão particular a eles, redescobrirão sua auto-estima e integridade, e serão castos. Não terão mais de seguir simplesmente atrás dos outros, sem saber aonde os trilhos os estão levando. Já não terão mais de ser os últimos, nem mesmo os segundos. E a vida continuará. Outras pessoas em terras espiritualmente vazias continuarão a produzir os equipamentos que o médico se orgulha de possuir e as revistas médicas que ele sente orgulho de ler.

Essa expectativa — de que outros continuarão a criar, da civilização estrangeira e necessária que segue em frente — está implícita no ato de renúncia, e é sua grande falha.

# 2

# *O REINADO DE ALI*

Em agosto de 1979, seis meses depois da derrubada do xá, as notícias do Irã ainda eram de execuções. A agência noticiosa oficial do Irã continuava computando e periodicamente trazia uma nova totalização. As execuções mais recentes haviam sido de prostitutas e gerentes de bordéis; a revolução islâmica dera essa guinada perversa. Informava-se que o aiatolá Khomeini proibira a música. E as regras islâmicas para as mulheres estavam novamente em vigor. Os banhos mistos haviam sido proibidos; os Guardas Revolucionários vigiavam os abrigos nas praias do mar Cáspio e separavam os sexos.

Em Londres, o sujeito na agência de viagens me dizia que o Irã era um país de onde as pessoas estavam saindo. Ninguém estava entrando; eu teria o avião inteiro para mim. Não foi assim. O vôo da Iran Air daquele dia fora cancelado e havia uma multidão para tomar o avião da British Airways para Teerã.

A maioria dos passageiros — a mixórdia internacional da multidão do aeroporto não parava de se filtrar, pelos portões e corredores, para áreas de embarque mais ou menos étnicas — era composta de iranianos; e não pareciam pessoas fugindo de uma revolução islâmica ou voltando para ela. Não havia véus ou toucados entre as mulheres, algumas estavam vestidas totalmente na moda. Todos tinham feito um bocado de compras e carregavam as sacolas de plástico de desenhos variados das lojas londrinas — Lillywhite, Marks and Spencer, Austin Reed.

No avião, sentei-me entre dois iranianos. A mulher de meia-idade no assento da janela tinha uma pele cor de cobre e cabelo louro. Seu cabelo parecia pintado, a pele, tingida; e o efeito era oriental e antigo, egípcio: cosméticos antigos favorecendo uma idéia antiga de beleza. Ela não falava inglês e não se comportava como alguém acostumado a viagens aéreas. Estava descontente com a ventilação e falava com o homem à minha esquerda. Ela era enorme, ele pequeno. Pensei haver sentado entre marido e mulher e ofereci-me para trocar de assento com o homem à minha esquerda.

Ele objetou e disse, em inglês, que sua família estava nos assentos da outra ala do corredor: seus filho e filha e sua simpática esposa, que não sabia falar inglês mas sorriu, condescendente diante de meu engano.

Ele era médico. Acabara de vir aos Estados Unidos com a família para visitar o filho de dezoito anos.

Percebi que começávamos a cair numa conversa um tanto oriental e indiana e respondi como achei que devia. Eu disse: "Mas isso deve ter ficado caro".

"Foi caro. Só de passagens, oitocentas libras por pessoa. Exceto para a menina. Ela tem menos de doze anos. Acima de doze, a tarifa é integral. O senhor esteve nos Estados Unidos?"

"Acabei de passar um ano lá."

"O senhor é médico?"

A caminho do Irã, achei que não devia dizer que era escritor e disse: "Eu leciono". Sentindo que meu tom de voz fora muito baixo, acrescentei: "Sou professor".

"Isso é bom." E como se extraísse coragem de minha profissão e do período que passei nos Estados Unidos, ele disse: "A revolução é terrível. Eles destruíram o país. O exército, tudo. Mataram todos os oficiais. Teerã era uma ótima cidade. Restaurantes, cafés. Agora não há nada. Foi por isso que mandei meu filho para longe."

O rapaz fora enviado para os Estados Unidos após a revolução e já se saíra bem. Conseguira ingressar numa escola pré-médica em Indiana. Mas os Estados Unidos eram mais do que um lugar para obter uma educação. Eram também — para o médico iraniano, bem como para os novos-ricos de tantos países instáveis, para políticos e empresários, árabes, sul-americanos, indianos ocidentais, africanos — um santuário.

"Comprei uma casa lá", disse o médico.

"Quanto o senhor pagou?"

"Sessenta e quatro mil. Quarenta e quatro à vista, vinte financiados."

"Estrangeiros podem comprar imóveis nos Estados Unidos?"

"Eu explico. Comprei em nome de meu irmão." Portanto, o santuário fora preparado, e a migração iniciada, antes da revolução. "Mas agora passei a casa para o nome de meu filho. No momento está alugada. Quatrocentos por mês. Está pagando o financiamento. Quanto ganha um professor?"

Quanto seria? Que quantia eu poderia dizer e que pareceria razoável para alguém que havia acabado de gastar 6 mil dólares em passagens aéreas para umas férias familiares? Eu disse: "Quarenta mil dólares. Quanto o senhor ganha?".

"De manhã, eu trabalho para o governo, num hospital. Ganho mil e quinhentos por esse trabalho."

"Pensei que pagassem melhor os médicos no Irã."

"Mas à tarde eu trabalho em minha clínica, entende? Ali eu ganho cerca de trinta mil por ano."

"Então o senhor ganha cerca de quarenta e oito."

Mais do que os quarenta que eu dissera ser meu ganho.

Ele disse, defendendo-se: "Mas eu trabalho demais. Sou um homem de quarenta e quatro anos. E agora", acrescentou, eliminando sua vantagem, igualando nossas chances, "não sei o que vai acontecer. Esses muçulmanos são um povo estranho. Têm uma mentalidade *antiga*. Uma mentalidade muito *antiga*. Tratam mal as minorias".

O que era ele, então? Cristão, armênio, zoroastrista, judeu? Oriental como estava nossa conversa, eu não poderia me permitir perguntar e, no final, julgando-me de confiança, ele me contou. Era *bahai*. Eu só conhecia a palavra, nada mais.

Ele não abaixara o tom de voz quando falara sobre a revolução e os costumes perversos dos muçulmanos. Concluí que se sentia à vontade quanto aos demais passageiros e que eu estava entre um grupo de *bahai*. E no rosto tingido e no cabelo louro pintado da mulher ao meu lado, notei um isolamento maior, inquietante.

Ele disse: "Somos internacionais. Temos um templo nos Estados Unidos. É pequeno mas muito agradável".

Mas, embora franco comigo sobre dinheiro e emprego, o médico não era muito sincero sobre sua religião. Os *bahai* — como mais tarde fiquei sabendo por Behzad — tinham seu próprio fanatismo secreto, que derivava do fanatismo xiita do Irã. Os xiitas estavam esperando pelo décimo segundo imã; os *bahai* acreditavam que, no século XIX, um representante ou substituto, ou o décimo segundo imã em pessoa, havia chegado e partido, e somente eles, *bahai*, o haviam reconhecido. Behzad me contou que, no começo, eles haviam sido revolucionários mas, depois, foram corrompidos pelos ingleses, que competiam com os russos pelo controle do Irã.

Isso parecia fantasioso — eu sabia que Behzad valorizava apenas o que era revolucionário. Mas não era de todo fantasioso. O protesto xiita, que ocorrera nos primeiros tempos do império islâmico, era um protesto político-racial entre os povos dominados daquele império árabe; e a fé que evoluíra com aquele protesto permanecera política, ou sujeita a manipulação política. Reconhecendo sua própria linha de sucessão do Profeta, pranteando seus mártires todo ano, homens cujos direitos legítimos haviam sido negados, os xiitas continuaram desconfiados da autoridade do estado. O movimento *bahai* no século XIX era subversivo. Uma das primeiras palavras de ordem era "cabeças cortadas, livros e papéis queimados, lugares destruídos e arrasados e matança generalizada"; em 1852, houve uma tentativa de matar o rei.

Em termos políticos, embora não doutrinários, o movimento era como o de Khomeini contra o xá. Politicamente, não vingou; e os *bahai* foram deixados, ou abandonados, como muitas outras seitas muçulmanas, nos labirintos quase sem saída de sua fé: revelação na revelação, divergência na divergência.

O médico, porém, tinha razão quanto à perseguição. A afirmação dos *bahai* sobre o décimo segundo imã é, para os xiitas do Irã, a forma mais execrável de blasfêmia; e após a revolução islâmica — prova do acerto da fé verdadeira — haveria violentas demonstrações populares contra eles e, de quando em quando, execuções "revolucionárias". O santuário nos Estados Unidos era necessário.

Fizemos uma parada técnica no Kuweit, para reabastecer; ninguém saiu do avião. Estava escuro mas logo amanheceria. A luz começava a surgir; a noite se extinguia. E descobrimos que o aeroporto — aquele padrão de luzes visto do alto — fora construído sobre areia. O ar que vinha pelos ventiladores era quente. Fora, a temperatura era de quarenta graus centígrados, e o dia ainda nem começara.

Em Teerã estaria mais fresco, disse a comissária. A cidade ficava a uma hora de vôo a nordeste; mais deserto, faixas oblongas de vegetação pálida aqui e acolá, e pregas de terra ondulada que às vezes se elevavam em montanhas.

Depois de tudo que eu ouvira falar sobre as grandes idéias do xá para o seu país, o edifício do aeroporto em Teerã era uma decepção. A sala de desembarque era como um grande curral. Manchas brancas retangulares se destacavam na poeira avermelhada das paredes — quadros fantasmas em molduras fantasmagóricas —, mostravam onde, certamente, houvera fotos do xá e sua família ou de suas obras. Panfletos e caricaturas revolucionários estavam afixados com fita adesiva nas paredes e pilares; e — afixados da mesma forma, adesivos e avisos manuscritos conferiam uma curiosa informalidade a grandes eventos — havia fotos coloridas do aiatolá Khomeini, de expressão tão dura, sensual, dúbia e pouco confiável quanto a teria retratado um de seus inimigos.

A agência do Melli Bank no aeroporto — mesas toscas, três funcionários, muita papelada, um assoalho forrado de sujeira — era como a barraca de uma feira indiana. Um aviso escrito à mão sobre o balcão dizia: PREZADOS VISITANTES. DEUS É GRANDE.

BEM-VINDO À REPÚBLICA ISLÂMICA DO IRÃ. Pedaços de fita crepe salpicavam os quadros de avisos alfandegários que advertiam os passageiros sobre suas cotas permitidas. A fita crepe suprimia a cota para bebidas alcoólicas; isso fazia parte das boas-vindas islâmicas.

A esteira de bagagens que deveria estar rodando nossas malas ficou muito tempo parada. E os passageiros iranianos (entre eles, o médico e sua família), com suas sacolas de compras londrinas, pareceram transformar-se em pessoas diferentes. No aeroporto de Londres, haviam sido iranianos, gente da terra mágica do petróleo e do dinheiro, esbanjadores; agora, no esfarrapado saguão de desembarque, pacientes em seu próprio ambiente e entre seus congêneres, pareciam gente do campo que viajara para a cidade.

O homem da alfândega tinha um bigodinho preto espetado. Perguntou: "*Whisky?*". Sua pronúncia da palavra e seu sorriso pareciam converter a pergunta numa piada. Quando eu disse não, aceitou minha palavra e, sorridente, gesticulou para que eu passasse para a claridade do verão, para enfrentar a rapacidade pós-revolucionária dos taxistas do aeroporto que, após seis meses, estavam mais do que nunca animados por lembranças de antigamente, quando os caixeiros-viajantes do mundo vinham a Teerã, não havia quartos de hotel suficientes e nenhum motorista ávido por uma corrida.

As cores da cidade eram tão poeirentas e pálidas quanto pareciam lá do alto. O pó tomava as ruas, revestia as árvores, esmaecia as cores dos carros. Tijolos e argamassa tinham a cor do pó; edifícios inacabados pareciam abandonados e em deterioração; e as paredes, como resumos da época, estavam rabiscadas na escrita persa e estampadas com retratos de Khomeini.

Nos arrabaldes da cidade, no que parecia terreno deserto, vi uma tenda baixa de cor cáqui, uma fila de homens, mulheres com véu e alguns homens semi-uniformizados. Julguei tratar-se de refugiados do campo, filas de comida. Mas, depois — vendo outra barraca e outra fila diante de um bloco de apartamentos inacabado — lembrei-me de que era dia de eleição, o segundo teste da vontade popular desde a revolução. O primeiro fora um plebiscito; o povo tinha votado por uma república islâmica. Agora, a eleição era para uma "assembléia de peritos", que elaboraria uma constituição islâmica. Khomeini aconselhara que fossem eleitos sacerdotes.

Eram necessários especialistas, porque não se tratava apenas de adotar uma constituição islâmica. Não havia nem nunca existira nenhuma constituição desse tipo. Uma constituição islâmica era algo que tinha de ser compilado; e tinha de ser algo que o Profeta aprovasse. A dificuldade era que o Profeta, ao criar seu estado árabe do século XVII, sempre guiado pela revelação divina, governara, em grande parte, por sua própria cabeça. Era aí que entravam os sacerdotes. Poderiam não ter idéias sobre uma constituição — afinal, uma constituição era um conceito externo ao mundo muçulmano; mas, com seu conhecimento do Corão e dos feitos do Profeta, os sacerdotes saberiam o que não era islâmico.

Meu hotel ficava no centro de Teerã. Era um dos hotéis mais antigos da cidade. Ficava atrás de um muro alto; tinha uma guarita de porteiro, um passeio circular asfaltado, áreas de grama com arbustos e árvores. Era mais organizado do que eu imaginara; havia até alguns carros. Mas o prédio para o qual o motorista me levou tinha uma corrente travando a porta de vidro. Alguém gritou do outro lado do terreno do hotel. O prédio a que fôramos estava fechado. Era o prédio mais velho do hotel; durante o *boom*, haviam construído um novo bloco e, agora, somente este estava aberto.

Alguns jovens — os motoristas de táxi do hotel, a quem pertenciam os carros lá de fora — estavam sentados ociosos em um canto do saguão, próximo à recepção. Afora aquele canto, o saguão estava vazio. No meio do piso, havia um enorme tapete estampado; as cadeiras dispostas ao seu redor pareciam aguardar uma multidão. Duas das paredes eram de vidro. De um lado, ficava o pátio, com os arbustos e pinheiros empoeirados e os táxis do hotel estacionados; do outro, na direção do muro do hotel, havia uma pequena área de reserva, cimentada, desocupada, brilhando na luz, com cadeiras de metal empilhadas sob uma proteção.

O quarto ao qual fui conduzido era de bom tamanho, com mobília de madeira maciça e paredes laterais revestidas com painéis de madeira de pouco mais de um metro de altura. A parede de vidro à frente dava para a zona norte de Teerã; uma porta de vidro abria-se para um terraço. Mas o ducto do ar-condicionado estava vazando pela grelha de exaustão, e o carpete azul no vestíbulo estava empapado e manchado.

O homem do hotel — era difícil, naquela ociosidade, atribuir-lhe o status profissional de "mensageiro", embora ele trajasse o uniforme — sorriu e apontou para o andar de cima e disse "banheiro", como se a explicação fosse tudo de que se necessitava. O sujeito que ele chamou falou em condensação e fez as gotas parecerem normais, até necessárias. Depois, abandonadas subitamente as explicações, deram-me outro quarto.

O novo quarto era mobiliado como o primeiro e tinha a mesma vista. Sobre o televisor, porém, havia um cartão branco, dobrado ao meio para ficar em pé. Apresentava os programas semanais do serviço "internacional" de língua inglesa da televisão iraniana. Havia muito tempo que o serviço fora suspenso. O cartão era de seis meses antes. A revolução chegara subitamente a esse hotel.

Estávamos no ramadã, o mês do jejum muçulmano; era sexta-feira, o sabá; e dia de eleição. Teerã estava invulgarmente silenciosa, mas eu não sabia disso; e quando saí para caminhar à tarde, senti que estava numa cidade onde havia ocorrido uma calamidade. As lojas nas ruas principais estavam fechadas e protegidas por portões de aço. Placas em cada estabelecimento brandiam os nomes de objetos importados: Seiko, Citizen, Rolex, Mary Quant of Chelsea, Aiwa; e, naquela tarde sem expediente, eram como nomes do passado de Teerã.

As calçadas estavam quebradas. Muitas placas de lojas estavam quebradas ou haviam perdido parte de suas letras em relevo. Poeira e fuligem eram tão generalizadas e, à luz das placas, davam tanta impressão de fumaça que os prédios consumidos em antigos incêndios não chamavam imediatamente a atenção. Obras de construção pareciam ter sido suspensas; os montes de entulho e cascalho pareciam velhos, consolidados.

Nos muros havia cartazes da revolução e, nas bancas das calçadas, revistas da revolução. A capa de uma delas era uma fotomontagem do xá como uma beldade em traje de banho: a cabeça do xá pregada ao corpo de uma mulher de biquíni — mas o biquíni recebera uma grossa pincelada de negro para não ofender o recato. Em uma outra caricatura, o xá, de paletó e com a gravata folgada, estava sentado numa privada com as calças arriadas e uma pistola-metralhadora na mão. Uma maleta ao seu lado tinha a etiqueta de destino ISRAEL e BAHAMAS; uma sacola de lona aberta mostrava uma garrafa de uísque e um exemplar da revista *Time*.

Jovens de camisas justas, abertas no pescoço, vadiavam pelas calçadas quebradas. Eram homens bonitos, de um tipo racial claro, baixo e de ombros largos, e havia neles um certo ar de vaidade e perigo naquela tarde: talvez tivessem ficado exaltados pelas preces comunitárias da sexta-feira. Nas suas roupas, principalmente nas camisas, havia aquele toque de espalhafato que — pelo que vira na Índia — eu associava às pessoas recém-saídas da tradição e agora possuídas pela idéia de que, tanto nas roupas como nas outras coisas, podiam escolher por si mesmas.

Os automóveis e motocicletas da tarde iam passando, pilotados à moda iraniana. Assisti a duas colisões. Uma loja havia mudado de nome. Não era mais o Kentucky Fried Chicken, mas "Our Fried Chicken", e a imagem do coronel sulista fora borrada em algo totalmente sem sentido (exceto para os que se lembravam do coronel). Guardas Revolucionários, jovens armados, logo deixaram de ser motivo de surpresa: eram parte da cena do sabá revolucionário. Havia multidões nas portas dos cinemas e, embora fosse ramadã, as pessoas compravam castanhas de pistache e doces nas *confiseries* — assim chamadas — que estavam abertas.

Mais para a zona norte, no final de uma longa avenida de plátanos, uma avenida aberta pelo pai do xá, ficava o Royal Tehran Hilton. Não era mais "royal". A palavra fora eliminada da principal placa de rua e retirada da entrada; mas, dentro do hotel, a palavra sobrevivia como erva daninha, despontando livre e desimpedida em guardanapos, contas, cardápios e porcelanas.

O salão do hotel estava praticamente vazio; o silêncio reinante, entre garçons e clientes esparsos, era como o silêncio do embaraço. Os samovares iranianos faziam parte da decoração. (Alguns desses samovares haviam sido exportados como objetos decorativos étnicos; uns dois anos antes, eu havia visto vários deles em lojas londrinas, transformados em luminárias.) Bebidas alcoólicas não podiam mais ser servidas; mas para os espertos (e não cristãos) que precisavam, por estilo, bebericar um drinque não alcoólico, havia Orange Blossom, Virgin Mary e Swinger.

Chez Maurice era o restaurante francês do Hilton. Era decorado de maneira apropriada, com papel de parede em tom acastanhado, um lambri em tom escuro, candelabros de parede. Nos painéis de vidro de uma parede, letras brancas dispostas num pequeno arco, diziam: "Vins et Liqueurs, Le Patron Mange Ici, Gratinée à Toute Heure". No salão, que poderia acomodar umas cem pessoas, havia apenas cinco, tão apáticas quanto as da sala de estar do hotel. A sopa que pedi, bem como o esturjão que veio depois, estavam impregnados de uma pasta marrom. Mas os garçons ainda abriam guardanapos e se moviam e serviam com pompa, o que aumentava o embaraço.

Todas as mesas estavam postas. Cada uma tinha uma rosa fresca e brindes pré-revolucionários: o cartão-postal colorido (o restaurante fora fundado quatro anos antes, em 1975); o bloquinho de dez páginas que os freqüentadores de locais como este supostamente necessitavam: "Chez Maurice, o mais distinto restaurante de Teerã, Le Restaurant le Plus Select de Tehran". Seis meses depois da revolução, essas bagatelas — bloquinhos, cartões-postais — ainda existiam; quando acabassem, não haveria mais.

A piscina ao lado do hotel estava fechada, para limpeza química, segundo a placa de aviso. Mas a grande armação de concreto na porta ao lado, a projetada ampliação do Royal Tehran Hilton, fora abandonada no local com todos os materiais de construção e os guindastes. Não havia "passageiros" agora, disse o garçom; e os empreiteiros haviam deixado o país. Do Hilton podia-se olhar para as outras colinas da zona norte de Teerã e ver outros prédios inacabados e ocos que pareciam igualmente abandonados. A revolução havia detido a cidade "internacional" da zona norte no meio da criação.

E pensei, na volta para o meu hotel, que havia um simbolismo involuntário no cartaz revolucionário na porta de vidro da frente. O cartaz era impresso de ambos os lados. O lado que dava para o pátio era direto: uma imagem popular do guerrilheiro Yasser Arafat, da OLP, de óculos escuros e toucado em xadrez vermelho.

Do outro lado, uma pintura alegórica de sangue e vingança. No primeiro plano, uma paisagem plana: uma terra chapada, inexpressiva, seccionada por uma estrada negra e reta, dividida em duas pistas por uma linha branca interrompida. Nessa estrada, uma mulher usando véu, vista por trás, jazia semidesmaiada, usando suas últimas forças para erguer seu filho para o céu. A mulher tinha as costas ensangüentadas; havia sangue na estrada negra. Saindo daquele sangue, mais acima na estrada, cresciam gigantescas tulipas vermelhas, rompendo a pesada crosta da estrada negra de traços brancos; e acima das tulipas, no céu, estava a face de Khomeini, o salvador, carrancudo.

Khomeini salvo e vingado. Mas as tulipas que ele conclamara do sangue dos mártires haviam danificado para sempre a estrada moderna (tão cuidadosamente retratada pelo artista); essa estrada no deserto agora não levava a parte alguma.

Além disso, nessa alegoria da revolução, concedera-se personalidade apenas ao vingador. A mulher ferida, pequena no primeiro plano, cuja dor deflagrara a sublevação, estava velada e sem rosto; ela era apenas sua dor. Era a licença poética do alegorista ou do caricaturista; e não teria sido nada de excepcional se não houvesse outras tantas pessoas sem rosto nos cartazes e desenhos que eu havia visto naquele dia.

Num cartaz das eleições, uma multidão sem rosto — as mulheres veladas reduzidas a simples feições triangulares — portava fotos de candidatos de um determinado partido. Um jornal mostrava o rosto de Ali, o herói xiita, primo e genro do

Profeta, com um perfil surrealista, transparente contra uma paisagem. Em outro, o próprio Khomeini fora representado sem rosto, suas feições (no contorno de turbante, bochechas e barba) substituídas por um punho cerrado.

A ausência de rosto começara a parecer um motivo islâmico. E era, de fato, objeto de protesto no *Iran Week* (tipologia idêntica à da *Newsweek*), um jornal pós-revolucionário escrito em inglês, que comprei numa banca. O jornal era a favor da revolução, mas estava protestando contra o que começara a acompanhar a revolução, todas as proibições islâmicas de bebidas alcoólicas, programas da televisão ocidental, modas, música, banhos mistos, esportes femininos, dança. A ilustração da capa mostrava uma sala de estar distorcida onde as paredes haviam sido substituídas por barras de ferro. A família que posava para o seu retrato nessa sala — pai, mãe, dois filhos — estava vestida em roupas ocidentais; mas onde deveriam estar seus rostos havia espaços em branco.

O individualismo se submeteria ao salvador e vingador. Mas quando a revolução terminasse, o individualismo — na grande cidade que o xá construíra — seria novamente acalentado. Essa parecia ser a mensagem da capa do *Iran Week*.

Na manhã, o tráfego estava congestionado no elevado à esquerda do hotel. As montanhas ao norte estavam nítidas sob a luz, mas rapidamente iam desaparecendo na névoa.

Telefonei para o editor-chefe do *Iran Week* e ele me pediu para ir até lá imediatamente. Mas eu tinha de prestar atenção, disse ele: havia dois prédios na rua com o mesmo número, 61. E quando encontrasse o 61 correto, tinha de lembrar-me de que se tomasse o elevador, o escritório ficava no sexto andar; se subisse as escadas, ficava no quarto andar.

Mesmo para encontrar um só dos números, o motorista de táxi do hotel teve dificuldade; e o 61 que encontramos, após uma série de reviravoltas no tráfego iraniano, era o errado. Por isso, ficamos procurando, e a manhã se acabando; por fim, encontramos o segundo 61. Sexto andar pelo elevador, dissera o editor; quarto, se fosse pela escada. Mas o painel no saguão dizia que o jornal ficava no quinto; e não havia nem sinal de elevador. O motorista e eu tomamos a escada e subimos e continuamos a subir.

O escritório era inesperadamente espaçoso, com uma garota impassível numa escrivaninha na sala da frente. E depois de todo o tempo que eu havia gasto para chegar lá, e após seu brusco convite, o sr. Abdi, o jovem editor-chefe, estava francamente desapontado comigo. Eu não representava nenhum jornal inglês ou americano, como ele pensara. Disse que poderia me conceder dez minutos; eu teria de dispensar o motorista.

Depois, porém, em seu escritório, amenizou o estilo executivo e, tornando-se mais iraniano, foi atencioso e pediu chá, que veio em pequenos copos. Ele disse que para entender o Irã eu deveria ir até à cidade santa de Qom e conversar com as pessoas nas ruas. Eu disse que não sabia falar persa; ele disse que eles não sabiam falar inglês. E ficamos nisso.

Amenizando novamente, ele disse — mas de um jeito que me permitiu perceber que nada iria acontecer — que tentaria ver se um de seus pesquisadores poderia marcar uma entrevista comigo.

Não demorou nada e o pesquisador-chefe entrou. Prometeu ver o que podia fazer por mim. O trabalho clandestino mantivera todos muito ocupados durante três anos, disse o pesquisador-chefe; e ainda estavam muito ocupados. Ele era alto, para um persa, e sério, e carregava uma bonita valise de couro. Mas ele não era tão elegante quanto seu editor-chefe, que era invulgarmente bonito, e em cujo estilo executivo havia certa dose de malícia.

Perguntei sobre a capa do *Iran Week*. As famílias iranianas, mesmo as de classe média, eram tão "nucleares" quanto a capa sugeria? Eu imaginara que as famílias iranianas fossem mais tradicionais, mais extensas. Subitamente, como se tentasse desviar-me do tópico da poligamia muçulmana, o sr. Abdi disse que as famílias da classe média iraniana eram como a capa do jornal as mostrara.

Havia na parede um grande mapa do Caribe e do golfo do México. Achei que podia estar ali por causa de Cuba e da

Nicarágua, o antigo e o novo centro da revolução. Mas não. O sr. Abdi viajara para Caiena, na Guiana Francesa, para escrever sobre a ilha do Diabo para uma revista persa que estava publicando uma série de reportagens sobre prisões.

Ele disse: "É ruim viajar sozinho. É preciso estar com uma garota".

Ele arranjara uma garota em sua viagem para Caiena: as antilhanas eram adoráveis. Uma antilhana? Uma negra para o sr. Abdi? Ele disse: "Eu me enganei. Ela não era antilhana. Ela era *mexique*". Levantou um pouco a cabeça, como se tentasse lembrar; e seus olhos negros ficaram vazios.

Esse era o lado dândi da revolução. Mesmo após um dia em Teerã — e a despeito do conselho para que fosse conversar com as pessoas em Qom — eu sentia que aquilo estava longe da revolução de Khomeini e das ruas. E seis meses depois, quando voltei a Teerã ao final de minha jornada islâmica, foi difícil encontrar o *Iran Week*.

O dia seguinte seria mais um feriado nacional — o dia da Constituição, marcando a primeira constituição escrita do Irã, conseguida apenas em 1906 — e as ruas comerciais estavam movimentadas.

Na avenida Nadir Shah — Nadir Shah foi o rei persa que invadiu Delhi em 1739 e roubou e derreteu o Trono Pavão do xá Jahan, cujas jóias ainda fazem parte do tesouro estatal iraniano —, vendedores nas calçadas, o sol e a poeira faziam a Índia parecer próxima. E na rua Firdowsi, onde as barracas dos cambistas ficavam defronte à parede branca do prédio da embaixada britânica, a atmosfera era semelhante à de uma área de prostituição, todo mundo à cata de alguma coisa, abordando ou esperando ser abordado.

Os cambistas ofereciam taxas melhores do que as dos bancos. Tinham placas com seus nomes e alguns deles uma vitrine de moedas e cópias de cédulas; mas, afora isso, suas barraquinhas eram mobiliadas estritamente para negócios: escrivaninha, cadeiras, telefone, cofres de ferro, um retrato de Khomeini. E sua educação era do mesmo tamanho de suas barracas. Olhavam para cima, diziam não, desviavam o olhar. Não queriam meus cheques de viagem assinados. Somente o sr. Nasser estava interessado; mas, por outro lado, ele queria todos os cheques que eu tinha; e ainda queria me vender, por quinhentas libras, o velho tapete de seda pendurado na parede.

Alguns cambistas trabalhavam dentro de verdadeiros buracos na parede. Alguns não tinham ponto fixo; bem vestidos, rondavam com suas maletas, subindo e descendo a Firdowsi.

No alto da rua, próximo a uma banca de jornais, vi um homenzinho de meia-idade que parecia mais indiano que iraniano. A princípio, pensei que estivesse dando uma volta; depois, achei que fosse um cambista. Abordei-o e ele se comportou como se eu fosse um cambista.

Era indiano, um muçulmano xiita de Bombaim, e fazia vinte anos que morava no Irã. Não era cambista; era um comprador; viera à Firdowsi para comprar dólares. Ofereceram-lhe dólares a 115 rials cada. Era uma boa tarifa; mas ele era um homem de negócios e achava que se ficasse por ali, mostrando sua presença, acabaria convencendo um dos cambistas ambulantes a reduzir sua tarifa em um ou dois rials.

Um jovem — indiano, paquistanês ou iraniano — chegou e parou ansioso ao nosso lado. Era amigo ou dependente do homem de Bombaim. Fora trazido para ajudar na compra dos dólares e estivera fazendo suas próprias consultas de preços.

E, como se achasse que era necessária alguma explicação, o homem de Bombaim disse: "Antigamente, essas tendas costumavam ficar cheias de moeda estrangeira. Cheias! Ninguém estava interessado em nenhuma moeda estrangeira. Todo mundo queria rials". Mas ele não estava lamentando o fim do governo do xá. "O senhor me desculpe a linguagem, mas o xá era um filho da puta".

Era uma expressão pesada; isso encorajou o jovem a deixar de lado a ansiedade e conversar. O assunto da moeda estrangeira foi esquecido; era das injustiças do xá que os dois falavam, cada um apoiando o outro, instigando o outro até que — naquela rua poeirenta, com os plátanos, os homens de sapatos brilhantes e os cambistas da calçada — estavam ambos no mesmo tom inflamado.

Durante o reinado do xá, tudo no Irã fora feito em seu benefício. Ele drenara bilhões do país; permitira que o país fosse dilapidado por companhias estrangeiras; enchera o país de conselheiros e técnicos estrangeiros. Esses estrangeiros recebiam salários gigantescos e moravam em mansões; os americanos dispunham até de seu próprio serviço de televisão. O povo do Irã sentia que havia perdido seu país. E o xá nunca se importou de fato com a religião, a preciosa fé xiita.

"Como é bom agora ver o reinado de Ali!", exclamou o homem de Bombaim. "As mulheres usando de novo o véu, saindo da televisão. Nada de bebida alcoólica."

Era surpreendente, considerando aquela paixão. Aquilo era tudo que havia no reinado de Ali? O milênio xiita não oferecia nada mais elevado? O homem de Bombaim e seu acompanhante não conseguiram dizer mais nada, nada mais tinham a dizer; e talvez não pudessem dizer que as verdadeiras recompensas da revolução — uma questão tanto de desfazer a desonra a Ali e à verdadeira fé quanto de eliminar os perversos — residiam no céu.

E o homem de Bombaim tinha outra surpresa para mim. Ele não ia ficar no reinado de Ali. Estava deixando o Irã, após passar vinte anos sob o reinado do maligno xá, e estava voltando para Bombaim. Era por isso que viera comprar dólares na Firdowsi. Seu excesso de bagagem de vôo — e calculei que havia muita — tinha de ser pago em dólares.

Parecendo agora outra pessoa, ele disse: "Eu não sei agora o que vai ser de nós aqui".

No *Iran Week*, tinham me concedido dez minutos. No *Tehran Times*, quase recebi uma oferta de emprego. O *Times* era o novo diário em língua inglesa; seu lema era "Que a verdade prevaleça". O escritório era novo, bem equipado e movimentado, e havia alguns colaboradores americanos ou europeus.

O sr. Parvez, o editor, era iraniano de origem indiana, um cavalheiro por volta de seus quarenta anos. As provas de composição eram constantemente trazidas à sua mesa e achei que não estava sendo convincente com a explicação de minha visita. Nossa conversa começou a ficar estranha.

Ele perguntou: "O senhor é muçulmano?".

"Não. Mas não acho que isso seja necessário."

"O islã é uma questão delicada aqui." Na parede atrás do sr. Parvez havia uma foto enorme e austera de Khomeini.

"Eu sei."

"Qual é a base disso em dinheiro?", perguntou o sr. Parvez, inclinando-se sobre uma prova de composição.

"Do quê, senhor Parvez?"

"Do que o senhor quer escrever para nós."

Encerramos a conversa — de fato, como descobri depois, o dinheiro era a questão delicada naquele escritório: não havia muito — e fui encaminhado para a próxima escrivaninha, para o sr. Jaffrey, um sujeito mais velho, que trabalhava em uma reportagem, artigo ou editorial em sua máquina de escrever, mas parou para conversar comigo.

O sr. Jaffrey também era um indiano xiita. Viera de Lucknow. Contou que fora informado "de forma um tanto áspera" em 1948 de que, como muçulmano, não tinha futuro nenhum na Força Aérea Indiana. Por isso, migrara para o Paquistão. Ali, como xiita, passara todo tipo de dificuldades e, dez anos depois, mudara-se para o Irã. Agora, estava muito preocupado com o Irã.

Ele falava com animação; tudo o que dizia já havia sido bem pensado. "Todo o povo muçulmano tende a colocar sua fé apenas num homem. Nos anos 60, o xá era adorado. Agora, eles adoram Khomeini. Nunca pensei que fosse chegar o momento em que Khomeini tomaria o lugar do xá." Após a revolução, Khomeini deveria ter abdicado em favor dos administradores, mas não o fez; e, por causa disso, o país estava agora em poder de "fanáticos".

Alguém trouxe ao sr. Jaffrey um prato com ovos fritos e um prato com *pappadom*, pão indiano frito e crocante.

Eu disse: "Mas e o ramadã?".

"Eu não estou jejuando", disse ele, com seu jeito decidido.

Ele fora favorável a Khomeini durante toda a revolução, porque durante o reinado do xá as alternativas se simplificaram: religião ou ateísmo. Todo tipo de corrupção viera para o Irã durante o reinado do xá: corrupção do dinheiro, prostituição, sodomia. O xá se isolava demais; demorou muito para acordar para o que estava acontecendo.

"E, já naquele tempo", disse o sr. Jaffrey, "eu achava que o islã era a resposta."

Eu não conseguia acompanhar. A religião, a prática da religião, era a resposta para uma necessidade política?

Perguntei: "A resposta para o quê, senhor Jaffrey?".

"A situação do país. O islã defende quatro coisas. Fraternidade, honestidade, vontade de trabalhar, remuneração justa pelo trabalho."

Eu ainda não conseguia acompanhar. Por que não exigir essas quatro coisas? Por que ir além dessas quatro coisas? Por que envolver essas quatro coisas em uma coisa tão grande como o islã?

"Veja bem", continuou, tornando-se mais brando, "toda a minha vida desejei ver a verdadeira *jamé towhidi*. Traduzo isso como 'a sociedade dos fiéis'."

Mais uma vez, o reinado de Ali: o sonho da sociedade governada puramente pela fé. Mas a fé do sr. Jaffrey era mais profunda do que a fé do homem de Bombaim; para ele, o reinado de Ali era mais do que fazer as mulheres voltarem a usar o véu. A sociedade dos fiéis do sr. Jaffrey derivava de uma idéia dos primeiros tempos do islã, quando o Profeta transmitia as leis divinas, liderava seu povo na guerra e na oração, quando toda ação, por mais mundana que fosse, servia à verdadeira fé.

Esse era o tipo de sociedade que deveria haver no Irã. E o sr. Jaffrey — com sua educação indo-britânica, e como se com outro lado de sua personalidade — achava que tal sociedade poderia ser garantida por instituições: fazendo com que os mulás voltassem para as mesquitas, Khomeini abdicasse, colocando políticos e administradores no governo. Dessa forma, embora o sr. Jaffrey não o dissesse, para garantir seu sonho de unidade, Igreja e Estado deviam ser separados. Fé, educação e vocação política haviam aprisionado o sr. Jaffrey nessa contradição.

Para o homem de Bombaim, era mais simples. Ele estava feliz por ver chegar o reinado de Ali e ir embora. O sr. Jaffrey estava angustiado por ver um sonho, que chegara tão perto, ser despedaçado por Khomeini.

E eu tinha de reconhecer também que aquele sonho da sociedade dos fiéis me excluía. Naquele escritório jornalístico — máquinas de escrever, provas de composição, a língua inglesa, os telefones, "Que a verdade prevaleça" — nada da vida intelectual que eu valorizava era levado em conta; as convergências de sentimento ou razão que de vez em quando ocorriam eram coincidências.

No espaço aberto lá embaixo, alguém me falou em um tom de executivo americano: "Posso ajudá-lo?".

Era um dos "diretores" iranianos do jornal, e uma figura muito difícil de imaginar a serviço da *jamé towhidi*. Era jovem, simpático, bem barbeado e de bigode preto. Na ponta dos dedos, segurava com firmeza um paletó marrom-chocolate sobre os ombros, contrastando com as calças castanho-claras, a camisa bege-clara e a gravata larga de laço frouxo.

Ele deve ter pensado que eu era mais um indiano xiita com o dom da língua inglesa e precisando de alguns rials; e, com seu jeito de executivo, começou a me levar para aqui e acolá, disparando perguntas, franzindo o cenho para o chão, a pele um pouco úmida devido a todas as roupas que estava usando, e dizendo "certamente, certamente" para tudo que eu dizia. Quando compreendeu que eu não queria escrever para o jornal, parou de andar comigo. E quando me despedi, ele disse: "Certamente, certamente".

Lembrar desse diretor. Lembrar do agitado escritório do jornal; o sr. Jaffrey na máquina de escrever e as provas de composição caindo sobre a escrivaninha do gentil editor que teria dado um emprego a um estranho. Seis meses depois, quando voltei a Teerã, o escritório estava deserto.

* * *

Uma das revistas em língua inglesa que comprei era publicada na cidade santa de Qom. Chamava-se *The Message of Peace* e, conforme anunciava seu título, estava cheia de raiva.

Raiva do xá; raiva dos "demônios" do Ocidente e dos males de sua tecnologia; tinha raiva até do coitado do sr. Desai, o primeiro-ministro indiano, que proibia o álcool (o que, do ponto de vista muçulmano, era bom) mas bebia urina (do ponto de vista muçulmano, deplorável). Mas não era por suas raivas que comprei a revista, ou pelos discursos de Khomeini, ou pelas biografias dos imãs xiitas. Comprei *The Message of Peace* devido a um artigo sobre planejamento urbano islâmico.

Seria possível haver tal coisa? Aparentemente, sim; e mais, era muitíssimo necessário. O islã era um modo de vida completo; não separava o mundano do espiritual. Portanto, era necessário, além de evitar o excesso industrial materialista, planejar no sentido de "uma sociedade teocêntrica". Nessa sociedade, as mulheres também tinham de ser protegidas. Problemas! Mas a própria existência desses problemas provava a necessidade de judicioso planejamento islâmico. E era possível uma solução.

Construa, nos cantos de um quadrado imaginário, quatro áreas residenciais. A cada uma dê uma mesquita, uma clínica e uma creche: é aí que as mulheres estarão ocupadas. Os homens irão para o trabalho. Irão trabalhar no centro do quadrado. Bem no coração dessa área de trabalho haverá uma mesquita de tamanho suficiente para abrigar toda a população masculina. Junto à mesquita haverá um centro de doação de esmolas, já que essa atividade é tão importante no islã quanto a oração, o jejum ou a peregrinação a Meca.

No círculo em torno da mesquita haverá uma feira; em torno da feira, um círculo de escritórios; e no perímetro desse círculo de escritórios haverá hospitais, maternidades e escolas, para que os homens, a caminho do trabalho, possam levar os filhos à escola e, em outras ocasiões, possam correr para os hospitais e maternidades.

Como recreação, as mulheres podem encontrar-se e conversar. Os homens podem montar cavalos ou pilotar aviões. "A idéia é não incentivar jogos que possam distrair a consciência religiosa da comunidade."

Existem alguns outros requisitos islâmicos. Água tirada de esgotos tratados não deve ser utilizada, exceto para irrigação. "O conceito de pureza, e da água como meio de pureza corporal, é forte no islã. O agente purificador da água é a própria água, e os processos químicos e biológicos não são aceitáveis do ponto de vista religioso."

As casas nas áreas residenciais devem ser de tal modo alinhadas que o chamado da mesquita para as orações possa alcançá-las sem o uso de alto-falantes. Existe um detalhe final. "As instalações sanitárias, como banheiros, por exemplo, devem ser dispostas de tal modo a permitir que o usuário não fique de frente ou de costas para a cidade de Meca."

As montanhas ao norte de Teerã surgiam na luz da manhã, ofuscavam-se na bruma do dia e, no crepúsculo, tornavam-se um frágil contorno roxo-ametista. As luzes começavam a acender; aqui e ali, luminosos de néon executavam suas pequenas danças. O tráfego rugia. Mas ao longo de toda a aparente agitação do dia, os guindastes sobre os prédios inacabados não faziam o menor movimento.

A tecnologia era maligna. Assim o dissera E. F. Schumacher, o autor de *Small is Beautiful. The Message of Peace* citava-o bastante, vergastando o Ocidente com suas próprias palavras. Mas estávamos rodeados pela tecnologia em Teerã, e parte dela fora tão islamizada ou colocada a serviço de algum bom uso islâmico que sua origem estrangeira parecia não significar nada.

O taxista do hotel, em meio aos engarrafamentos do tráfego do começo da noite, contava com a ajuda das leituras corânicas no rádio de seu carro; e quando voltávamos ao hotel havia mulás na televisão. Certos deuses e ferramentas modernas — automóveis, rádios, televisão — eram necessários; sua posse fazia parte de um conveniente orgulho islâmico. Mas essas coisas eram consideradas neutras; não estavam associadas a nenhuma fé ou civilização específicas; eram pensadas como estoque de algum grande bazar universal.

O dinheiro apenas comprava essas coisas. E o dinheiro, no Irã, tornara-se o verdadeiro dom de Deus, a recompensa pela virtude. Quer Teerã trabalhasse ou não, 70 milhões de dólares seguiam diariamente para as contas externas do país, para serem gastos conforme fosse necessário: divisas estrangeiras, garantidas por leis e instituições estrangeiras, para manter em marcha a revolução islâmica.

Mas algumas pessoas eram grosseiras. Podiam ser grosseiras nos restaurantes vazios, que não tinham a comida que seus antigos cardápios ainda ofereciam. Precisavam de clientes, mas não podiam deixar de odiar aqueles que vinham. Eram grosseiras em meu hotel, por um motivo adicional. Após a revolução, os proprietários haviam abandonado o país. O hotel fora assumido por um *komiteh* revolucionário, e era importante que todos os que trabalhavam no térreo demonstrassem orgulho. (Em cima era diferente. A arrumadeira certa manhã me disse, gesticulando, que eu não devia utilizar a lavanderia do hotel; ela lavaria minhas roupas. Foi o que fez. De tarde, quando voltei, encontrei minhas roupas úmidas expostas no corredor, penduradas para secar nas maçanetas das portas dos quartos desocupados.)

Nicholas, um jovem jornalista inglês, veio visitar-me certa noite e — frio, a princípio — começou a indispor-se descontroladamente com o homem da portaria sobre as tarifas dos táxis do hotel. A discussão rapidamente tomou conta do saguão vazio.

Nicholas, alto e magro e um pouco barbado, estava nervoso por excesso de trabalho; as longas horas que trabalhava como correspondente estrangeiro, a "desinformação" que, segundo dizia, precisava constantemente peneirar, o elevado número de palavras que tinha de enviar diariamente. Havia começado também a irritar-se com os acontecimentos que estava noticiando.

O homem na recepção era corpulento e pançudo, com pele pálida e cabelos negros encaracolados. Vestia terno e irradiava orgulho. Seu orgulho e a raiva de Nicholas fizeram-no perder a cabeça. Retornou aos modos e ao linguajar dos velhos tempos.

Ele disse: "Se não gosta do hotel, pode sair".

Nicholas, com a formalidade do temperamento culto, disse: "É uma felicidade *não* ter de ficar neste hotel".

Aceitei o táxi ao preço estabelecido, para acalmar a ambos. Nicholas inclinou-se sobre o balcão, mas olhou para longe. O homem no balcão começou a preencher o bilhete de requisição do táxi. A despeito de sua aparência, era um homem do campo. Gastara uma vultosa soma para enviar sua mãe em peregrinação a Meca; ele era ansioso quanto a dinheiro e ao futuro e preocupava-se com a educação dos seus filhos. Durante a prosperidade econômica, uma educação em universidade americana parecera possível para o menino, mas agora ele tinha de pensar em outras maneiras.

Nicholas era fechado à compaixão. Ele também se lembrava do período de *boom*, quando os hotéis não dispunham de quartos e ele e muitos outros haviam dormido em camas de campanha no salão de baile de um grande hotel, pagando cinco dólares por noite.

Ele disse: "Faz sete meses que ninguém neste país faz trabalho algum. Onde mais você consegue fazer isso e viver?".

A revolução prosseguia. Os resultados das eleições mostravam — embora houvesse acusações de fraude — que o povo fizera como Khomeini lhe dissera, e votara em mulás e aiatolás para a Assembléia dos Peritos que iria elaborar a constituição. Um homem foi executado por ter um caso de dois meses com uma mulher casada. O Comitê Revolucionário para Assuntos Profissionais advertia as cabeleireiras (principalmente armênias) que parassem de "desperdiçar sua juventude" e de cortar o cabelo dos homens. E alguns assustados lavadores de tapete começaram a anunciar uma "lavagem islâmica de tapetes" — que enxaguava o tapete três vezes.

Cancelaram-se compromissos no valor de 5 bilhões de dólares relativos a jatos americanos F-14, por seu sistema de mísseis ser muito "complicado e antieconômico". Outros grandes projetos pré-revolucionários também foram cancelados, além das duas usinas nucleares da Alemanha Ocidental, que representavam uma dívida de 1 bilhão de dólares. A via expressa de seis pistas até o porto de Bandar Abbas, no sul, foi retirada de um consórcio americano e entregue a um empreiteiro iraniano: "Na primeira etapa da obra, duas pistas serão construídas". Havia denúncias de sabotagem: os israelenses estariam sabotando as "operações normais" da Arya National Shipping Line. Os curdos do noroeste estavam em rebelião; havia inquietação entre os árabes no sudoeste.

Os pronunciamentos nunca terminavam. O Ministro do Trabalho e do Bem-Estar Social fez um e seu retrato saiu nos jornais: a mesquita, disse ele, não era só um local de culto mas também "uma base para lançamento de movimentos anticolonialistas numa demonstração de unidade de pensamento e ação". Unidade era o tema de uma grande matéria do *Tehran Times* da sexta-feira do sabá: "Por que o islã tem potencial para a revolução?".

Unidade, união, as costas curvadas em orações que eram como exercícios, a fé de cada um como a fé de todos, a fé de todos fluindo para a fé de cada um e tornando-se divina, a personalidade e o desamparo abolidos: união, entrega, inexpressividade, paraíso.

"O que o senhor achou do Hilton?", perguntou-me um dos funcionários da portaria do hotel. Era menos convencional do que os outros: fazia pequenas transações com moedas de prata e estava a ponto de me vender duas.

"Estava vazio."

"Todos os hotéis estão vazios. Em dois meses, isso vai mudar. Agora não existe governo. Em dois meses teremos governo. Pelo menos é isso o que dizemos."

Era um homem devoto, como os demais do hotel. Nenhum sermão na televisão era comprido demais para ele.

No Irã, falava-se da unidade entre fé e ação. Essa unidade derrubara o xá e suas forças armadas. Essa unidade era tudo de que ainda se necessitava. Mas estavam enganando a si mesmos. Após séculos de despotismo, aquilo em que realmente acreditavam era no estado como alguma coisa à parte, alguma coisa que cuidava de si mesma e era sempre restaurada. E, mesmo mantendo sua fé, ainda estavam demolindo tudo — hotel, cidade, estado —, estavam esperando que começasse de novo, que fosse como era antes.

Acabei decidindo ir para a cidade santa de Qom; e foi então que conheci Behzad. Ele me levava em meio ao tráfego e disse: "Você deve sempre dar a mão para mim".

Gostei das palavras; respondiam à minha necessidade. Sem a língua, e no meio dessas contradições iranianas, eu agora precisava ser conduzido pela mão de um iraniano.

Depois, Behzad traduziu a legenda no cartaz revolucionário — "Décimo segundo imã, estamos esperando por você" — e fui levado para outro nível de indagação.

# 3

# *A CIDADE SANTA*

Behzad e eu iríamos de carro para Qom. Passava do meio-dia quando voltamos para o hotel; e os taxistas do hotel, apesar do ócio em que estavam, não queriam fazer a longa viagem no deserto. Só um homem se ofereceu — era o homem que certa noite me fizera ouvir as leituras do Corão no rádio de seu carro — e pediu setenta dólares. Behzad disse que era muito; sabia de alguém que faria por menos.

Esperamos muito tempo pelo motorista de Behzad e logo descobrimos que, entre nossas negociações ao telefone e sua chegada ao hotel, sua tarifa tinha aumentado. Era um baixinho atarracado e disse que não era muçulmano. Não era isso que ele queria dizer. Apenas queria dizer que não era xiita ou persa. Era um "tribal", um lur, do Luristan, no oeste.

Em Qom havia um santuário famoso, a tumba da irmã do oitavo imã xiita; durante mil anos, o santuário tinha sido local de peregrinação. Também possuía várias escolas teológicas. Khomeini tinha lecionado e feito palestras em Qom; e em seu retorno para o Irã, depois da queda do xá, fizera de Qom o seu quartel-general. Estava rodeado ali por aiatolás, pessoas dotadas de importância própria, e era uma dessas figuras auxiliares, o aiatolá Khalkhalli, que eu pretendia encontrar.

Khomeini atendia, orava e abençoava; Khalkhalli enforcava. Era o juiz implacável de Khomeini. Foi Khalkhalli quem presidira muitos dos julgamentos sumários islâmicos que haviam culminado em execuções, com fotos oficiais de antes e depois:

homens mostrados antes de serem mortos e mostrados depois, mortos e nus nas pranchas mortuárias deslizantes.

Khalkhalli recentemente estivera dando entrevistas, enfatizando suas atividades de juiz, e contava-se em Teerã que perdera influência e vinha tentando, com essas entrevistas, manter viva sua reputação. Dissera ao *Tehran Times* que "provavelmente" condenara quatrocentas pessoas à morte em Teerã. "Em algumas noites", segundo disse, "grupos de trinta ou mais pessoas eram trazidos da prisão em caminhões". Afirmou que também assinara as sentenças de morte de um grande número de pessoas na província do Khuzistan. Khuzistan era a província árabe no sudoeste, onde estava o petróleo.

A outro jornal ele contou que houvera uma conspiração — arquitetada na embaixada da Coréia do Sul — para resgatar Hoveyda, o primeiro-ministro do xá, e outras pessoas importantes, da prisão de Teerã. Assim que ele, Khalkhalli, soubera do plano, decidira — a fim de assestar um golpe na CIA e no sionismo — antecipar os processos. "Examinei todos os casos em uma única noite e mandei-os para a frente do pelotão de fuzilamento." Contou para o *Tehran Times* como Hoveyda havia morrido. A primeira bala atingiu Hoveyda no pescoço; não o matou. Hoveyda recebeu então a ordem de seu executor — um sacerdote — para que erguesse a cabeça; a segunda bala o atingiu na cabeça e o matou.

"Será que esse homem concordaria em me ver?", perguntei a um correspondente da agência, quando conversávamos sobre Khalkhalli.

"Ele *adoraria* ver você."

Behzad achou que o encontro poderia ser arranjado e disse que telefonaria para o secretário de Khalkhalli quando chegássemos a Qom.

O telefone, o secretário: o aparato moderno parecia estranho. Mas Khalkhalli se considerava o homem do século. Segundo o *Tehran Times*, "Ele disse que os líderes religiosos estavam tentando implantar o reinado do Santo Profeta Maomé no Irã. No tempo do Profeta, espadas eram usadas para lutar, agora foram substituídas por aviões Phantom". Phantoms: não americanos, não produtos de uma ciência estrangeira, mas tão internacionais quanto espadas, parte do estoque do grande bazar mundial, e tornados islâmicos por meio da compra.

Uma confusão desse tipo também estava presente na cabeça de Behzad, embora ele não fosse religioso mas comunista, e seu pai o tivesse mantido longe da religião. O pai de Behzad estivera na prisão durante o tempo do xá e Behzad herdara o sonho de seu pai de uma revolução "verdadeira". Semelhante revolução não chegara ao Irã, mas Behzad, valendo-se de toda a dialética que aprendera, estava se obrigando a ver, no fervor religioso da revolução de Khomeini, o esboço do que poderia ser chamado de verdadeiro. E enquanto seguíamos de carro rumo ao sul, atravessando Teerã — no que a princípio parecia uma feira e, depois, cada vez mais, um assentamento em um deserto poluído —, era a cidade da revolta proletária que ele estava ansioso para me mostrar.

Edifícios baixos de alvenaria tinham cor de poeira; paredes pareciam inacabadas; interiores luminosos pareciam tão provisórios quanto sua pintura. Teerã, na terra plana ao sul, era sempre engrossada por pessoas que vinham da zona rural; e os agrupamentos de casas tradicionais quadradas, de tijolo e barro com telhados planos, eram como aldeias.

Passamos por um grande galpão de fábrica. Uma espécie de pele bege aderira às paredes abaixo de cada janela. Behzad me contou que era uma fábrica de tecidos e tinha sido um centro da revolução. O exército a invadira e muitos trabalhadores foram mortos.

Depois da refinaria de petróleo, que expelia chamas pela chaminé, estávamos em pleno deserto. Agora não havia nenhuma árvore e as vistas eram imensas: outeiros, colinas, pequenas serras. A estrada subia, mergulhava em amplos vales. Colinas e outeiros eram suaves e, às vezes, de longe e de certos ângulos, havia um levíssimo tom de verde sobre o marrom, devido a tufos de grama e capim que depois se evidenciavam realmente muito dispersos.

Do topo de uma colina, avistamos, à esquerda, o lago salino assinalado no mapa. Parecia pequeno e branco, como se estivesse prestes a aglutinar-se em sal; e o branco possuía uma franja verde-pálida. Behzad disse que às vezes tudo parecia azul. Muitos corpos haviam sido despejados ali de helicóptero pela polícia secreta do xá. E o lago era maior do que parecia. Era uma desolação quando começamos a passar por ele; a água verde que orlava o branco estava muito distante. Depois disso, a terra se tornava mais acidentada. As colinas eram menos arredondadas, seus contornos mais agudos contra o céu.

Era o deserto, mas a estrada estava movimentada; e ocasionalmente havia choças à margem da estrada onde era possível tomar refrigerantes ou comer melancias. Behzad achava que deveríamos beber ou comer alguma coisa antes de chegar a Qom; em Qom, onde eram rígidos quanto ao jejum do ramadã, não haveria nada para comer ou beber antes do pôr-do-sol.

Fizemos uma pausa numa parada para ônibus e caminhões, onde havia um café grande e rústico pintado em cores escuras e uma banca de melancias sobre uma plataforma ao lado da estrada. O homem das melancias, sentado diante de sua banca sob um toldo de algodão fino que quase não fazia sombra, dormia debruçado sobre os braços.

Nós o acordamos e compramos uma melancia, e ele nos emprestou uma faca e garfos. Behzad partiu a melancia ao meio, retalhou o miolo e nós três — o motorista se juntara a nós sem ser convidado — nos agachamos em volta da melancia, comendo, por assim dizer, do mesmo prato. Dava para ver que Behzad gostava do momento de servir e compartilhar. Poder-se-ia dizer que era um momento muçulmano; era o tipo de partilha que os muçulmanos praticavam — e o motorista, como era de se esperar, juntara-se a nós. Mas o motorista era um trabalhador; Behzad estava compartilhando comida com alguém do povo, e estava impondo seu próprio ritual a esse momento no deserto.

Duas mudas tinham sido plantadas na plataforma. Uma delas estava ressecada e morta; a outra estava semimorta. Entre elas jazia uma mulher de preto, queimada de sol, parecendo doente, um inexplicável fragmento humano a uma hora de distância de Teerã. Pedaços de jornal velho voavam da banca rodando pela areia, e prendendo-se aos troncos das árvores. Do outro lado da estrada, um furgão parado, soltando fumaça pelo escapamento; e o tráfego continuava, incessante.

Acocoramo-nos na areia e comemos. O motorista cuspia na estrada as sementes de melancia. Fiz o mesmo; e Behzad — embora com mais reverência — fez algo parecido. Abruptamente, fincando seu garfo na melancia, sem dizer nada, o pequeno lur de cabeça quadrada saltou da plataforma. Ele tinha acabado; já comera bastante da melancia. Atravessou o pátio encardido do deserto rumo ao café, para procurar um lavatório, e o momento de Behzad havia terminado.

Eu imaginara que Qom, uma cidade santa, tivesse sido construída sobre colinas: estaria cheia de paredes escarpadas, sombras e passagens estreitas na rocha, com celas ou cavernas onde homens devotos estariam meditando. Mas ela se assentava diretamente no deserto, e aproximar-se dela era como aproximar-se de qualquer outra cidade nos desertos: choças e postos de gasolina. A estrada se tornou mais arrumada; as choças davam lugar a casas. Um jardim florescia numa rotatória do tráfego — os jardins persas possuíam essa qualidade abrupta, contida, de oásis. Uma cúpula cintilava ao longe entre os minaretes. Era a cúpula do famoso santuário.

Behzad disse: "Aquela cúpula é feita de ouro".

Ela fora folheada a ouro no século passado. Mas a cidade em que começávamos a entrar havia se enriquecido com o petróleo; e parecia uma cidade-bazar reconstruída, apenas descaracterizada pela cúpula de ouro e seus minaretes.

"Como devo apresentá-lo?", perguntou Behzad. "Correspondente? Khalkhalli gosta de correspondentes."

"Mas não é como desejo falar com ele. Na verdade, eu só quero bater um papo com ele. Quero entender como ele chegou a ser o que ele é."

"Direi que você é escritor. De onde eu digo que você veio?"

Isso era um problema. Inglaterra seria mais verdadeiro, mas daria uma impressão falsa. Trinidad seria mistificação e também daria uma falsa impressão. América do Sul era uma possibilidade, mas as conexões estariam erradas.

"Você pode dizer que sou das Américas? Isso faria sentido em persa?"

"Direi que você vem dos Estados Unidos, mas não é americano", disse Behzad.

Passamos pela cúpula e paramos em uma área de estacionamento fora do santuário. Estávamos no meio da tarde, e fazia mais calor na cidade do que no deserto; a cúpula dourada parecia escaldante. O motorista lur, apesar de nosso banquete sacramental de melancia, estava resmungando sobre comida. Ramadã ou não, ele queria pegar o carro e sair de Qom para procurar o que comer; e perguntou quais eram os nossos planos.

Do outro lado da estrada, próximo à banca de melancia no portão que dava para o santuário, havia uma cabine telefônica envidraçada, de desenho alemão. Behzad foi telefonar para o secretário de Khalkhalli.

O muro alto da área do santuário estava pichado com slogans em persa. Havia dois em inglês — WE WANT REPUBLIC e KHOMEINI IS OUR LEADER — e provavelmente visavam as câmeras das emissoras de televisão estrangeiras. O segundo slogan era uma tradução direta da expressão "*Khomeini e Imam*", mas, como tradução, era incompleto e apenas sugeria (com a ajuda do primeiro slogan) uma transferência de lealdade do xá para Khomeini, sem afirmar a autoridade divina do líder ou o acesso que ele propiciava ao céu. No Irã, onde durante mil e cem anos estavam esperando pelo retorno do décimo segundo imã, "*Imam*" era uma palavra carregada; e principalmente aqui em Qom, onde a irmã do oitavo imã estava enterrada. Acesso ao céu, rejeição da regra não divina, era o propósito do termo "república" no slogan.

Behzad, abrindo a porta da cabine telefônica, com o telefone na mão, acenava para mim.

Quando me aproximei, ele disse: "O secretário diz que Khalkhalli está rezando. Ele o verá hoje à noite às nove, depois que tiver quebrado o jejum".

Eram três e meia da tarde. Tínhamos dito ao motorista que ficaríamos apenas três ou quatro horas em Qom.

Behzad disse: "O que você quer que eu diga para o secretário?".

"Diga-lhe que iremos."

Em seguida, fomos dar as más notícias ao lur impaciente — ou as boas notícias, já que ele estava cobrando por hora. Ele disse algo que Behzad não traduziu. E saiu com o carro para procurar comida, deixando-nos a pensar como passar cinco horas e meia naquela cidade letárgica e tórrida, onde nada poderia ser comido ou bebido nas cinco horas seguintes.

As lojas em frente ao santuário vendiam suvenires — pratos com o rosto de Khomeini, vasos de louça baratos — e doces: bolos redondos chatos, marrons, leves, parecendo muito doces, quebrando nas beiradas. Podia-se vender comida aos viajantes durante o ramadã, disse Behzad; mas não valia a pena. Não havia muita gente interessada. Uma velha aleijada, sem dúvida peregrina, passava lentamente pelas lojas em sua cadeira de rodas. Flagramos um menino rechonchudo em uma barraca beliscando um bolo marrom, parte de sua merenda; mas ele nos achou inofensivos e sorriu (ainda que, alguns dias antes, duas pessoas tivessem sido chicoteadas por comer).

As lojas de suvenires também vendiam pequenos tabletes de cerâmica impressos em alfabeto arábico. A argila era das cidades árabes de Meca e Medina (um bom negócio para alguém de lá); de forma que o crente, ao curvar-se em oração e apoiar sua fronte nesses tabletes, tocava terra santa. No alto do muro do santuário, em azulejos azuis e brancos vitrificados, havia, como eu imaginara, uma citação do Corão. Behzad não conseguiu traduzi-la; estava em árabe, que ele não sabia ler.

Arábia! Eu não deveria ficar surpreso com sua presença no Irã, mas fiquei. Porque, com um canto de minha mente, eu abordava o Irã pela história clássica e sentia respeito por sua antigüidade: o conquistador do Egito, o rival da Grécia, inconquistado por Roma; e, com outro canto de minha mente, eu o abordava pela Índia, onde, pelo menos no noroeste, a Pérsia ainda é concebida como civilização mais elevada — tal como a França costumava ser para o resto da Europa — por sua língua, poesia, tapetes e comida. Em Caxemira, *Farsi khanna*, comida persa, é a culinária suprema; e sobre o *chenar*, o plátano ou sicômoro transplantado da Pérsia (tão proeminente na pintura persa quanto na mongólica indiana), chega-se a dizer que sua sombra é medicinal. Em Qom, essas idéias tinham de ser descartadas. Aqui, a Arábia espartana era vista como fonte.

Behzad sugeriu que visitássemos o santuário. Se alguém perguntasse, eu deveria dizer que era muçulmano. Eu disse que não conseguiria fazer-me passar por um. Não saberia como me comportar. Era com o pé direito que se entrava na mesquita e, com o esquerdo, no lavatório? Ou era o contrário? Eram os sunitas que, durante as abluções, deixavam a água correr por seus braços até os dedos? Eram os xiitas que, em sentido contrário, deixavam a água correr das mãos para os cotovelos? E quais eram os gestos de homenagem ou reverência? Havia muitas armadilhas. Mesmo se eu seguisse Behzad e fizesse o mesmo que ele, não pareceria convincente.

Behzad disse: "Você não poderia me seguir. Eu também não sei o que fazer. Eu não freqüento mesquitas".

Mas poderíamos entrar no pátio e, para fazer isso, não precisaríamos tirar os sapatos. O pátio era amplo e muito claro. De um lado, ficava uma torre de relógio, com um relógio moderno e austero, sem números. Do outro, ficava a entrada para o santuário. Era alta e recuada e reluzia como prata, como uma caverna prateada ou uma cúpula abobadada em prata e cortada ao meio. Mas o que parecia prata era só vidro, milhares de pedaços refletindo luz em ângulos diferentes. E ali estavam, por fim, os peregrinos, camponeses queimados de sol, famílias inteiras vindas de longe. Estavam acampados em celas abertas ao longo do muro do pátio (cada cela era o sepulcro de uma pessoa famosa ou da realeza), e eram de vários tipos raciais: uma Pérsia mais antiga, uma confusão de movimentos tribais e transcontinentais.

Um grupo mongólico era o turcomano, disse Behzad. Eu mal conhecia a palavra. No romance inglês de 1824, *Hajji Baba* (que eu comprara no hotel em uma edição pirateada dos Clássicos Mundiais da Oxford), havia os bandidos turcomanos. Certa vez, em um leilão em Londres, eu havia visto um desenho indiano do século XVII representando um prisioneiro turcomano na canga, as mãos algemadas a um bloco de madeira atrás do pescoço. Os turcomanos eram habitantes da Ásia Central, outrora temidos. Como se encaixavam na história persa eu não sabia; e seu passado de guerra e banditismo parecia distante dos párias acampados no santuário. Franzinos, queimados de sol, esfarrapados, eram como escombros no limite de uma civilização que se mantivera por muito tempo à margem do mundo.

Próximo à mesquita ficava o prédio de dois andares de tijolos amarelos, onde Khomeini fora professor e conferencista. Era um prédio neutro, indefinível; e nada estava acontecendo ali naquela hora. Behzad e eu entramos na feira. Para a maioria dos barraqueiros era hora da sesta. Em uma tenda de pão, com uma pilha alta de pães doces redondos e perfurados, havia um homem estirado numa prateleira ou balcão na parede lateral e parecia estar usando parte de sua pilha como travesseiro. Behzad comprou um jornal. Fazia muito calor; havia pouca coisa para se ver; a vida de Qom permanecia oculta. Começamos a procurar sombra, um lugar onde sentar e esperar.

Chegamos a um pequeno hotel. O espaço lá dentro era apertado, mas fora recentemente mobiliado. Os dois homens sentados atrás do balcão fingiram não nos ver, e sentamos no pequeno saguão da entrada; não havia mais ninguém ali. Depois de alguns minutos, um dos homens do balcão aproximou-se e pediu que saíssemos. O hotel estava fechado para o ramadã; fora por isso, acrescentou o homem com afabilidade, que ele e seu amigo não haviam se levantado quando entramos.

Saímos novamente para o sol e a poeira, passamos de novo pelas lojas de suvenires, com os bolos marrons e os tabletes de argila árabe; e era permitido sentar às mesas do café vazio em frente ao slogan KHOMEINI É NOSSO LÍDER. Era um estabelecimento amplo, toscamente projetado e mobiliado, mas os pilares eram revestidos de mármore.

Não havia nada para beber — uma garrafa de refrigerante de "cola" parecia conter apenas perigo químico — e o ambiente estava aquecido pelo cheiro forte de carne de carneiro sendo cozida. Mas a sombra era refrescante; e o esgotamento relaxado que me sobreveio naquele momento, enquanto Behzad lia seu jornal em persa, ajudou a passar alguns minutos.

À mesa do canto oposto, próximo ao balcão de serviço, havia um grupo familiar, segundo pensei: pai, dois meninos e uma garotinha de vestido preto longo e véu. Tão pequena, pensei, e já velada. Mas ela era ativa; falava o tempo todo, e era incentivada pelos demais, que pareciam achar graça em tudo o que ela dizia. De vez em quando, o homem sorria para mim, como se me convidando a admirar. Gritando diante de um tablado, a menina subiu correndo os degraus até a galeria superior, gritou um pouco mais lá em cima, despertando novos risos embaixo. Desceu de volta, mostrou para os outros o que ela havia trazido. Virou-se — e pela primeira vez conseguimos ver sua face — e veio em direção de onde estávamos.

Não era uma menina. Ela era muito pequena, cerca de 1,20 metro, muito velha e provavelmente maluca. Ela nos mostrou o que trouxera de lá de cima: um prato de arroz branco com um pequeno losango de carne de carneiro marrom e negra. Estaria ela contente com o que havia ganho, ou estaria reclamando? Behzad não disse. Ele escutou enquanto ela falava, mas não disse nada para ela. Em seguida, ela se afastou.

Eu disse a Behzad: "Pensei que fossem uma família. Achei que fossem donos deste lugar".

"Oh, não!", disse Behzad. "Eles não são da casa. São trabalhadores."

Também nós saímos dali para telefonar novamente para o secretário de Khalkhalli e ver se o encontro não poderia ser antecipado. Eram quase cinco e meia, e estava um pouco mais fresco. Havia mais gente na rua. Nosso motorista tinha voltado; não tinha encontrado nada para comer.

Behzad telefonou. Depois, saindo da cabine, começou a conversar com dois jovens barbudos que vestiam roupas de mulás. Eu não os vi quando se aproximaram pois ficara olhando para Behzad.

Até agora, eu só havia visto mulás na televisão, em preto-e-branco, e principalmente cabeças e turbantes. A formalidade da roupa ao vivo foi uma surpresa para mim. Fazia os dois homens se destacarem na rua: turbantes pretos, túnicas brancas sem colarinho, aventais longos de dois botões e sem lapelas, em verde-pálido ou azul-pálido, e os mantos finos de algodão preto que eram como togas de bolsistas e agregados de Oxford e Cambridge ou de St. Andrews, na Escócia. Sem dúvida, ali estava a origem do estilo clerical dessas universidades, nos centros medievais de aprendizagem religiosa, como Qom ainda era.

A roupa, talvez sempre teatral, uma marca de distinção, também conferia dignidade e estatura físicas, como percebi quando Behzad chegou acompanhado dos jovens. Eram pessoas realmente muito baixas, mais jovens do que suas barbas sugeriam.

"Você queria conhecer estudantes", disse Behzad.

Tínhamos falado nisso no carro, mas não soubéramos como proceder.

Behzad acrescentou: "O secretário de Khalkhalli diz que podemos chegar às oito".

Eu tinha certeza de que a qualquer hora que fôssemos iriam nos fazer esperar, simplesmente pela posição de Khalkhalli.

Os dois jovens eram do Paquistão. Queriam saber quem era eu, e quando Behzad lhes disse que eu vinha dos Estados Unidos mas não era americano, pareceram satisfeitos; e quando Behzad acrescentou que eu estava ansioso para aprender sobre o islã, imediatamente se mostraram amistosos. Disseram que tinham alguns livros em inglês em sua hospedaria que me poderiam ser úteis. Deveríamos ir lá primeiro, e depois iríamos até a faculdade para conhecer estudantes de diversos países.

Behzad distribuiu a lotação no carro. Fez com que eu me sentasse próximo ao motorista lur, que estava um pouco intimidado pelos turbantes, aventais e barbas; Behzad sentou-se com os paquistaneses. Orientaram o motorista até uma rua residencial inesperadamente aprazível. Mas não conseguiram encontrar os livros que queriam me dar e, então, seguimos em frente, não para a faculdade, mas para um edifício administrativo defronte a ela.

Fomos inspecionados pela autoridade na entrada: um homem de meia-idade, vestido como os estudantes, mas, em lugar do turbante, um boné preto de lã. Não se contentou tão facilmente quanto os estudantes com a explicação de Behzad. De fato, estava muito desconfiado.

"Ele é dos Estados Unidos?"

Behzad e os estudantes, todos agora envolvidos na história, disseram: "Mas ele não é americano".

O homem com o boné de lã disse: "Ele não precisa falar com os estudantes. Ele pode falar comigo. Eu falo inglês".

Ele também era do Paquistão. Era magro, com o rosto chupado do sr. Jinnah, o fundador do país. Suas bochechas eram fundas, os lábios ressequidos e esbranquiçados devido ao jejum.

Ele disse: "Aqui publicamos livros e revistas. Elas lhe darão todas as informações de que precisa".

Ele falou em persa ou urdu com um dos estudantes, e o estudante saiu e voltou com uma revista. Era *The Message of Peace*, volume um, número um.

Então era ali que eles a produziam em grande quantidade, a raiva dos demônios das democracias ocidentais, as hagiografias dos imãs xiitas. Era ali que liam Schumacher e Toynbee e utilizavam suas palavras sobre tecnologia e ecologia para açoitar o Ocidente.

"Mas eu conheço sua revista", disse eu ao homem com o boné de lã.

Ele perdeu a pose. Parecia não acreditar.

"Eu estive lendo o volume um, número dois. Aquele com o artigo sobre planejamento urbano islâmico."

Ele parecia não entender.

"Eu o comprei em Teerã."

Carrancudo, gesticulou para que entrássemos. E fomos até o seu escritório, após tirar os sapatos. Os degraus de piso *terrazzo* eram largos, os corredores amplos; as salas espaçosas, acarpetadas.

O homem do boné de lã, o diretor, como agora eu o considerava, sentou-se atrás de sua nova escrivaninha de aço. Um dos estudantes sentou-se à sua esquerda. Behzad, eu e o outro estudante sentamo-nos numa linha de cadeiras de costas contra a parede distante, de frente para a escrivaninha. E, de modo tão formal quanto o modo como estávamos sentados, começamos.

O estudante à esquerda do diretor disse que o islã era a única coisa que tornava os homens humanos. Ele falava com delicadeza e convicção; e para entender o que ele queria dizer era necessário tentar entender como, para ele, o mundo seria caótico sem o Profeta e a revelação.

O diretor beliscou o nariz e pareceu aprovar. Na escrivaninha havia carimbos de borracha, um globo terrestre novo, um grampeador, um telefone de estilo moderno. Nas estantes havia arquivos em caixas, o dicionário de inglês da Oxford e um dicionário persa-inglês.

Havia 14 mil estudantes de teologia em Qom, segundo me disseram. (E no entanto, chegando no pior momento do dia, tínhamos encontrado as ruas vazias.) O período menor de estudo era de seis anos.

"Seis anos!"

O diretor sorriu diante de minha exclamação.

"Seis não é nada. Tem gente que pode passar quinze, vinte, trinta anos estudando."

O que estudavam nesse tempo todo? Ali não era um lugar de pesquisa e aprendizado de coisas novas. Eles eram homens de fé. O que havia no assunto que pudesse demandar tanto estudo? Bem, havia a língua árabe; havia a gramática em todas as suas ramificações; lógica e retórica; jurisprudência, sendo que a jurisprudência islâmica era um dos cursos, e os princípios da jurisprudência, outro; havia filosofia islâmica e as ciências islâmicas — biografias, genealogias, "correlações", tradições sobre o Profeta e seus companheiros imediatos.

Eu esperava algo mais informal, mais pessoal: o professor, um homem santo; o estudante, um discípulo. Eu não esperava essa organização do aprendizado ou essa marca de métodos clássicos antigos. Comecei a entender a necessidade de tantos anos de estudo. Aqui, a fé ainda limitava o mundo em termos absolutos. E, como na Europa medieval, a erudição teológica não tinha fim.

Um dos grandes professores em Qom, um homem que ainda fazia palestras e conduzia orações cinco vezes por dia, tinha gerado (ou produzido textos para) vinte e cinco volumes de comentários de uma famosa obra sobre a noção xiita do imã. Sete desses volumes já haviam sido publicados. Um grupo inteiro de eruditos — sem dúvida cotejando suas anotações de conferências: o método medieval de transmissão dos livros — estava trabalhando nos dezoito restantes. O próprio Khomeini, famoso por suas conferências sobre jurisprudência e filosofia islâmica, tinha produzido dezoito volumes sobre vários tópicos.

Aquela vida sistemática de oração e palestra, comentário e reinterpretação, havia quase perecido ao final dos tempos do xá. Khomeini fora banido; as forças de segurança tinham ocupado Qom; e mesmo os estudantes paquistaneses tinham sido perseguidos pela polícia secreta.

O estudante sentado à esquerda do diretor, baixando o tom de voz, disse: "Se não tivesse havido revolução aqui, o islã teria desaparecido".

Ambos os estudantes vinham de famílias sacerdotais em cidades rurais do Punjab, e sempre souberam que estavam fadados a ser mulás. Fazia apenas oito anos que estavam em Qom. Estavam fazendo o curso de dois anos de árabe, além de lógica e retórica (sendo que esta nada mais é do que o método clássico de dispor um argumento); mas não estudavam literatura. A história não fazia parte de seus estudos, mas tinham liberdade para ler sobre o assunto reservadamente. Era pela filosofia islâmica que tinham vindo para Qom. Em nenhuma outra universidade o assunto era tratado de modo tão completo; e sua presença em Qom, a morada de Khomeini, de Marashi, de Shariatmadari (grandes aiatolás do ensino), faria com que fossem respeitados entre os xiitas quando voltassem para o Paquistão.

O estudante à esquerda de Behzad disse, na tradução de Behzad: "Comparo este lugar a Berkeley ou Yale".

"É estranho ele dizer uma coisa dessas", disse eu a Behzad.

"Ele não disse Berkeley e Yale", explicou Behzad. "Fui eu quem disse, para deixar mais claro para você."

Os três paquistaneses, o diretor e os estudantes, conversaram entre si e o estudante próximo à escrivaninha do diretor ergueu o telefone e começou a discar.

"Eles querem que você conheça o professor deles", disse Behzad. "O aiatolá Shirazi. Ele está telefonando para marcar um encontro com ele agora."

Com a parte infantil de minha mente eu estava novamente pasmo, nesse mundo de escolásticos medievais em que eu entrara, nesse telefonema de aiatolás, grandes homens, para agendar compromissos. E eu ansiava pelo encontro com Shirazi como teria ansiado pela perspectiva súbita (supondo que fosse possível uma coisa dessas) de uma discussão com Pedro Abelardo ou João de Salisbury ou mesmo com algum homem instruído menos medieval. Eu não sabia nada da disciplina de Shirazi; não saberia o que dizer a ele.

O estudante que estava telefonando repôs o moderno receptor no aparelho. Sua timidez e reverência foram substituídas pela altivez e ele disse: "O aiatolá Shirazi o verá às sete. Assim que falei sobre o senhor, ele concordou em conhecê-lo".

A face do diretor iluminou-se pela primeira vez, como se a disposição de Shirazi em me receber tivesse por fim justificado inteiramente minha presença em seu escritório, conversando com estudantes ingênuos. Ele estivera constantemente beliscando o nariz, de um jeito que me fazia imaginar que o jejum do ramadã, que secara e embranquecera seus lábios, também estivesse afetando suas narinas e o irritando. Agora ele relaxava; queria mostrar-me o edifício. Todos nos levantamos; a entrevista formal terminara.

Tentei saber, quando saíamos da sala, sobre as taxas e despesas dos estudantes. Mas não pude obter dele uma resposta direta; e foi Behzad quem me falou diretamente, com uma indicação de que eu não devia insistir naquilo, que era a fundação religiosa em Qom que arcava com as despesas dos estudantes, pelo tempo que ali permanecessem.

Em uma sala do outro lado do largo corredor, havia um calígrafo trabalhando e copiando um Corão. Devia estar nos seus quarenta anos, usava calças compridas e camisa, e estava sentado a uma escrivaninha de tampo inclinado. Sua mão era firme, contida, sem nervosismo ou elegância; mas ele sentia prazer em nos deixar assistir a sua laboriosidade, mergulhando sua caneta de ponta larga na tinta preta. Seu rosto portava as marcas de tensão antiga; mas ele estava agora em paz, fazendo seu recém-descoberto trabalho de escriba em sua cela moderna e segura.

O diretor mostrou fotografias de uma reunião de líderes universitários muçulmanos, realizada em Qom dois anos antes. E mais uma vez, embora não devesse ter ficado surpreso, fiquei: essa prova da existência do submundo, ou do mundo paralelo, do aprendizado medieval em seu disfarce islâmico, ainda intato ao final do século XX. O reitor da Universidade Al Azhar no Cairo, disse o diretor, ficara tão impressionado com o que tinha visto em Qom que declarara que os estudantes de Qom seriam aceitos em sua universidade sem nenhum rebaixamento de grau.

Descemos os degraus. Contra uma das paredes estavam empilhadas publicações do centro — não apenas *The Message of Peace*, mas também duas brochuras em persa. Uma delas era uma história da filha do Profeta, Fátima, que desposara o primo do Profeta, Ali, o herói xiita; esse livro tinha o título de *A mulher do islã*. O outro livro ou livreto, com uma capa em cor sépia, era escrito, segundo disse o diretor, por um iraniano que passara um ano aparentemente dilacerante na Inglaterra. O livro era chamado *O Ocidente está doente*.

A casa de Shirazi ficava em uma viela de terra e de muro branco, em outra parte da cidade. A viela se inclinava de ambos os lados para uma canaleta central rasa, mas essa canaleta estava apenas cheia de pó.

Batemos em uma porta fechada no muro; e as crianças na viela zombavam dos paquistaneses, ameaçando-os com a ira de Shirazi quando estivessem lá dentro. Parecia uma forma tradicional de brincadeira, um escárnio autorizado que de nenhuma maneira zombava da fé: o "clérigo", o estudante religioso em sua roupa de estudante, um alvo reconhecido, como talvez tivesse sido na Idade Média européia. Entretanto, foi um momento difícil para os paquistaneses, tentando espantar as crianças, manter sua dignidade, preservar sua cortesia para com Behzad e para comigo, e preparar-se para a recepção séria que se seguiria.

A porta se abriu. Entramos em um vestíbulo, tiramos os sapatos, subimos degraus atapetados até uma galeria que contornava um pátio rebaixado e pavimentado à esquerda, com figueiras, totalmente coberto por um toldo branco alto que atenuava a luz e a cor do sol, de forma que, abruptamente, depois do pó e calor da viela, o clima de deserto em pleno verão parecia benigno, perfeito para os homens.

Eu teria gostado de fazer uma pausa, para apreciar o pátio sombreado pelas figueiras. Mas o encanto se converteu quase imediatamente em choque: havia um homem descalço, poucos metros adiante na galeria atapetada, com uma submetralhadora israelense: o guarda-costas de Shirazi. Ele permaneceu na galeria. Passamos para a sala atapetada e vazia à direita e aguardamos, sentados e em silêncio, ao lado de um ventilador elétrico. Os estudantes paquistaneses sorriram, a um só tempo expectantes e encorajadores.

"Ele vem vindo", disse Behzad. "Levante-se."

Todos nos levantamos. A formalidade favorece uma entrada, e a entrada de Shirazi foi impressionante, régia. Era um homem grande, com um rosto cheio e carnudo; sua barba, tão cuidadosamente aparada quanto seu bigode, tornava difícil adivinhar sua idade. Sua toga de dois botões era de tom castanho-pálido; sua manta preta era do mais fino algodão.

Os estudantes pareceram prostrar-se diante dele — uma agitação de mantos e turbantes pretos. Estendendo a mão para ser beijada, ele parecia lhes dar sua bênção. Em seguida, todos nos sentamos. Ele não disse nada; parecia apenas sorrir. Os estudantes não disseram nada.

Eu disse: "É muita gentileza sua receber-me. Estes seus alunos falaram do senhor como um homem de grande saber".

Behzad traduziu o que eu dissera e Shirazi começou a falar lenta e melodiosamente, com uma entonação que para mim era nova. Falou durante muito tempo, mas a tradução de Behzad foi breve.

"Foi gentileza deles dizer o que disseram. É gentileza sua dizer o que disse."

Shirazi falou um pouco mais.

Behzad traduziu: "A educação não pode começar muito cedo. Eu gostaria que as crianças fossem trazidas para a escola quando ainda bebês. Há um gravador de fitas no cérebro humano. Hitler pensava assim". E Behzad acrescentou por sua própria conta: "Ele quer saber qual é a sua religião".

"O que eu posso dizer?"

"Você precisa me dizer."

"Eu ainda sou um buscador."

Shirazi, o rosto tranqüilo, os olhos grandes sorrindo, avaliando, finalmente falou. Sua pronúncia era clara, deliberada, cheia de ritmo. Sua boca de lábios carnudos se escancarou, os dentes limpos se mostraram.

Behzad disse: "Ele quer saber o que você era antes de tornar-se um buscador. Você deve ter nascido em algum tipo de credo".

Eu receava pelos estudantes paquistaneses. O que lhes fora dito — com um pouco de verdade, porém mais para simplificar — foi que eu viera dos Estados Unidos mas não era americano. Para eles, segundo pensei, seria agora desconcertante saber que minha ascendência era hindu; os antagonismos entre muçulmanos e hindus do subcontinente indo-paquistanês eram profundos. Eles se sentiriam enganados; e tinham sido tão receptivos, tão abertos... Tinham organizado esse encontro com seu grande professor e até agora — mais beatificados do que obedientes ou mesmo reverentes — não tiravam os olhos de Shirazi.

Eu disse a Behzad: "Você pode dizer a ele que nunca tive nenhuma convicção religiosa? Diga-lhe que eu nasci longe, nas Américas, e não fui criado em nenhuma fé".

"Você não pode dizer isso a ele. Diga que é cristão."

"Diga isto a ele."

E assim que Behzad começou a falar, lamentei o que eu havia lhe pedido que dissesse. Shirazi não se deixara enganar por meus equívocos; ele sabia que algo estava errado. E decidi que em minha jornada islâmica, fosse por nervosismo ou por um desejo de simplificar, nunca mais iria complicar as coisas para mim desse jeito e, por conseguinte, falsear a resposta que as pessoas me dariam. Afora a tensão, teria sido mais interessante agora — teria servido melhor ao meu intento — que Shirazi me respondesse como a alguém sem religião, como a alguém com antecedentes idólatras, místicos e animistas.

Shirazi falou com seu jeito rítmico especial, o jeito de um mulá, como mais tarde Behzad me explicou, com um sotaque e entonação mais árabes do que persas. Ele transformava "islã" em "ess-lam"; e "Alá" tornava-se uma palavra de três sílabas, com uma pronúncia de boca aberta: "Oll-lor-*huh*".

Ele perguntou: "Que tipo de cristão é você?".

Pensei. "Protestante."

"Então você está mais perto da verdade."

"Por quê?"

"Os católicos são inflexíveis."

Ele não queria dizer isso. Ele apenas estava dando um viés xiita às divisões no cristianismo. Os xiitas, com sua linha própria de sucessão do Profeta, que era desconsiderada pelos demais muçulmanos, consideram a si mesmos como uma minoria encurralada.

E depois disso a conversa ficou tão difícil quanto eu receara. Perguntei se a história — a história da civilização islâmica — era algo que ele havia estudado. Ele entendeu mal; pensou que eu estivesse fazendo uma pergunta sobre a teologia muçulmana e disse que sim, claro que conhecia a história islâmica: quando o Profeta inicialmente divulgou a mensagem, as pessoas de sua aldeia não aceitaram e, por isso, ele teve de ir para a aldeia seguinte. E sempre — quer eu tentasse fazer com que ele falasse sobre as necessidades científicas dos países muçulmanos, ou sobre como ele imaginava que seria o Irã depois da revolução — escorregávamos de sua teologia para a confusão de suas certezas. Com o islã autêntico, a ciência floresceria: o Profeta disse que as pessoas deviam procurar aprender. Com o verdadeiro islã, havia liberdade (ele queria dizer a liberdade para ser islamita e xiita, para ser divinamente governado); e tudo vinha com a liberdade (sendo esta última idéia de liberdade totalmente separada da primeira).

Houve uma longa pausa.

Eu disse: "O senhor parece sereno".

"Agradeço que diga isso", respondeu ele, mas sem devolver o cumprimento.

Eu queria ser liberado e disse a Behzad: "Diga-lhe que acho que já tomei demais o tempo dele".

Shirazi disse, com seu sorriso: "Estou livre até a hora de quebrar meu jejum".

Eram apenas sete e meia e, só para continuar a conversa, eu disse: "Pergunte quando ele vai quebrar o jejum".

Behzad disse: "Eu não posso perguntar isso a ele. Você se esquece de que sou muçulmano. Essas coisas eu já devo saber".

Uma outra pessoa entrou, um homem santo usando turbante branco, um turcomano, pálido devido à reclusão do ramadã, não tão queimado de sol ou tão magro quanto as famílias turcomanas peregrinas acampadas no pátio do santuário. Uma garotinha muito pálida estava com ele. Shirazi foi afetuoso e receptivo. Levantamo-nos, na intenção de sair. Os estudantes se prostraram novamente diante de Shirazi e beijaram sua mão. Shirazi sorriu, e continuou a sorrir quando — terminada nossa audiência — a garotinha se apressou a beijar sua mão.

O toldo sobre o pátio e as figueiras tinha sido retirado. A luz era agora dourada; as sombras já não eram difíceis. Os sapatos estavam a nossa espera na base da escada; e, no pequeno cômodo fora do vestíbulo, o guarda-costas descalço com a submetralhadora estava se curvando para brincar com outra criança.

Do lado de fora, na viela de terra, onde a poeira parecia fazer parte do entardecer dourado, os estudantes paquistaneses voltaram suas faces luminosas para mim, e um deles disse: "O que achou dele?".

Para eles, o encontro havia corrido bem. Convidaram Behzad e a mim para jantar com eles, quebrar juntos o jejum e comer a comida simples dos estudantes. Mas aquele convite (como mostrava o qualificativo da comida simples dos estudantes) era apenas uma cortesia, sua maneira de se despedir, de nos ver dentro do carro e de retomar novamente a rotina de seu ramadã vespertino, que havíamos interrompido.

A viela e a rua onde ela terminava estavam cheias de figuras em movimento, cobertas por mantos negros: parecia uma gravura antiga de uma cena de rua de Oxford. Mas, aqui, as vestes clericais não eram emprestadas: faziam parte da cena e ainda tinham significado; aqui, a Idade Média islâmica ainda vivia, bem como a elevada organização de sua aprendizagem, que deslumbrara os homens da Idade das Trevas da Europa.

E havia mais que a velha Oxford nas ruas. Essa cidade do deserto — com seus muros brancos que escondiam pátios rebaixados, suas calçadas retas orladas de árvores, suas praças de densos jardins cercados — era o padrão de cidadezinhas que eu vira muito longe, na América espanhola, desde Yucatán, no sudeste do México, até os pampas da Argentina. A Espanha fora o veículo: conquistada pelos árabes entre os anos de 710 e 720 d.C., apenas oitenta anos depois da Pérsia, e incorporada ao grande mundo muçulmano medieval, a grande civilização universal da época. A Espanha, antes de espraiar-se nas Américas, havia rejeitado aquele mundo muçulmano e obtido vigor e seu próprio fanatismo a partir dessa rejeição. Mas, aqui no Irã, quinhentos anos depois, aquele mundo ainda existia, com vagas idéias de sua grandeza anterior, mas ignorante (como mostrava o artigo sobre planejamento urbano islâmico em *The Message of Peace*) das contribuições que outrora fizera, e do continente remoto cujo destino indiretamente influenciara.

Os estudantes paquistaneses tinham dado as indicações ao nosso motorista lur. Enquanto seguíamos ao encontro do aiatolá Khalkhalli, o implacável juiz de Khomeini, Behzad disse: "Você sabe por que eu não podia dizer a Shirazi que você não tinha sido criado em nenhuma religião? Ele estava tentando descobrir se você era comunista. Se eu tivesse lhe dito que você não tinha nenhuma religião, ele teria achado que você era comunista. E isso teria sido ruim para você".

A casa de Khalkhalli era a última de um beco sem saída, uma rua bem recente com árvores novas na calçada. O pôr-do-sol se aproximava; o céu do deserto estava cheio de cores. Havia homens armados por perto e paramos a uma ou duas casas de distância. Behzad foi na frente, conversou com alguém e depois me chamou. A casa era nova, de concreto, não era grande, e ficava recuada da calçada, com uma pequena área pavimentada na frente.

Na varanda ou galeria, tivemos nosso corpo revistado por um jovem baixo e de compleição robusta, de camiseta azul apertada, que deslizou ou bateu suas mãos ásperas ao longo de nossas pernas; em seguida, entramos num pequeno cômodo atapetado. Havia cerca de seis ou oito pessoas ali, entre elas um casal de africanos, sentados no chão, eretos e imóveis. O homem usava um terno cinza-escuro e era difícil situar sua origem; mas, pela roupa da mulher, julguei que fossem somalis, povo do chifre nordeste da África.

Eu não estava esperando essa multidão — na verdade, era um pequeno tribunal. Eu esperava uma conversa mais íntima com um homem que, segundo eu imaginava, tinha caído do poder e poderia estar se sentindo abandonado.

Um juiz implacável, uma figura do terror revolucionário, distribuindo a justiça islâmica entre jovens e velhos, homens e mulheres: mas o sujeitinho barbudo, de pouco mais de um metro e meio de altura, que, precedido por um reverente suplicante, no momento saía de um aposento interno — e era o homem em pessoa —, era rechonchudo e jovial, com olhos alegres por trás dos óculos.

Ele andava com passinhos rígidos, inelásticos. Tinha a pele clara, usava um gorro branco, nenhum turbante, manto ou toga clerical; e parecia um pouco desmazelado, com a túnica ou camisa amassada de fraldas longas, listrada de marrom, que cobria um par de roupas de algodão no tórax e adejava sobre calças brancas e largas.

Essa desordem nas roupas — em alguém que, considerando a presença física de Shirazi, poderia ter assumido o elevado estilo clerical de Shirazi — talvez fosse algo que Khalkhalli cultivasse ou pelo qual fosse conhecido: os iranianos na sala começaram a sorrir assim que ele apareceu. O africano fixou nele olhos brilhantes de admiração, e Khalkhalli foi gentil com ele, cumprimentando-o individualmente. Comparado à gentileza com o africano, Khalkhalli foi áspero comigo e Behzad. A mudança em sua conduta era abrupta, voluntariosa, uma encenação: era o palhaço que desejava mostrar seu outro lado. Isso não me incomodava; dizia-me que minha presença na sala, outro estranho que viera de longe, o lisonjeava.

Ele disse: "Estou ocupado. Não tenho tempo para entrevistas. Por que vocês não telefonaram?".

"Telefonamos duas vezes", disse Behzad.

Khalkhalli não respondeu. Levou outro suplicante consigo para o cômodo interno.

Behzad disse: "Ele está se decidindo".

Mas eu sabia que ele já havia se decidido, que a idéia da entrevista era boa demais para que ele resistisse. Quando saiu de volta — e antes de levar mais alguém consigo para sua sala, disse, com a mesma aspereza inconvincente: "Escreva suas perguntas".

Era outra demonstração de estilo adquirido, mas era difícil para mim. Eu ficara na expectativa de conseguir que ele falasse sobre sua vida; teria preferido entrar em sua mente, ver o mundo através de seus olhos. Ficara na expectativa da conversa. Não poderia dizer quais perguntas desejava fazer-lhe até que ele começasse a falar. Mas eu tinha de fazer do jeito que ele queria: os iranianos e africanos estavam esperando para me ver executar suas instruções. Como eu poderia conseguir que esse juiz implacável mostrasse um pouco mais além de seu lado oficial? Como eu poderia fazer com que esse meio palhaço, com sua aprendizagem medieval, esclarecesse sua paixão?

Eu não consegui pensar em nada extraordinário; resolvi ser direto; em uma folha de papel do hotel, que eu trouxera comigo, escrevi: "Onde o senhor nasceu? O que o levou a decidir fazer estudos religiosos? O que o seu pai fazia? Onde você estudou? Onde você pregou pela primeira vez? Como você se tornou um aiatolá? Qual foi o seu dia mais feliz?".

Não funcionou. Quando finalmente saiu da sala, ficou contente ao ver Behzad com a lista de perguntas, e sentou-se de pernas cruzadas bem à nossa frente. Nossos joelhos quase se tocavam. No começo, ele respondia de forma simples. Nascera no Azerbaijão. Seu pai era um homem muito religioso. Seu pai era fazendeiro.

Eu perguntei: "O senhor ajudava seu pai?".

"Eu era pastor quando menino." E, em seguida, começou a fazer palhaçadas. Elevando a voz e fazendo um gesto, ele disse: "Agora mesmo, sei como cortar a cabeça de uma ovelha". E os iranianos na sala, inclusive alguns de seus guarda-costas, caíram na risada. "Eu fazia todo tipo de trabalho. Até o de vendedor. Eu sei tudo."

Mas como o menino pastor se tornara mulá?

"Estudei durante trinta e cinco anos."

Isso era tudo. Ele não conseguia ser induzido a nenhuma narrativa, nenhuma história de luta ou ascensão. Ele simplesmente tinha vivido; experiência não era uma coisa sobre a qual ele tivesse refletido. E, vaidoso como era ("eu sou muito esperto, muito inteligente"), as perguntas sobre seu passado não o interessavam. Ele queria mais era falar de seu poder atual, ou de sua proximidade do poder; e foi isso, ignorando o resto das perguntas escritas, que começou a fazer.

Ele disse: "Foi o aiatolá Khomeini quem me ensinou. E fui professor do filho do aiatolá Khomeini". Ele me deu um soco no ombro e acrescentou maliciosamente, para alegria dos iranianos: "Por isso, não posso dizer que estou *muito* próximo do aiatolá Khomeini".

Sua boca escancarou-se, permaneceu aberta, e logo ele pareceu estar engasgando com a risada, mostrando-me as gengivas, a língua e a garganta. Quando se recuperou, disse, com um aceno curto e rápido de sua mão direita: "Os mulás agora irão governar. Teremos dez mil anos de República Islâmica. Os marxistas seguirão com seu Lenin. Nós seguiremos no caminho de Khomeini".

Ficou em silêncio. Cruzando as pernas cuidadosamente sob si, fixando-me com os olhos, assumindo um ar grave, parecendo sondar-me através dos óculos, disse, no silêncio que ele criara: "Fui eu quem matou Hoveyda".

A franqueza de seu rosto era parte da piada para os iranianos. Agachados no tapete, caíam em gargalhadas.

Isso era o mais íntimo dele, o seu trabalho como juiz revolucionário. Ele tinha dado muitas entrevistas sobre a condenação do primeiro-ministro do xá; e queria contar a história novamente.

Eu perguntei: "Você mesmo o matou?".

"Não", disse Behzad. "Ele apenas deu a ordem. Hoveyda foi morto pelo filho de um famoso aiatolá."

"Mas eu tenho a arma", disse Khalkhalli, como se fosse a segunda coisa em importância.

Novamente os iranianos rolaram de rir sobre o tapete. E mesmo o africano, sem nunca desviar de Khalkhalli os olhos brilhantes, começou a sorrir.

"Um Guarda Revolucionário lhe deu a arma", disse Behzad.

Eu perguntei: "Você a tem consigo?".

"Eu a tenho na outra sala", disse Khalkhalli.

Dessa forma, até o final, ele havia me obrigado, naquela sala cheia de risos, a ser seu coadjuvante.

Agora era o momento da quebra do jejum, não era hora para brincadeiras, era hora de todas as visitas partirem, exceto os africanos. Fazia alguns minutos que jovens vinham colocando comida no chão da varanda. Khalkhalli, dispensando-nos, pareceu esquecer-nos. Antes mesmo que tivéssemos calçado os sapatos e caminhado para o portão, ele e o casal de africanos estavam se sentando para jantar. Era um grande jantar; o palhaço comia a sério.

E finalmente nosso motorista lur poderia comer, e Behzad poderia repetir o momento sacramental de compartilhar comida com ele. Seguimos no carro até o centro da cidade, próximo ao santuário, e eles comeram no café onde, naquela tarde, tínhamos esperado em meio a um cheiro de carne de carneiro cozida.

Comeram arroz, carneiro e pão chato persa. Era tudo o que o café tinha a oferecer. Deixei-os comendo, comprei algumas castanhas e frutas secas em uma barraca e caminhei ao longo do rio, entre famílias que estavam acampando e comendo no escuro num aterro do rio. Do outro lado da estrada que saía do aterro, luzes elétricas brilhavam sobre melancias e outras frutas nas barracas: uma cena noturna refrescante, depois da claridade e ausência de cor do dia.

Quando caminhava de volta para o café, e do outro lado do rio, passei por uma loja de sapatos bem iluminada. Havia uma grande foto colorida de Khomeini. Parei para apreciar mais uma vez sua face incerta: a fronte enrugada, as sobrancelhas, os olhos duros, os lábios sensuais. Na claridade da loja, olhei para o punhado de nozes e passas *kishmish* que eu estava prestes a levar à boca. Havia uma tachinha no meio. Sem aquela pausa diante do quadro de Khomeini, eu teria machucado minha boca de um jeito que preferi nem pensar; e meu próprio dia de infiel em Qom, a cidade santa de Khomeini, teria terminado em uma desagradável surpresa.

A estrada para Teerã estava movimentada. Havia lua, mas as luzes dos carros e ônibus aniquilavam a visão. Apenas a intervalos o deserto, o luar e os contornos das colinas eram visíveis. Behzad estava cansado e tirou um cochilo. Quando despertou, pediu ao motorista que ligasse o rádio do carro para ouvir as notícias.

As notícias eram ruins para Behzad. O *Ayandegan*, o jornal da esquerda, o jornal que Behzad lia e do qual havia me falado, fora fechado pelo promotor islâmico em Teerã. O jornal era acusado de publicar "ideologias e crenças diversionistas entre os muçulmanos revolucionários do Irã"; de tentar "criar dissensão entre os vários grupos muçulmanos do Irã" — uma referência às minorias raciais e não xiitas; de falsear números de suas tiragens; de enviar exemplares incompletos do jornal para certas partes do país, a fim de economizar papel de imprensa "para publicar material destinado a dividir a nação". Os recursos do jornal tinham sido repassados para a Fundação Pró-Carentes; e os Guardas Revolucionários tinham ocupado sua sede.

Behzad — apesar de Shirazi e Khalkhalli — ainda reivindicava para si a revolução, vendo em um movimento popular a possibilidade e até mesmo os primórdios de outro. A revolução, entretanto, agora havia se voltado contra ele. Mas os revolucionários precisam ter paciência; e Behzad tinha aprendido a paciência com seu pai revolucionário. A perda do jornal era grave — teria sido dilacerante para mim, se a causa fosse minha — mas Behzad suportou bem sua decepção.

Ele não voltou a dormir. De vez em quando, à medida que seguíamos pelo deserto enluarado, ele ficava distante. Passamos pelo lago salgado branco à direita, onde, segundo ele dissera, a polícia secreta do xá havia despejado corpos; o cemitério, à esquerda, onde os mártires da revolução tinham sido enterrados, e que teríamos visitado se tivéssemos regressado durante o dia; e, depois, a refinaria de Teerã, à direita, com golfadas de chamas saltando de sua alta chaminé — o Irã ganhando dinheiro enquanto ela dormia.

Por volta da meia-noite, estávamos novamente no hotel. E foi no portão do hotel que o lur disparou as tarifas extras sobre as quais devia ter meditado durante horas. Ele cobrou pela distância e pelo tempo; cobrou pelas horas noturnas; no final, ficou mais caro do que o táxi do hotel, do qual havíamos desistido. Mas tinha sido um dia mais difícil do que ele havia combinado; tinham-lhe negado o almoço de que tanto precisava; eu estudara, durante muito tempo e com uma crescente ternura, a parte de trás de sua pequena cabeça quadrada; sua paixão pelo arroz e o carneiro, quando finalmente chegara para ele a hora de comer, fora muito convincente; seu rosto magro e nodoso, ao virar-se para mim e me pedir mais, era tão suplicante, sob a luz de boate do carro; ele preenchia tão inteiramente o ideal de Behzad do trabalhador bom e gentil que paguei sem questionar.

# 4

# *O TREM NOTURNO DE MASHHAD*

Behzad era de uma cidade provinciana, uma das antigas cidades famosas da Pérsia. Seu pai era professor de literatura persa. Sobre sua mãe, Behzad não tinha nada a dizer — ele falava dela apenas como sua mãe — e imaginei que seus antecedentes fossem mais humildes. Ele havia estudado durante algum tempo em uma escola americana e falava bem o inglês, com um sotaque neutro. Agora, com vinte e quatro anos de idade, estudava ciências em um instituto em Teerã. Tinha maneiras simples e educadas, e uma delicadeza persa. Era alto, esbelto e atlético. Praticava esqui e montanhismo e levava a natação a sério.

O passado provinciano, talvez puramente tradicional de um dos lados, a escola americana, o instituto de ciências na capital, as práticas atléticas: poder-se-ia dizer que, para Behzad, tendo passado praticamente toda a sua vida no reinado do xá, o mundo se abrira em sentidos que seus avós não conheceram.

Mas isso era a minha visão. Eu tinha o dobro da idade de Behzad. Eu nascera numa época colonial estática; e em Trinidad, onde passei meus primeiros dezoito anos, eu havia conhecido a pobreza e as limitações espirituais de uma colônia agrícola na qual, como certa vez se computou, havia apenas oitenta tipos de trabalho. Dessa forma, em lugares como o Irã, eu conseguia enxergar mudança. Era diferente para Behzad. Nascido no Irã em 1955, ele desconsiderava a existência da riqueza nacional;

desconsiderava a expansão de sua sociedade; ele apenas conseguia enxergar o que ainda era injusto naquela sociedade.

Eu o via como emancipado e até privilegiado. Ele se via como pobre e, como prova disso, dizia que não tinha paletó; no inverno, usava apenas um pulôver. A idéia de pobreza fora dada a Behzad por seu pai, o qual, como comunista, passara algum tempo na prisão durante o reinado do xá. E aquela idéia de pobreza estava longe da que eu tinha, vinte e cinco anos antes, em Trinidad.

Quando era criança — o que teria sido na metade dos anos 60 — Behzad um dia perguntara a seu pai: "Por que nós não temos um carro? Por que não temos uma geladeira?". Isso foi quando o pai lhe havia falado sobre pobreza e injustiça, e começara a introduzi-lo na idéia de revolução. Na casa de Behzad, a revolução tomara o lugar da religião como idéia motriz. Tal como a religião, para Behzad, ela possuía até um laço com o conceito de devoção filial. E Behzad, em sua fé, era tão rígido quanto qualquer mulá em Qom o era com a sua. Ele julgava os homens e os países por suas qualidades revolucionárias. Afora a literatura persa, pela qual nutria um sentimento especial, apenas lia autores revolucionários ou escritores que considerava revolucionários, e eu não tinha certeza se ele conseguia datá-los: Sholokhov, Steinbeck, Jack London. Ele nunca sofrera a tentação do desvio.

Dois dias depois de nossa viagem a Qom, enquanto caminhávamos pelo centro de Teerã, ele me disse que não havia liberdade autêntica no Ocidente. Os trabalhadores eram oprimidos, trocando sua força de trabalho pelas necessidades mais fúteis. A verdadeira liberdade só existira uma vez no mundo, na Rússia, entre 1917 e 1953.

Eu disse: "Mas havia muito sofrimento. Muitas pessoas foram presas e mortas".

Ele se agarrou àquilo. "Que *tipo* de pessoas?"

Ele não tinha nenhuma fé religiosa. Mas crescera no Irã xiita e sua idéia de justiça para os puros e sofredores era inseparável da idéia de castigo para os perversos. Seu sonho do reino de Stalin era uma versão do sonho do reinado de Ali — o sucessor legítimo do Profeta.

Perguntei: "Algum dos seus amigos agora mudou de lado e decidiu que é muçulmano?".

"Alguns. Mas eles não sabem o que são."

Ele me mostrou a cidade da revolução. Nessa avenida comercial ladeada de árvores, naquele prédio queimado (as aberturas enegrecidas de suas janelas a princípio não são notadas na rua manchada de fumaça), os soldados do xá haviam tomado posição. Haviam atirado nos manifestantes. E aqui, nessa entrada, morrera um homem. Seis meses depois, o sangue mal era visível: apenas salpicos escuros no concreto sujo. Em dois pontos, alguém escrevera, com um pincel atômico preto, em caracteres persas de um tamanho que poderia ter sido usado para uma nota confidencial: "Este é o sangue de um mártir". "Mártir" era uma palavra estritamente religiosa; mas Behzad também poderia lê-la politicamente.

Na avenida da Revolução, anteriormente Xá Reza, defronte ao grande bloco cercado com grades de ferro da Universidade de Teerã, ficavam os editores (misturados com as lojas masculinas) e os vendedores de livros, cassetes e gravuras das calçadas. Os cassetes eram de falas de Khomeini e outros aiatolás; eram também — apesar da proibição da música por Khomeini — de canções populares persas e indianas. Alguns livreiros tinham livros em persa sobre a revolução, seus ideólogos e mártires. Alguns tinham pilhas mais volumosas de literatura comunista, brochuras persas, com coleções encadernadas de Lenin ou Marx em inglês, vindas da Rússia. Uma revolução parecia fluir para dentro da outra.

E havia álbuns de fotografias da revolução. A ênfase desses álbuns recaía em morte, sangue e vingança. Havia fotos de pessoas assassinadas durante o tempo do xá; fotos da insurreição: sangue nas ruas, corpos nos necrotérios, com slogans escritos a sangue nos azulejos brancos; galerias de pessoas executadas depois da revolução, e mortos expostos, página após página, cadáver sobre cadáver. Um dos cadáveres era o de Hoveyda, o primeiro-ministro do xá, que fora arrastado para a morte, tarde da noite, por ordem de Khalkhalli e baleado duas vezes, primeiro no pescoço, depois na cabeça: e o buraco negro da bala no velho pescoço de Hoveyda era nítido na fotografia.

Eram esses os livros de suvenires da revolução, publicados por editores concorrentes. Era o outro lado do sentimentalismo iraniano, também disponível aqui, no estoque dos vendedores de gravuras: paisagens oníricas de água e árvores, pinturas de crianças e lindas mulheres com lágrimas espessas, inexplicáveis, correndo a meio caminho de suas faces. Behzad adorava aquelas lágrimas.

Todos os edifícios no bloco universitário — fundado pelo pai do xá — estavam desfigurados por slogans. A universidade era o grande ponto de encontro de Teerã, e até mesmo em um dia como esse, um dia sem nenhum evento programado, estava cheia de grupos de discussão. Behzad disse: "É assim o tempo todo". Sobre o que conversavam? Ele respondeu: "As mesmas coisas. Islã, comunismo, a revolução". Parecia uma cena pacífica de campus; era difícil associar esses jovens em calças jeans e camisas chiques com a sanguinolência celebrada nos livros e álbuns do outro lado da rua.

Mas a violência estava no ar e, logo após sairmos pelo portão principal, assistimos a um incidente. Um estudante de camisa branca, baixo e usando óculos, inexperiente e com um esforço um tanto cômico, pregava com fita adesiva um panfleto no gradil de ferro do portão. Era um panfleto de protesto contra o fechamento do *Ayandegan*, o jornal da esquerda. Um trabalhador próximo a uma barraca de comida na beira da calçada aproximou-se lentamente, desenhou uma foice e um martelo vermelhos no panfleto, cruzou a folha inteira com um X, deu dois tapas no estudante, no meio da multidão da calçada; em seguida, sem pressa, firmou melhor com a fita adesiva o desfigurado panfleto.

O estudante se esquivara para salvar os óculos e os olhos. Ninguém fez o menor gesto para ajudá-lo. Mesmo Behzad nada fez, dizendo apenas, como se recorresse a mim em busca de justiça: "Você viu isso? Você *viu* isso?".

As duas revoluções pareciam fluir juntas, a revolução de Khomeini e a que Behzad teria visto como a verdadeira revolução do povo. Mas elas eram distintas. No fim de semana anterior, Behzad e alguns de seu grupo tinham ido até uma aldeia para fazer trabalho político. Tiveram problemas com os Guardas Revolucionários: toda aldeia tinha o seu *komiteh*, jovens armados que agora eram a lei em muitas partes do Irã. Os Guardas, muçulmanos, não queriam comunistas na aldeia.

Quem eram esses militantes muçulmanos? "Eles são lúmpen", disse Behzad. "Você conhece a palavra?" Os Guardas das aldeias eram lúmpen, como o trabalhador que tinha esbofeteado o estudante. O dogmatismo ajudava Behzad; permitia-lhe manter a fé no povo.

Na manhã seguinte, havia um cenário diferente na universidade. Era novamente a sexta-feira do sabá, e era a terceira sexta-feira consecutiva na qual haveria orações em massa nos jardins da universidade.

Behzad e eu saímos caminhando do hotel e, quando chegamos à avenida da Revolução, parecia que metade de Teerã estava caminhando conosco. Nenhum ônibus ou caminhão trouxera essas pessoas; elas vieram caminhando. A multidão era densa do lado de fora da universidade; os carros passavam com cuidado; pequenos grupos isolados entre os passantes gritavam slogans pouco audíveis na algazarra geral.

Passamos pelos livreiros e vendedores de gravuras da calçada e ao término do bloco viramos à direita, seguindo pelo gradil da universidade. A larga rua lateral, subindo na direção norte de Teerã, era ladeada de plátanos e estreitos canais de água, de fluxo rápido. Um jovem barbudo do lado de fora do gradil, um vendedor de livros, segurava uma brochura em cada mão e gritava: "Estes livros são contra o comunismo e o imperialismo!".

Behzad disse, penalizado: "Para eles, as duas palavras são a mesma coisa".

Passamos pelo vendedor e estávamos continuando ao longo do gradil, quando Behzad me fez recuar, dizendo: "Aqui devemos seguir a lei islâmica. Este lado da rua é para as mulheres".

Atravessamos a rua, caminhamos um pouco ao lado do canal e, durante uma hora ou mais, na calçada reservada aos homens (conforme pensávamos), à sombra estreita e definhante de um plátano, contemplamos a multidão que vinha da avenida da Revolução, as mulheres usando túnicas e véus pretos, de um lado, os homens do outro. Homens fervorosos e exaltados agachavam-se à margem do canal, faziam sua lavagem ritual e depois atiravam pedras na água; era como se houvesse uma competição ou exibição de exaltação. Sempre que Behzad e eu parávamos de falar, ouvíamos o som de pés, o burburinho da multidão ambulante, o grito ocasional de um bebê. Uma leve poeira se elevava sobre o terreno da universidade.

De vez em quando, surgiam grupos gritando palavras de ordem de unidade; em dado momento, havia um grupo em roupas de paratropas camufladas portando rifles G-3. Os Guardas Revolucionários surgiam, mantinham o fluxo em movimento, os homens separados das mulheres. A certa altura, vi um curdo ou um homem em trajes curdos: o tipo mais solto de jardineira cinturada, calças compridas muito folgadas e afiladas nos tornozelos. Em outro momento, espantosamente, passou por nossa calçada uma jovem rechonchuda usando calças jeans apertadas e sapatos de salto alto, que se dedicava a alguma atividade bem diferente. Ela caminhava o mais rápido que conseguia com aqueles saltos, sem olhar para ninguém.

A multidão se adensava, homens e mulheres agora em fluxos distintos, os homens avançando, as mulheres reduzindo a marcha, amontoando-se, obstadas pela aglomeração na entrada das mulheres em algum ponto mais acima. Um discurso começou a surgir dos alto-falantes, numa voz entrecortada, apaixonada; aquilo aumentou o frenesi. A calçada do lado das mulheres ficou completamente tomada. As mulheres começaram a sentar-se em jornais e tapetes baratos na própria rua, a princípio na sombra crivada de clarões dos plátanos e, logo, em qualquer lugar. Invadiram nossa calçada, ou a calçada que pensáramos ser nossa. Indiferentes a nós, mergulhavam as mãos em suas cestas, esparramavam pedaços de tapete e pano e partes de jornais a nossos pés; e depois de serem parte do fluxo anônimo e imponente de roupas pretas, revelavam-se mulheres camponesas de faces alquebradas, ferozes na defesa de sua faixa de calçada ou rua.

Um Guarda Revolucionário chegou e dirigiu-se em tom áspero a Behzad e a mim. Behzad disse: "Ele diz que temos de deixar as mulheres rezar".

O traje Che Guevara do guarda, os óculos escuros, a arma, os acessórios da revolução, servindo a essa causa: a incongruência era, naquele momento, irritante. Mas Behzad disse calmamente: "Vamos caminhar com o povo".

O portão para mulheres estava preto de véus e vestidos: as mulheres do lado de dentro, impossibilitadas de avançar, as de fora, esperando para entrar. Da massa preta elevava-se a poeira. A interseção na extremidade norte do bloco universitário era mantida livre por homens em roupa de batalha, armados. O lado norte da universidade estava reservado para os homens; já haviam se esparramado por metade da rua. Todos os portões estavam vigiados. E foi por um dos portões do lado norte (muito mais portões para homens do que para mulheres) que Behzad me conduziu, depois de dizer, em resposta à pergunta informal de um Guarda Revolucionário, que sim, eu era muçulmano.

Behzad queria ver a multidão. Eu receava ficar preso pelas orações. Behzad compreendeu; disse que ficaria mal para nós sairmos no momento em que as orações começassem; e, naturalmente, se ficássemos, não saberíamos o que fazer, o que seria pior. Mas as orações ainda levariam algum tempo para começar. Ainda era hora apenas dos discursos, que poderiam arrastar-se, como aquele primeiro discurso de aquecimento (de um aiatolá menor e que não valia a pena traduzir) havia se arrastado, retumbando sem parar pelos alto-falantes.

A verdadeira multidão estava no centro, ao redor da mesquita da universidade. Mas, já a alguns metros dos portões, os homens haviam se estabelecido para oração na meia sombra de cada pequena árvore e arbusto. Alguns traziam lenços ou pedaços de pano dobrados na cabeça; outros usavam chapéus de jornal e bonés de papelão, como em um estádio esportivo.

Dois trabalhadores entraram, correndo, ainda extravasando sua agitação. Empurraram-nos deliberadamente enquanto corriam, e um homem gritou: "Se o pai do xá soubesse que a universidade um dia ficaria assim, jamais a teria inaugurado".

O aiatolá ao microfone pedia que a multidão sentada cantasse. E as respostas se sucediam, sobrepondo-se ao som amplificado dos alto-falantes. Os cantos falavam de unidade. Unidade, união, inexpressividade, em um imenso coágulo humano: o que era alegria para a multidão logo se tornou opressivo para mim — no mínimo, porque eu nunca antes estivera em um espaço fechado com quase um milhão de pessoas — e foi um alívio descobrir, quando passamos para o lado de fora, por uma das saídas a leste, e começamos a caminhar de volta para o hotel, que ainda havia outras pessoas por ali fazendo outras coisas.

Pedimos algo para comer no restaurante do hotel. Um rádio estava ligado alto na cozinha: os discursos na universidade ainda prosseguiam.

As únicas pessoas além de nós na grande sala de jantar eram um grupo de italianos desgarrados, que haviam passado alguns dias no hotel. A companhia a que pertenciam devia estar pagando sua conta no hotel e, ao que parecia, não tinham dinheiro próprio. Eram elegantes, em seus trinta e poucos anos, e todos usavam calças compridas de corte italiano feminino: justas, de cintura alta, contornando os quadris. Raramente saíam; faziam todas as refeições no hotel; e sua vivacidade e consciência de sua elegância diminuíam dia após dia, refeição após refeição. O hotel, outrora famoso por sua comida, perdera o chefe de cozinha após a revolução.

E, após a caminhada, a agitação e a espera sob o sol, o que estavam ouvindo as multidões na universidade — e nossos garçons uniformizados?

"Os iranianos devem manter acesa a chama do islã."

Eles já tinham ouvido aquilo antes, mas a familiaridade era como um ritual. E o orador era o adorado aiatolá Taleqani, o líder das orações. Era Taleqani quem decretara essas orações em massa na Universidade de Teerã como uma demonstração de unidade revolucionária, unidade como a do tempo do Profeta e das tribos do deserto. Taleqani era um homem velho, e morreria algumas semanas depois. Era considerado, até pela esquerda, como o mais moderado e inteligente dos aiatolás; mas, quando de sua morte, revelar-se-ia que nesse momento ele era o chefe do Conselho Revolucionário.

O próprio Profeta, dizia o aiatolá Taleqani, poderia estar pensando na revolução iraniana quando predisse que os persas, os descendentes de Salman-e-Farsi, seriam "os pioneiros do islã numa época em que o mundo se desviaria da fé".

Em 637 d.C., apenas cinco anos depois da morte do Profeta, os árabes começaram a ocupar e dominar a Pérsia, e todo o grande passado da Pérsia, o passado anterior ao islã, foi declarado um tempo de trevas. O orgulho pela Pérsia permaneceu: os persas passaram a crer que eram os mais puros muçulmanos. Isso estava na raiz de sua paixão xiita, a hostilidade com o que não era xiita.

Os aiatolás, grandes prelados, haviam se dispersado para o ramadã, ficando cada um, durante esse mês de retiro, como um barão medieval, próximo à fonte de seu poder. Khomeini governava de Qom e, ali, Khalkhalli estava próximo de Khomeini. Taleqani conduzia as orações em Teerã. E, em Mashhad, oitocentos quilômetros a nordeste, próximo às fronteiras russa e afegã, Shariatmadari cultivava seus partidários turcos e, segundo se informava, estava aborrecido. Dizia-se que não gostava de como haviam transcorrido as eleições para a Assembléia dos Peritos.

Mashhad era uma ótima base para um aiatolá. Em Mashhad estava um santuário mais sagrado do que a tumba da irmã do oitavo imã em Qom; em Mashhad estava a tumba do próprio oitavo imã. Ele morrera em 817 d.C., um ano depois de ter sido nomeado sucessor à soberania de todo o mundo muçulmano; e os xiitas dizem que ele foi envenenado por um filho do soberano das *Mil e uma noites*, Harum al-Rashid. Conflito dinástico, intriga palaciana, os altos e baixos das fortunas persas no seio do império islâmico são a matéria da teologia xiita.

Behzad e eu deveríamos estar a caminho de Mashhad naquele dia. Mas surgiram problemas. Primeiro, parecia que a mãe de Behzad estava indo para Teerã; depois, parecia que a namorada de Behzad estava chegando para passar o fim de semana. A namorada era importante. Tinha vinte e cinco anos, era formada em economia, mas estava sem emprego no Irã pós-revolucionário; e, segundo entendi, ela fora passar algum tempo nas províncias. Então, estranhamente, revelou-se que ela estava em Mashhad.

Assim, no final das contas, podíamos ir a Mashhad; e Behzad e sua garota poderiam voltar juntos para Teerã. Mas Mashhad recebia muitos visitantes durante o ramadã, e as filas na estação de trens, às sete horas daquela manhã, tinham sido para passagens com dois dias de antecedência. Por isso, tínhamos decidido ir de avião e, depois de esperar que a Iran Air abrisse, tivéramos a sorte de comprar as últimas passagens para o dia seguinte.

Eram passagens de primeira classe, mas Behzad (que disse que levava a maior parte de seu guarda-roupa em sua pequena valise) não fez nenhuma cerimônia e esparramou-se na ampla poltrona. Havia aeromoças, sem véus: na Iran Air, pelo menos no céu, ainda vigorava um estilo pré-revolucionário.

A terra que sobrevoávamos era principalmente marrom. Os verdes campos planos a leste de Teerã passaram depressa; e logo estávamos sobrevoando montanhas nuas, ora serras em forma de centopéias, ora com crateras, ora ásperas e recortadas, ora com grandes encostas uniformes sulcadas por cursos d'água criados pela neve derretida. Os padrões e as texturas mudavam continuamente; as cores variavam do ocre ao vermelho ou cinza-escuros. Era surpreendente perceber faixas ocasionais de verde, a sinuosidade de uma estrada num vale, ou uma estrada cortando diretamente uma aridez marrom. Todo lugar onde fosse possível alguém morar era conhecido; a terra era antiga. A uma hora de Teerã, os campos eram mais freqüentes, verde-empoeirado sobre marrom, ou verde-empoeirado sobre vermelho-pálido; e então, terminadas as montanhas, havia a planície larga onde ficava Mashhad: distante, isolada e nessa parte antiga do mundo, talvez sempre um ponto de encontro e um centro de peregrinação, muito tempo antes do islã e do oitavo imã.

O hotel Hyatt Omar Khayyam estava funcionando, apesar de seu nome. O tráfego de peregrinos da classe alta mantinha-o em toda a sua opulência americana e internacional: um grande corredor de mármore, iluminação sofisticada, uma piscina (horários diferentes para cada um dos sexos), um café ensolarado e, separado por um vidro do jardim verde e pouco crescido, um restaurante mais escuro, atapetado e formal, com um *maître* vestido de preto. Era estranho esse estilo na cidade santa de Mashhad; mais estranho ainda, no ambiente desse hotel, era encontrar, entre as cortesias oferecidas no salão, um tablete de cerâmica de Meca ou Medina, cuidadosamente enrolado numa toalha de rosto marrom: o solo sagrado da Arábia, cortesia do Hyatt.

Mas o que era incongruente para mim não era para Behzad. "Olhe aquela família", disse ele no restaurante. "A velha é santa ou religiosa. Mais ninguém. A velha veio aqui para ver o imã. As filhas e os genros vieram para o hotel para nadar, relaxar e comer. Eles podem comer durante este período de ramadã porque os viajantes podem comer, e em Mashhad eles são viajantes."

Dessa forma, o Hyatt Omar Khayyam mantinha-se vivo no antigo esplendor — na livraria, ainda havia livros em inglês que louvavam o xá. Mas outros hotéis na cadeia Hyatt não tinham tanta sorte assim; e, entre a miscelânea da literatura de hotel em meu quarto, o vistoso folheto do Hyatt Regency Caspian era como uma triste voz americana de um passado que mal havia permanecido. "Lembra-se de quando o litoral do Cáspio não tinha nenhum ponto de encontro? MAS AGORA HÁ O HYATT."

Behzad não conseguiu ligar para sua namorada. Por isso, saímos juntos depois do almoço. Muito dinheiro fora gasto pelo xá no embelezamento de Mashhad. As grandes obras públicas

queca e naquele momento estava deitado com as costas esticadas. Estaria melhor dentro de uns dois ou três dias; eu deveria telefonar na manhã seguinte.

Por isso, Behzad e eu não nos separamos naquela noite, como havíamos planejado. Após o jantar e, após mais telefonemas, fomos até o local de ramadã do aiatolá Shariatmadari. O secretário disse que o aiatolá atendia entre dez e onze da noite, depois de quebrar seu jejum. A seguir, ele dava palestra; e mais tarde ia dormir, para estar novamente em pé para as orações antes da refeição pré-jejum, às quatro e meia em ponto. O ramadã impunha ao devoto esse ritmo de comida, jejum, sono e comida.

O *maître*, sorridente e afável, disse, quando soube aonde íamos: "Tenham cuidado. Mashhad é um lugar onde a qualquer momento pode acontecer algo de ruim para estrangeiros". A advertência era boa e bem-intencionada. Entretanto, a cortesia fez o *maître* acrescentar: "Mas não com o senhor. Com os indianos, tudo bem. Egípcios, paquistaneses, tudo bem. Americanos e alemães — aí é problema. O xá os trouxe aqui e fez deles senhores do país. Ele era mau". Sorriu novamente, o bigode inclinando-se para cima, os olhos piscando. "Ou estúpido."

A casa onde Shariatmadari atendia ficava numa viela sinuosa que saía da rua principal. Comparada ao trânsito e às luzes noturnas, era sombria e silenciosa. Sujeira e pó amorteciam os passos dos fiéis; mas não havia nenhuma multidão, nenhuma pressa.

O portão era guardado, mas discretamente, por dois jovens que ficavam sentados em cadeiras do lado de fora e não traziam armas aparentes. Deixaram-nos entrar depois que Behzad explicou. E era como entrar num pequeno reino de fadas: um jardim cercado, com luz elétrica em globos brancos iluminando pessegueiros carregados, flores, rosas, faixas de gramado. O piso plano no início do jardim era atapetado e alguns homens o estavam usando para rezar; uma faixa de tapete vermelho corria em uma lateral do jardim próximo ao muro alto e coberto de hera. No extremo mais distante, depois de uma piscina vazia de ladrilhos azuis, havia uma tenda com mais luzes, e ali as pessoas estavam sentadas sobre tapetes.

Tiramos nossos sapatos e nos dirigimos para lá, passando pela piscina, e sentamo-nos defronte às almofadas pretas contra as quais Shariatmadari, quando chegasse, iria se recostar. A casa ao lado da barraca era nova, de concreto e vidro; gradis modernistas de ferro batido acompanhavam o passeio ladrilhado. Talvez fosse a própria casa de Shariatmadari, ou a sede de uma fundação religiosa, paga com os dízimos dos fiéis: Behzad não sabia ao certo. Um velho e um jovem passaram oferecendo chá, açúcar e água; sobre o tapete, havia tigelas com torrões de açúcar.

Behzad disse: "Shariat quer se tornar mais popular. Ele está usando a oportunidade que tem. Khomeini está ocupado com o governo. Por isso, Shariat está aqui, fazendo-se mais popular".

Todos nos levantamos quando Shariatmadari chegou. E era difícil atribuir astúcia política ao velho afável que chegava no tapete vermelho e parecia estar sorrindo mas talvez não estivesse: talvez não fosse mais do que o efeito combinado dos óculos, barba e conjunto da boca. Sua barba era branca, as feições rosadas e brancas, a aparência de seu rosto estranhamente escocesa. Sua roupa clerical era imaculada. Entre os mulás na multidão, com tantos deles pançudos e desleixados e, talvez, também (segundo a lenda popular) com muitas esposas, era como um príncipe. Sua túnica preta era de material muito fino, bordado ou estampado, com elegantes galões no alto; deixava transparecer o cinza-pálido da roupa de baixo.

Ele parecia ser o que era, uma figura de alta cultura medieval. Filosofia e astronomia estavam entre os assuntos que ele estudara em Qom nos anos 20 com um famoso adivinho: parte da astronomia da expansão intelectual muçulmana de séculos anteriores, mas há muito congelada, juntamente com a filosofia, em uma disciplina teológica.

Assim que ele se sentou e recostou contra suas almofadas pretas, as pessoas correram para beijar sua mão. Dois homens se tornaram controladores da multidão, organizando a fila que ia da barraca e virava pelo tapete vermelho ao lado do muro coberto de hera. Os meninos e os homens tomavam sua mão direita e a levavam aos lábios, à fronte, aos olhos. Um homem beijou a mão de Shariatmadari duas vezes: na segunda, para a máquina fotográfica de um amigo; havia muitas máquinas fotográficas.

Shariatmadari parecia sorrir o tempo todo, mal vendo as pessoas que se abaixavam diante dele e faziam o que queriam com sua mão. Ele já estava preocupado com as petições que duas ou três pessoas, enfrentando os controladores de multidão e os mulás, haviam lhe dado. Os mulás com seus turbantes extravagantes, em negro e branco, e barbas negras e brancas, comprimiam-se ao redor dele. Os corpos inclinados, as cores pálidas das vestes, as cabeças angulosas, os turbantes, as barbas, tudo contra a parede vazia do fundo, sob a luz forte: o efeito era pictórico, quase posado.

Fora esse tipo de fé — fé na fé, fé na orientação do homem bom — que fizera a revolução. Shariatmadari, no conflito com Khomeini, estava agora no lado perdedor, vítima da fé de outros. Mas ele fora um dos líderes da revolução; e até Behzad estava respeitoso por estar em sua presença.

A fila de beijadores de mão parou de avançar quando Shariatmadari começou a escrever em uma das petições. Era difícil, enquanto o aiatolá escrevia, erguer e beijar a mão que escrevia — no entanto, uma ou duas pessoas tentavam.

Estávamos sentados bem na frente, e não tínhamos nenhuma causa definida. Não tínhamos nenhuma petição, nenhuma câmera; não estávamos beijando a mão. Começamos a chamar atenção; por uma ou duas vezes, o próprio Shariatmadari nos lançou um olhar sumário, interrogativo. Behzad achou que era hora de sair dali. Recuperamos nossos sapatos e nos dirigimos para a parte de trás do jardim. Os mulás ainda estavam entrando. Um deles era cego. Estava fazendo o mais ínfimo movimento com os pés no tapete vermelho e ao mesmo tempo fazendo gestos largos, circulares, com ambas as mãos. Ninguém prestava atenção nele; as pessoas simplesmente se desviavam de suas mãos e o deixavam em paz. No outro lado do jardim, em uma espécie de escuro, as mulheres estavam reunidas em sua área especial.

Esperamos até Shariatmadari começar a falar. E depois do esplendor do ambiente, o jardim, a água, as luzes e os pessegueiros com seus frutos verdes peludos iluminados, depois de seu próprio esplendor, Shariatmadari tinha pouco a dizer. O xá era ruim e tinha feito coisas ruins. Proibira a poligamia e com isso prejudicara as mulheres. O islã protegia as mulheres, principalmente nos casos de divórcio. Isso fora dito muitas vezes antes; qualquer mulá poderia dizê-lo.

Mas a ocasião continuava a ser uma ocasião — uma noite de ramadã com a palestra de um aiatolá; e quando saímos para a viela, depois dos homens armados, encontramo-la cheia de pessoas que acabavam de chegar.

A rua principal tinha muito movimento de carros e lambretas; uma loja que vendia todas as variedades iranianas de nozes e frutas secas estava deslumbrante de luzes fluorescentes e vidros; fumaças de escapamento pairavam no ar como vapor saturado de cozinha.

Novamente, quando voltamos para o hotel, Behzad telefonou e não conseguiu nenhuma resposta de sua namorada.

Na manhã seguinte, não conseguia esconder sua angústia. Não acreditava mais que a linha estivesse fora de serviço.

Ele disse: "Espero que ela não tenha feito alguma coisa e sido presa. Em um lugar como Mashhad pode ser perigoso, com esses Guardas Revolucionários".

"Por que eles a prenderiam?"

"Ela é comunista."

Quanto ao meu erudito, o homem que tinha sido transferido para Teerã e estava fazendo as malas e ficara com enxaqueca e deitara com as costas esticadas, ainda estava com enxaqueca.

Ele perguntou: "Você conhece *The Encyclopaedia of Islam*? É uma publicação holandesa. Ela lhe dará todas as informações que você quer sobre o islã e Mashhad".

Enxaqueca ou não, eu não achava que tinha vindo a Mashhad para que me mandassem embora e fosse ler um livro velho.

"Minha cabeça está mal", disse o estudioso. "Você já esteve no santuário? No museu? Na biblioteca? Vá ver a tumba de Firdowsi. Sim, vá ver essa tumba."

E foi para onde fomos. Ficava a alguns quilômetros de Mashhad, na planície ampla e árida que, quando irrigada, fica verde: um desolado sepulcro para o grande poeta da Pérsia que, quatrocentos anos depois da conquista da Pérsia pelos árabes, escrevia sem usar palavras árabes e, conforme Behzad me disse, era contra a imposição da cultura árabe à Pérsia.

Conforme eu imaginara, a tumba não era velha. Era nova, construída pelo xá: uma torre marmórea quadrada com colunas pré-islâmicas nos cantos, parte da tentativa do xá de evocar o passado iraniano pré-islâmico. Na parede ao lado dos degraus que desciam para a cripta, havia esculturas em uma versão do velho estilo das cenas famosas do épico de Firdowsi. Mas todas as inscrições haviam sido danificadas; todas as referências ao xá ou à família real ou à monarquia tinham sido obliteradas. Onde havia letras em relevo, estavam cobertas com massas de cimento ou gesso grosseiramente espalhadas. E havia fotos de Khomeini por toda parte sobre o mármore.

Era como se o erudito em Mashhad tivesse me enviado à tumba de Firdowsi menos por causa de Firdowsi do que por essa evidência da raiva das pessoas. E era raiva o que eu via — mais evidente nessa cidade rica e reconstruída do que em Teerã — quando voltamos a Mashhad: os edifícios queimados (entre eles o cinema Broadway, com seu letreiro em inglês e fachada de Las Vegas), os pedestais destruídos e queimados nos jardins, sem as estátuas dos reis, todos os motivos persas, pré-islâmicos da arquitetura do xá, escarnecidos. A cidade santa também era uma cidade da raiva.

Behzad estava mais contente no almoço.

Ele disse: "Falei com a irmã de minha namorada. Ela está bem. O telefone está com defeito. Falei com o telefonista e ele me deu o número da irmã dela. Irei vê-las hoje à noite. Eu estava preocupado".

"A irmã também é comunista?"

"Minha namorada é a única comunista na família. Todos os outros são religiosos."

Ou se era religioso ou comunista: não havia meio-termo, ou outro modo de ser no Irã.

Depois do almoço, decidimos sair e comprar passagens no trem para Teerã que partiria no dia seguinte. Mas o motorista de táxi disse a Behzad que o guichê da estação ferroviária abria às seis e fechava às doze.

"Amanhã eu vou e pego a fila às seis da manhã", disse Behzad.

"Você acha que é verdade o que diz o motorista?"

"Por que ele iria mentir?"

"Eu não quis dizer isso. Só queria saber se o que ele disse estava certo."

Não fomos para a estação ferroviária. Fomos até o santuário, para a biblioteca. Estava fechada.

"O que vamos fazer?", perguntou Behzad.

"Vamos até a estação ferroviária?"

Fomos até lá. O guichê estava aberto e estavam vendendo passagens para o trem para Teerã. Behzad não fez nenhum comentário. Havia quatro leitos numa cabine. Achei que devíamos comprar os quatro. Behzad pareceu concordar, mas disse: "Você não gosta das classes pobres, não é?".

Classes pobres! Eram os pobres que viajavam de primeira classe? Mas recuei diante de sua chantagem, e compramos três passagens, sendo que Behzad pagou a terceira, para sua namorada.

O trem, de fabricação alemã ou suíça, estava esperando na plataforma. A lâmina exterior de uma das janelas de vidro duplo estava estilhaçada, como se por um cascalho ou pedra. "A revolução", disse Behzad.

Encontramos nossa cabine, mas não havia razão para esperar ali. O ar-condicionado começaria a funcionar apenas quando o trem estivesse em movimento; e o calor na cabine mais ou menos fechada era quase insuportável. Um clima de família em outra cabine — tinha até um grande balde verde de plástico cheio de água — despertou parte de minha ansiedade quanto ao nosso leito vago. Mas guardei comigo aquela ansiedade e saímos para a plataforma, fresca sob seu teto alto de concreto em balanço, para esperar pela namorada de Behzad.

Quase imediatamente Behzad me deixou, dizendo que voltaria logo. Não voltou. Eu estava sozinho na cabine quando, quase com o trem saindo, a namorada de Behzad apareceu. Ela era baixa, usava óculos, tinha a pele grossa (talvez pelo calor do verão), não era bonita nem espontânea. Usava calças compridas azuis e uma camisa. E não era apenas uma irmã que estava presente à sua partida. Ela parecia ter vindo à estação com uma família inteira ou grande parte dela. A família *dela*! Pessoas religiosas! Comecei a entender um pouco das dificuldades de Behzad quanto ao fim de semana, e as artimanhas que vinha utilizando comigo e com os outros.

Ele veio para a cabine depois que o trem saíra da estação. Jamais me apresentou de fato à sua namorada, nem me disse seu nome; apenas se desculpava por ela e dizia que ela não falava inglês. Ela reconhecia minha presença mas nunca olhava diretamente para mim. Constrangimentos antigos operavam nela, tal como operavam em Behzad.

No entanto, com uma mulher sem véu e de calças compridas na cabine, à vontade e talvez um pouco inquieta demais com as pernas, era fácil esquecer que as mulheres usavam véu ou toucado no Irã, e que esse era o dia mais silencioso do calendário xiita, o dia da morte de Ali: não houvera nenhuma música pela manhã no rádio de cabeceira do Hyatt Omar Khayyam.

Na periferia de Mashhad, passamos por uma aldeia de casas de barro de teto plano. Meninos da aldeia, que estavam na base do elevado barranco, começaram a apedrejar o trem furiosamente, porém sem maldade. Só estavam furiosos porque o trem passava muito depressa e queriam fazer o máximo de lançamentos possível. Behzad dissera que a janela quebrada de um dos vagões fora provocada pela revolução. E talvez tivesse sido; talvez o esporte viesse daquele tempo heróico.

Mas fiquei contente porque ele estava entretido com a namorada e não viu.

Com a namorada, ele era dócil como uma criança; a conversa nunca cessava entre eles. Quase imediatamente começaram a jogar cartas — ela havia trazido um baralho. Ela só conhecia um jogo, disse Behzad, lembrando-se de mim durante um minuto; e era um jogo muito simples. Jogaram aquele jogo até se cansar.

Uma paisagem de montanhas, colinas e planície irrigada. As colinas eram isoladas e o trem as contornava. Os campos estavam dourados, depois da colheita; e, no fim da tarde, as colinas distantes se tornaram de um marrom-avermelhado. A terra era erodida aqui e ali por cursos d'água que às vezes cortavam diretamente a prumo e criavam pequenos penhascos; mas agora, em pleno verão, os cursos d'água se haviam encolhido a regatos ondulados com pouco mais de meio metro de largura e alguns centímetros de profundidade. Rebanhos de ovelhas pastavam no restolho. Às vezes podiam-se ver homens joeirando. Mas a estrada moderna nunca estava muito longe, nem o brilhante colorido dos caminhões; e as torres de energia marchavam pela planície.

As aldeias eram da cor de lama; e as casas tinham tetos de barro em cúpulas (madeira para vigas não era fácil de encontrar por aqui), com tubos em declive nos fundos, para escoar a água. Do trem, as cúpulas pareciam agrupar-se; os tubos projetados para fora, com sombras negras mais nitidamente inclinadas nas paredes de barro, sugeriam canhões em miniatura; e nos cantos dos muros da aldeia havia torres redondas, como torres de vigia. As colinas se tornavam mais lisas e suas dobras e pregas eram como rugas em pele humana. O deserto lentamente se aproximava. O solo era esburacado por poços circundados de terra, como tocas gigantes; e, muitas vezes em meio à aridez, paredes de lama cercavam arvoredos de álamos maravilhosamente verdes.

O sol se punha, do lado do vagão em que estava Behzad. A terra era poeirenta: Behzad disse que o deserto estava próximo. Não concordou comigo que a terra estava bem cultivada e que muito havia sido feito em termos de estradas e eletrificação das aldeias. Ele estava com a namorada; junto dela, tinha o olhar treinado para a injustiça, e essa percepção da injustiça era uma das coisas que os uniam. Contou-me — e traduziu para ela o que disse — que setenta e cinco por cento das aldeias no Irã não tinham estradas nem eletricidade.

Mas o país era enorme, difícil, as aldeias muito dispersas. E embora Behzad dissesse que estávamos agora num deserto não irrigado — e embora acendesse a luz do teto, impondo reflexos sobre a vista que desaparecia — consegui ver a planície nivelada ainda cultivada em tiras e faixas, até que ficou escuro.

A namorada de Behzad ofereceu comida — depois de esperar, talvez por hábito, pelo pôr-do-sol naquele dia de ramadã. Sua bolsa Adidas, cheia de sacos plásticos com pastéis e rosquinhas fritas — que Behzad disse nunca haver comido antes — e figos secos e outros tipos de passas. Era o que ela estava levando de Mashhad para os seus amigos em Teerã. Comi um pouco de passas — uma variedade menor de figo, enrugado, rachado, da cor do barro no lado de fora, macio e açucarado por dentro, uma fruta que parecia cultivada na terra pela qual estivéramos passando, e sugeria sol, deserto e jardins cercados. Behzad comeu uma rosquinha; a namorada comeu um pão.

Ela inclinou-se contra a janela, estirou a perna esquerda sobre o assento e começou a ler um livrinho persa, novo em folha, com uma estrela, uma foice e um martelo vermelhos sobre a capa amarela. Behzad disse que o livro acabara de ser publicado pelo partido — um partido independente, não atrelado a Moscou — para explicar por que não haviam participado das eleições para a Assembléia dos Peritos.

A namorada de Behzad lia com determinação, mas o que ela estava lendo não parecia prender sua atenção. Parou de virar as páginas. Colocou sobre o assento o livrinho aberto virado para baixo, e passou a conversar com Behzad. Tirou a perna para fora do assento, e começaram a jogar cartas novamente, o mesmo jogo simples.

Paramos em uma estação. E — apesar da repreensão que Behzad me fizera em Mashhad por minha atitude para com as "classes pobres", que me impedira de comprar o quarto leito — ele e a namorada agora davam risinhos contidos, ansiosos para afastar os estranhos. Behzad fechou as cortinas do lado do corredor.

O trem partiu. Houve uma batida na porta, e quase ao mesmo tempo a porta deslizou, abrindo-se. Era o cabineiro do vagão-dormitório. Ele atirou para dentro sacos azuis com roupa de cama: mantas, travesseiros, lençóis e fronhas.

Houve outra batida. Behzad puxou um lado da cortina e eu puxei o outro. Era um jovem de pequena estatura, em uniforme de soldado, portando revólver. Ele deslizou a porta, falou algo com Behzad e tornou a fechar a porta. Ele usava botas pretas.

"Ele é do exército?", perguntei.

"Ele é do *komiteh*", respondeu Behzad. "Disse para não jogarmos cartas. Você sabe do que ele me chamou? 'Irmão.' Eu sou irmão dele no islã. Não devo jogar cartas. É uma nova regra."

Depois do choque, ele ficou com raiva. Tal como a namorada. Ela não disse nada; ficou com a cara amarrada. Cabia agora a Behzad o papel de homem; e era a mim, testemunha de sua humilhação que ele recorria, elaborando sua raiva em inglês.

"Eu não me importo com as cartas. É com o poder que me preocupo. Ele só está fazendo isso para me mostrar seu poder. Para me mostrar o poder deles. Não vejo como Maomé poderia saber sobre o baralho; isso não foi inventado no tempo dele."

Eu disse: "Mas ele falou contra o jogo".

"Foi. Mas nós não estávamos jogando."

"O homem do *komiteh* não iria saber disso."

"Ele sabia. Claro que sabia."

Meu próprio senso de indignação estava crescendo. O aparecimento do homem de roupa cáqui havia alterado a viagem, conferido irritação a uma terra que, enquanto durara a luz do dia, eu estivera estudando com um interesse que agora parecia impróprio e absurdo: caminhões, estradas, torres de energia elétrica e aldeias não eram o que pareciam.

Behzad disse: "Você sabe do que eu estava falando. O poder deve pertencer ao povo. Os operários e os camponeses. As classes altas estão apenas querendo mostrar seu poder".

Eu achava que o poder pertencia agora ao povo, que aquilo que acabara de acontecer era uma demonstração daquele poder.

"O homem do *komiteh* era da classe alta?"

"Ele é classe alta. O exército sempre serve às classes altas. É por isso que eu digo que ele é da classe alta."

Não discutimos. Nenhum de nós queria aquilo; e a sua dialética teria sido tão difícil para mim quanto o fora o aiatolá Shirazi em Qom.

Ele não queria jogar cartas; a namorada conhecia apenas um jogo simples. Agora eles eram como crianças proibidas de brincar. As cartas jaziam no assento entre eles, ainda esparramadas. A namorada simplesmente as soltara, com um gesto que era como um suspiro. Sua face, já fechada, estava se endurecendo. Pensei que talvez fosse mais fácil para ambos se tivessem ficado a sós, e muito mais fácil para Behzad se eu não estivesse ali como uma testemunha extra. Eu estava irritado com o seu orgulho.

Eu disse: "O homem do *komiteh* não é importante. Esqueça. Você não precisa combater todas as batalhas. Lute apenas nas importantes".

Era uma coisa dita na intenção de acalmar. "Não é pelo baralho", disse ele. "Não vou fazer um espalhafato por causa disso. Mas se fosse pelos livros, se eles perguntassem para minha namorada por que ela está lendo aquele livro..." Não terminou a frase.

O livro não lido ainda estava voltado para o assento. Ocorrera-me, mesmo quando ela o tinha posto de lado, que ela estava exibindo a capa amarela com a estrela e a foice e o martelo vermelhos, que sua intenção era a de que ele fosse notado pelas pessoas que passavam pelo corredor.

Ainda sem dizer nada, e com um gesto de aborrecimento feminino, ela recolheu as cartas.

Behzad disse: "Você sabe contra o que eles objetam, não sabe? Eles estão vendo que minha garota" — devido aos velhos constrangimentos, ele ainda evitava dizer o nome dela — "não usa o xador. É por isso que eles querem que a gente sinta o poder deles".

Ela se levantou, fazendo um gesto de cabeça na direção do corredor, e os dois saíram e caminharam, para ficar a sós, segundo imaginei, e também para desafiar as pessoas que poderiam não aprovar uma garota sem véu, de calças compridas e camisa, nesse dia dedicado a Ali.

Ficaram fora durante algum tempo.

Quando voltaram, Behzad disse: "O homem que trouxe a roupa de cama: acho que foi ele quem nos denunciou. Ele nos viu jogando cartas e nos denunciou".

Ele amava o povo. Mas quem, no Irã, era agora o povo?

Menos de uma hora depois, a garota disse que queria dormir. Behzad me pediu que sugerisse como fazer os arranjos. Pensando na privacidade dela, sugeri que ela dormisse em um dos leitos superiores; eu dormiria no leito sob o dela; Behzad deveria dormir no leito inferior defronte ao meu; e o leito sobre o dele deveria ser baixado, de forma a não produzir nenhum reflexo no espelho.

Ela entendeu o que eu dissera, e quase imediatamente começou a subir a escada para o leito.

"Mas...", começou a dizer Behzad.

E, seguindo seu olhar, pela primeira vez vi, quando ela estava no degrau inferior da escada, que seu pé esquerdo era defeituoso, que sua perna esquerda, que eu pensara ser inquieta demais, era menor do que a direita, e seu quadril esquerdo era ligeiramente encolhido.

Ela insistiu em subir. E Behzad não dormiu no leito de baixo em frente ao meu. Dormiu no de cima, com a namorada perto dele. Não vestiu pijama; não tinha ou não levava nenhum em sua pequena valise. Era incrivelmente ousado, para o Irã.

Tarde da noite, o trem passou por deserto e montanhas. Na manhã, havia poços com bordas de terra, canais de irrigação, muros de barro cercando bosques e jardins, pessoas trabalhando em lavoura organizada e rica; aldeias; os arrabaldes de Teerã. Um serviçal trouxe chá, servido em copos e para ser bebido à moda persa, com um torrão de açúcar dentro da boca.

Behzad não dormira bem; continuava atormentado. Quando estávamos quase na cidade — aparelhos de ar condicionado instalados nos fundos das casas mais improváveis — vimos o homem do *komiteh* no corredor: pueril, baixinho, discreto, aparentemente sem se lembrar, quando olhou para dentro da cabine, de sua intrusão na noite anterior.

A namorada de Behzad despediu-se sem parecer me ver. Durante todas as horas que passamos juntos, ela jamais olhou diretamente para mim. Deixei que seguissem à frente na plataforma da estação de Teerã: ela, pequena e mancando; ele, alto e atlético, protetor, ligeiramente inclinado para ela. Os amigos estavam esperando por ela; eles a levaram para longe de Behzad. Jovens da revolução, pessoas carregando consigo o perigo; mas a cidade para a qual voltavam era para eles, naquele dia, uma cidade de calamidade.

Tinha havido tumultos durante o fim de semana, entre muçulmanos e grupos de esquerda, e a esquerda tinha sofrido bastante.

Uma semana antes, quando Behzad e eu voltávamos de Qom, tínhamos ouvido no rádio do carro sobre o fechamento do *Ayandegan*, o jornal da esquerda. Os protestos esquerdistas aumentaram durante a semana e os grupos muçulmanos haviam começado a contra-atacar.

Depois das orações na Universidade de Teerã na sexta-feira — que Behzad, a partir de sua própria emoção revolucionária diante da visão da multidão, vira como um acontecimento político, não religioso — centenas de muçulmanos saíram marchando para a sede do *Ayandegan*. Trinta trabalhadores do jornal haviam se recusado a deixar o edifício; foram então desalojados pelos Guardas Revolucionários. Cinco dos desalojados do *Ayandegan* ficaram feridos e tiveram de ser levados para o hospital militar; vinte foram presos. No domingo, numa demonstração esquerdista na Universidade de Teerã, houvera vários combates graves com varas e facas; muitos outros ficaram feridos. Na segunda-feira — enquanto nos preparávamos para pegar o trem de Mashhad — grupos muçulmanos tinham atacado violentamente a sede da organização comunista de Behzad, expulsado todo mundo, destruído os documentos, apreendido todas as armas — granadas, morteiros, latas de gás lacrimogêneo, rifles belgas e russos.

Eram essas as notícias que Behzad e sua namorada encontraram na volta. Haviam-nas recebido — conforme depois fiquei sabendo — dos amigos que tinham vindo encontrar a garota. Mas Behzad, depois de sua humilhação da noite anterior, não me contou nada. Acompanhou-me de volta até o hotel e — terminadas suas obrigações para comigo — deixou que eu descobrisse as notícias por mim mesmo, no *Tehran Times*.

Artigos do jornal: linguagem fixa, frases fixas, que deixavam tudo para a imaginação. Mas pouco tempo depois, quando eu estava a caminho do hotel Intercontinental para almoçar em seu bufê, os artigos dos jornais assumiram uma realidade quase inacreditável.

Um arranha-céu, com um jardim e escultura; uma rua lateral barrada por um carro com uma luz piscando no teto; homens armados usando roupas de camuflagem; sacos de areia nos cantos do terreno do arranha-céu e metralhadoras preparadas. E do outro lado da rua movimentada, os comunistas desapropriados, jovens parecendo trabalhadores urbanos, calças compridas e camisas abertas. Uma disposição de batalha persa; ambos os lados esperando e assistindo atentamente; a vida da cidade fluindo ao redor, como camponeses que nos velhos tempos cuidavam de suas tarefas enquanto os exércitos combatiam para decidir quem iria reinar.

Naquela tarde na rua Firdowsi, a rua dos cambistas, ouvi uma sirene e passou correndo um caminhão aberto com muçulmanos armados, seguido por um carro de tipo policial.

Depois, na avenida da República Islâmica, antiga avenida Xá, a sirene soou novamente, e mais uma vez vi os muçulmanos armados. Nenhuma emergência os havia convocado. Estavam apenas dirigindo às pressas pela cidade, a sirene como seu berrante de batalha; e estavam fazendo isso, como Behzad poderia ter dito, para mostrar seu poder.

Dois dias depois, em minha última noite em Teerã, avistei-me com Behzad por alguns minutos. Ele estava com a pele escura, queimada de sol. Tinha ficado em pé do outro lado da rua com os comunistas desalojados, em frente aos sacos de areia e às metralhadoras. Ele estava triste mas calmo. Havia encontrado sua batalha. Perguntei sobre sua mãe, que tinha vindo a Teerã e estava morando com ele. Mas — ainda os velhos constrangimentos — falou pouco sobre ela; e não disse nada sobre a namorada.

Tanta emoção, tanta bravura e, inevitavelmente, no Irã, sua causa era tão simples quanto a de seu inimigo e, no final, realmente não era nada mais do que uma versão da de seu inimigo. Ambos os lados dependiam da verdade revelada e de uma interpretação especial dos acontecimentos históricos; ambos exigiam fé absoluta. E ambos eram alimentados pela mesma paixão: justiça, união, vingança.

Eu estava seguindo para o Paquistão. Meu primeiro plano fora ir de ônibus, descer rumo ao sul e ao leste por etapas, passando por antigas cidades com belos nomes: Isfahan, Kerman, Yazd (importante para os zoroastristas, persas do credo pré-islâmico, há muito expulsos, seus descendentes sobrevivendo na Índia como parses, persas), Zahedan. Mas Qom e Mashhad já eram suficientes em termos de viagem no deserto em pleno verão; eu não queria agora trombar com *komitehs* em lugares isolados; e não consegui nenhuma informação segura sobre a travessia por terra na fronteira do Paquistão. Decidi seguir por via aérea, diretamente para Karachi.

Não havia muitos vôos. O vôo que escolhi partia às sete e meia da manhã, e a Pakistan International Airlines informara que era necessário marcar a passagem com três horas de antecedência. Cheguei no horário, e achei que tinha feito a coisa certa. Rapidamente marquei a passagem e passei com minha pequena sacola Lark. Meia hora depois, quando a manhã estava raiando, a fila era longa e movia-se muito lentamente.

Da mesma maneira que, no aeroporto de Londres, a sala de espera do vôo para o Irã estava cheia de iranianos que tinham feito compras na Europa e nos Estados Unidos, agora o aeroporto de Teerã estava cheio de trabalhadores migrantes paquistaneses que tinham feito compras no Irã. Estavam levando muita coisa na volta: caixas, baús, grandes malas de papelão amarradas com corda, caixas de papelão marrom estampadas com nomes famosos, Aiwa, Akai, Toshiba, National, nomes do novo bazar universal, onde os bens não eram associados a um tipo particular de aprendizagem, esforço ou civilização, mas eram apenas bens, parte da abundância natural do mundo.

O avião que deveria partir às sete e meia não chegou antes das dez. Começamos a taxiar às onze e meia mas ficamos detidos durante mais uma hora, enquanto decolavam os Phantoms de fabricação americana da Força Aérea Iraniana. Imaginei que estivessem treinando. Estavam na verdade decolando sob as ordens de Khomeini para atacar os curdos rebeldes no oeste. Mais tarde, em Karachi, fiquei sabendo que dois Phantoms haviam caído, e as notícias eram curiosamente revoltantes: uma aeronave tão precisa e mortal, e tão vulneráveis, dentro dela, os homens inadequadamente treinados, meio vítimas e, contudo, homens naquela manhã obedientes à vontade de Deus e do décimo segundo imã e cheios de assassinatos!

Rumo ao Curdistão, atrás dos Phantoms, seguia o aiatolá Khalkhalli, o juiz islâmico de Khomeini, tão próximo do poder quanto se gabara apenas dez dias antes, em Qom. Num átimo, movendo-se rapidamente de um lugar para outro no calor de agosto, ele condenara quarenta e cinco pessoas à morte. Estudara trinta e cinco anos e nunca ficava em dúvida em um julgamento islâmico. Quando em uma cidade curda a família de um prisioneiro reclamara que três dentes do prisioneiro haviam sido extraídos e seus olhos arrancados, Khalkhalli ordenou um castigo semelhante para o torturador. Três dentes do homem foram arrancados ali mesmo. A família ofendida cedeu, perdoou o agressor e deixou que ficasse com os olhos.

Isso era justiça islâmica, rápida, pessoal, gratificante; atendia às necessidades simples dos fiéis. Mas, nos velhos tempos, não nos informavam dessa necessidade iraniana. Essa promessa particular da revolução tinha sido obscurecida ou camuflada; e tínhamos lido, principalmente, "Abaixo o xá fascista". Apenas iranianos, e alguns estudiosos estrangeiros, sabiam que quando Khomeini era criança — ainda durante o reinado dos reis Qajar no Irã — o pai de Khomeini fora morto por um funcionário governamental; que o assassino tinha sido publicamente enforcado; que Khomeini fora levado pela mãe para assistir ao enforcamento, que depois lhe dissera: "Agora fique em paz. O lobo alcançou o fruto de suas más ações".

No seu anúncio no *New York Times* em janeiro de 1979, quando ainda estava exilado na França, Khomeini tinha apelado para "os cristãos do mundo" como se apelasse a pessoas de uma civilização igual. Era um Khomeini diferente que dizia em agosto, no Dia de Jerusalém (o dia em que os Phantoms eram enviados para atacar os curdos): "Os governos do mundo devem saber que o islã não pode ser derrotado. O islã será vitorioso em todos os países do mundo e o islã e os ensinamentos do Corão irão vigorar no mundo inteiro".

Isso não poderia ser dito aos leitores do *New York Times.* Nem tampouco isto, dito na última sexta-feira do ramadã (e um bom exemplo da "lógica e retórica" medievais ensinadas em Qom: certas palavras-chave repetidas, empregadas em combinações variadas e finalmente distorcidas): "Quando os democratas falam sobre liberdade, estão inspirados pelas superpotências. Desejam conduzir nossa mocidade para lugares de corrupção [...] Se isso é o que eles querem, então sim, nós somos reacionários. Vocês que desejam prostituição e liberdade em todos os assuntos são intelectuais. Vocês tomam a moralidade corrupta como liberdade, a prostituição como liberdade [...] Aqueles que querem liberdade desejam a liberdade para ter bares, bordéis, cassinos, ópio. Mas nós queremos que nossa mocidade grave um novo período na história. Não queremos intelectuais".

Era o seu chamado aos fiéis, as pessoas que Behzad descrevera como lúmpen. Ele exigia apenas fé. Mas também sabia o valor que o petróleo do Irã tinha para países que viviam em função das máquinas, e podia enviar os Phantoms e os tanques contra os curdos. Intérprete da vontade de Deus, líder dos fiéis, expressava toda a confusão de seu povo e fazia com que ela parecesse a glória, a fé conhecida: a confusão de um povo de alta cultura medieval que desperta para o petróleo e o dinheiro, uma sensação de poder e violação, e um conhecimento de uma nova grande civilização circundante. Essa civilização não poderia ser dominada. Devia ser rejeitada e, ao mesmo tempo, era dela que se dependia.

# *II*

# *PAQUISTÃO*
## *As colinas de sal de um sonho*

GONZALO *Se nesta ilha eu plantasse, meu senhor...*
ANTONIO *Semearia urtigas.*
SEBASTIAN *Ou ervas ruins.*
GONZALO *E se aqui fosse rei, o que eu faria?*
SEBASTIAN *Bêbado, não estaria: não há vinho.*
GONZALO *No meu governo eu tudo inverteria.*
*Não haveria negócios,*
*Nem magistrados por mim nomeados;*
*As letras, baniria; fortuna, miséria,*
*E servidão, vetadas; contratos, heranças,*
*Demarcações, limites de terras, lavouras, vinhas:*
[*nada.*
*Não se usaria metal, nem trigo, ou vinho, ou azeite;*
*Ninguém trabalharia; só homens ociosos, todos;*
*E mulheres também, mas puras e inocentes;*
*E governo nenhum.*
SEBASTIAN *Ainda assim, o rei seria ele.*
ANTONIO *Nesse governo dele, o fim não vê o começo.*

A tempestade

# 1

# *DESLOCAMENTOS*

O reinado de Ali chegara ao Irã: o estado iraniano estava se desintegrando. Quem era de fora conseguia fazer essa relação. Mas o fiel conseguia escamotear esses grandes eventos e manter um separado do outro; e mesmo enquanto se preparava para governar, podia continuar regozijando-se com a vitória para o islã. O Paquistão podia ser contemplado da mesma maneira. Podia ser visto como um país fragmentado, economicamente estagnado, de governo despótico, com sua gente talentosa à beira da histeria. Mas o Paquistão também era o país que fora fundado mais de trinta anos antes como uma pátria para os muçulmanos dą Índia e, por isso, devia ser reverenciado como pioneiro do renascimento islâmico.

Um artigo no *Tehran Times* vinculava os dois países. "A história do Paquistão e a Revolução Islâmica no Irã são um lembrete do poder da religião e da vacuidade de cultos seculares. O modo como o mundo funciona é preocupação da ciência, e o modo como a sociedade deve ser governada é tarefa dos políticos, mas o significado disso tudo é a preocupação principal do Irã e do Paquistão. Política e religião se combinam no islã. O Irã e o Paquistão podem unir-se para provar ao mundo que o islã não é apenas uma fé do passado, praticando antigos rituais."

Era a lógica da fé. O redator reconhecia, e desconsiderava, o que estava faltando a ambos os países — a ciência, a capacidade para administrar um estado do século XX; e, então, por uma espécie de passada de pano intelectual, bruma verbal ("o significado disso tudo"), apresentava a glorificação da fé como um feito que anulava todo o resto. Para fazer isso — e para apresentar sem ironia o caos como seu contrário ("um lembrete do poder da religião e da vacuidade de cultos seculares") — o redator precisava omitir muita coisa.

Ele fazia referência à "história do Paquistão". Mas não entrava nessa história e ignorava sua natureza: o desenraizamento e as migrações em massa após a fundação do estado em 1947; a ausência de governo representativo; o país da fé transformando-se em país da pilhagem; o crescimento de regionalismos; a ditadura do exército em 1958; a secessão sangrenta do distante Bangladesh em 1971. No artigo, não havia a menor menção de que uma vez mais o exército governava o Paquistão, de que novamente havia lei marcial; nenhuma menção de que o sr. Bhutto, o único primeiro-ministro eleito pelo país, deposto pelo exército em 1977, preso sob acusação de assassinato, julgado e condenado à morte, fora enforcado após dezenove meses de prisão; nenhuma menção de que esse enforcamento, ocorrido apenas quatro meses antes, havia chocado, desmoralizado e dividido ainda mais o país.

Toda essa história, todo esse fracasso e dor seculares, haviam sido exorcizados pela lógica da fé.

O deserto do Irã entrava pelo deserto do Paquistão. Vistas de 10 mil metros de altura, as vastidões iranianas e paquistanesas do deserto do Beluchistão eram marrons e negras, mas pálidas, mais fulgor do que cor.

Havia gás natural no Beluchistão, mas a área do Paquistão não tinha petróleo. O Irã era um país de petróleo e dinheiro; no Paquistão, o deserto era deserto. O Irã, com uma população de 35 milhões de habitantes, obtinha 70 milhões de dólares por dia com seu petróleo; o Paquistão, com o dobro da população, obtinha 140 milhões por mês com suas exportações de arroz, couro e algodão. O Irã acabara de obter, de um tribunal federal americano, um reembolso de 30 milhões de dólares da American Bell International; o Paquistão podia gastar anualmente apenas 20 milhões de dólares nas estradas da vasta província do Sind. O Irã podia consumir bilhões em equipamento militar — petróleo convertido em dinheiro e virando água; aqui, a notícia era de que o Paquistão tentava obter do Irã um empréstimo de 150 milhões de dólares.

Aqui — com o mundo minguando cada vez mais — a notícia era de que 140 mil dólares haviam sido concedidos a trinta organizações esportivas paquistanesas. Um país maior do que o Irã com uma economia anã, e isso se refletia nos anúncios dos jornais, que versavam sobre seguros, roupas tropicais, televisores, pesticida para o algodão (feito em colaboração com a firma britânica May and Baker), cimento, um estabilizador de voltagem, triângulos e varetas de bronze e cobre, um sabonete, uma marca de lâmina de barbear.

Formas administrativas sofisticadas, sobrevivendo numa economia anã, às vezes podiam sugerir uma população em atividade. No *Dawn*, o principal jornal em língua inglesa de Karachi, havia um anúncio de duas colunas de dez centímetros da Organização de Ciência e Tecnologia de Defesa (Q.G.), do Ministério de Defesa, licitando a compra de um refrigerador e quatro armários ("de madeira, com portas envidraçadas e providas de dobradiças").

Vinte centímetros do jornal eram destinados ao anúncio do governo de um "plano de capacitação para jovens". O que era esse plano? O governo estava concedendo 2 mil rupias, ou 200 dólares, a mil escolas de aldeia para a compra de mesas de trabalho e ferramentas de mão. Vinte centímetros para isso? Como? Assim: "[...] O programa de treinamento será adaptado às necessidades imediatas da comunidade local e proporcional ao interesse dos aprendizes de extrair o máximo benefício deste programa. Os funcionários governamentais explicaram que este programa estará baseado em conceitos modulares que consistem em habilidades bem definidas voltadas para a comunidade [...]".

Quando o dinheiro era pouco, a consistência da linguagem aumentava. "Mecanização agrícola avança": era esta a manchete animadora no *Dawn*. E o texto: "O programa de mecanização da agricultura está dando um passo adiante na província do Sind mediante a distribuição estratégica de mais equipamentos pelo campo para o seu desenvolvimento, anunciou-se aqui ontem [...]".

Entretanto, era menos engraçado ler os anúncios procurando trabalhadores, a 200 dólares por mês, na Arábia Saudita. "Os empregados serão contratados como solteiros, independentemente de qual for seu verdadeiro estado civil. Acomodações com ar-condicionado para dois solteiros, dotadas dos artigos de mobiliário necessários, cozinha coletiva e instalações sanitárias serão fornecidas contra dedução das devidas taxas de aluguel." Era de rendimentos do exterior como esse, bem como de suas exportações de arroz, couro e algodão, que o Paquistão vivia.

No entanto, havia também notícias sobre uma bomba nuclear "islâmica" de fabricação paquistanesa; e um artigo extenso na página editorial sobre a oposição a essa bomba por parte do "sionismo internacional". O Paquistão era pobre; mas era um país da fé, com as obsessões da fé. "Indira recebe dinheiro de Israel em troca de informações da KGB" era o título de uma matéria do correspondente do *Dawn* em Londres. A KGB passara algumas informações para a sra. Gandhi quando esta era primeira-ministra da Índia, e ela havia passado as informações para Moshe Dayan, ministro do Exterior de Israel, que lhe dera 6 milhões de dólares. Afirmava-se que a fonte para essa matéria era um livro inédito de um diplomata de Uganda (que, no regime de Amin, fazia parte do mundo muçulmano).

Alheios a essa tramóia indo-russo-judaica, os devotos paquistaneses estavam se preparando para a peregrinação a Meca. A companhia de navegação pan-islâmica organizara doze embarques para o porto peregrino árabe de Jidá (280 dólares eram a tarifa de ida e volta na "classe convés", já incluídos os 26 dólares para alimentação; 420 dólares para a primeira classe, incluindo 57 dólares para alimentação); e o general Zia, presidente e principal administrador da lei marcial, decretara que cada um dos navios de peregrinos deveria ser assistido em sua partida por um governador de província ou ministro federal. Quanto ao próprio general Zia, partiria discretamente de avião para a Arábia, para um dia ou mais de viagem, a fim de realizar seus próprios cultos sem rebuliço (e voltaria com um modesto empréstimo saudita de 100 milhões de dólares).

Nos bastidores, havia rumores que pareciam uma continuação dos acontecimentos no Irã. Várias pessoas no Paquistão estavam exigindo leis islâmicas mais rígidas, e, na universidade de Karachi, ocorrera um tiroteio com submetralhadoras Sten entre estudantes da esquerda e da direita — termos que teriam de ser definidos em todos os países, e que aqui significavam, na direita, pessoas que eram contra o sr. Bhutto e estavam usando o islã para desacreditá-lo, e, na esquerda, pessoas que tomavam as dores do sr. Bhutto e desejavam enfraquecer seus inimigos.

No Irã, apesar de tudo o que se dizia da corrupção do xá, sentia-se que o dinheiro chegara às camadas inferiores. O dinheiro e os bens e utensílios estrangeiros que ele comprava davam uma ilusão do poder islâmico. Setenta milhões de dólares diários ganhos sem esforço mantinham em ebulição o país inativo, e alimentavam a idéia da revolução. No Paquistão, a pobreza tinha o mesmo efeito. As tensões da pobreza e da apreensão política fundiam-se com as tensões da fé. Trinta e dois anos depois de sua fundação como estado religioso, uma pátria muçulmana indiana, o Paquistão permanecia em efervescência, e o islã ainda era uma saída: o fracasso sempre levava de volta à afirmação da fé.

A idéia de um estado muçulmano indiano independente, uma vez formulada, não poderia ser rechaçada. A idéia foi proposta em 1930 por um venerado poeta, Sir Mohammed Iqbal (1876-1938), num discurso para a liga muçulmana de todas as Índias, a principal organização política muçulmana na Índia não dividida.

O argumento de Iqbal era o seguinte. O islã não é apenas um ideal ético; é, também, "um certo tipo de comunidade política". A religião, para um muçulmano, não é uma questão de consciência pessoal ou prática privada, como o cristianismo pode ser para o europeu. Nunca houve, segundo Iqbal, uma comunidade política especificamente cristã; e na Europa pós-Lutero "a ética universal de Jesus" era "suplantada por sistemas nacionais de ética e organização política". Não pode haver um Lutero no islã porque não há nenhuma ordem religiosa islâmica contra a qual um muçulmano possa se revoltar. E também há que se considerar "a natureza da experiência religiosa do Santo Profeta, conforme revelada no Corão... É a experiência individual criadora de uma ordem social".

Aceitar o islã é aceitar determinados "conceitos legais". Esses conceitos — de caráter revelado, mas que nem por isso devem ser depreciados — possuem "significado cívico". "O ideal religioso do islã, portanto, está organicamente ligado à ordem social que ele criou. A rejeição de um acabará implicando a rejeição da outra. Dessa forma, a construção de uma comunidade política dentro de fronteiras nacionais, se isso significar um deslocamento do princípio islâmico de solidariedade, é simplesmente inconcebível para um muçulmano."

De fato, Iqbal está dizendo, de um modo filosófico, que, numa Índia não dividida, o islã estará em perigo, seguirá o rumo tomado pelo cristianismo na Europa e deixará de ser o que é. Os muçulmanos, para serem sinceros com o islã, precisam de uma comunidade política muçulmana, um estado muçulmano. Particularmente os muçulmanos da Índia precisam de tal estado porque, para Iqbal, "a Índia é, talvez, o único país no mundo onde o islã, como uma força de formação popular, funcionou melhor". E a solução de Iqbal era simples: as áreas de maioria muçulmana do noroeste da Índia deveriam ser separadas e consolidadas em um estado muçulmano único.

Dezessete anos depois (e nove anos depois da morte de Iqbal), isso aconteceu — e ao noroeste de maioria muçulmana foi acrescentada a metade oriental de maioria muçulmana de Bengala, a 1600 quilômetros de distância. Mas esse estado muçulmano veio acompanhado de um holocausto comum a ambos os lados das novas fronteiras. Milhões de pessoas foram mortas e muitos outros milhões desalojadas. E apenas depois ficou claro que o plano para a criação do Paquistão, aparentemente lógico e atendendo a necessidades muçulmanas, tinha um defeito simples e terrível.

As paixões muçulmanas eram mais fortes entre os muçulmanos que se sentiam mais ameaçados, e estes se encontravam naquela parte do subcontinente que iria permanecer indiana. Nem todos esses muçulmanos, nem a metade, nem um quarto, poderiam migrar para o Paquistão. As organizações políticas muçulmanas mais experientes estavam radicadas na Índia indiana, mais do que no Paquistão. Os políticos muçulmanos indianos, veteranos da campanha pelo Paquistão, que foram para o Paquistão, tornaram-se homens que, da noite para o dia, haviam perdido seu eleitorado. Tornaram-se homens de respaldo e reputação cada vez menores, homens sem uma causa, e não estavam dispostos a correr riscos em eleições naquele que havia se tornado um país estranho. No novo estado, a vida política não se desenvolvia; as instituições e a administração continuavam a ser o que eram no tempo dos ingleses.

Uma palavra específica passou a ser utilizada no Paquistão para os migrantes que vinham da Índia: *mohajir*, estrangeiro. Na província do Sind, em particular, onde Karachi se tornou uma cidade *mohajir*, o ressentimento local converteu-se em sentimento separatista.

No novo estado, apenas as forças armadas prosperaram. Eram vistas, a princípio, como as defensoras, e possíveis ampliadoras, do estado islâmico. Depois, evidenciou-se que eram o único grupo organizado do estado. Tornaram-se dominantes, um país dentro do país. As forças armadas eram principalmente do noroeste, com os preconceitos culturais do noroeste; com o tempo, forçaram a ala oriental do Paquistão a separar-se como Bangladesh. Na época, a sorte do Paquistão foi encontrar um líder nacional no sr. Bhutto, um homem do Sind e o primeiro líder nativo do país, por assim dizer. Ele era populista; governou despoticamente durante quase seis anos. Depois, foi deposto pelo exército e enforcado, e o país, fragmentado, ficou ainda mais rachado.

A calamidade se somava à calamidade. Os muçulmanos bengalis tinham Bangladesh; a população do Paquistão Ocidental tinha o Paquistão. Os muçulmanos biharis não tinham nada. Haviam migrado de Bihar, na Índia oriental, para o estado paquistanês de Bengala. Mas, pela língua e cultura, estavam mais próximos dos muçulmanos do oeste. Quando Bangladesh se tornou independente, não eram desejados nem por Bangladesh nem pelo Paquistão, e tornaram-se uma comunidade perdida, lançada no limbo por seu sonho da comunidade política muçulmana.

O estado definhava, mas não a fé. O fracasso apenas remetia de volta à fé. O estado fora fundado como uma pátria para os muçulmanos. Se o estado fracassava, não era porque o sonho ou a fé se deterioravam; só podia ser porque os homens tinham fracassado na fé. Uma fé cada vez mais pura começou a ser conclamada. E nessa busca do absoluto islâmico — a sociedade dos fiéis, onde toda ação era impregnada de adoração — os homens perdiam de vista as origens políticas de seu estado. Esqueciam-se das ambições seculares do sr. Jinnah, o fundador político do estado, que (menos filosófico do que Iqbal) apenas queria um estado onde os muçulmanos não fossem engolfados pelos não-muçulmanos. Mesmo Iqbal foi deixado de lado. Extraordinárias formulações começaram a ser feitas para o Paquistão: ele era fundado como a terra dos puros; deveria ser o primeiro estado genuinamente islâmico desde o tempo do Profeta e seus companheiros mais próximos.

Ao término de minha estada no Paquistão, conheci um homem de meia-idade, funcionário público e poeta. Ele havia me procurado porque queria me dar seus livros. Mas a condição de seu país lhe era agora mais próxima do que a poesia. Era do Paquistão que ele falava, com uma raiva indefinida que quase o levava às lágrimas.

"Quando eu era criança, na Índia", disse ele, "e fiquei sabendo que ganháramos o Paquistão, não posso lhe contar o que eu senti. Para mim, era como Deus, esse país do Paquistão."

Mas não foi onde o fracasso começou? Não teria sido melhor se a criação do Paquistão tivesse sido vista como uma realização política, algo a construir, em lugar de uma vitória da fé, algo completo em si mesmo? Não era essa a falha no discurso de Iqbal? "Uma lição eu aprendi da história dos muçulmanos", dizia Iqbal ao término daquele discurso. "Em momentos críticos de sua história, foi o islã que salvou os muçulmanos, e não vice-versa." Não teria sido melhor que os muçulmanos confiassem menos na fé salvadora e se sentassem, obstinados, para elaborar as instituições? Não era essa, afinal de contas, uma parte essencial da história da civilização: a transformação dos ideais éticos em instituições?

O poeta não concordava. A comunidade política muçulmana deveria ter brotado naturalmente da fé. O sentimento de que o Paquistão era Deus deve ter levado o país às alturas.

O que tinha saído errado, então?

Os homens eram maus, disse ele. Não viviam de acordo com a fé.

No Paquistão, era quase sempre aí que se terminava.

No fim de certa tarde, numa aldeia poeirenta do interior do Sind, a mais de 150 quilômetros ao leste de Karachi, conheci o *maulana*, ou professor, de uma escola teológica. Era uma escola famosa, mas, por motivos que não consegui acompanhar, caíra no abandono durante o tempo do sr. Bhutto.

Os prédios aos pedaços, feitos de tijolos secos ao sol, eram como construções aldeãs, camponesas — nada havia ali da ostentação de Qom: nenhuma escrivaninha de aço, telefones modernos ou assoalhos acarpetados. A casa dos hóspedes era uma pequena cabana de um cômodo, tudo era feito de tijolo seco ao sol e irregular, tudo voltando ao pó. O quarto tinha um ventilador de teto, três camas de corda com roupa de cama enrolada, um nicho abobadado na parede contendo três prateleiras; e isso era tudo. O chão era de tijolo aparente. As janelas e portas da frente e dos fundos eram toscamente cortadas, abertas ao pó. Estávamos próximos do rio Indo, e a água sob a superfície, filtrando-se do rio, alimentava os campos e fazia as árvores crescer, mas tudo parecia crescer do pó.

A sala do *maulana* era mais protegida do que a casa de hóspedes, mas não menos exposta. Ele estava deitado em sua cama de corda e se sentou para conversar comigo. Usava turbante e barba, era um homem velho, mas ainda vigoroso, e não era gentil. Na obscuridade do fim da tarde, logo tornada mais sombria por uma lâmpada elétrica muito fraca, na poeira e despojamento de seu cenário camponês, ele era animado por uma paixão religiosa parecida com malevolência: a paixão pela verdadeira fé desenvolvendo-se, com a facilidade com que o pode fazer, na idéia do islã em perigo, da necessidade da guerra santa, na idéia do inimigo.

Fez perguntas a meu respeito e sobre minhas viagens. Contei-lhe que tinha estado no Irã.

Ele disse: "Khomeini é um homem bom. Ele é islâmico".

"Por que diz isso?" Eu imaginara que, tão ortodoxo e arrebatado, ele fosse condenar o islamismo xiita de Khomeini como um desvio.

"Ele proibiu as mulheres de aparecer na televisão", respondeu. Era tudo o que ele sabia do Irã desde a revolução.

Ele disse: "Nós aqui não temos um governo islâmico".

Como ele podia dizer isso? O governo tinha ordenado aos servidores públicos que parassem diariamente de trabalhar para fazer as orações. Havia decretado castigos corânicos como chicoteamento e apedrejamento até a morte. Estava cogitando a instituição de um imposto corânico, que seria distribuído aos pobres a título de esmola. O presidente acabara de fazer a peregrinação a Meca. O que mais queria o *maulana*?

Ele disse: "Eles não aboliram os juros dos bancos". O Profeta havia proibido a usura; um sistema bancário que dependia de juros não era islâmico.

Que tipo de sistema bancário ele queria? Como queria que os negócios financeiros do país fossem administrados?

Ele não sabia. Não havia pensado a respeito. Mas não se importava. "Se o Paquistão ganhar dinheiro de um modo islâmico, tudo se seguirá." Ele ficou contente com aquele pensamento (a lógica era uma das matérias ensinadas em sua escola) e o repetiu lentamente.

Ele era de certo modo um político, um homem de influência local; e, em sua crítica ao governo, sem dúvida havia certo rancor local ou pessoal. Mas ele não estava sendo dissimulado; vivia segundo suas regras. Seu mundo tinha se reduzido a uma cabana em uma aldeia em ruínas. Ele estava preparado até para que esta se despedaçasse ainda mais, desde que a fé fosse observada.

A alguns quilômetros dali, na luz que se extinguia, os camponeses estavam atiçando cães contra um urso em um campo arado. Os cachorros ganiam, contidos por seus condutores. O urso acorrentado cheirou a terra revirada e salivou. Os cachorros foram soltos, quatro deles. Saltaram sobre o urso, mordendo-o e sacudindo-o; a multidão gritava. Mas tudo o que entrava no caminho das patas do urso ficava ferido. O urso se ergueu aprumando-se e a multidão gritou novamente; e, depois disso, a cada volteio que o urso dava, a multidão gritava. Usando sua espinha flexível, sentado no solo e curvando-se para a frente, o urso começou a esmagar os dois cachorros que ele havia desalojado e agarrado, sentou-se sobre um deles, apertou o outro até a morte com sua queda para a frente; e o cachorro que estava sendo morto lançou, de entre a pele marrom-escura do urso, um olhar de súbita mansidão inexpressiva. A parte traseira do cachorro sobre o qual o urso se sentara estava quebrada. Os que conduziam os cães intervieram para salvar os dois que sobreviviam, ainda agarrados aos pontos em que haviam mordido.

A luta durou três minutos. Era uma diversão aldeã e, como a fé, parte integrante da velha vida no deserto.

Os ingleses chegaram tarde ao Sind, em 1843, e após uma pequena batalha num lugar não muito longe do campo de luta onde se açulavam cães contra um urso acorrentado, governaram durante cerca de cem anos. As cidades nativas do Sind ficavam no interior, à margem do Indo. Em 1843, Karachi era uma aldeia pesqueira no litoral. Em 1947, quando os ingleses se foram, era um porto moderno e a principal cidade da metade ocidental do novo estado muçulmano do Paquistão. Nessa época, tinha uma população de 300 mil habitantes. Um terço era de hindus ou não-muçulmanos; esses tiveram de partir. Mas havia milhões de indianos muçulmanos esperando para entrar. Agora, mais de trinta anos depois, após a grande migração de indianos muçulmanos, e a constante migração interna do Paquistão, a população de Karachi era de 5 ou 6 milhões — ninguém sabia ao certo.

Eu já estivera antes em Karachi, em 1962, mas por pouco tempo, e minhas lembranças da cidade eram fantasmagóricas. Eu estava indo, pela primeira vez, para a Índia, minha terra ancestral — e seguia por escalas, e sem pressa. Estava viajando em um navio cargueiro da Alexandria para Bombaim, e Karachi era um porto de escala.

Havia africanos nas docas de Karachi, o que foi uma surpresa: descendentes de escravos libertos após a anexação britânica em 1843, despejados nas ruas, onde mais ou menos haviam ficado. Havia carroças puxadas por camelos, as primeiras que eu via, com boléias altas, inclinadas. Havia um hotel com dois anões na entrada, usando uniformes brancos e turbantes verdes.

Africanos, carroças de camelos, anões de turbantes verdes: não eram lembranças muito confiáveis. Assemelhavam-se mais a idéias sugeridas pelo nervosismo, meu nervosismo por estar pela primeira vez no subcontinente, minha infelicidade confusa diante dos lembretes (nos prédios, nos nomes) do domínio britânico, nervosismo e infelicidade levados ao extremo físico devido ao calor úmido e salgado, do qual, depois de apenas duas horas, preferi me esconder no navio.

Agora, as lembranças flutuantes se concentravam e se mostravam verdadeiras. Havia africanos em Karachi, trabalhadores das docas. Longe do tráfego motorizado das estradas principais, havia carroças de camelos. Os camelos trotavam com as cabeças compridas bem empinadas. Seus beiços pendentes e as patas grandes, redondas e bifurcadas, que se erguiam completamente, davam a cada camelo um ar triunfante, como o de um atleta sorridente perpetuamente rompendo a fita de chegada.

E mais do que camelos. Havia os jumentos, dos quais me esquecera, embora devessem ter sido os menores jumentos que já havia visto, espertos, amistosos e tão pequenos que, em uma imaginação lúdica, tornavam-se menores, do tamanho e caráter de setters vermelhos — quase. Seus flancos traseiros, com marcas negras dos cordames dos arreios, tinham uma magreza de cachorro; as pernas eram delicadas. Quando estavam ociosos, ficavam parados, aos pares, em terreno sem grama; e, depois da afabilidade de seu trote, pareciam tristes, e mais tristes por causa daquela companhia infeliz.

E o hotel Metropole tinha dois porteiros anões. Não estavam mais por ali, mas nada de ruim acontecera a eles. Apenas haviam sido (segundo me contaram) levados para dentro. A rua Club, onde ficava o Metropole, era mais agitada do que em 1962; e os anões já não eram tão jovens quanto naquela época. O tempo também se fizera sentir no Metropole. O hotel deixara de ser o primeiro de Karachi. Fora superado pelo Intercontinental. E outros hotéis da nova era estavam surgindo — o Sheraton, o Hyatt Regency (carregando no islamismo, mesmo depois do Irã), o Holiday Inn.

Era a cidade dos 5 milhões que eu queria ver. Mas o menino ou o jovem que o serviço de táxi me ofereceu tinha outras idéias. Queria me levar para as tumbas de Chaukandi, a 27 quilômetros de Karachi; era necessário dizer não.

O motorista era baixo e tinha um rosto lunar, de menino mimado e delinqüente. Estava vestido em tom cinza-azulado, calças compridas e largas de algodão, e uma camisa folgada de fraldas compridas. Ele me dava uma sensação de perigo: o estudante que abandona os estudos, o campônio com pretensões urbanas. Mas ele era dono de um inegável estilo.

Eu disse: “Imagino que você seja estudante”.

Ele gostou daquilo e respondeu: “Minha história é triste. E já que é triste não vou falar sobre ela. Vou lhe mostrar as vistas de Karachi”. E suspirou.

Não muito longe, parou em uma das ruas residenciais mais nobres da cidade velha, de construção britânica. O muro comprido da casa em frente à que havíamos parado tinha no alto uma cerca de arame farpado.

O motorista abraçou o volante, como um homem repentinamente cansado, e disse: "A casa do senhor Bhutto".

Eu teria preferido não vê-la, a casa do homem enforcado quatro meses antes, a casa onde ainda estavam sua esposa e filha. Mas, no Paquistão, era difícil, como eu já havia descoberto, ficar longe da paixão do sr. Bhutto, as degradações dos seus longos meses de prisão, o estilo de sua morte. Aquele evento já era mais do que político. Era como a lenda de um santo ou mártir, e era uma lenda muçulmana, com sua mistura de devoção e raiva e suas insinuações de vingança.

Na prisão em Lahore — segundo me contaram —, colocaram-no numa cela castigada, durante a maior parte do dia, pelo sol inclemente do verão. Ele pediu que sua água de beber fosse fervida; trouxeram-lhe uma garrafa térmica com água fervendo; era noite e a água ainda não estava fresca o bastante para ser bebida. Ele vivia de modo simples, comendo uma fatia de pão ázimo por dia; mas gastava diariamente 2 mil rupias, ou 200 dólares, com seus colegas de prisão. Lavava suas próprias roupas — ele, que havia sido um dândi. A cada etapa de sua degradação legal, declinava a qualidade de sua comida.

Na prisão de Rawalpindi — onde seria enforcado — seus carcereiros eram constantemente trocados porque passavam a sentir muita simpatia por ele. Entretanto, encontraram um carcereiro que zombava do condenado. "Por que você quer ler *Time* e *Newsweek*, se daqui a alguns dias estará morto?" Na hora de sua morte, estava pesando 36 quilos. Quando vieram vesti-lo com as roupas de enforcado, disse: "Eu vou usar minhas próprias roupas. Se algum de vocês quiser colocar isso em mim, que experimente". Segundo uma versão, ele caminhou até o cadafalso. Quando suas mãos foram amarradas, pediu que fossem desamarradas. "Isso machuca", disse. Em outra versão, foi levado à forca em uma maca. Em uma terceira, foi morto em sua cela: um prisioneiro, que fora despertado logo de manhã e recebera ordens de ir lavar um homem enforcado, chegou a uma cela e viu o sr. Bhutto morto, mas tão frio e rígido que suas roupas tiveram de ser rasgadas. Tudo isso, apenas quatro meses antes.

O motorista, soltando os braços do volante, disse: "Vou lhe mostrar as vistas".

Fomos até a beira-mar: quebra-mares, brisa, a praia plana lustrosa de uma baía barrenta e, no seu extremo distante, as armações de concreto de novos prédios de apartamentos: dinheiro em meio à austeridade econômica, um *boom* imobiliário em Karachi. O motorista disse: "Os apartamentos agora estão na moda. Nada de bangalôs".

Havia barracas na praia vendendo brinquedos e lembranças. Pensei em comida. "Você está de jejum?", perguntei.

"Não. Estou bravo com Deus. O senhor é muçulmano?"

"Não."

"Os muçulmanos são ruins. Mentem demais. Muita mentira sai dos muçulmanos. É uma história triste. Não vou lhe falar sobre isso."

Seguimos mais adiante à beira-mar. Ele me mostrou um prédio grande, revestido de mármore, ao final da rua. "Adivinhe o que é isto. Pense e me diga."

Eu disse: "É um hotel".

"Cassino. Do tempo do senhor Bhutto."

Estava inacabado. Ao lado, uma estrutura menor de concreto também estava inacabada.

"Alojamentos do pessoal. O tempo do senhor Bhutto. Agora, nada de cassino. Nada de jogo. Nada de corridas de cavalo. Este governo é ruim. É contra *tudo*!"

Seguimos rumo a uma área residencial: terrenos grandes, jardins, casarões de concreto. "Os ricos moram aqui. Estrangeiros, árabes. Alguns paquistaneses também. Aquela é a casa do rei de Abu Dhabi." Era um casarão num terreno grande, e tinha um muro alto em volta. "Quinhentos criados. Aquela casa toda é só para um mês do ano. O rei de Abu Dhabi vem aqui durante um mês só para atirar. No Paquistão há muitos desses pássaros. Agora eu vou lhe mostrar a minha casa."

"Você mora aqui?"

"Eu vou lhe mostrar. Eu lhe digo, é uma história triste."

Algumas ruas depois — os terrenos aqui eram menores — paramos em frente a uma casa. Apenas o andar de cima podia ser visto acima do muro. O motorista tocou a buzina do carro. Ninguém atendeu. Pediu licença, saiu do carro e gritou. Ele empurrou e abriu o portão e vi uma casa de concreto espalhafatosa que era menor do que parecia. Ninguém saiu da casa. Mas, sobre o muro da casa em frente, surgiu a cabeça de um criado, entre o verdume do jardim. O criado e o motorista conversaram em tom familiar em urdu.

Voltando para o carro, o motorista disse: "Não tem ninguém aí. Levaram tudo embora. Tudo."

"Quem levou embora?"

"Este governo. Quem mais? Meu pai estava com o governo anterior."

Seria verdade? Uma das acusações contra o sr. Bhutto foi que, durante seu mandato, ele havia destruído o equilíbrio social no Paquistão, promovera e dera poder à ralé. Seria o pai do motorista uma das pessoas que o sr. Bhutto promovera? A casa ficava em uma área rica mas não era pretensiosa, era certamente menos pretensiosa do que poderia ter parecido ao homem que a construíra. O motorista parecia conhecer bem a casa; conhecia o criado da casa em frente. O que tinha acontecido ao pai? O motorista disse que agora seria só ele a cuidar da mãe, das duas irmãs e um irmão. Havia abandonado os estudos para dirigir o táxi. Não era dono do táxi. Ganhava 350 rupias por mês do gerente da companhia de táxis; e isso era tudo.

Entretanto, depois de contar sua história, mostrar uma prova de sua riqueza anterior, não parecia muito infeliz. Levou-me até uma mesquita moderna com um grande domo de concreto ("Nenhum pilar", disse, orgulhoso) e com um minarete como um pináculo de igreja. Mostrou-me a tumba do sr. Jinnah, o fundador do Paquistão, e contou a história triste (outra história triste) desse líder morto apenas três meses depois da criação do estado. Se o sr. Jinnah tivesse vivido, disse o motorista, o Paquistão não seria assim.

Uma história triste, mas a tumba era imponente; o motorista gostava dela. Gostava dos prédios novos e grandes de

Karachi; gostava do estilo moderno. Falou que os arquitetos paquistaneses eram os melhores do mundo. Os árabes sempre os chamavam para construir mesquitas.

"Somos muçulmanos no Paquistão. Os muçulmanos gostam de Deus. Eu gosto de Deus."

"Mas você me falou que estava bravo com Deus."

"Bravo, sim. Mas Deus é Deus. Deus não é como as pessoas. Agora vou mostrar-lhe como era antes do Paquistão."

Seguimos em meio a um tráfego denso na Karachi velha, comercial. As lambretas zuniam e roncavam. O ar quente estava cinzento e marrom de fumaça.

"O que seu pai fazia?", perguntei.

Ele fingiu não entender.

"Ele era funcionário público?"

"Eu lhe disse, ele estava com o governo."

Ele fazia aquilo parecer um emprego. Mas estava pouco disposto a falar mais, e eu não estava certo se estava me falando que o pai era um político ou alguém que de certa maneira havia prosperado no governo do sr. Bhutto.

Parou diante de uma perfumaria para comprar perfume e hena para suas irmãs usarem no festival ao término do ramadã. Hena para avermelhar as palmas das meninas, um presente para o festival — o lado familiar do filho mais velho, mimado pelas irmãs e pela mãe. Contou-me que esta era a única loja em Karachi onde se podiam comprar essas coisas. Ficou muito tempo na loja; parecia conhecer as pessoas.

Africanos em traje sindi de trabalho davam um toque de mil e uma noites à rua extravagante e oriental em termos arquitetônicos. Os prédios comerciais da Karachi de "antes do Paquistão" eram estruturas simples de concreto, mas eram decorados de modo fantástico: sacadas de ferro, arcos sarracenos, colunas coríntias ou dóricas, janelas góticas ou imitando gótico. Todos os estilos disponíveis do último período britânico se confundiam em puro deleite, como em um banquete que ocorre uma vez por ano e nenhum requinte pode ser deixado de fora. A inspiração para o gótico — a princípio, intrigante — ficou, depois, mais fácil de detectar. Era o memorial gótico vitoriano, de construção britânica, chamado Mereweather Tower, no centro comercial de Karachi. Qual fora a motivação daquela torre?

"É uma *torre*. Como a de Paris."

Levou-me depois até os peregrinos que se destinavam a Meca, no centro de recepção que o governo administrava para eles próximo às docas. Pela arrumação, parecia um acampamento militar; e, subindo e descendo as ruas bem varridas, como figuras de palco bem vestidas em um cenário artificial, passavam anciãos de todas as províncias do Paquistão com suas roupas provincianas: punjabis, beluchis (com uma diferença no turbante), sindis (com os bonés planos), patanes da fronteira afegã. As faces estavam tranqüilas, contentes. Eram homens para os quais — o que quer que estivesse acontecendo lá fora, quem quer que estivesse governando — o céu estava, por fim, ao alcance.

O motorista disse: "É só porque parecemos paquistaneses que podemos vir aqui. Se você fosse americano, eu não o traria aqui."

Como os peregrinos, meu motorista tinha passado da paixão para a calma. E suas emoções religiosas haviam ascendido em uma curva contrária, depois das mesquitas, da imponente tumba branca do sr. Jinnah e do centro de peregrinos. Da raiva de Deus, e de muçulmano indiferente, tornara-se por fim um muçulmano tão apaixonado e seguro como qualquer outro.

Restara sua triste história. Tive minhas dúvidas a respeito dela. Mas a verdade pode ser crua, e mais tarde acreditei que, em linhas gerais, a história era verdadeira. Acreditei que seu pai conhecera uma rápida ascensão na época do sr. Bhutto, tinha quase chegado a ser vizinho de um rei árabe, mas perdera tudo com a queda do sr. Bhutto e, de certo modo, fora descartado: um drama camponês, uma pequena variação da tragédia do sr. Bhutto, parte da vida pública delinqüente da comunidade política muçulmana, onde, na prática, a única moralidade (e também o bálsamo eterno) era a posse da fé.

"Agora vou lhe mostrar o Paquistão de antes." Era uma maneira de contornar a esquisitice da história. Antes de 1947, não havia Paquistão aqui; havia apenas a província indiana do Sind e a cidade de Karachi, construída pelos ingleses. Aquele passado sobrevivia nos prédios e nos nomes: Club Road, Bleak House Road, Clifton, McNeil Road, Jutland Lines, Jacob Lines, Abyssinia Lines, Clayton Quarters, Napier Barracks, Soldier Bazaar. Havia até sobreviventes puramente indianos: Colônia Tamil, Ramswamy, rua Dadabhoy Nouroji. Não havia mais uma rua Motilal Nehru, mas ainda havia um Jardim de Gandhi.

E uma tarde, saindo do Intercontinental e seguindo pela rua de quatro quilômetros que levava, por terra recuperada de manguezais, ao riacho Chinna e à ponte do quebra-mar Napier, fiquei surpreso ao ver afixada numa parede, à margem do riacho, ao lado da ponte e em meio às obras para a nova doca, uma placa comemorativa com nomes hindus.

A parede era a fachada para o *ghat* de banho, os degraus de banho, construído em 1943 — quatro anos antes do Paquistão — pela Associação Beneficente Hinduísta dos *Ghat* de Banho. Havia duas portas de madeira lavrada, ainda com suas antigas placas: "Entrada reservada para mulheres hindus", "Entrada reservada para homens hindus". Uma porta tinha o entalhe de elefantes empinando, a outra o de cisnes serenos.

Os degraus de banho ainda existiam. Podiam ser vistos (os degraus das mulheres, contudo, cercados por um muro de concreto) da ponte do quebra-mar Napier: os degraus inferiores, negros devido aos detritos do córrego oleoso do porto. Havia assentos de pedra mais acima; a parede deste lado, defronte à água e ao mangue na outra margem do córrego, era pintada de verde-brilhante; havia pombos sobre as cúpulas de estilo mongol. Na própria ponte havia uma pedra registrando sua construção em 1864, com os nomes dos engenheiros britânicos.

Um menino de cerca de doze anos veio encontrar-me na ponte. Estivera me observando. Acenou com a cabeça na direção dos degraus de banho estragados e disse: "Os muçulmanos não podem ir lá. Os hindus podem ir, os parses, os ingleses. Mas os muçulmanos, não". Para ele, o importante do *ghat* era a proibição. Ele era hindu, remanescente da população hinduísta do Sind, mas ignorava a história (e eu o veria dali a cerca de uma semana, na recepção de um casamento muçulmano em um hotel).

O *ghat* ficava no caminho das obras da nova doca. Mais tarde, conheci o homem que interviera para impedir que fosse derrubado. Ele disse que o *ghat* havia muito deixara de ser uma plataforma de banhos. Havia dois vigias e eles usavam o lugar como casa. Alguém se oferecera para instalar uma placa de néon sobre o teto em cúpula para dar ao *ghat* alguma renda para a sua manutenção; mas o homem que salvara o *ghat* achou que era melhor o lugar ficar como estava, lavado pelas marés poluídas do porto, deteriorando-se em seu próprio ritmo.

Os hindus não haviam, de modo algum, desaparecido. Mas isso era história antiga. E desde então ocorrera uma expropriação maior. Karachi, com seus milhões de imigrantes, era uma cidade do Paquistão; deixara de ser só do Sind. Sind recebera o grosso dos muçulmanos da Índia; e a comunidade política muçulmana, conforme desenvolvida no Paquistão, não conseguiria apagar os sentimentos dos sindis de que estavam sendo sitiados e colonizados, ameaçados de perder sua língua e sua terra. Agora, em oposição ao discurso separatista dos sindis, falava-se em separar Karachi da província, como distrito federal.

O sonho da pátria muçulmana tivera estranhas conseqüências. E o mais estranho de tudo era o seguinte: o estado, que para alguns era o próprio Deus, uma recompensa terrestre completa para o fiel, não vivia tanto em função de suas exportações agrícolas, ou do produto de suas indústrias secundárias, quanto da exportação de sua população. Os anúncios dos jornais a chamavam de "exportação de força de trabalho".

A idéia do estado muçulmano como Deus nunca se convertera em algo menos exaltado, nunca em organização política ou econômica. O Paquistão — estendendo-se por 1600 quilômetros do mar até a cordilheira do Himalaia, e com uma população de mais de 70 milhões de habitantes — era uma economia de remessas. O *boom* imobiliário de Karachi era em parte sustentado pelas remessas de trabalhadores para o estrangeiro, e estes estavam em toda parte, legal ou ilegalmente. Não estavam apenas em países muçulmanos, na Arábia, nos países do Golfo, na Líbia; estavam também no Canadá e nos Estados Unidos e em muitos países da Europa.

O negócio era organizado. Como contadores que estudam leis tributárias, os peritos em exportação de força de trabalho do Paquistão estudavam as leis de imigração do mundo inteiro e competitivamente jogavam com seus batalhões de emigrantes: vistos de turistas que podiam ser prorrogados aqui (a maioria dos países europeus), dependentes que podiam ser embarcados acolá (Inglaterra), vistos de estudantes mais além (Canadá e Estados Unidos), asilo político a ser pedido para lá (Áustria e Berlim Ocidental), nenhum visto ainda necessário ali, logo abaixo do Círculo Ártico (Finlândia). Viajavam como clandestinos entre a carga dos aviões. O aeroporto de Karachi era equipado para esse tráfico de emigrantes. Alguns conseguiam chegar; outros eram devolvidos. "Alemães atiram em quatro paquistaneses: entrada ilegal" era o título de um artigo no *Dawn*, enviado da Turquia, na rota dos emigrantes, e era a reportagem atrasada sobre um grupo ferido (homens baleados na perna) e capturado.

No estrangeiro, os emigrantes tentavam obter as graças das organizações de liberdades civis. Buscavam a proteção das leis dos países para onde os aviões os haviam levado. Eles ou seus representantes falavam as palavras certas sobre a diferença entre países pobres e ricos, o Sul e o Norte. Falavam em crime de discriminação racial e em fraternidade humana. Apelavam para os ideais das civilizações estrangeiras cuja virtude negavam em seu próprio país.

E aos olhos dos fiéis não havia nenhuma contradição. O lar era o lar; o lar não era como lá fora; isso não era alterado por palavras ecumênicas ditas lá fora. A comunidade política muçulmana era como o próprio Deus, uma coisa à parte, e tinha de ser incessantemente purificada e defendida. Como dizia o artigo do *Tehran Times*, falando da onda islâmica, "com a reforma e adaptação às necessidades atuais em total conformidade com o sagrado Corão e a Suna [o modo antigo, correto], o Irã e o Paquistão, com uma clareza de propósito e uma sincera cooperação, podem estabelecer a verdade de que o islã é um modo de vida completo".

## 2

## *FANTASMAGORIA DE KARACHI*

O Paquistão gozava de grande reputação no mundo muçulmano. Era o pioneiro do islã no século XX, e durante algum tempo houve notícias de suas "experiências" com o islã. Dizia-se que o Paquistão estava experimentando o direito islâmico, com uma cobrança corânica de esmolas que acabaria sustentando um estado islâmico do bem-estar social e um sistema financeiro que eliminaria os juros.

Eu desejava dar uma olhada nessas experiências. Mas após alguns dias em Karachi evidenciou-se que eu precisava de ajuda: por mim mesmo não conseguiria ver nada. O *Tehran Times* dissera que existia um banco islâmico no Paquistão, "fundado sob o patrocínio do grande erudito muçulmano paquistanês *maulana* Maudoodi". Mas em Karachi o que eu via por toda parte eram as placas verdes do banco Habib. O principal prédio do Habib no centro de Karachi era uma torre de concreto de magnificência nova-iorquina; e o Habib acabara de inaugurar uma filial na Europa. Os anúncios dos jornais relativos a essa inauguração diziam que ela ocorria "pelas graças de Alá". Mas o Habib não era um banco "experimental".

Eu precisava de ajuda e fui procurar o sr. Deen, o ministro das informações do governo. Seu gabinete ficava num galpão de concreto no que parecia ser um antigo acampamento militar inglês.

Saindo de um amplo corredor central, uma porta de vaivém estilo *saloon* e restaurante dava para a sala do sr. Deen. O tapete de algodão estava gasto e seu padrão vermelho e branco esmaecido pela poeira e o sol. As paredes com pintura a têmpera eram de tom ocre, estavam descascando, por ação da umidade; as janelas, da mais rudimentar carpintaria, eram protegidas por uma grade de metal em losangos. Ali fora, alguém estava acelerando uma lambreta, gerando um ruído cortante numa nuvem de fumaça azulada. Duas pequenas janelas cortadas no alto da parede destinavam-se a deixar sair o ar quente; e um ventilador de teto rodopiava sobre o velho conjunto estofado distribuído pelo governo, que estava um pouco desconjuntado, conforme descobri ao sentar-me: um governo na precariedade.

E o sr. Deen estava confuso pela minha solicitação. Ele fora atencioso comigo; enviara a viatura oficial — chamava-a de "uma coisa de quatro rodas" — para apanhar-me no hotel. Mas ele era um homem ocupado. Estava preocupado naquela manhã com a viagem dos peregrinos para Meca — o governo decretara que essa seria uma questão importante — e ele estava examinando as fotos oficiais do dia anterior, mostrando a saída no porto. Dava para ver que o sr. Deen estava achando insatisfatórias algumas das fotos. E agora: tribunais islâmicos, bancos islâmicos, experiências islâmicas? Ele parecia mentalmente hesitante.

Será que eu havia lido os jornais errados?

"As pessoas falam sobre essas coisas", disse o sr. Deen, com o enfado de um funcionário embaraçado. "Mas as pessoas que falam esperam que outras pessoas façam o trabalho."

Havia um Conselho de Ideologia Islâmica que se reunia dez dias por mês, mas isso era em Islamabad, a capital, bem distante ao norte. O sr. Deen não sabia o que fazer por mim em Karachi. Ele devia estar pela metade dos cinqüenta, trajava calças cinzentas e uma camisa branca; a gravata listrada pendurada na parede atrás dele poderia ter sido, em outro país, uma espécie de gravata de clube.

O sr. Sherwani, um colega, entrou. Era pesado, a carne mais flácida que a do sr. Deen; sua pele era lisa e estava trajando uma camisa esporte de manga curta. O sr. Deen explicou o que eu estava procurando e o sr. Sherwani dirigiu-me um olhar duro e disse ao sr. Deen em urdu: “Mas ele se parece com Qutub. Quando eu entrei na sala, pensei: ‘Mas é Qutub!’”. O sr. Deen olhou para mim com um novo interesse e disse com um ar triste que sim, eu parecia Qutub. E me disseram que Qutub era um pintor paquistanês.

“Quantos anos o senhor tem?”, perguntou-me o sr. Sherwani.

“Quarenta e sete.”

“Eu tenho quarenta e oito e tenho mais saúde do que você. Não, você não pode negar isto. Seus olhos estão cansados. São olhos de um velho. Isso indica uma deficiência de vitaminas.”

“Ele deseja ver o islã em ação”, disse o sr. Deen.

Considerei aquela uma boa formulação do sr. Deen.

O sr. Sherwani disse: “Ele deveria ler o Corão. Marmaduke Pickthall: esta é a melhor tradução para o senhor”.

“É mais uma interpretação”, acrescentou o sr. Deen.

E o sr. Sherwani: “O senhor deve conhecer a filosofia”.

Ative-me às palavras do sr. Deen e disse: “Eu quero ver o islã em ação”.

O sr. Sherwani disse que muitas pessoas se diziam muçulmanas, mas muçulmanos autênticos havia poucos. O islã era um modo de vida completo e por esse motivo era difícil demais para a maioria das pessoas. Eu mencionei o Irã; o sr. Sherwani disse, com tolerância enorme e paternal, que os xiitas do Irã eram um desvio.

Um homem entrou trazendo algumas fotos. O sr. Deen, retirando-se da conversa, olhou para as fotos e passou a falar com veemência para o que trouxera as fotos. O sr. Sherwani, ignorando a rixa na escrivaninha e o barulho da lambreta lá fora, perguntou-me se eu possuía alguma fé religiosa. Eu disse que não e, para minha surpresa, ele se deliciou. Disse que aquilo significava que eu não tinha preconceitos; era importante, ao estudar o islã, não ter preconceitos.

O homem que trouxera as fotos saiu do escritório e o sr. Deen foi atrás dele.

O sr. Sherwani disse a mim: "Um homem como o senhor — vou fazer uma profecia a seu respeito. Quando terminar suas pesquisas, o senhor se tornará muçulmano".

O sr. Deen voltou e o sr. Sherwani disse a ele: "Eu estava acabando de dizer para ele: ele vai se tornar muçulmano".

O sr. Deen, o rosto simpático ainda cheio das preocupações de seu cargo, sorriu para mim. Em seguida, ele e o sr. Sherwani começaram a discutir o que poderia ser feito por mim. Ouvi que falaram algumas vezes em "Conselho de Ideologia". Senti que os estava importunando, tomando seu tempo com assuntos extra-oficiais. Mas o sr. Deen disse: "É para variar um pouco em relação ao que os jornalistas normalmente querem que a gente faça para eles". Por isso, os dois continuaram a conversar. Como conseguiriam demonstrar o islã a um visitante?

Os peregrinos, decidiram. Na manhã seguinte, outro navio de peregrinos estaria partindo para Jidá. Funcionários do departamento iriam cobrir o evento e eu poderia ir com eles. O sr. Sherwani achou que era uma ótima idéia: se eu não visse e não conversasse com os peregrinos que iam para Meca, não entenderia a profundidade de sua fé. E as mesquitas, decidiram. Eu devia visitar as mesquitas de Karachi naquela noite. Não poderia haver noite melhor, disse o sr. Sherwani, porque era a noite do ramadã em que, no ano de 610, o Profeta recebera sua primeira revelação; as orações oferecidas nessa noite valiam mil vezes mais do que nas outras. No Irã xiita, o ramadã era um mês de lamentações, cheio das calamidades dos heróis xiitas que haviam fracassado em ser reconhecidos como sucessores do Profeta. Para os muçulmanos sunitas do Paquistão, o ramadã era um mês mais feliz, o mês da revelação e da fundação da religião.

Era este, portanto, o programa: as mesquitas de noite com o sr. Sherwani, e o porto e os peregrinos com destino a Meca na manhã seguinte.

"Vou lhe contar uma história", disse-me o sr. Sherwani. "Escute. Um lorde inglês tinha dois filhos. Começaram exatamente como o senhor. Acharam que iriam viajar e descobrir o islã. Por isso, viajaram. Foram até Ajmer, na Índia, visitar o famoso santuário muçulmano de lá, e começaram a estudar com um professor muçulmano. O professor tinha duas filhas. Os dois filhos do lorde inglês tornaram-se muçulmanos e se casaram com as duas filhas do professor. Quando se tornar muçulmano, o senhor irá se lembrar dessa história."

Lordes ingleses, casamentos duplos, reis árabes com quinhentos servos durante um mês: em Karachi — já com camelos, anões e africanos — era fácil pensar nas *Mil e uma noites.*

O sr. Deen me deu uma carona na viatura oficial de volta ao hotel. Ele viera da Índia; migrara de Delhi logo depois da independência. Tivera muitas oportunidades, oficiais e extraoficiais, de ver Delhi novamente. Mas por uma razão que ele não conseguia explicar, preferira não voltar. Saíra da Índia; o passado se encerrara; a ferida não devia ser reaberta.

De noite, o sr. Sherwani veio buscar-me, acompanhado de um colega mais novo do ministério, e fomos na viatura oficial visitar algumas mesquitas de Karachi. O colega mais novo ficou calado; apenas o sr. Sherwani conversava e achei que, para ele, era uma boa maneira de entrar mais relaxado para a longa noite de oração: ir de mesquita em mesquita e, entre uma e outra, conversar sobre a fé com alguém que havia se disposto a ouvir.

As mesquitas estavam apinhadas e iluminadas. Tubos de lâmpadas fluorescentes eram utilizados decorativamente, bastões de brilho azul e branco; e cordões com lâmpadas coloridas pendiam das paredes como tapetes iluminados. Recitações ofegantes do Corão em árabe — alguns mulás exibindo como conheciam bem o Corão — eram acompanhadas por exposições em urdu. E em toda mesquita, como uma abelha sugando de cada flor, o sr. Sherwani rezava e, sempre que surgia uma oportunidade, juntava-se ao responsório da congregação.

Nas mesquitas das áreas mais nobres, havia uma sensação de que os homens estavam alheios, envolvidos em devoções particulares. Nas áreas mais pobres havia um sentimento de comunhão. Em uma mesquita de uma área pobre, distribuíam-se doces enquanto o mulá entoava, e as crianças assediavam tanto o distribuidor de doces que ele parecia ter perdido o uso das pernas e estar sendo impelido para o pátio, segurando no ar sua caixa de papelão, pelas perninhas agitadas das muitas crianças, como uma barata morta sendo carregada, sobre rodas ocultas, por formigas. A escaramuça não afetava a santidade da ocasião; a ocasião era também uma ocasião comunal e as crianças e doces eram parte dela.

O islã era a salvação de cada homem; era também a fé em si mesma, a história do Profeta; era também a comunidade, alinhavada por inúmeros atos e ocasiões comunais. Unidade, fé e disciplina: este era o tema do islã, segundo me dizia o sr. Sherwani, e foi apenas mais tarde que descobri que ele emprestara as palavras do sr. Jinnah, o fundador do Paquistão. Algo mais subjazia ao sentimento de comunidade: a ansiedade quanto ao além. Era importante, era fundamental, mantinha unidos todos os ingredientes da fé: a ansiedade de saber se, no dia do juízo final, a pessoa encontraria o tormento ou a beatitude. O sr. Sherwani disse que, por seus próprios exercícios devotos, recebera o mais leve vislumbre do além; os verdadeiros devotos conseguiam ver mais adiante.

O sr. Sherwani estava perdendo progressivamente sua jovialidade, seu desejo de explicar. As orações o estavam absorvendo cada vez mais e logo, como um homem de má vontade contra o tempo, me levou de volta para o hotel e saiu correndo. Nessa noite de revelação, quando as orações eram tão preciosas, o sr. Sherwani pretendia rezar a noite inteira até que começasse o jejum da manhã. Ser muçulmano devoto era sempre ter coisas marcantes para fazer; era ser constantemente pautado por regras; era viver numa febre da fé e sempre estar consciente da distinção da fé.

Mas o mundo seguia em frente. Outra revelação estava sendo preparada naquela noite e, na manhã seguinte, explodia sobre nós, em uma grande matéria de primeira página do jornal do governo, o *Morning News*: "PLANO PARA TRANSFORMAR O PAQUISTÃO NUM FANTOCHE ESTRANGEIRO — A proposta de Benazir de organizar um golpe apoiado pelos EUA — Liberada cópia fotostática da carta a Murtaza".

O que era reproduzido, em seis colunas inteiras do jornal, eram cartas da filha do sr. Bhutto, Benazir, para o seu irmão em

Londres. Haviam sido escritas naquela casa que me mostrara o motorista de táxi; uma das cartas fora escrita nove dias antes do enforcamento do sr. Bhutto, outra, quatro dias antes do enforcamento. Eram cartas de família e sua divulgação era uma violação; eram sugestões — naquelas circunstâncias, extraordinariamente lúcidas — de uma irmã a um irmão sobre o que poderia ser feito na linha de abaixo-assinados e pressão para salvar seu pai. O tema principal da reportagem do *Morning News* era que, em troca da ajuda americana para salvar seu pai, Benazir Bhutto estava oferecendo a desistência do programa nuclear paquistanês. As cartas manuscritas eram apresentadas como prova; mas eram reproduções de má qualidade e não eram apresentadas transcrições. E, na verdade, a matéria do jornal era uma invenção.

Era o outro lado da vida religiosa. A fé era cheia de regras. Na política, não havia nenhuma. Não havia nenhuma regra política porque a fé se destinava a criar apenas fiéis; a fé não poderia reconhecer associações ou divisões seculares. Para todos os que estivessem em franca atividade política, o islã era causa, ferramenta e absolvição. Ele podia levar a essa virulência mundana.

O sr. Sherwani deve ter enjoado de mim; ou talvez tivesse sido solicitado por obrigações mais oficiais. Quando fui ao gabinete do sr. Deen na manhã seguinte, descobri que outro funcionário iria comigo até o porto para ver a partida dos peregrinos rumo a Meca.

O funcionário era uma jovem de sári verde. Era esbelta, quase magra, e seu inglês era preciso. Para minha surpresa, formara-se em jornalismo pela universidade de Karachi. Depois, passara no concurso para o serviço público paquistanês e, em seguida, fizera um curso de oito meses na área. Não escolhera o departamento de informações; fora designada para ele e o achou decepcionante. Tinha de fazer apenas aquilo que lhe era solicitado; não era suficiente para alguém que se formara em jornalismo e desejava realmente escrever.

Disse isso tudo com muita franqueza no gabinete do sr. Deen e não estava falando para impressionar-me ou ao sr. Deen. Estava tão infeliz e tensa quanto sua magreza sugeria; e fiquei me perguntando por que — importante como era o serviço público federal no Paquistão — ela se mantinha no emprego. Perguntei-lhe o que fazia seu marido. Disse que toda a sua família era do serviço público, do exército, e que seu marido também era funcionário público. Era? Sim; seu marido havia morrido. "Faleceu num acidente de helicóptero."

A família do marido lhe dava agora alguma ajuda financeira, mas ela aceitou o cargo porque precisava de dinheiro, principalmente para a educação de seus filhos. Ela os estava educando em urdu e também em inglês, porque nos países estrangeiros — com o que ela queria dizer a Arábia Saudita e os países muçulmanos — somente se conseguia um emprego quando se sabia falar inglês.

Então, ela já estava educando os filhos para deixar o Paquistão, para tornarem-se emigrantes?

"Tenho de fazer isto", respondeu. "Somos minoria. Não somos muçulmanos."

Ela estava usando um sári. Isto queria dizer que era hindu ou que era parse?

Antes que eu pudesse perguntar, ela disse: "Nós acreditamos no Profeta. Mas três anos atrás fomos declarados não-muçulmanos pelo governo. Somos *ahmadi*".

"Mas por que declararam vocês como não-muçulmanos? O que os levou a fazer isso?"

"Pergunte a Benazir Bhutto. Benazir lhe dirá por que seu pai nos declarou não-muçulmanos. Ele era muito simpático conosco, mas depois ele veio e fez isso."

Segundo ela, a seita começara com um homem chamado Ahmad, que nascera no norte da Índia no século passado. Em 1906 (ela estava enganada quanto à data; foi em 1890; mas isso eu descobri semanas depois), percebeu, por meio de diversos sinais que lhe foram dados, que era o *Mahdi*, ou o Messias Prometido. Era um homem devoto; lutou contra essa convicção mas, no final, não conseguiu resistir. Havia muçulmanos que acreditavam que o Messias somente viria no juízo final; mas outra interpretação da profecia era que o Messias viria quando o islã houvesse degenerado, e em 1906 o islã estava degenerado.

Perguntei: "Então vocês são como os *bahai* do Irã? Eles acreditam que o imã oculto ou alguém como ele apareceu no século passado".

Mas ela nunca ouvira falar dos *bahai*.

Era uma *ahmadi* convertida. E os próprios *ahmadi*, segundo me contou, estavam divididos. Alguns — como ela própria — acreditavam no sucessor do Messias; outros não.

Mas como ela, muçulmana, passara a aceitar essa idéia do Messias? A idéia era odiosa aos muçulmanos, que acreditavam que Maomé foi o último Profeta; essa idéia do Messias indiano era quase uma negação desse caráter final e, portanto, aproximava-se da negação de alguma coisa fundamental sobre o Profeta. Como muçulmana, em determinado momento ela teria sentido horror diante da idéia. Como ela conseguira dar o salto?

Bem, disse ela, sua linhagem era misturada. Era xiita por um lado e sunita ortodoxa por outro. Por isso, ela estava, por assim dizer, preparada para a fé heterodoxa. E, além disso, ela se casara com um *ahmadi*. Era necessário, portanto, que se tornasse uma *ahmadi*. Dessa forma, a heresia era algo que lhe havia sido dado, algo que ela vira se aproximando e deliberadamente abraçara. Seu marido conversara com ela e a instruíra; e ela agora era uma crente tão convicta que falava do Messias, Ahmad, com um ligeiro tremor: o bom homem, o homem devoto que tivera o caráter messiânico imposto a si, e não conseguira negar os muitos sinais de Deus.

A heresia — à qual apenas os muçulmanos podiam responder plenamente — agora governava sua vida; poderia até arrancá-la de sua pátria muçulmana. Um escritório do governo com pintura descascando e mobília desconjuntada; uma mulher de sári verde formada em jornalismo pela universidade de Karachi, uma funcionária pública num país muçulmano: isso já era bem impressionante. Mas logo abaixo das aparências em Karachi, abaixo do que era facilmente compreensível, estava a fé e a febre da fé, que assumia muitas formas, e quase sempre conferia uma qualidade fantasmagórica a um encontro.

A fantasmagoria continuava. Saí para o corredor para esperar a moça do sári verde. E estava tão absorto com o que acabara de ouvir e tão confiante na expectativa de, em dado momento, ir com ela até o porto dos peregrinos, que não percebi direito para onde me levavam os homens que não falavam inglês, não consegui perceber que havia sido separado dela, não entendi o assunto do curto percurso de furgão, não consegui ver que estava sendo levado para outro departamento e outro escritório, e vi-me finalmente numa grande sala fechada, um escritório muito maior do que o do sr. Deen, onde um homem mais idoso olhava para dois ou três outros que estavam do outro lado de uma escrivaninha atulhada de coisas, e mandaram-me sentar num canto, bem debaixo do exaustor do ar-condicionado, numa poltrona de um conjunto estofado em material sintético, ao contrário do algodão simples dos estofados do sr. Deen.

Esse era o escritório de Ahmed (outra pessoa, não o Ahmed visionário que morrera havia muito tempo e do qual eu estivera ouvindo falar). Ao lado de sua escrivaninha, havia uma prateleira com cinco telefones e até Ahmed tinha dificuldades para descobrir qual estava chamando. Por algum emaranhado burocrático que eu não estava em condições de acompanhar, o Ahmed desse escritório havia se apoderado de mim. O sr. Deen e o sr. Sherwani, homens inquietos, secretamente haviam desistido de mim — e com eles se fora a moça *ahmadi* do sári verde.

E foi com dois homens do escritório de Ahmed que fui para as docas. Mas o inglês deles não era bom; preferiam conversar entre si em urdu; nas docas, ficaram tão absorvidos com os afazeres de seu departamento, e tão temerosos pelo caráter altamente oficial do envio dos peregrinos (o governador do Beluchistão estaria presente), que assisti a toda a cena sem língua, por assim dizer, e à distância: o navio branco que descobri ser de fabricação britânica, era velho e imundo onde não estava pintado de branco; catres e trouxas no compartimento de bagagens, homens e mulheres idosos parecendo a um só tempo refugiados e peregrinos, penitentes e expectantes; o lixo já era varrido para pequenos montes; no estreito convés superior, alguns velhos — indiferentes aos funcionários alvoroçados e desfiando devoção após devoção — faziam sua ablução ritual antes da oração, a devoção que no islã é sempre também um ato físico correto e reanimador.

O general Rahimuddin, o governador do Beluchistão, estava chegando. No cais, a banda de gaitas de fole, de *tartans*, desfilava e guinchava: a herança do estilo militar britânico, adequado a um general com um boné pontudo, óculos escuros, estrelas e bastão, impingido a essa peregrinação a Meca, uma peregrinação mais velha do que o islã, enraizada no antigo culto tribal árabe e incorporada pelo Profeta às práticas islâmicas: a essa altura, camada após camada de história.

Um funcionário do porto proferiu um discurso e os alto-falantes levaram suas palavras a todas as partes do navio e também ao cais ali embaixo, onde, do lado de fora do cercado com um baldaquino, de aparência festiva, que abrigava gaiteiros e soldados, havia se juntado uma pequena multidão de trabalhadores. O general proferiu um discurso ligeiramente mais longo. A despedida oficial aos peregrinos, conforme ordenada pelo presidente, estava encerrada (a nota do governo, dois dias depois, ocupava mais de vinte centímetros do *Dawn*); e fui levado de volta ao escuro escritório com ar-condicionado de Ahmed.

Não tornei mais a ver o sr. Deen ou o sr. Sherwani. Tampouco voltei a ver a moça ou viúva do sári verde. Fiquei perturbado com sua história. Mas sua seita *ahmadi* estava proscrita, hostilizada por muitos; e foi somente ao final de minha estada no Paquistão que consegui saber mais a seu respeito.

Ahmed tomou conta de mim. Seu interesse por mim naquela manhã poderia ter sido um interesse oficial — havia lei marcial no Paquistão e uma inquietude com relação aos estrangeiros e o programa nuclear do Paquistão —, mas isso mudou quase no mesmo instante em que fui levado ao seu escritório.

Sentado à escrivaninha, diante de seus subordinados, olhara atentamente para mim; e eu fora aprovado por seu escrutínio.

Haviam-no informado que um visitante estava perguntando sobre as instituições islâmicas. Uma história estranha; mas quando descobriu que era verdadeira, ficou mais do que interessado. Havia um motivo. Ahmed, que estava no final dos seus cinqüenta anos, era um penitente. Segundo ele mesmo disse, vivera muito livremente na juventude e ainda era espicaçado pela carne. Chegara tarde à religião e agora era consumido por ela. Era respeitado por sua própria fé. Não desejava apenas falar sobre ela, como o sr. Sherwani; acho que ele também queria ter uma testemunha dela, alguém do outro lado, o lado que ele deixara para trás.

Tinha uma compleição saudável, ereto e ativo, e ainda atraente, a pele escura, nariz adunco, beiço carnudo e curvo. Era natural do Sind e disse (talvez num excesso de romantismo) que pertencia à raça original, pré-ariana, daquela província, os construtores das grandes cidades de Mohenjodaro e Harappa, criadores da civilização do vale do Indo que os arianos migrantes haviam expulsado em 1500 a.C. A maioria das pessoas no Paquistão, disse, comportava-se como se o mundo tivesse começado em 1947, quando o Paquistão foi criado. Devido a sua ancestralidade no Sind, ele possuía uma outra visão da história.

E, por trás de sua percepção do islã, havia percepção histórica. Era a mais jovem religião do mundo e, por ser a mais jovem, era a mais evoluída. Ele não condenava as religiões do passado; encarava-as como estágios no desenvolvimento espiritual da humanidade. Tome as religiões reveladas. Moisés, disse, era todo lei; isso era rígido demais. Jesus era todo compaixão. Ahmed disse: "Num mundo onde existem povos como os africanos e os negros, isso não faz sentido. Se você voltar a outra face para um semelhante primitivo, isso o ofende". A beleza do islã reside em sua mistura de lei e compaixão. Para perceber o melhor do islã, para compreender a caridade de que ele é capaz, eu deveria ir a algum dos antigos santuários do interior do Sind — ele providenciaria isso. Havia um lugar, ligado a um santo e místico muçulmano, que ele desejava particularmente que eu visitasse. Lá eu conheceria uma irmandade, na qual se encontravam profissionais que haviam renunciado ao mundo para viver no deserto e servir e alimentar os pobres.

Foi assim que, naquela tarde, de um fôlego só, por assim dizer, em um extravasamento excitado, Ahmed definiu sua fé, suas atitudes e seus planos com relação a mim. Levou-me de carro de volta ao Intercontinental e conversamos no estacionamento até quase o sol se pôr. Ao final, com uma ternura para a qual eu não estava preparado, pressionou seu dedo indicador no meio de minha testa. Ele disse: "É por aqui que você é pego. Se você fosse um homem de negócios, ficaria com pressão alta. Você é um intelectual. Está preocupado com a verdade. Por isso, é aí que ela o pega, nos olhos. Você precisa descansar seus olhos. Deve olhar para coisas verdes".

Meus olhos novamente! E o que aconteceu na manhã seguinte foi que uma lente caiu de meus óculos e se quebrou no ladrilho de meu quarto. Por isso, o primeiro serviço que Ahmed precisou fazer para mim foi levar-me a um oculista.

Nossa amizade foi súbita, mas senti que era real; e enquanto durou apoiei-me nela. Minha busca pelas instituições e experiências islâmicas — a busca que me havia levado até Ahmed — ainda prosseguia; e Ahmed foi o homem racional ao qual retornei após aventurar-me nos islãs de outros homens.

O sr. Mirza me fora descrito como um dos mais insignes paquistaneses, uma das mentes mais profundas do país, e alguém que me diria tudo o que eu desejava saber sobre a islamização das instituições. Mas o homem que assim se referira ao sr. Mirza, e providenciou meu encontro com ele, era um de seus amigos menos importantes. E foi como uma espécie de suplicante da família que fui recebido pelo grande homem em seu escritório com ar-condicionado, e tratado (quando chegou minha vez) como se estivesse em uma reunião de preces comunitárias.

Havia muitos livros na sala, livros políticos ingleses desbotados dos anos 30 e 40, sugerindo uma estada como estudante na Inglaterra. Dois jovens, atentos, inclinados para a frente, olhos brilhantes, estavam sentados em frente à escrivaninha do sr. Mirza, e este disse gentilmente que estava trocando algumas palavras com "jovens colegas". Julguei que os jovens fossem exatamente isso, mas era apenas parte da humildade pública do grande homem. Os jovens, como eu mesmo, tinham sido trazidos para receber sabedoria.

E não havia nenhuma troca de palavras: um balbuciar baixo, uniforme, incessante, ininterrupto despejado pelo sr. Mirza. Estávamos vivendo uma era satânica; as pessoas não estavam interessadas na verdade. Agora dispúnhamos de muita informação, mas informação demais era tão ruim quanto informação de menos. Ninguém podia predizer o futuro; havia um excesso de "imponderáveis"; a visão tolstoiana da história estava correta. Seria o sr. Mirza o único interessado na verdade? Aonde aquilo tudo iria levar? Estava levando de volta ao caráter satânico do século, à necessidade da convicção islâmica.

Os jovens se levantaram, extasiados de prazer, e o sr. Mirza, com gentileza adicional, concedeu-lhes uma despedida como uma bênção. Depois, comecei a receber minha dose. Porém, nada de Tolstói para mim; o que recebi foi um árabe obscuro. "Um erudito árabe do século X — talvez tenha sido o maior dos filósofos eruditos árabes do período Abássida, morreu em 1011 e, portanto, seus escritos se deram na virada do século e pertencem mais ao século X que ao XI — afirma que os profetas não são como os outros homens."

Mas eu não tinha vindo para ouvir isso do sr. Mirza. Viera para saber da aplicação do islã às instituições, ao governo, à lei.

"Deixe-me concluir", disse o sr. Mirza; ele não suportava ser interrompido. E prosseguiu. Os profetas eram aqueles por meio dos quais Deus manifestava sua vontade; o islã estava voltado à idéia de que chegaria o tempo em que os profetas deixariam de ser necessários.

Com isso, onde nós, ou o Paquistão, ficávamos? Ficávamos no seguinte ponto: a lei e as instituições do Paquistão, tal como existiam, não eram divinas. A despeito de sua reputação e seus livros, o sr. Mirza não pensara além desse ponto. Sua educação era um componente de sua vaidade; mas ele era como o mais simples dos mulás. E, de fato, como um islamizador tão puro como os demais, o sr. Mirza possuía ambições políticas. Com o desaparecimento do sr. Bhutto e a eliminação de seu partido, com um governo militar islamizante, o sr. Mirza tinha esperanças de ser alçado às alturas.

Eu disse que estava de saída. O sr. Mirza ficou desapontado; tinha mais coisas a me dizer. Ofereceu-me seu carro. Aceitei. Esperando pelo carro, ele tentou organizar sua própria entrevista e disse: "Imagino que o senhor está pensando que eu deveria estar num mosteiro e não nos negócios".

"Não estou pensando isto."

"Mas veja: no islã, não há nenhuma separação. É um modo de vida completo."

Tirou do bolso uma espécie de rosário de orações e começou a estalar as contas, murmurando. Olhei para além de sua orelha esquerda e, depois, para além de sua orelha direita. *Claque-claque*, faziam as contas, e ele disse: "Estou intoxicado de Deus". Olhei por sobre seu ombro esquerdo e depois por sobre seu ombro direito. *Claque-claque*, faziam as contas; e o deixei murmurando até que o carro chegou.

O sr. Salahuddin, o editor do jornal, tinha fama de ser um islamita "linha-dura", como o sr. Mirza. Mas não tinha a inclinação mística ou intelectual do sr. Mirza e gostei mais de sua franqueza.

No Paquistão, com seus quinze por cento de alfabetização, as tiragens dos jornais eram pequenas. O *Dawn*, de língua inglesa, tinha (segundo me contou um jornalista do jornal concorrente, o *Morning News*) uma tiragem de 30 mil exemplares; o *Morning News*, por sua vez, tendo caído para 4 mil no tempo do sr. Bhutto, subira novamente e agora estava atingindo a marca dos 10 mil com uma precisão de relógio. Dessa forma, o sr. Salahuddin, editando um jornal em urdu, com uma circulação de 35 mil exemplares, era um poder no país. O editor assistente que me recebeu contou-me que o sr. Salahuddin passara três anos na prisão no tempo do sr. Bhutto. O sr. Salahuddin, disse o assistente, era um homem de princípios.

O escritório ficava no alto de um edifício de concreto modernoso de quatro ou cinco andares no centro de Karachi. Uma rua de terra, toda irregular e esburacada ao final de uma rua de feira; crianças de pele negra jogando futebol; uma espécie de farrapo humano abandonado ao sol num carrinho de caixas feito em casa. Um pátio cascalhento e irregular, uma porta de elevador que dava diretamente para o pátio. Estranho aquele elevador estar justamente ali: ligeiramente surreal.

Mas ele funcionava. E no topo do prédio, no terraço, como numa paródia de uma sala de espera (e uma continuação da paródia urbana moderna da rua), havia três cadeiras de assento de palha, todas sem assento. As salas eram separadas por divisórias baixas em pequenos cubículos, um levando para dentro do outro. Portas de ambos os lados da célula do editor abriam-se para escritórios, em um dos quais havia calígrafos trabalhando, passando matéria editada para tiras de papel transparente que mais tarde seriam impressas em off-set. Moscas zuniam nas vidraças das pequenas janelas; na parede havia um retrato a lápis do sr. Jinnah.

O sr. Salahuddin era baixo e devia estar no começo dos seus quarenta. Tinha uma barba larga e grisalha terminando em ponta, boca bem contornada e olhos negros brilhantes. Tentei imaginá-lo na prisão: achei que a prisão não reduziria sua vivacidade. Nascera na Índia e viera para o Paquistão quando tinha doze anos.

Os muçulmanos tinham liberdade de culto na Índia, disse ele; fora apenas pela liberdade de culto que o Paquistão fora criado. O Paquistão deveria ser um estado islâmico, administrado segundo os princípios islâmicos. O que isso queria dizer? Teria havido semelhante estado? Ele disse: “O estado que existiu durante trinta e dois anos no tempo do Profeta e dos primeiros quatro califas”.

E lá estava ele novamente — o sonho não somente do primeiro estado islâmico, criação do Profeta, mas também do tempo em que os muçulmanos eram corretamente orientados, divinamente governados: uma fusão da história com a teologia, o amálgama indestrutível da fé. Essa época pura poderia chegar novamente; os muçulmanos poderiam viver novamente em tal pureza. Tinham apenas de seguir as regras. As regras estavam ali; poderiam ser encontradas no livro sagrado e nas tradições. As muitas regras do islã não eram transmitidas em proveito de Deus, disse o sr. Salahuddin; eram para o bem do povo. A liberdade vinha com a obediência; as regras tornavam os homens livres.

E para o sr. Salahuddin — em seu escritório em Karachi, com homens o tempo todo chegando, em atividades jornalísticas, alguns deles com maços de rupias, e com os calígrafos em suas pranchetas compridas na sala vizinha preparando suas matérias para a gráfica — a causa era esta: o estado islâmico e sua liberdade especial. Ele fora para a prisão no tempo do sr. Bhutto; achei que ele estava preparado para ir para a prisão de novo.

Deu-me alguns livretos para levar comigo. Alguns eram antiquados: reedições, imaginei, de publicações de missionários muçulmanos editadas pela primeira vez no tempo do colonialismo europeu, quando o islã, empobrecido e politicamente nulo, precisava de todo o apoio que pudesse obter da Europa. *O Corão e a ciência moderna*, escrito por um francês, demonstrava que o Profeta antecipara muitas idéias européias modernas. *Islã — a religião primeira e final* (uma edição condensada e combinada de *Encantos do islã* e *Islã, nossa escolha*) demonstrava que todas as outras religiões, em seus livros sagrados, profetizaram a vinda de Maomé. Havia também um tributo e uma declaração da intenção islâmica de Napoleão: "Espero que não esteja longe o tempo em que serei capaz de unir todos os homens sábios e cultos de todos os países e fundar um regime uniforme baseado nos princípios do Corão, os únicos verdadeiros e capazes de conduzir os homens à felicidade".

Depois de Napoleão, havia comentários de ingleses vitorianos, "estadistas e diplomatas", todos com títulos de nobreza, cujos nomes ainda são aparentemente lembrados no mundo muçulmano, mas que não eram tão bem conhecidos na Inglaterra como deveriam ter sido: pessoas como Al-Haj Lord Headley Al-Farooq (1855-?), "par do reino, escritor e estadista", militar e também engenheiro, além de editor do *Salisbury Journal*; Sir Abdullah Archibald Hamilton (1876-?), "estadista e baronete", novamente um militar ("tenente da corporação real"); Sir Jalaluddin Lauder Brunton (sem data), "estadista e baronete", sem referência de carreira ("um baronete inglês e homem público de ampla reputação"). A estes era acrescentado o erudito inglês, professor Haroun Mustapha Leon, MA, Ph.D. LLD, FSP, "geólogo sério" e "filólogo capaz", mestre em artes pela Universidade de Potomac (EUA), que aderira ao islã em 1882, quando estava escrevendo uma série de artigos sobre "A etimologia da língua humana" para o *Isle of Man Examiner*.

O americano desse grupo muçulmano era Mohammed Alexander Russel Webb, "diplomata, escritor e jornalista", editor da *St. Joseph Gazette* e do *Missouri Republican* e que nascera em 1846 e morrera em 1961, com a idade de 115 anos: uma figura de tipo Mark Twain, de "Hudson, região de Columbia", que rejeitara "a chatice ou, talvez fosse mais apropriado dizer, a idiotice de um púlpito presbiteriano ortodoxo" em favor do islã e passou sua vida imensamente longa em trabalho missionário islâmico.

Foi por meio do sr. Salahuddin que entrei em contato com Khalid Ishaq, um dos advogados mais importantes de Karachi. Era próspero o bastante para dedicar grande parte de seu tempo ao trabalho público. Era membro do Conselho de Ideologia Islâmica, que se reunia durante dez dias por mês na capital, tentando elaborar o que deveria ser feito no sentido da islamização; era membro também de uma comissão governamental que estava investigando — de maneira um tanto desesperançada, segundo percebi — a corrupção.

Também era migrante da Índia. Era alto, de compleição robusta e estava no início dos seus cinqüenta. Tinha o jeito do advogado, o humor lento e seco, a acuidade para a sutileza humana, o gosto pelas pequenas anedotas. O maneirismo se casava bem com sua paixão por sua fé. O islã, segundo entendi, era para ele mais do que uma convicção particular; para ele, muçulmano do subcontinente, ainda inseguro no Paquistão, o islã era sua civilização e sua cultura; era fundamental à idéia que fazia de si mesmo; era alguma coisa à qual, como homem e como advogado, ele tinha de servir e proteger.

O sr. Salahuddin me contara que Khalid Ishaq possuía uma prodigiosa biblioteca e gastava 20 mil rupias por mês — 2 mil dólares — em livros. Isso não me preparou para o que vi na casa de Khalid Ishaq.

Enquanto entrávamos de carro em seu jardim, eu disse que sua casa era grande. Ele disse, com seu jeito de advogado meticuloso, que sim, era uma casa grande, mas não era grande o bastante. E não era. Os livros enchiam cômodo após cômodo, vão após vão, vão em frente a vão; metros e metros de estantes e armários em frente às estantes. Um salão era dedicado aos muitos e volumosos comentários sobre o Corão — maçudos tomos árabes. "E comentários sobre os comentários", acrescentou. Ele comprava tudo.

Sua devoção era comparável ao seu zelo de colecionador? Ele tinha senso de humor: achei que podia lhe fazer a pergunta. Ele respondeu: "Eu não diria que sou muito devoto. Não perdi nenhuma oração durante os últimos trinta e três anos". Desde 1946, ou seja, o ano anterior à criação do Paquistão: e ele queria dizer orações cinco vezes por dia.

Sentamos em seu escritório, uma clareira entre as pilhas de livros, um cômodo enorme com uma mesa enorme e bancada em um dos lados que seria suficiente para uma reunião de diretoria. Estávamos sentados sob ventiladores; seu ronco abafava o barulho das lambretas e táxis-lambretas na rua.

Sua explicação da paixão pelo islã era simples. "Nosso povo rejeita emocionalmente o Ocidente. Materialmente, pode ser que sejamos dependentes do Ocidente. Nosso povo pode ir para o estrangeiro para melhorar de condição. Mas, por mais tempo que fiquem, sempre desejam voltar, ainda que seja para morrer." E era a partir dessa rejeição emocional do mundo exterior que Khalid Ishaq concebia a necessidade de instituições especificamente islâmicas — instituições não ocidentais e não socialistas, mas instituições de acordo com as necessidades emocionais do povo.

Para compreender essas necessidades, era necessário compreender a idéia de igualdade no islã. "O servo aqui nos traz chá e doces. Este é o seu trabalho. Mas ele também sabe que, em outra oportunidade, podemos ser homens unidos e que pode sentar-se comigo." E este era o papel da mesquita: toda sexta-feira, todo homem, qualquer que fosse sua condição, ouvia dos mulás que as leis humanas não deviam ser obedecidas se fossem contrárias aos ensinamentos do Corão.

Portanto, o empreendimento islâmico era colossal: era a criação deliberada — tendo apenas o Corão como guia — de um mecanismo estatal que funcionaria no mundo moderno e seria diferente de tudo o mais que havia evoluído. Era um alto empreendimento intelectual. O Paquistão tinha talento para isso? Havia vida intelectual no Paquistão? Não muito, disse Khalid Ishaq; os livros eram caros e a televisão estava acabando com o pouco de vida intelectual que havia.

O que havia sido até agora alcançado pelo Conselho de Ideologia? Não muito, pareceu sugerir Khalid Ishaq. Ainda estavam tentando contornar o problema dos juros na atividade bancária. Havia sido proposta ao governo a idéia de que todos usassem as mesmas roupas e dirigissem o mesmo tipo de carro; mas não resultara em nada.

Havia dificuldades, disse ele. Em primeiro lugar, havia os "modernistas" entre os islamizadores. Eram pessoas que na velhice ou por algum motivo particular haviam passado da vida secular para a religião. Leram alguns livros sobre o islã e acharam que sabiam muito; mas sabiam muito pouco. Essas pessoas eram muito místicas e não sabiam nada sobre as instituições. (Imaginei ter detectado aí uma crítica ao sr. Mirza.) E havia os mulás. Era aos mulás que o governo militar recorrera quando decidira pela islamização.

"Os mulás realmente não tinham idéia do que lhes estava sendo pedido. Somente conseguiam pensar no 'homem bom' ou nos 'homens bons' aos quais tudo deveria ser confiado. Encontrei essas pessoas e realmente acho que muitas delas nem sequer começavam a cogitar a necessidade de algum tipo de instituição. Não sabiam do que estávamos falando."

Depois disso, achei que não havia nenhuma experiência islâmica para eu ver no Paquistão, que era como o sr. Deen havia dito logo no início: as experiências islâmicas eram coisas que as pessoas estavam esperando que outras pessoas começassem. O grande empreendimento islâmico existia, mas apenas como ideal, uma expressão da fé mais elevada e, ao mesmo tempo, uma expressão da insegurança política na qual viviam os muçulmanos na pátria muçulmana.

O poeta Mohammed Iqbal, quando propôs a idéia de um estado muçulmano indiano independente em 1930, falara de uma comunidade política ou uma ordem social muçulmana como alguma coisa que brotava naturalmente do "princípio islâmico de solidariedade". Semelhante comunidade política existia no Paquistão. Mas o estado islâmico do qual as pessoas agora falavam era mais abstrato do que o de Iqbal. Esse estado islâmico não podia ser simplesmente decretado; tinha de ser inventado e, nessa invenção, a fé era de pouca valia. A fé, no momento, podia fornecer apenas as negativas simples que respondiam a necessidades emocionais: nada de álcool, nada de impudicícia feminina, nada de juros bancários. Mas, em breve, no Paquistão, a essas negativas seriam adicionadas outras: nada de partidos políticos, parlamento, dissensão ou tribunais de justiça. Portanto, as instituições existentes eram consideradas não islâmicas e eram solapadas ou destruídas; a fé era asseverada porque apenas a fé parecia ser íntegra; e, no vácuo, apenas o exército conseguiria governar.

Khalid Ishaq levou-me de carro de volta ao Intercontinental. Quando estávamos na rua Club, ele desviou para os terrenos do Karachi Gymkhana, o clube inglês dos tempos coloniais.

Era tarde; as luzes eram opacas; estava quieto. Havia uns poucos idosos no salão de bridge; mas a varanda ampla — com um assoalho antigo, escuro e irregular de madeira — que se estendia ao longo do prédio estava vazia. Os ingleses haviam construído Karachi e o clube Gymkhana. O clube, naquela hora, ainda parecia ser deles; mas sua fantasia, de construção imperial, fora absorvida por outra.

Ahmed iria levar-me para jantar em sua casa, e desci para o saguão do Intercontinental para esperá-lo. Logo que sentei no sofá, um jovem, que eu mal havia notado, saiu de onde estava sentado e atirou-se ao meu lado, com um movimento tão súbito, violento e íntimo que fiquei admirado.

Ele trajava a longa camisa paquistanesa e as calças largas de algodão; tinha o físico atarracado e o rosto redondo do motorista de táxi que me levara para dar uma volta por Karachi. Seu inglês era carregado e difícil de acompanhar. "Cafeteria" — era isso que ele estava dizendo?

"Cafeteria", murmurava, "onde é a cafeteria?"

Apontei para onde ficava a cafeteria. Mas ele não estava interessado. Perguntou: "Não há nada mais aqui? Lá em cima?".

"Quartos."

"Quartos. Só quartos? Você mora aqui?"

"Por alguns dias."

"Só quartos, é? Piscina, onde é piscina? Você conhece a piscina?"

"Está fechada."

"Fechada. Este governo islâmico a fechou."

O saguão estava movimentado. As tripulações estrangeiras de vôos — os principais usuários do Intercontinental — entravam e saíam. Uma alemã, jovem e alta, de ancas exuberantes e com o cabelo em rabo-de-cavalo para um dos lados, estava atraindo a atenção do jovem.

Ele disse: "Mulher é dádiva de Deus para o homem. Não acha?".

"Sim. Você vem muito aqui?"

"Minha primeira vez."

E descobri que fazia apenas vinte e cinco minutos que ele estava no saguão. Viera com um amigo — o sujeito mais velho e mais magro e de roupa rústica marrom sentado na outra poltrona.

"Viemos para ver o movimento", disse o jovem ao meu lado.

Ele disse que era estudante. Perguntei o que estudava. Disse que, na verdade, era balconista de loja; dissera que era estudante porque queria ser médico; sua família queria que ele fosse médico e se saísse bem. Estava com vinte e quatro anos de idade; era de Sukkur, que, segundo ele, ficava a mais de 600 quilômetros a noroeste (era mais perto). Vendia roupas em Sukkur. Tinha vindo com o irmão até Karachi "para fazer um negocinho". Havia concluído seu negócio; estava um pouco entediado; e o amigo de Sukkur na outra poltrona, com mais experiência em Karachi, sugerira que viessem até o Intercontinental para ver "o movimento".

Ainda não haviam quebrado seu jejum nesse dia de ramadã (havia uma placa na cafeteria do Intercontinental avisando que os muçulmanos não seriam servidos durante as horas do jejum), e o amigo parecia exausto, parecia até estar caindo no sono. Seus olhos estavam semicerrados; estava cabeceando, instável. Eu disse: "Seu amigo está caindo no sono". Pensei tê-lo ouvido responder: "Meu amigo é cego, não consegue ver". Parecia verdade. Mas o que o jovem estava dizendo em seu sotaque carregado era apenas "meu amigo não sabe falar inglês".

E a sorte com o movimento chegou ao amigo. Um grupo de franceses saiu do elevador, um homem e duas mulheres. O homem era a verdadeira beldade do grupo, esbelto, todo de branco, a textura atoalhada de sua camisa de malha contrastando com a malha uniforme de suas calças. Ele permaneceu em pé mas uma das duas mulheres de sua corte sentou-se próximo ao sonolento de Sukkur.

O sonolento despertou e, com os olhos ainda semicerrados, começou a contorcer-se até que estava tocando a mulher. Ele sabia do movimento no Intercontinental; sabia que os estrangeiros e suas mulheres desavergonhadas, não muçulmanas, podiam ser tratadas com essa forma aberta de desacato. A mulher tirou algumas fotos da bolsa. O homem de Sukkur inclinou-se sobre o ombro da mulher para olhar. Mas as fotos não deviam ser tão interessantes quanto ele esperava; e o sono começou novamente a levar a melhor sobre ele. Lançou um olhar vazio para a frente, exausto demais para apreciar o movimento de entrada e saída dos elevadores.

Apresentei Ahmed quando ele chegou. Foi mal pensado. Ahmed era do Paquistão, não um visitante, e não achou graça nenhuma. Quando estávamos em seu carro, disse que os homens de Sukkur (a quem saudara cerimoniosamente, pensando que fossem amigos meus) eram aldeões, rústicos. Pessoas assim vinham ao Intercontinental para olhar mulheres sem véu e mulheres de biquíni. Havia paquistaneses ricos que vinham pelo mesmo motivo; alugavam quartos que davam para a piscina. Os palestinos — muçulmanos — haviam contribuído para essa mania. Alguns deles (pareciam guerrilheiros que viviam de subsídios, mas Ahmed não disse isto) tinham vindo a Karachi com mulheres européias, que ficaram vadiando de biquíni pela piscina do Intercontinental; a história se espalhara.

Ahmed não tinha nenhuma consideração por aldeões como os homens de Sukkur. Eram esses homens — aldeões que ficaram sabendo do movimento no Intercontinental, tinham a frieza para desafiar os porteiros e pensavam haver compreendido o mundo — que se tornavam comunistas. A política no Paquistão podia chegar a esse grau de simplicidade.

"O mundo está agora muito misturado", disse Ahmed. "As pessoas estão confusas. Já não há mais nenhuma simetria na vida de muita gente."

Expus a ele a opinião de Khalid Ishaq sobre a rejeição emocional do Ocidente. Até que ponto essa rejeição era auto-ilusão? Uma civilização tão abrangente, uma civilização da qual tanto dependiam as pessoas daqui, podia ser realmente rejeitada?

Ahmed estava dividido. Disse que ele próprio não gostava de estar no estrangeiro. Ficava sempre "sob tensão". Isso se devia ao "fator tempo". Quando estava no exterior, numa cidade grande, era governado pela necessidade de estar no horário. Isso pesava sobre ele; atormentava-o; ele deixava de sentir-se senhor de si mesmo. Em seguida, ele disse: "Mas quando as pessoas daqui falam sobre rejeição emocional do Ocidente, normalmente querem dizer apenas uma coisa. Mulheres".

Sobre a questão das mulheres, Ahmed era suscetível. Considerava-se um liberal; mas o seu liberalismo estava crivado, mais do que ele seria capaz de admitir, de preocupações muçulmanas. Tendo se tornado devoto na meia-idade, passara a ser oprimido pela idéia muçulmana da prestação de contas. Acredito que ele temia alguma retaliação por seu passado de mulherengo; e suas filhas, garotas adoráveis, educadas de modo liberal, ocupavam o centro de suas preocupações. Durante a crise de Bangladesh, as notícias de que os soldados paquistaneses estavam estuprando mulheres bengalis provocaram nele uma angústia indescritível. Estupro, para um muçulmano, era mais do que um ataque físico a uma mulher; destruía a honra da mulher e, com isso, destruía sua vida; destruía a honra de sua família. "Durante dois meses", disse Ahmed, "enquanto aquilo estava ocorrendo, eu não consegui dormir."

Sua casa em Karachi ficava em um dos muitos conjuntos residenciais para migrantes. Era uma casa grande de concreto. Mas Ahmed, apesar de sua importância, vivia de maneira simples. A sala de jantar e de estar, iluminada por uma fraca lâmpada de teto, parecia vazia: tinha apenas a mobília essencial e dois televisores, um deles quebrado.

O filho de Ahmed logo chegou. Estava nos seus vinte e poucos anos e era médico. Trabalhava num hospital local e não pretendia ir para o exterior. Disse que desejava servir ao povo do Paquistão e acreditei nele. Era mais baixo do que o pai, mais claro, de feições mais arianas, uma pessoa delicada, tão retraído quanto seu pai era exaltado. Estava contente por deixar que o pai falasse por ele.

Como um homem que ainda está fazendo declaração pública de sua fé — e sua voz enchia a sala — Ahmed disse: "Eu queria que todos os meus filhos trabalhassem em hospitais. Como médicos, enfermeiras, até como varredores. Porque nos hospitais a gente ajuda a diminuir o sofrimento dos outros".

Ahmed disse que não impingira a religião a seu filho; deixara-o livre para escolher. E o filho, com uma espécie de honestidade do século XIX, estava preocupado com a questão toda da crença.

"No princípio", disse ele, "os homens adoravam as pedras. Depois, o fogo. Hoje, achamos engraçadas essas práticas. Será que os homens amanhã não acharão engraçadas as práticas atuais?"

Ahmed deixou que ele dissesse isso. Em seguida, falou pelo filho novamente. "Quando as pessoas chegam para pedir dinheiro para causas religiosas, você sabe o que ele diz a elas? Diz que seria melhor que as pessoas doassem sangue para os doentes."

O filho concordou, olhando para baixo, admitindo o que seu pai havia dito, mas encolhendo-se diante do elogio.

O jantar foi trazido pela esposa de Ahmed. Apenas Ahmed e eu iríamos comer. O filho somente iria nos fazer companhia; o mesmo faria o outro homem que agora chegava. A conversa se desviou, como tantas vezes acontecia no Paquistão, para a situação do país.

"Vou lhe contar a história deste país em duas frases", disse Ahmed. "No primeiro quarto deste século, os hindus da Índia decidiram que tudo que estava errado tinha a ver com os estrangeiros e com a influência estrangeira. Depois, no segundo quarto, os muçulmanos da Índia acordaram. Tinham um ódio duplo. Odiavam os estrangeiros e odiavam os hindus. Dessa forma, o país do Paquistão foi construído sobre ódio e nada mais. O povo aqui não estava preparado para o Paquistão, e quem não merece não deve exigir."

Era o que muitos muçulmanos conservadores diziam: os muçulmanos da Índia, como muçulmanos, não haviam sido puros o bastante para um estado muçulmano.

"Depois", disse Ahmed, "começaram a distribuir a propriedade dos hindus que haviam deixado o Paquistão. Por isso, muitas pessoas que vieram da Índia para cá ganharam alguma coisa em troca de nada. Foi esta a atitude no início. Esta é a atitude atual. Mas agora estou velho demais para ficar triste. Você sabe que isso acontece. Descobre que está velho e simplesmente pára de se preocupar com certas coisas. Os jovens é que devem se preocupar. Estou com cinqüenta e nove anos. Nessa idade, a vida é apenas morte a prestação."

Um homenzarrão havia entrado na casa, um camponês muito crescido, ao que parecia, e a irritação de Ahmed desapareceu. Levantou-se para receber a visita e gentilmente o convidou a entrar. O recém-chegado era imenso, bem mais de 1,80 metro de altura e com um físico de pugilista. No alto dessa massa ficava um incongruente rosto infantil: uma face destituída de paixão, rancor ou expectativa. Trajava roupas paquistanesas do campo, não muito novas, e usava um boné baixo do Sind. Para uma pessoa daquele tamanho, movia-se muito silenciosamente e com passos curtos. Não falava inglês e mal falava; e quando sentou-se à mesa — bem afastado dela — ainda parecia distante.

Ahmed disse: "Você se lembra de que eu lhe falei sobre um velho santuário no interior do Sind e que eu queria que você fosse visitá-lo? Eu lhe contei sobre as pessoas de lá, que renunciavam ao mundo para servir aos pobres, está lembrado? Ele é de lá".

Mas o rosto não parecia tanto o de alguém que optara por servir, mas o de alguém perdido e paciente, um homem ao qual estivesse faltando alguma qualidade humana essencial.

"Vou lhe contar uma história sobre este homem", disse Ahmed. "Ele contraiu um tumor na perna e os médicos disseram que ele tinha câncer e que não havia nada que pudessem fazer por ele. Ele procurou os homeopatas. Queriam que lhe fosse injetado veneno de cobra: ele teria de deixar a cobra mordê-lo."

Soltei uma exclamação.

O filho de Ahmed explicou: "Uma picada de cobra é como uma injeção".

(Algumas semanas depois, li no jornal que a polícia estava procurando um homem que se especializara em injeções de picada de cobra.)

"Mas ele não conseguia aceitar a idéia da picada de cobra", disse Ahmed. "Por isso, voltou para o seu santuário e rezou. Rezou durante vários dias. E um dia a coragem chegou. Apanhou uma faca e arrancou fora o tumor. E desde então ele não tem mais nada."

Ahmed falou em urdu ou sindi e o grandalhão arregaçou as calças largas para mostrar a cicatriz na parte interna de sua coxa firme, elefantina. A cicatriz — de forma irregular, a pele brilhante e costurada — tinha quinze centímetros de comprimento e, em certos pontos, cerca de três centímetros de largura.

O filho de Ahmed aproximou-se e examinou.

"Não era canceroso", disse ele, quase de imediato. "Era um tumor benigno. Veja: ele tem outro na cabeça, aqui."

A cicatriz estava lá; o ato de coragem permanecia. Mas o embaraço — juntamente com o interesse pelo plácido gigante, que continuava sentado à mesa, mas não conseguia acompanhar o inglês — foi deixado de lado na conversa que se voltara novamente para o Paquistão.

Disse Ahmed: "Todo mundo aqui engana todo mundo. Políticos, funcionários públicos, todos".

E Ahmed e sua outra visita (que até agora tinha falado pouco) concordaram em que as pessoas estavam se voltando para o islã porque tudo o mais falhara. Até nas universidades a onda islâmica estava engolfando a vida acadêmica.

Mas não era esta, perguntei, a armadilha especial de um país como o Paquistão? As pessoas agora não admitiriam que eram muçulmanas num país muçulmano, e que o Paquistão era aquilo que a fé fizera dele? Fazia sentido — após séculos de história islâmica — dizer que o islã não fora experimentado?

Ahmed se pôs sério e disse: "Não. Ele jamais foi experimentado".

# 3

# O PEQUENO ÁRABE

Sessenta e quatro quilômetros a leste de Karachi ficava a pequena cidade de Banbhore, um antigo local portuário datado do século I a.C. Banbhore ganhara importância porque escavações haviam descoberto ruínas do que se pensava fosse a primeira mesquita no subcontinente, uma mesquita construída no primeiro século do islã, logo após a conquista do Sind pelos árabes em 712 d.C. Ahmed levou-me até lá na última sexta-feira do ramadã, que coincidiu também com o último dia do ramadã.

O mês do ramadã termina e o festival do Id é proclamado quando a lua nova é avistada. Esperava-se que o ramadã terminasse na quinta-feira; mas o comitê governamental de observação da lua não tinha avistado a lua. Por isso, o ramadã no Paquistão durou mais um dia e o sr. Salahuddin, o editor do jornal, teve de segurar seu suplemento do festival e apressar um editorial não-festival. Se o Id tivesse acontecido na sexta-feira, Ahmed estaria ocupado recebendo e retribuindo visitas e não teria podido me levar até Banbhore.

Não partimos para lá imediatamente. Primeiro fomos até uma mesquita para encontrar algumas pessoas que Ahmed achava que eu precisava conhecer. Não estavam lá. Demos um pequeno giro pelos arrabaldes de Karachi. Aproximou-se então a hora das orações do meio-dia e Ahmed ficou inquieto e decidiu voltar para a mesquita de seu bairro.

Perguntei a ele se acreditava realmente na vida após a morte.

Ele disse: "Oh, sim". Arregalou os olhos e assentiu com a cabeça, da mesma maneira que havia feito quando dissera que o islã não fora experimentado. "Oh, sim. Eu sou curioso sobre isto. Veja, de certa forma, sou como uma criança." Em seguida, tentou explicar sua convicção. "As pessoas morrem. Mas elas existem em minha cabeça enquanto eu me lembrar delas. Não posso dizer que desapareceram enquanto me lembrar delas." Era mais ou menos assim que ele esperava ser lembrado — apenas no espírito — até que o agente da lembrança desaparecesse. As pessoas mais simples tinham suas próprias idéias: acreditavam em um paraíso que era uma cópia deste mundo, mas com tudo no lugar certo, e... com as mulheres. Na realidade, porém, Ahmed disse (ou assim o entendi dizer) que as mulheres no paraíso não deviam ter menstruação: deviam ser puras.

Eu teria gostado de ouvir mais sobre essa idéia de pureza, mas achei que Ahmed, com sua suscetibilidade quanto às mulheres e ao sexo, poderia considerar lascivo o interesse. Por isso, não forcei; achei que poderia guardar para depois.

A mesquita, em uma rua quente e poeirenta, era nova, de concreto, e indistinta, as paredes em tom ocre e chocolate. Do lado de fora, a rua era forrada por tapetes para a multidão excedente. Estava na hora das orações principais de sexta-feira; o mulá terminara sua leitura do Corão. Ahmed tirou do carro seu tapete para as orações e ajoelhou-se com a multidão que estava na rua, sob o sol. Esperei no carro.

Depois, enquanto passeávamos por Karachi, vi cartazes impressos: FOMOS NÓS QUE NOS SACRIFICAMOS PELO PAQUISTÃO. NÃO BANGLADESH.

Ahmed não me disse qual grupo era o responsável. Mas os cartazes — com sua sugestão de mais divisões e hostilidades em seu país — o deixaram irritado. "Eles não sacrificaram nada", disse. "Se não houvesse o Paquistão, eu seria um funcionário de terceira classe. Os bons empregos chegaram para pessoas como eu quando conseguimos o Paquistão." Mais tarde, acrescentou: "Em duzentos anos, ainda será assim". E mais adiante ainda, com a irritação progredindo, tornou-se um tanto melancólico e falou: "Quando eu era jovem, diziam-me que meu país era o Hindustão e que era o melhor país do mundo. O poeta Mohammed Iqbal me dizia isso. Depois, um dia, nos anos 30, disseram-me que meu país não era mais o Hindustão e as pessoas que eu pensava serem meus irmãos eram meus inimigos. Foi quando me disseram que o meu país era o Paquistão. Depois descobri que o país tinha encolhido. Agora posso sentir que está encolhendo novamente".

Durante sete anos, até a criação do Paquistão em 1947, Ahmed servira na Marinha Real Indiana, a marinha da Índia não dividida, de governo britânico. Ele participara do motim naval de Bombaim, em 1946. Mas, trinta anos depois, suas memórias da marinha não eram heróicas ou políticas; eram memórias de pecado. Ele bebia. "A garrafa de uísque custava 3 rupias. Cerveja era de graça." E havia as mulheres. "Meus amigos e eu costumávamos formar cooperativas. E comprávamos uma mulher para a noite e fazíamos amor com ela em rodízio."

Eu queria ouvir mais sobre essas cooperativas — gostei da palavra, separada de tudo o mais. Mas era dia do sabá; Ahmed estava com um humor penitente, açoitando-se pelo seu passado e, segundo parecia, açoitando-se também pela situação de seu país.

Eu disse: "A idade toma conta das paixões".

"Você pensa assim? Você pensa assim?"

Por isso eu gostava dele.

Ele dirigia em alta velocidade. Sempre. No modo como dirigia, havia algo da liberação e excitação de sua fala. Karachi era enorme. A cidade tinha se esparramado pela planura do deserto; havia muitos conjuntos habitacionais, e alguns pareciam suntuosos; a economia de remessas dava a impressão de um país rico. Por fim, saímos para o deserto: o calor do começo da tarde, o espaço aberto, a mata plana de árvores inúteis. Sem o rio Indo e as represas, não teria havido nenhuma Karachi.

Perguntei: "O que você estava dizendo sobre as cooperativas?".

Irritado, ao mesmo tempo explicando e se punindo, ele respondeu: "Nós fazíamos isso mais pela maldade do que pelo prazer".

Estava claro que ele não iria dizer mais nada. Eu não poderia perguntar novamente, e lamentei não ter seguido meu primeiro impulso e deixado o assunto para outro dia.

Deserto. Mas a terra do Sind era velha: a 25 quilômetros de Karachi, chegamos a uma necrópole numa área de vários hectares onde a terra deserta se elevava: túmulos de dois a quatro séculos de idade, em pedra decorada, bloco sobre bloco, sem argamassa, formando pequenas pirâmides em degraus: uma tradição morta, talvez consagrando mistérios mais antigos, mas agora, no Paquistão moderno, apenas ali, no deserto.

O Paquistão moderno: a estrada seguia além da área enorme reservada para a Aços Paquistão, o primeiro grande projeto industrial do país: uma siderúrgica e um novo porto; um projeto controvertido (como mais tarde descobri), consumindo milhões de dólares por dia e, provavelmente, no final, antieconômico, uma vez que tudo teria de ser importado. Os russos a estavam construindo. No outro lado da estrada, a pouca distância, ficavam os blocos de apartamentos para os russos. Mas o porto foi batizado de Bin Qasim, em homenagem ao chefe árabe que conquistara o Sind e trouxera o islã para a região.

Mais adiante, ainda na estrada para as ruínas de Banbhore, uma esquisitice menor: uma enorme vila modelo, filas e filas de cabanas de dois cômodos com paredes de concreto e telhado vermelho, mas absolutamente vazias, vazias desde que haviam sido construídas, seis anos antes, e agora começando a esboroar-se. Teria sido a aldeia construída longe demais de onde as pessoas estavam? As pessoas não teriam desejado morar naquela fantasia burocrática de linhas retas e telhados vermelhos? Ahmed foi vago e não quis falar muito a respeito. Disse apenas que as casas não tinham sido "distribuídas".

Haviam sido construídas seis anos antes, o que teria sido no tempo do sr. Bhutto; e Ahmed foi um dos que não ficaram com o sr. Bhutto. De fato, havia deixado o serviço do governo quando o sr. Bhutto chegou ao poder em 1971. O sr. Bhutto "guardava rancores" e achava que tinha contas a acertar com a família de Ahmed. Por isso, Ahmed se demitiu; de qualquer modo, ele receberia mesmo o bilhete azul do sr. Bhutto; o nome dele estava na lista das 2 mil pessoas que o sr. Bhutto pretendia pôr no olho da rua. Ahmed disse que tinha apenas umas poucas rupias quando se demitiu. Estava construindo sua casa, e esta consumira a maior parte do que ele tinha. Pediu empréstimo e viveu com dinheiro emprestado durante um ano, fazendo uma diversidade de pequenos trabalhos, até que conseguiu um emprego como assessor de um industrial.

Ele aconselhava o industrial sobre procedimentos junto aos departamentos do governo. Os consultores anteriores afirmavam estar gastando somas enormes com subornos. Ahmed não subornou ninguém. Usou sua autoridade e conhecimento das regras para conseguir o que o industrial desejava; e o industrial ficou pasmo e agradecido. Ahmed logo estava ganhando um salário extraordinário. Terminou de construir a casa; pagou integralmente todas as suas dívidas. Depois, sentindo próximo o fim de sua vida ativa, achou que era hora de pensar nos outros. Por isso, voltara (depois da queda do sr. Bhutto) ao serviço governamental, onde ganhava um quarto do que estava ganhando do industrial. Ahmed ainda gostava do industrial e o admirava muito. Era um homem realmente religioso, disse Ahmed, um muçulmano devoto que seguia os mandamentos do Corão e separava uma porcentagem de sua riqueza para caridade.

Uma trilha arenosa ao fim da estrada principal levava para Banbhore. Era um percurso curto, mas a trilha dava voltas e se bifurcava no meio da vegetação da praia; e Ahmed teve de perguntar o caminho a um camponês de costas nuas que estava arrastando galhos recém-cortados. Deparar-se com as ruínas escavadas de uma cidade murada e com bastiões semicirculares era sentir-se subitamente muito apartado: um grosseiro posto avançado no limite oriental do império árabe, um local de exílio.

A cidade ficava às margens de um riacho, mas agora estava a uma boa distância da água. Ao longe, o riacho desembocava no mar. No meio do riacho havia bancos de sal; em uma restinga de terra esbranquiçada, que parecia intoleravelmente quente, ficavam as casas atuais dos trabalhadores das salinas; em um dos bancos ao longe, havia pequenas pirâmides brancas de sal.

Jamais poderia ter sido uma cidade rica. O museu exibia uma moeda de ouro; as outras moedas eram peças de bronze inferiores, fundidas em moldes hexagonais de argila cinzenta de difícil cozimento. Mas havia a mesquita, ou a planta baixa da mesquita, inspirada na mesquita de Kufa, no Iraque: esse era o tesouro de Banbhore.

Kufa estava ligada aos muçulmanos de orientação correta dos primórdios do islã; foi uma das primeiras cidades militares fundadas pelos árabes entre os povos conquistados do norte da Arábia; foi a partir de Kufa que Ali, primo e genro do Profeta, governou como quarto califa, de 656 a 661. Primeiro, a conquista; depois, o islã: foi esse o padrão da expansão árabe. Por isso, Banbhore, repetindo Kufa, e no primeiro século do islã, vinculava Sind e o Paquistão aos tempos de glória. A mesquita de Banbhore, se fosse aquilo que diziam que era, devia ser fabulosa. As ruínas foram muito bem restauradas; o piso fora recomposto por azulejos em torno dos poucos azulejos antigos que ainda sobreviviam.

Fragmentos de cerâmica decorada jaziam por toda parte do sítio de escavação da cidade. E por toda parte também, misturados com a terra, e mais comuns do que a cerâmica, encontravam-se ossos esmigalhados, brancos, limpos e aguçados. Ahmed disse que eram ossos humanos. Mas em que quantidade! Os ossos não estavam só na superfície; as valas da escavação mostravam a mistura de ossos e terra por toda a sua extensão, os ossos como uma espécie de material de construção. A cidade tinha sido construída em um cemitério? Mas por que os ossos estavam tão esmigalhados? Se Ahmed estivesse certo, e os ossos fossem ossos humanos, Banbhore guardava outro mistério.

Eu estava mantendo o jejum do ramadã com Ahmed, e isso o incomodava. Por diversas vezes, repetiu que ele deveria ter trazido algo para eu beber. Ele disse aquilo mas, quando saímos de Banbhore, ele não parecia ter nenhuma pressa de voltar a

Karachi. Ele, que normalmente dirigia em velocidade, agora dirigia lentamente. Achei que ele podia estar cansado devido ao longo dia de jejum e o sol e o sal de Banbhore. Abruptamente, depois que passamos pela área da Aços Paquistão, agora chamada de Bin Qasim em homenagem ao conquistador árabe, Ahmed saiu da estrada e parou o carro junto a uma pequena capoeira. Julguei que ele desejava descansar. Mas não: só estava procurando um lugar onde pudesse sair da estrada e rezar. "Não dá para parar na estrada", disse ele. "Esses camaradas nos ônibus e carros sentem prazer em importunar."

Passei-lhe o tapete de orações. Ele caminhou rapidamente para a margem da estrada, empertigado, parecendo um militar em seu traje paquistanês em tom cinza-azulado, a camisa longa e as calças compridas e largas; e, inconsciente do tráfego que passava, ofereceu suas orações durante muito tempo. Quando voltou, disse que quando deixava de fazer uma oração durante o dia ficava com o sono inquieto; sua esposa o acordava e ele fazia a oração que havia perdido.

Depois disso, voltamos rapidamente a Karachi, não para sua casa, mas para a casa do industrial para quem trabalhara. Ficava em uma das "sociedades" residenciais mais ricas. Havia um amplo passeio de concreto em um dos lados do grande terreno. Palmeiras imperiais delimitavam a frente do gramado que terminava numa varanda ao longo de toda a extensão da casa.

Nessa varanda, em uma espreguiçadeira, estava deitado um velho em roupas marrons; era paralítico. Era o avô, o chefe da família, e outrora o chefe da empresa. Dois garotos, seus netos, estavam vestidos como pequenos árabes, com a túnica de cor creme e o toucado com as faixas pretas. Tinham acabado de estar em Meca com o pai, e era evidente que haviam feito a peregrinação em grande estilo. O pai era alto, vestido de branco, a cor do peregrino, e usava um solidéu branco. Tinha as feições suaves, a voz branda. Era como Ahmed o descrevera: em suas roupas de peregrino, parecia tanto um homem de fé como um homem de negócios.

Ele, Ahmed e eu nos sentamos no gramado. Por consideração a mim, Ahmed pediu que trouxessem algo de beber. O criado trouxe três copos contendo um líquido vermelho. Fiquei preocupado com a cor, deixei que minha língua tocasse sem provar, e, sem querer parecer estar rejeitando sua hospitalidade, perguntei se poderia beber uma Coca-Cola.

Ahmed ficou chocado. Com evidente irritação, disse que o líquido vermelho era uma iguaria; era usado para aliviar o peso do jejum; era feito de ervas especiais e custava muito caro: 20 rupias por uma garrafa pequena. Eu teria gostado de provar a bebida; mas sentia, depois de Ahmed mencionar o preço, que eu aumentaria minha vulgaridade se recuasse em minha decisão. Por isso, o perplexo criado trouxe uma Coca-Cola. E durante todo esse tumulto no gramado em torno de minha bebida — o que, realmente, eu não precisava — o homem do solidéu branco sorria, delicado.

Elogiei sua casa. Ele disse que ela parecia muito melhor depois de Meca, por causa do verde. Perguntei sobre os hotéis de Meca. Eu estava esperando ouvir algo sobre os efeitos da nova moeda árabe e muçulmana; mas ele disse apenas que os hotéis mais próximos da Grande Mesquita e da Caaba eram mais caros; os mais afastados, mais baratos.

A família migrara de Bombaim, e um ramo ainda estava em atividade naquela cidade. Mas os muçulmanos na Índia não eram "incentivados a subir". Alguns haviam "subido"; mas geralmente não havia nenhum "incentivo". Era mais fácil no Paquistão. Tudo era novo, estava apenas começando; e havia mais oportunidades; mas ainda não havia nenhuma "infra-estrutura".

Perguntei que diferença fazia para ele estar em Bombaim ou estar no Paquistão. Ele disse que, para ele, como homem de negócios, não havia nenhuma diferença; negócio era negócio. Mas quando se estava na Índia ou em outro país estrangeiro, nunca se tinha certeza se a carne havia sido morta do modo correto; tinha-se de perguntar e nem sempre se obtinham respostas; às vezes tinha-se de ficar sem carne. No Paquistão, não havia nenhum problema dessa ordem. Às vezes, quando se estava no estrangeiro, sentia-se vontade de ir para uma mesquita. Mas as mesquitas nem sempre eram fáceis de encontrar; era preciso perguntar. Aqui, na hora das orações, disse ele, gesticulando para uma ponta do gramado e depois para a outra, aqui, na hora das orações, um muezin chamava deste lado e um muezin chamava daquele outro. Não havia nenhum problema para encontrar uma mesquita no Paquistão.

Eu esperava alguém menos sereno, mais complicado. Mas Ahmed tinha falado do industrial menos como industrial e mais como devoto, um bom muçulmano, alguém que seguia as regras na ação e no sentimento. As regras tornavam um homem livre: o sr. Salahuddin, o editor do jornal, me havia dito isso.

E o sr. Salahuddin também me falara que no islã a perfeição podia estar presente em uma criança: como parecia estar no ancião e no mais rechonchudo dos filhos do industrial. O menino, disse o pai, já participara duas vezes da peregrinação a Meca; durante esse mês do ramadã, agora prestes a terminar, mantivera os demais na linha por sua extraordinária disciplina. Ele, o menino rechonchudo em roupas de árabe, fingiu não saber que era dele que estavam falando. Em pé, na extremidade do terraço, curvando um cano de borracha preta numa brincadeira infantil, ficou sério e abstraído, o cenho ligeiramente franzido, preocupado apenas com seu mister, o de ser um pequeno árabe.

Tinha quase sete anos de idade. Os outros membros da família, mulheres, começaram a sair da casa para o terraço, reunindo-se ao redor do avô paralisado na espreguiçadeira. Era hora de quebrar o jejum e, para nós, hora de partir.

Entretanto, era estranha a inclinação árabe do Paquistão: o pequeno menino em roupas de árabe, o projeto da Aços Paquistão recebendo o nome do conquistador árabe. O poeta Iqbal, ao propor seu plano para um estado muçulmano indiano em 1930, dissera que o islã da Índia era especial, "uma força de formação popular [...] no seu apogeu". "Reivindico, portanto, a formação de um estado muçulmano consolidado, nos melhores interesses da Índia e do islã", havia dito Iqbal. "Para a Índia, ele significa segurança e paz [...]; para o islã, uma oportunidade para se livrar da marca que o imperialismo árabe foi obrigado a lhe dar."

Mas o mundo havia mudado depois de 1930; a Arábia tinha novamente alguma voz ativa no mundo. O Paquistão tinha mudado depois de 1947. Buscando agora mais do que a comunidade política muçulmana de Iqbal, na busca infrutífera de uma fé impossivelmente pura, evocava suas origens árabes, místicas mas ao mesmo tempo reais. Em Banbhore, um remoto posto avançado dos primeiros impérios árabes, caminhava-se sobre ossos humanos.

# 4

# *O ASSASSINATO DA HISTÓRIA*

No imaginário, os árabes do século VII, inflamados pela mensagem do Profeta, irrompem da Arábia e se expandem para leste e oeste, derrubando reinos decadentes e impondo a nova fé. Movimentam-se rapidamente. No Ocidente, invadem a Espanha visigoda em 710; no Oriente, no mesmo ano, passam pela Pérsia para invadir o grande reino hindu-budista do Sind. A simetria da expansão reforça a idéia de energia elementar, um fluxo de lava da fé. Mas o relato árabe da conquista do Sind — contido no livro intitulado *Chachnama*, que li pela primeira vez no Paquistão em uma reedição em brochura da tradução inglesa publicada em 1900 em Karachi — conta uma história menos apocalíptica.

Os árabes tiveram de lutar muito. Voltaram sua atenção para o Sind em algum momento entre 634 e 644, durante o reinado do segundo califa ou sucessor do Profeta, e, nos sessenta ou setenta anos seguintes, fizeram dez tentativas de conquista. O objetivo da invasão final, como deixa claro o *Chachnama*, não era a propagação da fé. A invasão era um empreendimento comercial-imperial; teria de evidenciar lucro. A vingança era um motivo subsidiário; mas o que era exigido dos povos conquistados não era nenhuma conversão ao islã, mas tributos e impostos, tesouros, escravos e mulheres.

A invasão foi comandada de Kufa por Hajjaj, o governador do Iraque. Quando, no meio da campanha, recebeu a cabeça do rei derrotado do Sind, juntamente com 60 mil escravos e o quinto régio da pilhagem do Sind, Hajjaj "colocou sua testa no chão e ofereceu orações de ação de graças, por meio de duas genuflexões a Deus, e louvou-o dizendo: 'Agora consegui todos os tesouros, quer expostos ou enterrados, além de outras riquezas e o reino do mundo'". Ele conclamou o povo de Kufa para a famosa mesquita daquela cidade e, do púlpito, disse: "Boas novas e boa sorte para os povos da Síria e da Arábia, aos quais felicito pela conquista do Hindustão e pela posse da imensa riqueza [...] que o grande e onipotente Deus gentilmente lhes concedeu". Abria-se aos povos conquistados a aceitação do islã. Mas os conquistadores eram árabes, e o reino do mundo era seu.

Existem semelhanças com a conquista espanhola do México e do Peru, e elas não são fortuitas. A conquista árabe da Espanha, acontecendo ao mesmo tempo que a conquista do Sind, marcou a Espanha. Oitocentos anos depois, no Novo Mundo, os conquistadores espanhóis se assemelhavam aos árabes em sua fé, fanatismo, crueldade, carência e ganância. O *Chachnama* se assemelha, em diversos sentidos, com *A conquista da Nova Espanha*, de Bernal Díaz, o soldado espanhol que, na velhice, escreveu sobre suas campanhas no México com Cortez nos anos de 1519 e seguintes. O tema de ambas as obras é o mesmo: a destruição, por um poder imperialista com um forte senso de missão e um amplo conhecimento do mundo, de uma cultura distante que apenas conhece a si mesma e ainda não sabe o que é combater. Os conquistadores do mundo, os fundadores de sistemas de longa duração, possuem uma visão mais ampla; os homens são unidos por uma idéia maior. As pessoas a ser conquistadas enxergam menos, sabem menos; suas sociedades estratificadas ou fragmentadas estão prontas para ser dominadas. E, curiosamente, tanto no México em 1519 quanto no Sind em 710, os povos foram enfraquecidos por profecias de conquista.

Existe uma diferença entre *A conquista da Nova Espanha* e o *Chachnama*. Bernal Díaz, o espanhol, escrevia sobre eventos dos quais havia participado. O *Chachnama* é literatura árabe ou muçulmana de gênero, uma "história agradável de conquista", e foi escrito quinhentos anos depois da conquista do Sind. O autor era persa; sua fonte era um manuscrito árabe preservado pela família do conquistador, Bin Qasim.

Os cinco séculos intermediários não acrescentaram nenhuma moral ou senso histórico adicionais à narrativa persa; nenhuma nova indagação ou compaixão, nenhuma idéia sobre o que é cruel ou não cruel, como a que possui o próprio Bernal Díaz, o soldado espanhol. Para o persa, escrevendo em 1216, as conquistas árabes — "as conquistas de Khurasan, Ajam [Pérsia], Iraque, Sham [Síria], Rum [Bizâncio] e Industão" — são gloriosas; são a história da expansão da verdadeira civilização. É agradável ler sobre a conquista porque ela é "baseada em retidão espiritual e excelência temporal [...] da qual se orgulhariam os doutos filósofos e os reis generosos, porque todos os homens alcançam progresso rumo à perfeição por reconhecer como verdadeira a convicção dos povos da Arábia". Há uma ironia neste elogio da conquista: não muitos anos depois de escritas essas palavras, os mongóis iriam chegar à Pérsia e ao Iraque, e a civilização árabe celebrada pelo *Chachnama* seria esfacelada e ficaria entorpecida durante séculos.

O *Chachnama* começa com um relato da dinastia nativa do Sind que será derrubada pelos árabes. Nessa parte da narrativa, as datas escasseiam e há elementos do conto de fadas. A dinastia foi fundada por Chach. Chach era um brâmane asceta que vivia com seu irmão em um templo aldeão. Um dia, ele foi ao palácio do rei e ofereceu seus serviços de escriba e secretário do tesouro. Chach era alto e bonito; falava bem e tinha uma bela caligrafia. Primeiro tornou-se um missivista; depois, tesoureiro, quando o tesoureiro morreu, e, logo, primeiro-ministro.

Acontece que, certo dia, a rainha, normalmente recolhida aos apartamentos privados do palácio, vê o belo brâmane primeiro-ministro. Apaixona-se por ele e lhe faz uma declaração. Ele fica preocupado. Diz para a rainha que há quatro coisas em que os homens nunca deveriam confiar ou tomar como certas: rei, fogo, vento e água. Mas a rainha implora; tudo o que ela deseja é que lhe seja permitido ver Chach uma vez por dia. Por fim, ela obtém o que deseja. Chach, o brâmane asceta, torna-se amante da rainha, e seu poder no reino do Sind apenas perde para o do rei.

Alguns anos se passam. O rei adoece e logo está prestes a morrer. A rainha, que não tem filhos, teme que agora será afastada e rebaixada pela família do rei. Por meio de Chach, ela ordena que cinqüenta conjuntos de correntes sejam trazidos secretamente para o palácio. O rei morre; a notícia não é divulgada; os médicos são presos. Todos os pretendentes ao trono são chamados ao palácio em nome do rei. À medida que vão chegando são acorrentados e aprisionados. Em seguida, os parentes pobres do rei são chamados. Estes guardam ressentimento; cada parente pobre tem seu inimigo particular entre os pretendentes, e agora recebe a oportunidade, como se por ordem do rei, de cortar a cabeça de seu inimigo e apoderar-se de sua propriedade.

Quando todos os pretendentes são mortos, anuncia-se que o rei designou Chach como regente; depois, anuncia-se que o rei morreu. Os nobres poderosos recebem presentes; a rainha coloca a coroa na cabeça de Chach; e Chach é aclamado pelo povo. O irmão do rei morto (por sua vez, soberano de um estado vizinho) desaprova. Marcha sobre o Sind, reivindica o trono para si e desafia Chach para um combate individual. Chach diz: "Eu sou um brâmane. Brâmanes não combatem a cavalo". O irmão do rei morto desmonta. Chach salta sobre um cavalo e corta a cabeça de seu desafiante. E isso é tudo.

Poder é poder; o primeiro dever de um rei é manter-se no poder. Não há nenhuma regra. Um rei, como Chach é agora, constantemente precisa apaziguar seus súditos, ricos ou pobres, barões ou párias. E, nesse apaziguamento, todos os meios são válidos. "Entre as regras de conduta prescritas para os reis, uma delas é que um inimigo deve ser reduzido à submissão por meio de truques e ardis." Um rei precisa estar em movimento; sua presença deve ser sentida em todos os cantos de seu reino. O povo jamais pode ter "na cabeça a noção arrogante [...] de que não há ninguém para extorquir-lhes renda". Os reis precisam de renda, porque pode vir o dia em que um inimigo seja muito forte para ser combatido e em que a paz tenha de ser negociada.

"Lembre-se de que é para um dia assim que os reis acumulam tesouros e os enterram, pois é por meio do ouro que os exércitos são montados [...] e a guerra é mantida [...] na qual sacrificam suas vidas em favor de seu país e de seu bom nome. Também é por meio do ouro que um inimigo pode ser facilmente rechaçado. Com a ajuda do ouro, um homem pode resolver satisfatoriamente todos os negócios deste mundo, pode rechaçar um inimigo e cumprir sua vingança. Ao mesmo tempo, com sua ajuda, um homem pode tomar as providências necessárias para sua viagem para o outro mundo."

Chach — a rainha logo desaparece da história — governa durante quarenta anos. É Chach quem rechaça o primeiro ataque árabe, um ataque pelo mar no porto de Debal (que poderia ser Banbhore). Com a morte de Chach, o reino passa para o irmão de Chach e, depois, para o filho de Chach, Dahar.

Certo dia, Dahar ouve falar de um prodigioso astrólogo brâmane. E já que convém que um rei consulte brâmanes sábios, Dahar pega seu elefante e visita o astrólogo. Para o próprio Dahar, o astrólogo não prediz nada além de boa sorte; mas isso é perturbado pelo que o astrólogo diz sobre a irmã de Dahar. O homem com quem a irmã de Dahar se casar, diz o astrólogo, governará o reino. Dahar está perplexo. Seu primeiro-ministro (que é budista) tem uma solução: considerando que o primeiro dever de um rei é para com seu trono, Dahar deve passar por uma forma de casamento com sua irmã. Há cinco coisas, diz o primeiro-ministro, que oferecem "uma triste visão" quando perdem seu lugar próprio: um rei que perdeu seu reino, um ministro que perdeu seu cargo, um homem santo que perdeu seus discípulos, cabelos e dentes quando caem, os peitos de uma mulher quando ficam caídos com a idade.

Dahar está chocado com o conselho de seu primeiro-ministro. O primeiro-ministro vai para casa, pega uma ovelha, espalha terra e semente de mostarda em sua lã, e a rega com água. Após alguns dias a semente de mostarda germina, a ovelha fica verde. A ovelha é levada então para a cidade e as pessoas correm para vê-la. Mas depois de três dias o encanto diminui; a ovelha verde é esquecida. O primeiro-ministro diz: "Ó rei, tudo o que acontece, de bom ou de ruim, fica na língua das pessoas durante três dias. Depois, ninguém se lembra se era bom ou ruim". Com isso, Dahar passa por uma cerimônia de casamento com sua irmã.

Muito alarde é feito desse incidente, embora ele não tenha nenhuma seqüela importante. Nessa narrativa árabe-persa, serve apenas para enfatizar que o reino do Sind está moralmente corrompido, e que a causa da dinastia de Chach não pode prosperar.

A atenção se volta agora para os árabes. A narrativa é alterada, torna-se mais histórica, começa a depender dos vínculos do narrador com a história árabe ("ela é relatada por Hazli, que a ouviu de Tibui, filho de Musa, que por sua vez a ouviu de seu pai"). Somos imediatamente colocados diante de um mundo mais organizado, mais disciplinado e menos arbitrário, um mundo da lei, onde os homens, por preocupados que estejam com o poder, a fama e a riqueza, também servem a uma causa que está acima deles. O soldado obedece ao general, o general ao governador, o governador ao califa; e todos servem ao Profeta, ao islã e a Deus.

Depois do fracasso das primeiras duas expedições contra o Sind, o terceiro califa, Osmã (644-656), ordena um relatório detalhado sobre a questão do "Industão e Sind" — suas regras de guerra, sua estratégia, a natureza de seu governo, a estrutura de sua sociedade. A ordem é passada para Abdullah, e Abdullah a transmite para Hakim; e Abdullah fica tão impressionado pelo que Hakim tem a dizer que envia Hakim diretamente ao califa.

"Ó Hakim", diz o califa, "conheceste o Industão e aprendeste tudo sobre ele?"

"Sim, ó comandante dos fiéis."

"Dai-nos uma descrição dele."

"Sua água é escura e suja. Seu fruto é amargo e venenoso. A região é pedregosa e a terra é salgada. Ali, um exército pequeno será rapidamente aniquilado, e um exército grande logo morrerá de fome."

"Como é o povo? São fiéis, ou não mantêm sua palavra?"

"São traiçoeiros e enganosos."

O califa se assusta diante desta última informação e proíbe a invasão do Sind.

Mas, no reinado dos califas posteriores, a idéia sempre ressurge. A sétima expedição é comandada por Sinan, cuja fama agora — o tempo está passando — é que ele nasceu durante o tempo em que o Profeta era vivo e que seu nome era uma homenagem ao Profeta. Havia uma tradição de que o Profeta dissera a Salmah, pai de Sinan: "Ó Salmah, eu o felicito pelo nascimento de um filho". Mas, embora o Profeta lhe apareça em um sonho, Sinan é morto no Sind. E duas expedições depois dessa também terminam mal.

Por volta do fim do século VII, Hajjaj se torna governador do "Iraque, Sind e Industão". Hajjaj primeiro precisa lidar com o desafeto racial-religioso em Kufa e no Iraque. Depois, também envia um exército ao Sind: o rei Dahar, do Sind, estivera incentivando os rebeldes muçulmanos.

O exército de Hajjaj é derrotado pelo filho do rei Dahar. O chefe árabe é morto, e os árabes são feitos prisioneiros. O califa reinante não quer mais ouvir falar do Sind. O país é muito distante, escreve ele para Hajjaj; as pessoas são muito ardilosas, as expedições muito caras, e muitos muçulmanos estão sendo mortos. Mas Hajjaj pede outra chance; promete reembolsar em dobro o tesouro real pela soma gasta em uma nova invasão. O califa concorda; dá uma ordem escrita para a invasão do Sind. Hajjaj seleciona 6 mil soldados experientes da Síria, nomeia general seu genro Mohammed Bin Qasim, de dezessete anos de idade, e comanda todos os detalhes dos preparativos.

O exército — com um regimento completo de camelos de carga e cameleiros (um camelo para cada quatro soldados) — seguirá por terra. Os suprimentos para o cerco — incluindo setas incendiárias, cotas de malha, aríetes e uma catapulta especial que exige quinhentos homens para operá-la — seguiria por mar. Bin Qasim não deve fazer nada sem a autorização de Hajjaj; um sistema de mensageiros garante que as cartas sejam enviadas do Sind e cheguem a Kufa em sete dias. Em suas cartas, Hajjaj constantemente mistura instruções militares com exortações religiosas. "Cave um fosso ao redor de seu acampamento [...] Fique acordado durante a maior parte da noite; e faça com que aqueles que saibam ler o Corão mantenham-se ocupados lendo-o [...]." O exército deve sempre acampar em terreno aberto; nos momentos de combate, o exército deve ser sempre dividido em cinco seções: centro, vanguarda, retaguarda, flanco esquerdo e flanco direito, com a cavalaria pelos flancos.

Bin Qasim chega ao porto de Debal. Os suprimentos enviados por mar chegam no mesmo dia. Mas Hajjaj não dá a ordem de início da batalha até o oitavo dia. Ao término desse dia, um brâmane sai da cidade. Diz aos árabes que a cidade é protegida por um talismã: as quatro bandeiras compridas de seda verde penduradas nas hastes do mastro na cúpula do grande templo de Debal. Enquanto o mastro estiver em pé, diz o brâmane, o povo de Debal lutará.

É a primeira das traições que ajudarão a conquista árabe. Mas, de fato, não são traições. Não passam de ações de pessoas que entendem apenas que o poder é poder, e acreditam que estão apenas mudando os governantes; não conseguem conceber que um novo sistema está prestes a chegar.

Bin Qasim pergunta a seu engenheiro de catapulta, Jaubat, se ele consegue derrubar o mastro. "Se removermos dois soquetes da grande catapulta", diz Jaubat, "com três pedras arrancarei a bandeira e o mastro e quebrarei a cúpula do templo."

"Dez mil dirhans serão seus se você fizer isso", diz Bin Qasim. "Mas e se você falhar? E se você estragar a catapulta do califa?"

"Que as mãos de Jaubat sejam cortadas", diz Jaubat.

Esse é o trato (mas ainda precisa ser ratificado por Hajjaj). E no dia seguinte, enquanto os árabes atacam a cidade de quatro direções, a grande catapulta é colocada onde Jaubat indica, os quinhentos homens da catapulta puxam as cordas, as pedras são atiradas e o mastro e a cúpula são destruídos. E ocorre como disse o brâmane: os defensores de Debal abrem os portões e pedem clemência. Mas Hajjaj emitiu instruções precisas para esta primeira vitória: os residentes de Debal não devem ser poupados. O exército árabe tem de matar durante três dias: é o que Bin Qasim diz ao povo de Debal.

Depois da matança, o saque: o tesouro e os escravos. Um quinto, o quinto real, é separado para o califa, "em obediência à lei religiosa"; o tesoureiro de Hajjaj se encarrega disso. (E é estranho pensar que o quinto real espanhol, separado por Colombo, Cortez e outros no Novo Mundo, deve ter se originado das leis religiosas dos árabes.) O resto do saque de Debal é distribuído proporcionalmente, de acordo com a prática árabe: um membro da cavalaria recebendo o dobro do que recebe um cameleiro ou soldado da infantaria.

A guerra está longe de ter terminado. O Sind é grande, com muitas cidades fortificadas. Mas Debal fixa o padrão: o cerco, a traição por parte dos nobres, brâmanes ou monges budistas que não acreditam em matança; a entrada dos árabes; a matança; a identificação e distribuição do saque, depois de deduzido o quinto do califa (e, em determinado lugar, a distribuição do saque demora o mesmo tempo que a matança).

É no distrito de Siwistan que o povo consegue entender a natureza do invasor. Um espião da tribo de Chanas vê os árabes em oração em seu acampamento: o exército inteiro em pé, um quadro de igualdade, unidade e união, o general liderando seus homens na oração, mas em unidade com eles. O efeito sobre o povo de Chanas é imediato. Dirigem-se em massa até os árabes — que agora estão ceando — e se rendem. (Os paquistaneses atuais, que viram os soldados chineses construindo a Rota da Seda, de Sinkiang ao Paquistão, no extremo norte, são igualmente impressionados pela disciplina e unidade dos chineses.)

Após o massacre em Debal, a matança é mais seletiva. Permite-se que os comerciantes, artesãos e camponeses continuem em suas ocupações e pratiquem sua religião; os brâmanes continuam a ser os administradores. Tudo o que é exigido dos infiéis é o tributo e o imposto especial. Mas Hajjaj insiste na matança da classe guerreira e na escravização de seus dependentes. Quando recebe a cabeça de Dahar e o relatório de Bin Qasim sobre a vitória, ele escreve com severidade: "Meu querido primo, recebi sua carta revigorante. Ao recebê-la, meu contentamento e minha alegria não conhecem limites [...] Mas o modo de conceder perdão prescrito pela lei é diferente do adotado por você [...] O Grande Deus diz no Corão: 'Ó verdadeiros fiéis, quando encontrardes os infiéis, arrancai suas cabeças'. Esta ordem do Grande Deus é uma grande ordem e deve ser respeitada e seguida [...] Concluída com felicitações. Escrita por Nafia no ano de 93". E ele volta ao assunto mais tarde na campanha. "Minhas ordens claras são que todos aqueles que estão combatendo devem ser assassinados, e seus filhos e filhas aprisionados e mantidos como reféns."

Por isso, na grande cidade de Brahminabad, após sua entrada, Bin Qasim "dirigiu-se em seguida para o local de execução e, em sua presença, ordenou que todos os homens pertencentes às classes militares fossem decapitados pela espada. Conta-se que cerca de 6 mil combatentes foram massacrados nessa ocasião; alguns dizem que eles foram 16 mil".

E o rei Dahar nunca entendeu a natureza da guerra, nunca entendeu que havia mais coisas em questão do que o seu trono. Na guerra, havia para ele um elemento de cavalheirismo e jogo mortal. Ele poderia ter evitado que Bin Qasim atravessasse o rio Indo; foi o que lhe aconselharam que fizesse. Mas ele considerou isso indigno. Ele poderia até ter fugido, e deixado que o deserto atacasse os invasores; mais uma vez foi o que lhe aconselharam que fizesse. Mas novamente ele achou que isso era indigno. Morreu na batalha. Flechas de nafta atearam fogo à liteira de seu elefante. Havia duas criadas na liteira, uma preparando folhas de bétel para o rei mascar, a outra passando-lhe as flechas; também havia um brâmane. O elefante, amedrontado pelo fogo em suas costas, mergulhou no lago raso ao lado do Indo; e arqueiros árabes montados mataram o rei Dahar enquanto ele ainda estava na liteira. Como um guerreiro, Dahar tinha entrado em combate preparado para a morte e a pira funerária. Seu corpo, quando foi encontrado (traído pelo brâmane que o acompanhava na liteira), cheirava a almíscar e perfume de rosas. As criadas foram capturadas; mais tarde, elas identificaram para Bin Qasim a cabeça cortada do rei.

A irmã com quem Dahar nominalmente se casara em defesa de sua realeza imolou-se em fogo, juntamente com outras mulheres da casa. A verdadeira esposa de Dahar (agora propriedade do califa e do estado árabe) foi comprada por Bin Qasim juntamente com parte da pilhagem do Sind. E as duas filhas de Dahar foram enviadas ao califa na carga de escravos abissínios.

Elas foram admitidas no harém do califa. Este permitiu que descansassem durante alguns dias. Depois, ordenou que fossem trazidas à noite até ele. Quis saber qual delas era a mais velha; desejava possuí-la primeiro. Descobriu por meio de um intérprete. A mais velha se chamava Surijdew. Quando o califa tentou abraçá-la, ela deu um salto e disse: "Longa vida ao rei! Eu, uma humilde escrava, não sirvo para o quarto de sua majestade, porque o justo Amir, Imaduddin Mohammed Bin Qasim, manteve-nos ambas consigo durante três dias e depois nos enviou ao califa. Talvez o vosso costume seja este, caso contrário, que esta desgraça não seja permitida pelos reis".

O califa mordeu a própria mão. Ordenou que uma carta fosse imediatamente enviada a Bin Qasim, ordenando-lhe que "vestisse couro cru e voltasse ao palácio do califa".

Bin Qasim estava na fronteira com a Índia. Obedeceu. Pediu aos seus homens que o envolvessem na pele de um animal, pusessem numa caixa e enviassem a caixa ao califa. Ao cabo de dois dias, morreu. O corpo, quando chegou a Bagdá, foi exibido pelo califa às filhas do rei Dahar. "Vejam como nossas ordens são prontamente obedecidas por nossos oficiais", falou. Surijdew disse, então, que havia mentido, para se vingar em Bin Qasim. Ela e a irmã eram virgens; não haviam sido tocadas por Bin Qasim.

"O califa ordenou imediatamente que as duas irmãs fossem sepultadas vivas em uma parede. Daquele tempo até nossos dias, a bandeira do islã tem sido hasteada cada vez mais alto e conquistada dia após dia uma glória cada vez maior."

Com essa aparente inconseqüência, a narrativa termina. A evocação de Bin Qasim refere-se a alguma mudança política ocorrida na época, no Iraque e na Síria; mas a invencionice de *Mil e uma noites*, e a degeneração que ela implica, é um lembrete de que quinhentos anos separam o *Chachnama* da conquista do Sind: a tempestade mongol está prestes a destruir minarete e serralho.

A conquista árabe do Sind é distinta das invasões muçulmanas do território indiano, que começaram cerca de três séculos depois. Mas o Sind conquistado por Bin Qasim era um país grande, aproximadamente a área atual do sul do Paquistão e sul do Afeganistão; e poder-se-ia dizer que o *Chachnama* é um relato dos primórdios islâmicos do estado. Mas é uma história sangrenta, e as partes que entram nos livros escolares são contos de fadas. Um navio árabe estava levando presentes para o califa; o navio foi capturado pelo rei Dahar, e os muçulmanos foram escravizados. As mulheres gritavam, "Hajjaj, salve-nos!". Para resgatá-las (em lugar dos soldados capturados durante a expedição árabe anterior), Hajjaj invadiu o Sind.

Umas pequenas coisas precisam ser mudadas mesmo nos contos de fadas. As bandeiras no templo de Debal — o talismã derrubado pela catapulta — eram verdes (na tradução de 1900, feita por um sindi, Kalichbeg). Mas verde é a cor islâmica; por isso, pelo menos em um livro escolar, as bandeiras aparecem como vermelhas, para as crianças. Em pequenas coisas, tal como nas grandes, a fé precisa ser observada.

Em setembro de 1979, no *Paquistan Times*, no dia da Defesa do Paquistão, havia um longo artigo sobre Bin Qasim como estrategista. A avaliação era militar, neutra, imparcial para os soldados de ambos os lados. Gerou uma repreensão do presidente da Comissão Nacional de Pesquisa Histórica e Cultural.

"O emprego de fraseologia apropriada é necessário quando se projeta a imagem de um herói. Expressões como 'invasor', 'defensores' e 'o exército indiano' lutando bravamente mas sem ser rápido o bastante para 'surpreender o inimigo em retirada' são abundantes no artigo. São agravadas ainda mais por algumas declarações capengas como as seguintes: 'Se o rajá Dahar tivesse defendido heroicamente o Indo e impedido Qasim de atravessá-lo, a história deste subcontinente poderia ter sido bem diferente'. Fica-se sem entender se o redator está aplaudindo a vitória do herói ou lamentando a derrota de seu rival."

O tempo antes do islã é um tempo de trevas: isso faz parte da teologia muçulmana. A história precisa estar a serviço da teologia. A cidade escavada de Mohenjodaro, no vale do Indo — invadida pelos arianos em 1500 a.C. —, é uma das glórias arqueológicas do Paquistão e do mundo. As escavações estão sendo agora danificadas por inundações e pela salinidade, e apelos têm sido feitos a organizações mundiais. Uma carta apresentada no *Dawn* oferecia suas próprias idéias para o local. Versos do Corão, dizia seu autor, deveriam ser entalhados e instalados em "locais adequados" em Mohenjodaro: "Dizei (a eles, ó Maomé): Viajai na terra e vede a natureza da seqüela para os culpados [...] Dizei (ó Maomé, para os descrentes): Viajai na terra e vede a natureza da conseqüência para aqueles que existiram antes de vós. A maioria deles era idólatra".

Dessa forma, a teologia complica a história para o povo do Paquistão. E para as pessoas que acham que seu país não vingou, que na pátria muçulmana elas ainda são estrangeiras, ou despossuídas, ou ameaçadas de desapropriação, para tais pessoas o desejo de reivindicar parentesco com um islã triunfante contribui para uma perturbação adicional.

Na teologia ortodoxa apenas os primeiros quatro califas tinham uma orientação correta. Depois disso, o califado se torna uma dinastia; os ideais islâmicos de fraternidade são traídos. O Sind, portanto, foi conquistado pelos árabes no tempo ruim; mas os árabes trouxeram a fé e, por isso, o tempo ruim se torna um tempo sagrado. Os mongóis destruíram o império árabe no Oriente. Portanto, os mongóis eram ruins. Mas os mongóis se tornaram muçulmanos e fundaram o grande império mongol na Índia; por isso, essa época se torna um tempo maravilhoso. Os turcos expulsam os mongóis; mas os turcos também se tornam muçulmanos e poderosos, e deixam também de ser ruins. Dessa forma, a história — que começa como uma "história agradável de conquista" — se torna irreparavelmente confusa. E, a partir dessa confusão mais que colonial, alguns paquistaneses inventam personalidades para si mesmos, nas quais são islâmicos e conquistadores e — no Paquistão — um pouco parecidas com povos exilados de sua glória. Tornam-se turcos ou mongóis. Ou árabes.

O *Chachnama* mostra os árabes do século VII como um povo estimulado, iluminado e disciplinado pelo islã, em rápido desenvolvimento, adquirindo conhecimento, novos métodos e novas armas (catapultas, fogo grego) dos povos que ele conquista, inteligentemente curioso sobre os povos que ele pretende conquistar. O desejo fundamentalista atual no Paquistão, de voltar àquele tempo islâmico puro, não tem nada a ver com uma compreensão histórica da expansão árabe. Os fundamentalistas acham que, para ser como aqueles primeiros árabes, precisam apenas de uma ferramenta: o Corão. O islã que tornou os árabes do século VII conquistadores do mundo, agora anuvia a mente de seus sucessores ou pretensos sucessores.

Era esperança do poeta Iqbal que um estado muçulmano indiano pudesse libertar o islã da "marca que o imperialismo árabe foi obrigado a lhe dar". Descobre-se agora que os árabes foram os imperialistas mais prósperos de todos os tempos; desde então, ser conquistado por eles (e, portanto, ser como eles) ainda é, na cabeça do crente, ser salvo.

A história, nos livros escolares do Paquistão que consultei, começa com a Arábia e o islã. Nos textos mais simples, resumos sobre o Profeta e os primeiros quatro califas e, por vezes, a filha do Profeta, são seguidos, quase sem interrupção, pelas vidas do poeta Iqbal, do sr. Jinnah, o fundador político do Paquistão, e dois ou três "mártires", soldados ou pilotos que morreram nas guerras santas contra a Índia em 1965 e 1971.

Uma história tão seletiva como essa leva rapidamente à irrealidade. Antes de Maomé, existem trevas: escravidão, exploração. Depois de Maomé, existe luz: a escravidão e a exploração desaparecem. Mas foi mesmo? Como isso pode ser dito ou ensinado? E quanto a todos os escravos enviados do Sind para o califa? E quanto aos descendentes dos escravos africanos que perambulam por Karachi? Não há nenhuma resposta adequada: por isso, a fé começa a anular ou encobrir o mundo real.

O governo militar; os partidos políticos são banidos. Existe quinze por cento de alfabetização, e o fundamentalismo sufoca as universidades. Não há nenhuma indústria, nenhuma ciência. A economia é uma economia de remessas; os emigrantes, legais e ilegais, transbordam. Mas, no manual de Estudos Sociais da sexta série das escolas de língua inglesa, a criança lê:

"'Tio', disse Salman, 'eu li em meu livro de história que antigamente o sistema de castas era muito forte na Índia. Todo mundo tinha de adotar a profissão de sua família. Ninguém podia fazer nenhum outro trabalho'. 'Oh!', disse o tio. 'As condições na Índia são quase as mesmas até hoje. Mas nós somos um país democrático. Aqui todo o mundo é livre para seguir a profissão que escolher. Este é o segredo de nosso progresso.'".

# 5

# *HYDERABAD BOOGIE-WOOGIE*

Ahmed queria que eu fosse para o interior do Sind, até um santuário famoso perto da cidade de Hyderabad. No Sind, havia muitos túmulos de santos muçulmanos. Fazia muito que o islã ocupara os velhos lugares santos budistas e hinduístas; mas permaneciam as memórias de velhas atitudes religiosas e os puristas islâmicos nem sempre aprovavam as práticas místicas ou ascéticas ou quase idólatras de alguns desses locais.

Mas Ahmed tinha suas próprias razões. O santuário ou centro sufista que ele queria que eu visse estava associado a uma ordem ou irmandade — de alguns séculos atrás, segundo ele — que renunciara ao mundo para morar no deserto e servir aos pobres. A ordem administrava um dispensário; diariamente, na hora do almoço, alimentava todos os pobres que chegassem. Era a idéia de sacrifício e serviço que atraía Ahmed. E certa manhã ele me colocou num carro e me enviou para Hyderabad, 160 quilômetros ao norte.

Saindo de Karachi, o caminho todo era deserto. A "super-rodovia" era plana e de alta velocidade. O rio Indo, onde era atravessado, era largo, de águas barrentas e agitadas; pequenos barcos de pesca com velas brancas e sujas davam uma sensação abrupta de antigüidade ao deserto sem atrativos. Hyderabad — uma cidade não classificada do deserto, com prédios baixos de concreto e caiados em tom ocre — era um forno. Mas havia piscinas de água estagnada aqui e acolá: o deserto estava saturado de água.

E quando cheguei à Circuit House, onde pensei que iria me hospedar, encontrei problemas. Dois funcionários públicos, falando pouco o inglês, cumprimentaram-me e disseram que um ministro chegara inesperadamente, minha reserva fora cancelada e eu deveria ficar num hotel. "Classe A, classe A", repetiram. Mas o lugar para onde me levaram — apesar do ar-condicionado central — era rústico e escuro, e a privada do meu banheiro estava quebrada.

Entretanto, não precisei passar a noite ali. Razak, o jovem que iria me acompanhar, tinha outro programa para mim. O centro sufista de Ahmed iria esperar até o dia seguinte. Naquela noite, Razak pretendia me mostrar outros santuários e lugares religiosos, a horas de distância e em direção oposta. Partimos no meio da tarde.

Razak era sindi. Nesse passeio religioso com um turista, ele era a um só tempo peregrino, que não poderia parar muito nos lugares santos, e burocrata, firme em relação a seu programa e horário. Era inteligente e amável, mas a língua era um fator de irritação mútua entre nós.

Criei problemas para ele desde o começo. Vendo um homem em roupas sindi à margem da estrada, eu disse: "Então vocês também têm africanos aqui, Razak?". Ele respondeu, ríspido: "Eles não são *africanos.* São crioulos, crioulos *locais*". O inglês de Razak era preciso, preciso a este ponto. Mas vários paquistaneses — uma seqüência de professores paquistaneses — o separavam da língua falada e aquilo que saía exigia muita atenção. Perguntei: "Eles fazem alguma coisa com esses juncos, Razak?". Ele respondeu: "*Bar skates*". Lutei com aquilo. Após algum tempo, perguntei: "O que são *bar skates*, Razak?". E agora ele lutava com sua irritação. Respondeu: "*Bar skates* são usados para guardar artigos domésticos". *Baskets* [cestos]: uma definição precisa, mas sem dúvida, para ele, uma definição também opressiva. E poderia ser assim: eu fazendo o Harpo para o seu Chico Marx, ou o Chico para o seu Harpo.

Dessa forma, embora houvesse muito que Razak pudesse me dizer, viajei ignorante por essa área de povoamento antigo do Sind, mal sabendo por que Razak ficava emocionado em determinados lugares: só entendendo depois, por exemplo, que o descampado de Mansura era o local da grande cidade de Brahminabad, do rei Dahar.

Não encontramos nada no primeiro santuário. O homem santo dali, segundo Razak, tinha 100 mil seguidores. Chegamos umas duas horas depois de escurecer, e entrar no prédio foi como entrar numa cidade medieval. Meninos abriram o portão principal, e o fecharam depois que entramos. As ruas eram pavimentadas, com valas centrais. Havia pessoas sentadas nas plataformas ladrilhadas do lado de fora do pátio do grande homem. Um homem levou nosso pedido para dentro; outro saiu para respondê-lo. Este era magro e um tanto velho, vestia uma roupa azul e uma luva de pano em sua mão esquerda. Disse que o grande homem só atendia pela manhã; agora estava descansando.

Com isso, partimos e seguimos de carro para o santuário do xá Abdul Latif. No átrio de ladrilhos escuros da mesquita havia música: as canções de devoção ao santo, de duzentos e cinqüenta anos atrás. E ao ouvir a música ao término daquele longo dia — uma pequena multidão, alguns adormecidos, pessoas chegando e partindo — senti, como sentira quando estive no jardim da casa do aiatolá Shariatmadari em Mashhad, que o islã havia alcançado a comunidade e uma espécie de beleza, dando às pessoas um sentimento de perfeição — desde que fosse possível encerrar o mundo do lado de fora e se pudesse fazer os homens esquecer o que sabiam.

Em meu quarto na hospedaria, o ar-condicionado não funcionava. Se abrisse a janela, os insetos entravam. E por causa dos insetos não dormi do lado de fora, como Razak e os outros. Para dormir ao ar livre, é preciso enrolar o corpo como uma múmia, da cabeça aos dedos do pé; isso exigia prática. Por isso, fiquei em meu quarto quente, descansei e esperei amanhecer. Iríamos partir cedo, voltar para Hyderabad e depois seguir além, para chegar ao centro sufista de Ahmed a tempo de ver a alimentação dos pobres, ao meio-dia: Ahmed insistira bastante nesse ponto.

Depois de Hyderabad, havia faixas de cultivo, faixas de cerrado, faixas de areia. A claridade doía; o calor doía. Os cachorros da aldeia ficavam parados nas poças amarelas. Estávamos em um dos vales do famoso rio da antiga civilização. Mas não havia nenhuma sensação de vale; a terra parecia uma imensa planície, até que se percebia que a terra plana possuía níveis diferentes e que os níveis superiores eram recobertos com pedra, de forma que parecia que o Indo não passava de um mero vestígio de um fluxo mais vasto de água que aplainara tudo que não era protegido por pedra. Durante alguns quilômetros, seguimos pela margem oeste do rio. Ao longe, havia colinas denteadas. Eram de pura pedra, fraturada em certas áreas. Alguma grande convulsão criara essa serra, forçando para cima e dobrando os estratos de pedra como massa; e, depois, algum cataclismo aquático jorrara pela pedra. O rio fazia uma curva neste ponto. E, não muito longe, estava a cidade com o santuário.

As barracas na rua principal exibiam fotos do sr. Bhutto. Durante seu mandato, o sr. Bhutto havia doado ou mandara doar novos portões dourados para o santuário. Podiam ser vistos do lado de fora, depois dos portões externos de ferro. Uma placa na parede registrava a doação do sr. Bhutto; mas, depois de sua morte, a placa estava coberta por um pano verde de franjas douradas. Os peregrinos, antes de entrar, olhavam para os portões e para o pano verde.

Deixamos nossos sapatos com o homem que estava sentado sob um toldo fino. Usava um turbante e parecia digno e ativo, um profissional; amarrava cada par de sapatos, dava a cada par um número e cobrava meia rupia pelo par. A taxa parecia cara; não havia concorrência; e perguntei a Razak se o ponto era hereditário ou contava com alguma proteção. Ele disse que esses pontos de guarda de calçados nos santuários eram leiloados pelo governo, e os lances podiam chegar a até 4 mil rupias, ou 400 dólares. O arrematante era, em vários sentidos, do ramo.

O santuário estava abarrotado e seu interior abafado. Pessoas dormiam no desgastado piso de mármore. Tinham vindo de longe, e não havia nenhum outro lugar para os pobres ficarem: os miseráveis do deserto, desses campos e aldeias pobres e dispersos ao lado do Indo, pessoas para quem o santuário — e todos os santuários que havia por ali, antes mesmo do islã, entre o rio e a estilhaçada cadeia de colinas de pedra — sempre havia fornecido abrigo e conforto. O piso marmóreo estava encardido; havia bebês e muitas moscas, sempre procurando pousar no chão e nos corpos.

O santuário — a tumba do santo — era cercado por um gradil prateado, magnificamente trabalhado, desgastado pelas mãos dos crentes. Um poste de canto fora quebrado, talvez pela pressão de um excesso de peregrinos em um dia especial; mesmo hoje havia uma espécie de frenesi. Havia vários dosséis sobrepostos e, logo abaixo do teto, uma rede de arame, talvez destinada a aparar excrementos de pássaros. Uma pedra, envolta em uma faixa prateada, pendia do mastro dos dosséis na ponta de uma corda curta. A pedra tinha a forma de um coração; era marrom-clara, tão lisa e brilhante por ser tocada que parecia ter uma qualidade carnal. Pensei que a forma tivesse algum significado. Mas Razak disse que o santo, enquanto vivera, carregara essa pedra sobre sua barriga; o Profeta havia feito a mesma coisa. (Provavelmente, porém, era uma adaptação ascética de uma velha tortura árabe: Bilal, o escravo abissínio que foi um dos primeiros a aceitar a mensagem do Profeta, foi despido e amarrado no deserto de Meca com uma pedra pesada sobre seu peito.)

As pessoas passavam as mãos sobre a pedra, acariciavam-na, e depois levavam as mãos aos lábios e olhos, ou sobre o coração; ou pareciam abraçar a si mesmas. Do lado de fora, a cidade do vale do Indo, fulgurando de calor; aqui, essa paixão. Era importante tocar: não só a pedra e a grade prateada, mas também o pano drapejado sobre a tumba do santo, em uma de cujas pontas havia uma mitra e um manto, de aspecto curiosamente cristão, e um turbante que parecia representar uma cabeça. Era uma terra de fé, mas também era uma terra de pó e areia e narinas secas e coceira no nariz; e a camponesa que esfregou a mão na grade antes de tocar as bocas de seus filhos, entre uma coisa e outra também esfregou e coçou suas narinas.

Seguimos para o *koli*, ou centro sufista. Ficava no final de uma rua curta de feira. O leito de terra da rua havia virado lama preta devido à água de lavagem e outros despejos das barracas de comida de cada um dos lados, que estavam funcionando ativamente, embora no *koli* fosse hora de comer para os pobres: pães marrons, chatos e redondos, estavam em muitas mãos na entrada.

À direita, quando entramos, no rumo do barulho, alvoroço e música, estava o santuário: as tumbas dos *pir*, os homens santos que aqui se haviam estabelecido para celebrar o santo e se tornado monarcas ou governadores da irmandade. Um Mondrian do deserto estivera trabalhando com modernos azulejos de banheiro nas paredes do santuário, embora criando uma versão maior e mais direta do *Broadway Boogie-Woogie* do pintor abstrato: uma espécie de Hyderabad Boogie-Woogie, com linhas graduadas de amarelo, branco, azul, vermelho, preto e assim por diante, delicioso de ser encontrado de surpresa porque expressão de um puro deleite da mesma ordem.

Bem defronte ficava o lugar de alimentação, um pavilhão aberto entre pilares. Um homem montava guarda junto às pirâmides de pão chato de centeio cobertas com um pano, pão que por sua cor sugeria mais do que a salubridade do grão integral: sugeria também a terra do vale do Indo. Com uma concha, outro homem estava servindo sopa magra de lentilhas de uma grande panela preta de ferro. À esquerda, na varanda do edifício, ainda outro estava distribuindo água; um menino, consciente de sua importância, segurava a mangueira que levava da torneira ao barril de água.

Razak entrara em conversação com um homem vestido de azul que parecia deter autoridade. O homem de azul era baixo, de constituição angulosa e uma cabeça raspada; havia um toque de Ásia Central em seus traços. Disse que o *pir* estava fora e estaria de volta em três horas. No Paquistão, a unidade padrão de atraso declarado era de meia hora; três horas significavam que não era para aquele dia. Então, não havia ninguém com quem falar? O homem de azul disse que o *munshi*, o secretário, estava disponível. Perguntou nossos nomes e pediu detalhes. Quando Razak os forneceu, o homem de azul disse em inglês, de um modo curiosamente monótono, seus olhos ainda nos avaliando, que estava nos convidando para passar a noite como seus convidados, para ficar pelo tempo que quiséssemos. O *pir* estaria de volta em três horas; nesse meio tempo, encontraríamos o *munshi*; iriam nos servir comida; éramos seus convidados.

Destacou alguém para nos conduzir escada acima. Seguimos, desviando-nos das poças d'água (da mangueira), e fomos conduzidos, em meio a uma confusão de pequenos avarandados retangulares no piso superior, até um cômodo limpo, com roupas de cama esparramadas e dois conjuntos de acolchoados e almofadas. Um ventilador foi ligado; uma janela, aberta. O ar ficou fresco e indizivelmente relaxante. Dois toca-discos ou rádios amplificados estavam do lado de fora; mas o ventilador amortecia o barulho; as músicas — não de filmes, disse Razak, músicas religiosas — neutralizavam umas às outras; e, no frescor do ambiente, faziam um fundo distante, agradável.

O *munshi* não chegava. Passaram-se cinco, depois dez minutos. Mas a comida chegou, servida por um menino ou rapaz vestido em roupas paquistanesas marrons. O menino era muito bonito; era estranho pensar que tivesse escolhido uma vida de sacrifício e serviço. Razak (que certamente já passara dos vinte e sete anos) fingiu compartilhar meu nervosismo em relação à comida; entretanto, quase de imediato, debruçou-se sobre ela e comeu até o fim com concentração exuberante. O *munshi* ainda não aparecera, e quando o menino de marrom chegou com o chá (preparado à moda das feiras indo-paquistanesas: açúcar, água, chá e leite fervidos juntos: doce, forte e refrescante) fiz com que ficasse e falasse sobre si mesmo.

Não era fácil. Não porque ele fosse retraído, mas porque parecia não ter nenhuma idéia associada à sua vida. As experiências vagavam soltas em sua mente, e era necessário fazer muitas perguntas triviais. Ele era estranhamente passivo. Suas palavras (traduzidas por Razak) eram pronunciadas suavemente, com os olhos baixos.

Fazia um ano que estava na comunidade. Dentro de um ano, partiria; não se tratava de compromisso para a vida inteira. Mas não teria sido melhor para ele, já que desejava arranjar outro trabalho, ter dedicado seu tempo para aprender um ofício ou qualificação? Disse que havia sido encanador para a rede de água, ganhando 450 rupias por mês; poderia conseguir esse trabalho novamente.

Ele viera de Peshawar, na província da fronteira norte, na divisa com o Afeganistão. Sua família possuía 40 hectares de terra e um trator; mas havia seis irmãos e ele se juntara à grande migração para o sul. Primeiro, passara por Karachi (onde se dizia haver 1 milhão de migrantes patanes da província da fronteira); depois, veio para Hyderabad. Um amigo lhe contara sobre a comunidade e o trouxera para cá. Neste estabelecimento, encontrara dois homens de sua aldeia do norte. Por isso, viera novamente, por duas ou três vezes. Mas não conseguia decidir-se; apenas decidira ficar depois que conheceu o *pir*.

As experiências vagavam soltas em sua mente: parecia não ter nenhuma meta. Era um andarilho. Por meio dele era possível entender alguma coisa sobre a vida errante da Idade Média européia. A comunidade religiosa do deserto era um posto de passagem; ajudara-o a transpor uma parte de sua vida. E sem dúvida, no Paquistão — com seu movimento migratório interno e para fora do país — havia muitos outros iguais a ele, andarilhos, levando a vida por etapas, conforme ela se apresentasse.

Perguntei se vinham estrangeiros para a comunidade e se, quando vinham, comportavam-se de maneira estranha. Ele se animou diante da pergunta, ergueu os olhos, pareceu um menino excitado. Disse que certa vez veio um bengali que ficou durante um mês. Não tinha dinheiro nenhum, nada. Um dia, chegou um homem num carro e levou o bengali embora para Karachi. Quando o bengali voltou, estava dirigindo seu próprio carro.

Teria sido sorte? Algum negócio?

Era evidente que havia uma resposta emocionante. Mas ela não veio, porque, justo nesse momento, o homem de azul — a cabeça raspada, a pança firme, os ombros fortes e os olhos inquisitivos — entrou. E o menino de marrom ficou nervoso, parou de falar, olhou para baixo novamente, apanhou as xícaras de chá e saiu.

O homem de azul se agachou diante de nós, sentando-se nos calcanhares, apoiando os joelhos numa toalha de chão. Uma vez que o *munshi* não viria (embora ele não o tenha dito), ele mesmo desejava falar conosco.

"O que você deseja saber?", disse ele em inglês.

Fiquei surpreso com a clareza de seu sotaque: tinha melhorado desde que falara conosco no pátio. Havia agressão nessa nova clareza, mas era uma agressão controlada; poderia ser endurecida ou atenuada: ele ainda não estava certo a meu respeito. Eu disse que ainda não seria capaz de dizer o que queria saber; eu me contentaria com o que ele tivesse para me contar.

"Eu vou lhe dizer", disse ele, e as palavras em inglês iam jorrando. "Existem categorias diferentes de fiéis. Alguns querem dinheiro, outros desejam uma boa vida no além. Eu desejo encontrar Alá. Você só pode fazer isso através de um médium. Meu *murshid* é o meu médium. Eu desejo amar meu *murshid*. Desejo que meu *murshid* entre em meu coração. Alá está com meu *murshid*. E quando meu *murshid* entra em meu coração, Alá está comigo. Não tenho nenhuma dúvida sobre isso. Só posso conhecer Alá através do médium e na forma de meu *murshid*. Através do médium e na forma."

O *murshid* não era o *pir* ou o chefe da comunidade, como pensei. O *murshid* era o santo original cuja tumba havíamos visitado.

O homem de azul explicou com uma analogia política. "O Qaid-e-Azam [o sr. Jinnah] fundou o Paquistão." Ele era como o *murshid*. "Mas hoje obedecemos ao presidente, Zia ul-Haq." O presidente era como o *pir*. O homem de azul apontou para Razak. "Você obedece Zia ul-Haq." Apontou para mim. "Você obedece Zia ul-Haq. Eu obedeço Zia ul-Haq." Eu estava começando a descobrir um tom de enfeitiçamento em sua fala.

Ele disse: "Não fui eu quem lhe mostrou hospitalidade. Foi o meu *murshid*. Eu não o conheço. Você não me conhece. Mas eu o atendo da melhor maneira que posso porque amo meu *murshid*. Quero que meu *murshid* entre em meu coração".

Havia cerca de cem devotos na comunidade. Eles alimentavam diariamente de oitocentas a mil pessoas; também cuidavam de um dispensário (que ficava embaixo, em um cubículo, próximo de onde o homem estava distribuindo água potável). Mas onde conseguiam o dinheiro?

O homem de azul disse que o *pir* anterior era um santo. "Todo o seu tempo era para Alá. Jejuava todo dia e rezava toda noite. Estou lhe dizendo. Não é fácil fazer isso, segurar as mãos assim." Juntou lado a lado as palmas das mãos e as manteve abertas, do modo como os muçulmanos fazem quando dizem suas orações, como se lessem as mãos como um livro. Em seguida, ele se levantou e demonstrou o ato da oração de palmas abertas e repetiu o que dissera. "Todo o seu tempo para Alá. Jejuava todo dia, rezava toda noite. Apenas tente manter as mãos assim durante dez minutos que seja." Sentou-se novamente sobre os calcanhares. "Ele fez milagres. Durante cinqüenta anos não comeu nada. Não bebeu água durante três anos. As pessoas lhe disseram que ele não serviria de nada se não tomasse água, e foi então que decidiu tomar água."

Mas como conseguiam o dinheiro para administrar a comunidade?

"É isso que estou lhe dizendo", disse o homem de azul. "Foi por causa de todo esse sacrifício que este lugar agora é possível. Nosso *murshid* agora tem muitos *murid*, seguidores, pelo mundo inteiro. Chegam aqui com centenas de milhares de rupias. Dão 1 rupia, 5 rupias, 10 rupias. E trocamos por gêneros. Não fui eu que lhe mostrei hospitalidade. Foi o meu *murshid*. Existem categorias diferentes de fiéis. Eu desejo encontrar Alá. O importante é que eu só posso fazer isso através-do-médium-e-na-forma de meu *murshid*. Você compreende?"

Eu lhe pedi que me contasse exatamente o que sentia quando acariciava a pedra pendurada sobre a tumba do *mur-shid*. Para minha surpresa, pareceu não saber do que eu estava falando. E quando lhe perguntei novamente, disse que estava muito ocupado aqui, com a comunidade.

O menino de marrom ficara parado na entrada — o rosto ansioso — mas quando viu o homem de azul ainda agachado diante de nós, virou-se e caminhou silenciosamente em seus pés descalços. Eu estava incomodado com aquela história sobre o bengali e o carro; começou a me atormentar enquanto o homem de azul continuava a falar, repetindo-se, misturando a sucessão de frases que já havia falado.

Ele me contou outro milagre do *pir* anterior. Um faquir morrera, um dos ascetas da comunidade. Contaram ao *pir*. Este foi até o quarto onde jazia o morto. Quando entrou no quarto, o morto ergueu a mão direita na saudação muçulmana. O *pir* ficou muito bravo. Espetou sua vara no morto e disse: "Você precisa aprender a controlar mais o seu corpo. Você sabe muito bem que é incorreto um homem morto me saudar".

Perguntei ao homem de azul se não poderia mandar o menino subir com um pouco de chá para mim. Perguntei diversas vezes. Mas não teríamos novamente o menino de marrom conosco. Tomaríamos chá mais tarde, disse o homem de azul; mas, primeiro, teríamos de visitar as cozinhas e é claro que, depois, deveríamos visitar as tumbas dos antigos *pir*. Ele não pretendia nos deixar agora; comecei a entender que era o seu modo de nos ver longe dali.

Tentei fazer com que ele falasse sobre si, e foi tão difícil quanto o havia sido com o menino de marrom. Relatou fatos fortuitos, que não haviam formado nenhum padrão em sua mente; ele sabia apenas onde estava naquele momento. Também era um viandante, participava da vida migratória semimedieval do Paquistão. Apesar de seus traços centro-asiáticos (enfatizados pela cabeça raspada), também viera, como o menino de marrom, da província fronteiriça. Estudara em uma faculdade agrícola, mas não se graduara. Fizera trabalhos avulsos durante alguns anos. Depois, veio para a comunidade. Conheceu o *pir* da época e imediatamente decidiu ficar. Não pediu permissão para ninguém; simplesmente ficou (e Razak acrescentou que ele era agora o "braço direito do *pir*"). Seu pai era fazendeiro na província fronteiriça. Quantos hectares? Pouco mais de seis. Terra boa? Muito boa. Algum irmão? Nenhum. Nesse caso, quem iria assumir quando o pai morresse? Ele pensou que eu havia perguntado se precisavam dele na fazenda, e disse que havia os empreiteiros com as máquinas. O que aconteceria com os seis hectares quando ele os herdasse? Ele disse que não sabia; havia abandonado aquele lado da vida.

Descemos para conhecer as cozinhas. Terminara a alimentação do meio-dia, mas ainda se cozinhava. Tivemos de tirar os sapatos para caminhar, em poeira grossa e agradável, do edifício principal até o abrigo da cozinha. Ali, estavam preparando chá fervente em grandes chaleiras de cobre; e ali, entre os feixes de lenha, o menino de marrom estava parado em pé, ocioso; continuava em seu jeito distante.

Na abrigo aberto, em frente aos buracos fundos das fogueiras, um homem em pé. Diante de uma gamela alta de mármore, misturava massa de farinha de centeio, os braços mergulhados até os cotovelos; moscas haviam pousado na massa já pronta na bancada de mármore ao seu lado. Outro homem estava fazendo sopa de lentilha; outro estava junto ao buraco do fogão, cuidando do forno. Todos tinham a cabeça raspada; os olhos eram luminosos; as bochechas, redondas. Estavam afáveis, contentes por estar sendo observados; estavam na fonte do alimento e da fartura; sabiam que serviam aos pobres e a Deus. Na pintura do norte da Índia, essas cenas de cozinha são recorrentes: as mesmas faces que eu achava já ter visto antes.

Um por um, com o homem de azul nos guiando, tocamos as tumbas de todos os *pir* que haviam sido enterrados aqui no *koli*. Depois nos sentamos diante do calor do pátio ladrilhado, da alegria das faixas coloridas do Hyderabad Boogie-Woogie. Timidamente, o menino de marrom veio chegando com o chá. Não tinha ido embora. Nosso tempo estava quase se esgotando. Perguntei diretamente pelo bengali.

O menino de marrom respondeu: “Ele foi para Karachi e voltou. Eu lhe disse”.

“Bengali?”, perguntou o homem de azul. “Recebemos gente do mundo inteiro aqui. Eu não o conheço. Você não me conhece. Mas eu sirvo você”, e, sentando-se abruptamente em uma borda do ladrilho branco, parou de falar, como se irritado pelo calor do meio da tarde, a poeira, o deserto, a vida, o tédio.

Quando estávamos no carro, descendo pela rua molhada e negra da feira, com as barracas de venda de comida, Razak disse: "Você se lembra de quando ele estava falando sobre adquirir gêneros? Ele disse que barganhava. No *koli* ele não deveria estar fazendo barganhas". Razak estava falando como um bom muçulmano.

Fizemos o caminho de volta entre o rio e as montanhas de pedra: camadas nítidas de rocha dobradas e depois quebradas por algum cataclismo aquático, a rocha lascada em camadas, de forma que em certos pontos a montanha se assemelhava a arquibancadas de um enorme anfiteatro de pedra, inclinadas nitidamente para um lado.

Paramos numa daquelas brechas. Razak fora revigorado pelo almoço. E uma garrafa de uma versão paquistanesa de Seven-Up, Bubble-Up (ouvi-lo pronunciar o nome já era um prazer), o deixara brincalhão, indiferente ao grande calor que fazia.

A montanha crescia à medida que caminhávamos em sua direção. Quando entramos em sua sombra, o ar ficou mais fresco. Era um local que inspirava respeito. Mas os templos hindus, expressões desse respeito, baixos, de teto piramidal, não muito antigos, apenas pré-1947, haviam sido quebrados, esvaziados, lavados e depois descaracterizados por inscrições em urdu: o inimigo totalmente expulso. E era um sítio famoso: da turbulência da água que esmagara a montanha, e da turbulência menor que posteriormente a havia lavado entre as camadas de pedra, criando buracos lisos e cavernas, restava apenas uma fonte salgada, conhecida por suas qualidades curativas: verde-azulada na rachadura da montanha, deixando um limo branco nas pedras em que seu pequeno fluxo agora deslizava e continuava a alisar. Nesse fluxo, havia mais do que seixos; havia fósseis marinhos.

Razak tinha o olhar do naturalista. Ajoelhou-se e apanhou pedaços de pedra na qual consegui notar padrões de conchas; colocou um mexilhão em minha mão, todo fossilizado, e uma pequena concha em forma de búzio. Islã, budistas, hindus, arianos, pré-arianos; e houvera uma civilização no vale do Indo antes mesmo dos construtores das antigas cidades de Mohenjodaro e Harappa. Mas a maior maravilha, que levava a mente a divagar, era que outrora toda essa terra jazia no fundo do mar. E essa estreita nascente salgada, brotando da pedra quente, expunha evidências do passado do mar em uma terra que agora estava muito longe do mar, muito cheia de luz e calor, clamando intensamente por água.

Quando chegamos, outros aborrecimentos nos esperavam na Circuit House em Hyderabad. Eu fizera reserva durante a noite anterior; não havia nenhuma reserva para mim para essa noite. O lugar estava vazio; ninguém era esperado. Mas foi preciso uma hora inteira de telefonemas e Razak ser passado de funcionário para funcionário, até a autorização ser obtida.

Não tínhamos de ir muito longe pela manhã. Na própria Hyderabad, dentro de um dos fortes com muros de barro, construídos pelo últimos emires, ou príncipes muçulmanos, do Sind, havia um santuário aonde os doentes mentais eram enviados para ser tratados.

O acesso era feito por uma escadaria de mármore. Na base da escada, havia mulheres patéticas encolhidas, uma com um menino ainda bebê, pedindo esmolas; dois ou três degraus acima, um homem batia um tambor e cantava. No topo, havia dois pequenos edifícios separados por uma rua estreita e pavimentada. No prédio à esquerda, o santo havia meditado; no da direita, fora enterrado. A tumba era cercada e, no piso ladrilhado da varanda de pilares em frente, o guardião do santuário, um homenzinho gordo e amistoso, estava sentado em meio a um enxame de moscas sociáveis. Para pessoas que procuram saúde, ele deveria representar o mesmo que o dono de uma confeitaria para as crianças, o homem que tinha de tudo. Ele estava trocando fofocas com um demente de olhos vermelhos, e enquanto falavam pareciam estar também comerciando ou trocando algum tipo de feijões.

Uma ou duas pessoas chegaram e fizeram o circuito da tumba, passando lentamente na rua entre os dois prédios para obter as emanações de ambos os lugares sagrados ao mesmo tempo. Seguraram as grades de ferro pintadas em prata em volta da tumba com um gesto de fricção, e depois apoiaram as cabeças no metal.

Na parte de trás, duas garotas usando toucados na cabeça estavam fitando a tumba. Não eram doentes; estavam simplesmente usando o santuário como local de encontro, para um bate-papo e risadinhas de Hyderabad. Mas havia um homem possuído por um verdadeiro djim, ou espírito, um homem jovem, moreno, fisicamente prostrado, a mente meio perdida. Era com esse homem que o guardião do santuário agora se levantava para negociar. As moscas voaram juntas um pouco para o lado e depois pousaram novamente.

O guardião podia ser ouvido gritando na parte de trás da tumba. "*Vamos!*", uivava o djim no homem, que sofria com as emanações sagradas. Mas o guardião, como alguém que não tolerava nenhuma tolice de nenhum djim, conduzia o homem, gritando severamente o tempo todo para o djim; e o homem com o djim fingiu afastar-se. Apesar de toda a sua aflição, ele sabia o que se esperava dele. E nesse homem muito doente ainda havia um resto de vaidade. Ele sabia que seu caso era tão ruim que ele teve de ser trazido para o santuário; e ele olhou para trás, onde Razak e eu estávamos, sua única platéia, para ter certeza de que estávamos vendo como era forte o djim que o possuía, como o djim uivava e resistia a se aproximar mais das emanações do santo. Mas ele tinha de passar por ali, pela ruela entre os dois edifícios; ali ficaria até que fosse declarado curado. "*Você senta aqui! Você me ouviu!*", gritava o guardião. Depois de uma pequena resistência, o djim se aquietou e o guardião, novamente jovial, voltou aos seus feijões e às suas moscas que voaram juntas alguns centímetros para o lado para cumprimentá-lo e, depois, pousaram novamente.

Um africano — *sidi* era a palavra local que não provocava nenhuma ofensa — estava chegando. Seu cabelo estava cuidadosamente penteado; ele não parecia enfermo. Sentou-se ao lado da janela de grades do local de meditação, próximo ao homem com o djim, agora pacífico, até distante. E em pouco tempo o rosto do africano se alterou; seus olhos ficaram vidrados, as bochechas se encovaram, sua dor se tornou aparente. Uma mulher baixa chegou com uma criança apoiada em seu quadril. Ela estava novamente grávida. E então percebi que ela também não era mais do que uma criança, de doze ou treze anos, mas entusiasmada com a idéia de já ser adulta o bastante para experimentar necessidades importantes. Todos estavam encenando (embora o homem com o djim, depois de seu lampejo de vaidade, parecesse um pouco distante demais); todos conheciam seu papel. Mas seria mesmo uma encenação, quando o mundo inteiro, ou o mundo que se conhecia, estava na peça?

Foi neste ponto que Razak — que estava impressionado com o djim — lutou para acertar o seu inglês. Ele tinha visto outras duas ou três pessoas possuídas por djins, segundo disse. Entretanto, disse que tinha certeza de que em outros países, outras civilizações, as pessoas acreditariam em outras coisas, as doenças mentais assumiriam outras formas, e haveria outras curas.

Viajar de volta pelo deserto até Karachi, cruzar o velho Indo novamente, era viajar de novo por níveis ascendentes de desenvolvimento, saltar gerações. Era fácil perceber como a grande cidade — para não falar do Intercontinental com seu tráfego especial — tirava tantas pessoas de suas aldeias e as enredava numa vida errante.

Durante parte do caminho, perto de Karachi, ficamos atrás de uma caminhonete de carroceria aberta com cabeças de gado recente e corretamente mortas, esfoladas, brilhando à luz do sol, mas ainda com os chifres.

Eu estava alegre por Ahmed ter me mandado para o interior. Eu tinha muito o que conversar com ele. Mas quando cheguei a Karachi, descobri que fora o próprio Ahmed quem havia cancelado minha primeira reserva na Circuit House — não houvera nenhuma visita de ministro naquele dia. Entre o momento em que me enviou para Hyderabad e minha volta de lá, alguma coisa acontecera que fizera Ahmed mudar de idéia a meu respeito.

Ele não soubera nada a meu respeito antes de nos conhecermos. Sua reação diante de mim tinha sido a reação pura de homem para homem; e eu reagira àquilo. Mas, agora, talvez lhe tivessem contado que eu não era aquilo que dissera ser. Ele se tornou frio ao telefone; não compareceu a dois encontros. Por isso, não consegui falar com ele sobre o centro sufista. Não consegui discutir com ele se a mistura dos dois tipos de religião — a religião da revelação e das regras, a religião do ascetismo e da meditação não confinada — não diminuía a ambas. Eu também não consegui saber mais sobre as "cooperativas" de sua mocidade ou sobre sua idéia da pureza da não-menstruação das mulheres no paraíso. Tal como acontecera com a história do menino sobre o bengali que partira sem dinheiro para Karachi e voltara com um carro, tive de me contentar com o que eu tinha.

Eu gostava de Ahmed. Seu afastamento me deixou triste e ansioso para sair de Karachi.

## 6

# A DESORDEM DA LEI

No tribunal de justiça em Karachi — logo depois da feira central — os prisioneiros eram conduzidos para o pátio, normalmente presos aos pares, com correntes nos pulsos, e com a ponta livre da corrente segurada por um policial de uniforme cáqui. Era uma situação amistosa, e no alvoroço do pátio, semelhante ao alvoroço da feira, ninguém se detinha para encarar ou prestava muita atenção. Os prisioneiros conversavam com os policiais e às vezes paravam nas barracas de bétel e compravam castanhas para mascar. No geral, as faces eram como as faces da rua; entretanto, um homem tinha os olhos perturbados, e dois baixinhos acorrentados juntos, talvez irmãos, pareciam mentalmente deficientes. Não havia correntes suficientes. Alguns prisioneiros eram conduzidos por cordas atadas no alto de seus braços, e pareciam um pouco com macacos artistas; mas a situação era igualmente amistosa.

Em uma plataforma sombreada por toldos, ficavam os escrivães e delegados para juramentos, esperando freguesia, com as mesinhas e pesos de papel de vidro e seus livrinhos encardidos. Uma barraca vendia selos e todo tipo de formulários. Do lado de fora, na calçada, ficavam os homens das declarações juramentadas, catando milho em velhas máquinas de escrever padrão — às vezes muito velhas e enferrujadas —, preenchendo formulários timbrados. E havia os redatores de cartas ("Respeitado Senhor" — e eu desejava parar e ler mais, mas já recebera a advertência, o olhar profissionalmente enciumado do redator).

Na esquina, na calçada da rua principal, estavam os curandeiros, com seu estranho estoque. A princípio pensei que os lagartos amontoados estivessem mortos ou embalsamados ou fossem uma espécie de escultura. Entretanto, um lagarto (ou iguana) se mexeu e todos se moveram; e havia onze deles amarrados a uma pedra grande, presos pela ponta grossa do rabo ou pelos quadris, acima das pernas traseiras, todos agora lutando para fugir para a calçada quente. Foi Nusrat quem me contou depois para que eram os lagartos: virilidade. Comprava-se e matava-se o lagarto e, depois, comia-se uma certa parte dele.

Fui duas vezes ao tribunal de justiça. Da primeira vez, fui sozinho e vi apenas o panorama do pátio. Da segunda, fui com Nusrat. Nusrat era um jornalista do *Morning News.* Era baixo, corpulento, cerca de trinta anos de idade, grandes óculos redondos em uma face redonda e um bigode grosso de morsa. Tinha muita energia e animação. Ele se entregava de corpo e alma ao seu trabalho no jornal, e por um tempo bem maior do que o horário de expediente normal. Isso absorvia parte de sua ansiedade em relação à esposa, que não estava bem de saúde, e de sua ansiedade em relação ao que considerava seus fracassos como muçulmano.

Nusrat tinha uma ascendência familiar mista, do Punjab e de Madras, de forma que, no Paquistão, era meio nativo, meio *mohajir*, ou estrangeiro indiano muçulmano, metade acomodado, metade alguém que achava que, como paquistanês e muçulmano, não estava fazendo o bastante. Uma das primeiras coisas que ele me disse, com o seu jeito vivo e sem esperar resposta, foi que ele era mais ou menos muçulmano. Sua intenção ao dizer isso era só a de pedir desculpas; prosseguiu quase imediatamente para dizer que as coisas mais importantes para ele eram o islã e o futuro.

E em todo aquele alvoroço no tribunal de justiça, dentre todas as salas para as quais Nusrat me levou, só havia um magistrado sentado. Na pequena sala, abaixo da tribuna dos juízes, havia dois ou três espectadores, ou simplesmente pessoas esperando. A atmosfera era casual; e a gravidade do homem de expressão no banco dos réus (camisa azul, calças paquistanesas compridas e largas) era ligeiramente incongruente; parecia alguém que estivesse levando a sério demais o seu papel. Era difícil saber o que estava acontecendo. As pessoas falavam muito alto em Karachi; mas, naquela salinha, resmungavam e, com o tumulto circundante, levei algum tempo para entender que estavam falando em inglês. Levou mais tempo para entender que era um caso de roubo, que depois de um ano a polícia ainda não encontrara nenhuma testemunha e que o caso entrara em julgamento só para ser mais uma vez adiado.

Um promotor federal, que conhecia Nusrat, me fez uma pequena conferência sobre os procedimentos enquanto o julgamento avançava. Ele estava ansioso para que eu ficasse e o visse conduzir seu próprio caso, contra um professor a serviço do governo que — ansioso para emigrar — prestara informações falsas ao solicitar um passaporte. Como funcionário do governo, o professor deveria ter tirado um NOC — um certificado de não objeção; mas o pobre coitado, sem dúvida desanimado de obter tal certificado, ocultara o fato de que era funcionário do governo. O promotor disse que o caso entraria em julgamento dentro de dez minutos. Mas, com a meia hora padrão dos atrasos declarados no Paquistão, dez minutos significavam muito tempo. Nusrat e eu seguimos adiante (e, de fato, quando depois de certo tempo olhamos ali dentro, havia outro julgamento em curso e nosso promotor ainda estava esperando).

Na varanda externa, vimos quatro meninos acorrentados esperando calmamente em um banco, e bastante dispostos a conversar sobre sua aventura. Trabalhavam em um hotel e tinham sido acusados de roubo. Disseram que a polícia lhes dera uma "boa" surra. Mas estavam rindo, e o policial que segurava sua corrente também sorriu, meneando a cabeça. Perto deles estavam dois homens acusados de esfaqueamento; tinham olhos pouco confiáveis. Em outro patamar de crime e vaidade, estava o jovem do norte que agora chegava batendo os pés. Tinha as pernas algemadas, além das correntes em ambos os pulsos; e era acompanhado por dois policiais armados com rifles. Sua pele pálida era espinhenta nas bochechas; seus olhos amendoados estavam assustados. Ele tinha consciência da comoção que estava provocando: um homem marcado para a forca, muito acima do mundo das pequenas contravenções, e para essa aparição pública estava vestido como um comandante: um terno paquistanês azul-claro e recém-passado, um turbante vermelho com uma crista alta, rígida. Estava fora de questão detê-lo para uma conversa.

Nusrat viu um homem sendo conduzido por uma corda e ficou agitado. "Está vendo? Não há correntes suficientes. Estão usando cordas. Preciso escrever sobre isto. Tem havido muitas fugas dos tribunais. Talvez tenham importado as correntes mas elas não chegaram. Talvez estejam usando as correntes para os prisioneiros políticos."

Em um tribunal sem magistrado, um cômodo que parecia uma pequena sala de aula, uma mulher sem véu estava sentada com um filho pequeno e muito magro. Seu rosto pálido era redondo e pequeno, a pele áspera; nem ela nem o filho estavam se alimentando direito. Ela comprara uma propriedade por 4 mil rupias, ou 400 dólares; mas encontrara problemas. Estava com seus documentos em um envelope plástico, entre os quais o precioso e muito manuseado recibo das 4 mil rupias. Durante três dias seguidos, ela viera ao tribunal, e hoje novamente não havia nenhum magistrado. Ela morava a 25 quilômetros de Karachi. Disse que seu marido havia morrido, de asma. Mas Nusrat não acreditou nisso. Achou que ela era divorciada; mas teria sido vergonhoso demais para ela admitir que estava só, indesejada.

E logo ali, na varanda de fora, mais assassinato. Um gorducho de bigode, oriundo de Swat, no extremo norte do país, fora preso dois dias antes. Tinha um rosto bom, honesto, e parecia estar à vontade, mesmo com os pulsos algemados. Disse que estava tranqüilo porque não tinha feito nada. A polícia encontrara uma arma em seu poder; mas o homem que fora assassinado era um mau-caráter e muita gente por ali teria gostado de matá-lo.

Um *sidi*, ou homem de origem africana, acusado de assassinato, contava com um grande grupo *sidi* desejando-lhe boa sorte. (Havia muitos *sidi* aqui: os de raça pura vinham das docas de Karachi, os de raça mais misturada, da antiga costa de Makran, no Beluchistão; e havia muitas outras pessoas inativas no pátio e nas varandas dos tribunais.) O caso desse *sidi* era um assassinato muçulmano, e um assassinato justificado, segundo os que apoiavam o acusado: o homem assassinado tinha seduzido uma menina solteira.

Em seguida, conduzido em correntes, havia um menino patane da província da fronteira, tirado de sua terra pela atração da capital e agora levando a vida errante do Paquistão. Para ele, essa vida se revelara péssima. Estava descalço e seus pés estavam pretos. Usara a mesma roupa durante semanas; o colarinho de sua camisa de fraldas longas estava encardido e preto, como se tivesse graxa de motor. Um advogado que falava inglês, homem de certo estilo, explicou-me o caso. O menino fora acusado de invadir propriedade da estrada de ferro. Na realidade, essa invasão era o modo arriscado que o menino utilizava para conseguir algumas rupias. Ele embarcava em um trem em movimento, conseguia ocupar uma poltrona, usando a força ou a intimidação, e, depois, tentava vender a poltrona por 20 rupias. Era um truque bem conhecido. O policial que segurava a corrente do menino sorriu; o advogado que contava a história sorriu; o único que não sorriu foi o menino.

Havia um escritório no qual tudo era registrado: uma sala que era um depósito de arquivos, prateleiras e prateleiras com pacotes embrulhados em pano vermelho, amarelo e branco, estantes e estantes com livros razão rasgados e empoeirados. Junto a uma mesa no meio desses aparentes escombros, estava um velho de barba branca com um boné preto. Ele tinha uma história de dedicação jurídica e sucesso burocrático para contar. Viera para Karachi na época da partilha do subcontinente em 1947, e ficara trabalhando nos tribunais durante trinta e dois anos. Havia migrado de Jaipur, na Índia, onde tivera três anos de experiência de trabalho jurídico. Em 1947, havia apenas seis cortes municipais em Karachi; agora havia quarenta. Subira cada degrau de sua carreira à custa de trabalho; acabou se tornando "leitor" principal no mais importante dos tribunais da cidade. Como leitor, sentava-se ao lado do magistrado; era ele quem tomava nota de tudo. Tomar notas e registrar sempre fora sua vocação.

Por fim, foi transferido para o registro, esta sala de pacotes de pano, livros razão e documentos. Parecia caótico, mas era organizado. Ele conseguiria achar qualquer coisa em quinze minutos. Tudo de que precisava era a data do julgamento e a data da transferência. A data da transferência era a data em que os autos eram enviados para o registro. Mas e se a data de transferência não fosse conhecida? Nesse caso, ficaria difícil, disse o velho. E impossível, pensei. Ele demonstrou seu método, supondo uma data de julgamento e uma data de transferência, abrindo um livro razão esfarrapado, consultando, em seguida, outro livro ainda mais esfarrapado e, depois — boné preto, barba branca, o dedo indicador parecendo marcar o ritmo —, encontrando seu caminho ao longo de uma prateleira, até desenterrar e espanar a poeira de um pacote. Elogiei-o. Ele disse que seu sucesso era vontade de Deus; tudo se devia a Alá.

"O senhor gostaria que houvesse leis islâmicas?", perguntou Nusrat.

"Certamente", disse o velho, sentando-se novamente à sua mesa. "Seria melhor." As pessoas eram muito más em Karachi; precisavam de castigo mais rápido. Muitas das pessoas que esperavam no pátio eram testemunhas profissionais, apresentando-se diversas vezes em vários processos; mesmo ele, absorvido por seus autos, escondido no registro, no curso dos anos passara a reconhecer algumas delas.

Como ele se sentia, então, levando sua vida profissional entre essas pessoas más? Ele entendeu mal minha pergunta frívola; disse, peremptório, que nunca aceitara subornos. Agora, iria aposentar-se em três anos. Não tinha nenhum plano. Deixaria os últimos anos, como deixara os outros, nas mãos de Alá.

"E seus filhos?", perguntei.

"Nem me pergunte, senhor."

E só agora se evidenciava que essa vida plena e bem-sucedida nos tribunais de Karachi — a vida pela qual tinha de agradecer a Deus — era cruelmente imperfeita. Quatro de seus sete filhos sofreram de deficiência de cálcio. Ele empregou as palavras inglesas. Os ossos deles se esfarinhavam. Dois de seus filhos já haviam morrido. Uma menina estava agora paralisada e desamparada em casa. Erguendo os antebraços e cruzando-os, como se também ele estivesse algemado pelos pulsos, demonstrou como estavam as pernas dela. Nem espantar uma mosca que pousasse em seu rosto ela conseguiria; alguém teria de fazer isso para ela.

Contudo, para essa menina, ele alimentava esperanças de cura por tratamento médico nos Estados Unidos. Já escrevera cartas e recebera resposta. E realmente esse arquivista tinha os papéis à mão, sobre a mesa: cartas manuscritas em urdu e uma carta datilografada em inglês. Os Estados Unidos! O mundo do conhecimento, mais além do mundo da fé: mesmo aqui se sabia disso.

Em um banco próximo ao corrimão da varanda, estavam sentadas duas mulheres camponesas: a velha mãe, a filha adulta. A mãe não tinha mais de 1,20 metro de altura, era muito magra e enrugada, e seus lábios tinham uma espessa camada da pasta roxa da folha de bétel; o bétel manchava o *orhni* de musselina que cobria seu cabelo e o peito achatado. Quando falava, era com voz estridente; e a filha — a face jovem envelhecida, marcada pelo sol, a labuta e a subnutrição — gritava como se competisse com ela. Em suas maneiras pacientes, femininas, estavam esperando que alguém demonstrasse interesse. Eram pessoas com uma queixa e tinham passado a gostar da atmosfera legal; o prédio do tribunal era seu terreno de lamentações.

Elas estavam com problemas com um inquilino que não queria sair do imóvel. Passaram por muita dificuldade até o exército tomar o poder e impor a lei marcial. E agora, estava tudo bem? Haviam recuperado seu imóvel? Sim. Mas o inquilino não pagara o aluguel. Cinqüenta rupias por mês durante cinco anos. Cinco anos? Elas haviam permitido que ele morasse sem pagar aluguel durante cinco anos?

A filha mostrou seus documentos. Havia uma carta em inglês, trabalho de um redator de cartas. A carta — toda entrecortada — dizia que o marido da filha desejava divorciar-se dela e, em conseqüência disso, a filha vivia em constante terror de ser assassinada pelo marido. Ela tinha ido até a delegacia de polícia local e feito aquela declaração. Estava morando agora com a mãe. Ela tinha "só três roupas". O marido, que queria assassiná-la, havia ficado com todo o resto, tinha levado até a *burqa*, o seu véu.

Mas o que isso tinha a ver com o inquilino e o aluguel não pago? Bem, gritaram, uma depois da outra, isso significava que elas não contavam com nenhum homem, nenhum protetor. Significava que sua única forma de sustentar-se era o aluguel do imóvel.

E também estavam com problemas para alugar o imóvel. Elas haviam pago 3 mil rupias para um homem liberar o aluguel. Mas o sujeito ficara com o dinheiro e não fizera nada. E elas subornaram mais alguém com 800 rupias para obter de volta as 3 mil, e esse alguém também não fez nada.

E assim continuaram a gritar e lamentar na varanda superior do tribunal, a velha cuspindo a pasta grossa de bétel, até que soou o *azan*, a chamada do muezim para a oração do meio-dia. O governo decretara que as repartições do governo deveriam interromper o trabalho para essas orações. E, nos tribunais, que não estavam particularmente ativos naquela manhã, o *azan* parecia menos uma chamada para oração que um sinal para que as pessoas, que não estavam fazendo muita coisa, não fizessem absolutamente nada.

No almoço, Nusrat disse: "Preciso de seu conselho. Devo ficar aqui? Ou devo ir para o Ocidente?".

"O que você faria lá?"

"Eu poderia fazer um mestrado em comunicação de massa nos Estados Unidos."

"E depois?"

"Eu não iria lecionar. Iria viajar e escrever. Viajar e escrever."

"E sobre o que você escreveria?"

"Várias coisas. Depois arranjaria um emprego em algum corpo diplomático internacional como especialista em mídia do Terceiro Mundo."

"O que você faria se ficasse aqui?"

"Trabalharia em publicidade."

"Você deve ficar aqui e trabalhar em publicidade."

"Mas é tão desonesto."

"É mais desonesto do que o que você faz agora?"

"Eu não gostaria."

"Quanto você ganharia numa agência de publicidade?"

"Quatro mil." Quatrocentos dólares. "Eu agora ganho 2 mil rupias. Mas eu não gostaria. Você pode não gostar do *Morning News*, mas lá eu sou um homem livre. Não conseguiria fazer relações públicas. Você não acha que alguém como eu deveria se dedicar à mídia do Terceiro Mundo? Você acha que os americanos e canadenses devem ficar viajando por aí para vir nos falar sobre a mídia do Terceiro Mundo?"

"Sim. Eles sabem o que os jornais devem fazer. Você não teria muita coisa a nos dizer."

"Por que você diz isso?"

"Você mesmo me disse que o islã e o além são as coisas mais importantes para você."

"Como vocês fazem com que nos sintamos pequenos!"

Eu me permitira momentaneamente — uma série de irritações se juntaram: a virulência política do seu jornal, seu desejo de permanecer islâmico e ao mesmo tempo explorar a tolerância e abertura da outra civilização —, eu me permitira momentaneamente ser agressivo com ele. Sentia-me culpado.

Mas sua repreensão não era apenas repreensão. Ele acreditava no ideal do estado islâmico; sentia que o Paquistão ficara aquém daquele ideal e que merecia o desprezo que interpretara em minhas palavras. O ideal islâmico foi tema de um livro de 1951, *O Paquistão como estado islâmico*, que ele trouxera de presente para mim. Ajudar-me-ia a entender o Paquistão, disse ele. E o livro me mostrava que, trinta anos antes, o ideal islâmico tinha sido tão vago, além de uma declaração de intenções inviáveis e de uma trapalhada histórica (com corrupção mundana interina), quanto o era agora. O estado islâmico, segundo entendi, era como uma pipa voando alto, invisível na névoa. "Eu não consigo vê-la, mas alguma coisa a está puxando."

Ainda me lembro de Nusrat. Seis meses depois, quando voltei a Karachi e imaginei quem deveria procurar, pensei logo em Nusrat. Encontrei-o diferente. Aquele homem efervescente, inteligente, tornara-se cinzento. O islã ao qual ele desejava servir o havia empurrado para uma paranóia profunda; e mais do que nunca lamentei aquele impulso momentâneo de agressão para com ele, que, afinal de contas, só conhecia o Paquistão.

Nusrat falara sobre as leis islâmicas com o arquivista do boné preto. Pensei que se tratasse de leis que ainda teriam de ser introduzidas. Eu não sabia que, sete meses antes, um conjunto de dez leis islâmicas havia sido sancionado pelo governo militar: leis sobre os tribunais islâmicos e tributos corânicos sobre a riqueza e a produção agrícola, além de leis sobre embriaguez, roubo e sexo ilícito. Estas últimas mal chegavam a ser leis; tratava-se mais de castigos.

A embriaguez seria castigada com oitenta chibatadas. O castigo por sexo ilícito, para um muçulmano adulto, seria "ser apedrejado até a morte em praça pública"; para um não-muçulmano, cem chibatadas em público, com a possibilidade de pena de morte em caso de estupro. "A punição por apedrejamento até a morte prevista nas seções 5 ou 6 será executada da seguinte maneira: dentre as testemunhas que depuseram contra o condenado, as que estiverem disponíveis começarão a apedrejá-lo e, enquanto o apedrejamento estiver sendo efetuado, o condenado poderá ser baleado e morto, depois do que cessarão o apedrejamento e os tiros."

Para roubo — acima de um certo montante (acima do valor de 4,457 gramas de ouro), e não roubo por um parente próximo, um criado ou um convidado, e não roubo de "grama silvestre, peixes, pássaros, cães, porcos, tóxicos, instrumentos musicais ou alimentos perecíveis para os quais não exista dispositivo de preservação" —, para roubo fora destas circunstâncias, a punição para um primeiro delito era a amputação — "efetuada por um funcionário médico autorizado" — da mão direita "a partir da junta do pulso"; para um segundo delito, a amputação do pé esquerdo "a partir do tornozelo"; para um terceiro delito, prisão perpétua. Não deveria haver amputação "quando a mão esquerda ou o dedo polegar esquerdo ou pelo menos dois dedos da mão esquerda ou do pé direito do infrator estiverem faltando ou forem inválidos".

Em geral, para diversos delitos, seriam aplicadas muitas chibatadas, e "A Execução da Punição do Decreto de Chicoteamento, 1979" estabelecia as regras. "O chicote, excluída sua empunhadura, deve ser uma peça única e será feito preferencialmente de couro, ou de bambu, ou do ramo de uma árvore, sem nenhum nó ou articulação, e seu comprimento e espessura não excederão, respectivamente, 1,22 metro e 1,25 centímetro." O chicoteamento, desde que pudesse provocar a morte, seria espaçado ou adiado. Uma mulher grávida seria chicoteada "dois meses após o nascimento da criança ou o aborto natural, conforme possa ser o caso". Tinha-se de considerar as condições climáticas. "Se [...] o tempo estiver demasiado frio ou quente, a execução será adiada até o tempo voltar ao normal." Devia-se observar o decoro. "As roupas do condenado deverão ser deixadas no corpo do condenado conforme os mandamentos do islã exigem que sejam vestidas." Os homens deveriam ser chicoteados em pé e as mulheres, sentadas.

Pelo livro de 1951 que Nusrat me dera, parecia que, quase imediatamente após o Paquistão ser criado, as pessoas devotas tinham começado a conversar sobre apedrejamento até a morte e decepamento de mãos: punições "clássicas" a ser buscadas como parte de um ideal islâmico distante, quando os homens se tornassem novamente tão puros quanto (nessa fantasia) o haviam sido no começo do islã. Não se poderia dizer que isso acontecera no Paquistão; mas as novas leis recebiam mais do que uma boa acolhida jurídica de Hamid Ali, mestre em artes, mestre em educação e bacharel em direito, editor de *Combined Set of Islamic Laws* [Seleta de leis islâmicas], 1979 (o livro que utilizei aqui). Essas leis deixavam "orgulhosa" a nação. Os estrangeiros possuíam "noções erradas" sobre o islã. "O islã é um sistema que visa propiciar uma sociedade do bem-estar, progressista e voltada para o futuro." Ele garantia o "jogo limpo"; seus princípios eram eternamente válidos; suas punições se destinavam a "purgar a sociedade como um todo".

Mas se até então eu não estava ciente dessas leis era porque, nos sete meses em que estavam em vigor, não haviam sido aplicadas. Um caso foi o bastante para provocar um escândalo. Um *pir* ou homem santo de uma cidade do interior fora acusado de estuprar a filha de treze anos de idade de um de seus discípulos. O processo contra ele não chegou muito longe no tribunal de justiça porque a nova lei islâmica, nos termos da qual ele era acusado, exigia quatro testemunhas oculares do ato praticado.

Por que quatro testemunhas oculares? Isso se devia a um incidente famoso no deserto árabe durante uma das primeiras aventuras militares do Profeta, em 626 ou 627, quando a nova fé estava prestes a estabelecer-se, eliminando uma a uma as pequenas comunidades hostis. A esposa favorita do Profeta, Aisha, talvez com treze anos de idade na ocasião, por alguma razão, certa noite fora deixada para trás pela caravana. Apenas conseguiu se juntar novamente à caravana pela manhã, e na companhia de um jovem e belo soldado. Houve um tumulto entre os companheiros do Profeta. Ali, o primo do Profeta, achava que este deveria se livrar de Aisha. O Profeta — agora na metade dos seus cinqüenta anos — passou vários dias de aflição. Mas Alá interveio; o Profeta teve uma revelação segundo a qual Aisha era inocente, eram necessárias quatro testemunhas para provar o adultério e as pessoas que divulgavam rumores infundados sobre adultério mereciam oitenta chibatadas.

Para o redator do *Pakistan Times* — que defendia o governo contra acusações de negligência do islamismo e criticava os mulás que haviam aconselhado o governo sobre as leis islâmicas — a lei sobre estupro era falha e absurda ("porque o ato nunca é executado em público") e se baseava em uma interpretação errônea do Corão. A revelação do Profeta era sobre a "lascívia" e especificamente sobre a lascívia feminina. Não se podia dizer que se referia a estupro. Portanto, não eram necessárias quatro testemunhas oculares. Seriam suficientes testemunhas comuns; até prova clínica poderia ser apresentada.

Quem, islamicamente falando, estava com a razão? Os mulás, que se apegavam literalmente à revelação mais aplicável do Corão? Ou o sujeito do *Pakistan Times*, distorcendo um pouco aquela revelação para adequá-la ao caso, e conferindo uma extensão moderna à idéia de testemunha? Era fácil enunciar a punição corânica; elaborar a lei já era outra questão. Elaborar a lei, tendo como orientação apenas as particularidades históricas, geográficas e culturais (e às vezes simplórias) do Corão, era enredar-se nesse tipo de disputas sectárias de caráter religioso e textual, e rapidamente se afastar da idéia de justiça.

O sujeito do *Pakistan Times* não conseguia esconder sua raiva dos mulás. Eles eram politicamente ambiciosos; haviam "astutamente aprisionado" o governo, concebendo leis que não poderiam funcionar, para culpar depois o governo por não aplicar essas leis; tinham dividido o islã em seitas conflitantes e produzido um arremedo do islã. A saída era passar por cima dos mulás, deixar de lado as seitas e retornar ao livro sagrado. Façam isso e "encontraremos luz por toda parte. Mas, uma vez que nos desviemos do Corão, nada mais nos espera além de trevas e confusão".

Mas seria assim tão fácil? Para levantar apenas uma questão: quantos anos tinha Aisha quando se casou com o Profeta cinqüentão? Estava com seis, nove ou dezenove anos? Ela levou, segundo uma terna história, suas bonecas e brinquedos para a barraca do Profeta? O Corão não ajuda; a idade de Aisha precisa ser deduzida a partir de outras fontes. A questão foi abordada em detalhes no *Pakistan Times* de uma certa sexta-feira, dia do sabá; e a questão possui mais do que interesse histórico, porque a idade de Aisha ao se casar — e existem nove opiniões diferentes — pode determinar a idade legal para o matrimônio das meninas.

No islã, e principalmente no islã dos fundamentalistas, o precedente é tudo. Os princípios do Profeta — conforme conjeturados a partir do Corão e das tradições autorizadas — são eternamente válidos. Podem ser estendidos de modo a cobrir todas as disciplinas. Conta-se que o Profeta teria dito que os melhores muçulmanos seriam os seus contemporâneos, vindo, em segundo lugar, a geração seguinte, e assim por diante, continuando o declínio até o fim dos tempos. Isso pode ser lido como uma condenação do "darwinismo"? É o que dizem os novos eruditos fundamentalistas. E é desde logo o que constitui a fé íntegra e parte de sua raiva contra a civilização que os circunda e à qual eles, como comunidade, perdem a esperança de dominar.

No esquema fundamentalista, o mundo se deteriora constantemente e constantemente precisa ser recriado. A única função do intelecto é ajudar essa recriação. Ele reinterpreta os textos; restabelece o precedente divino. Por isso, a história deve servir à teologia, a lei é separada da idéia de justiça e a aprendizagem é separada da aprendizagem. A doutrina tem seus atrativos. Para um estudante da universidade de Karachi, talvez com antecedentes provincianos ou camponeses, a velha fé brota com mais facilidade do que qualquer disciplina acadêmica moderna. Dessa forma, o fundamentalismo se enraíza nas universidades, e negar a educação pode se converter no ato erudito sancionado. Nos tempos da glória muçulmana, o islã se abriu à aprendizagem do mundo. Agora, o fundamentalismo fornece um termostato intelectual, regulado baixo. Ele nivela, conforta, protege e conserva.

Dessa forma, a fé penetra tudo, e é possível entender o que os fundamentalistas querem dizer quando afirmam que o islã é um estilo de vida completo. Mas o que se diz sobre o islã se aplica, talvez até com maior pertinência, a outras religiões — como o hinduísmo ou o budismo ou outras fés menos tribais — que em uma fase primitiva de suas histórias também eram culturas completas, auto-suficientes e mais ou menos isoladas, com instituições, costumes e crenças que constituíam uma totalidade.

O desejo fundamentalista islâmico é trabalhar recuando para uma totalidade dessa ordem, para eles uma totalidade doada por Deus, mas apenas com a ferramenta da fé — convicção, práticas religiosas e rituais. É como um desejo — com a supressão ou limitação do intelecto, o senso histórico falsificado — de trabalhar recuando do abstrato para o concreto, e erigir novamente os muros tribais. É buscar a recriação de algo como um estado tribal ou uma cidade-estado que — exceto na fantasia teológica — nunca existiu. O Corão não é o livro de estatutos de uma idade de ouro consolidada; é o registro místico ou oracular de um levante prolongado, espraiando-se do Profeta para a sua tribo e para a Arábia. A Arábia era plena de movimento; o islã, com todos os seus elementos judaico-cristãos, sempre foi mesclado, eclético, em desenvolvimento. Assim que o Profeta tornou segura sua comunidade, procurou subjugar seus inimigos. Foi durante uma marcha militar no quinto ano da era muçulmana que Aisha passou aquela noite sozinha no deserto.

O Ocidente, ou a civilização universal que ele lidera, é rejeitado emocionalmente. Ele destrói aos poucos; ele ameaça. Mas, ao mesmo tempo, ele é necessário, por suas máquinas, mercadorias, medicamentos, aviões de guerra, as remessas de emigrantes, os hospitais que poderiam ter uma cura para a deficiência de cálcio, as universidades que fornecerão os títulos de mestrado em meios de comunicação de massa. Toda a rejeição do Ocidente está na suposição de que sempre existirá lá fora uma civilização viva, criativa, estranhamente neutra, acessível a todos. A rejeição, portanto, não é nenhuma rejeição absoluta. Também é, para a comunidade como um todo, um modo de deixar de se esforçar intelectualmente. É ser parasitário; o parasitismo é um dos frutos não reconhecidos do fundamentalismo. E os emigrantes transbordam da terra da fé: 30 mil paquistaneses embarcados pelos peritos da exportação de força de trabalho só para Berlim Ocidental, para reivindicar asilo político destinado a pessoas da Alemanha Oriental.

O santo protetor dos fundamentalistas islâmicos no Paquistão era o *maulana* Maudoodi. Ele se opunha à idéia de um estado muçulmano indiano independente porque achava que os muçulmanos não eram puros o bastante para tal estado. Achava que Deus deveria ser o legislador; e, ao oferecer esse tipo de êxtase em lugar de um programa prático, tornou-se foco da paixão milenarista. Fez campanha em favor de leis islâmicas sem declarar quais deveriam ser essas leis.

Ele morreu enquanto eu estava no Paquistão. Mas não morreu no Paquistão: as notícias de sua morte chegaram de Boston. Ao término de sua vida longa e intratável, o *maulana* violara todos os seus elevados princípios. Ele fora para um hospital de Boston em busca de saúde; no fim mesmo de sua vida, confiara-se à habilidade e à ciência da civilização da qual havia tentado proteger seus seguidores. Ele buscara, como alguém me havia dito (nem todos os paquistaneses são fundamentalistas), colher onde não desejara que seu povo semeasse. Do *maulana* se poderia dizer que havia partido para o seu bem merecido lugar no céu via Boston; e que ele fizera, pelo menos, parte do percurso de Boeing.

"Se buscarmos orientação no Corão", dizia o redator do *Pakistan Times*, "encontraremos luz por toda parte." As leis dos mulás sobre chicoteamento e apedrejamento até a morte não deram em nada, mas uma ordem social islâmica ainda era possível no Paquistão. Uma nova "metodologia" era necessária. Desconsiderar os mulás; abolir as seitas religiosas; desistir da tentativa de mesclar o islã, que se baseia na soberania de Alá, com a democracia ocidental, que se baseia na soberania das pessoas; abolir os partidos políticos.

Dentro de algumas semanas, o conselho político era seguido. As eleições que haviam sido prometidas foram jogadas no lixo. Mas o estado precisava ser governado, as pessoas tinham de ser policiadas. Açoitamentos públicos foram decretados, e desta vez não havia mais nenhuma bobagem sobre testemunhas oculares. O exército enviou furgões de chicoteamento para as feiras: a lei imediata, o islã sobre rodas.

Passo por passo, a partir de seu esforço islâmico, o Paquistão destruía o império da lei que herdara dos ingleses e o substituía por nada.

# 7

# *FUNDAMENTOS*

Mil ou 1100 quilômetros a nordeste de Karachi — depois do Sind e das planícies do Punjab, ao término do amplo vale banhado pelo Indo e seus afluentes — começava a cordilheira do Himalaia. Nos contrafortes ficavam as pequenas "cidades gêmeas" de Rawalpindi e Islamabad.

Islamabad, "a cidade do islã", capital do Paquistão, era nova. Fora construída vinte anos antes por um governo militar, sem nenhuma razão aparente exceto, talvez, pelo fato de que uma nova cidade, bem situada, isolada da desordem da Ásia, era atraente à mentalidade militar, e a súbita localização de uma cidade de estilo ocidental (como a importação de armas dos Estados Unidos) dava a ilusão de que o século XX finalmente era tratado em seus próprios termos, e que o islã e o Paquistão estavam em marcha.

Rawalpindi, a 32 quilômetros de distância, era a cidade mais velha. Em uma direção, ela se espraiava para Islamabad; mas, no centro, pouco havia mudado. Na zona do mercado, havia ainda as casas altas, de madeira escura, varandas e treliças, que pertenciam aos sikhs e hindus então predominantes na pequena cidade antes da partilha e agora desalojados. O velho clube inglês de Rawalpindi ainda estava em funcionamento — as luzes do teto um pouco mais escuras, as paredes com um amarelo um pouco mais baço, os uniformes dos garçons um pouco mais encardidos, a atmosfera muito mais condimentada na hora das refeições.

Os ingleses governaram aqui por quase cem anos, e mais de trinta anos se passaram desde que haviam partido, mas a velha Rawalpindi continuava a ser uma cidade das Índias britânicas: na Mall, uma rua de hotéis e jardins; em algumas lojas antiquadas da Kashmir Road; em suas residências militares e administrativas.

Em uma dessas residências vivia o médico. Era o diretor executivo do setor médico de uma pequena companhia de petróleo que operava na vertente oeste do Himalaia. A companhia, outrora de propriedade britânica, era agora controlada pelos árabes; mas a velha nobreza aderira à "vila" residencial mais antiga da companhia. A casa do diretor médico tinha um amplo gramado, um passeio semicircular, um pórtico de pilares bojudos. A sala de estar, com paredes espessas e um teto muito alto, era arejada apenas por ventiladores e portas abertas que forneciam vislumbres do verde logo ao lado de fora.

O médico, um homem de cinqüenta anos, baixo e de feições delicadas, tinha consciência da nobreza da casa. Mas ele não ficava diminuído com isso: aquela nobreza lhe sobreviera, disse ele, devido à sua fé. O doutor era um xiita. Os xiitas — partidários de Ali e de sua causa derrotada (em seus primórdios, uma causa política, uma causa antiárabe dentro do império árabe em expansão) — eram uma seita minoritária no Paquistão. E foi sobre sua fé "internacionalista", conforme ele a chamou, que o gentil doutor (como se desejasse atenuar a excessiva nobreza de sua residência) começou a conversar comigo naquela manhã de sexta-feira do sabá.

Um dos dois filhos do médico estava presente; era um estudante de medicina de vinte e três anos e, segundo o pai, um "rebelde" e racionalista. Havia dois jornalistas e suas esposas; também eram xiitas. A reunião do sabá era mais do que a ocasião social que eu fora levado a esperar. Para os xiitas era uma ocasião para discussões sérias — e isso queria dizer discussões teológicas.

O médico disse que havia sido fortalecido, mesmo em assuntos cotidianos, por sua fé como seguidor de Ali. Havia cinco pontos em sua fé: a unidade de Deus, a justiça, uma crença em profecias, uma crença na sucessão dos imãs (o reinado na terra de um imã como regente de Deus e herdeiro espiritual do Profeta), e a *jihad*, ou guerra santa. Não a guerra santa de que falavam os mulás, disse o médico; a guerra santa a que ele se referia era "a luta constante contra o mal dentro de nós mesmos".

Perguntei como artigos de fé tão abstrusos quanto profecias e imãs o fortaleceram nas questões do dia-a-dia.

Ele respondeu: "Vou lhe dizer. Eu agora sou diretor médico da companhia. Nem sempre foi assim. Durante algum tempo fui assistente. Depois, o diretor médico se aposentou. Durante seis meses, o cargo ficou desocupado. Mas não houve nenhuma nomeação. O indicado deveria ser eu. Eu já havia realizado muita coisa. Meu trabalho com mordidas de animais era bem conhecido de meu velho superior, e eu sabia que ele escrevera um relatório favorável a meu respeito. Mordidas de animais — essa era a minha especialidade. Picadas de cobra, picadas de escorpião, mordidas de cachorro, mordidas de burro, mordidas de cachorro em burros — trabalhei com todas essas coisas. Os pobres sofrem com essas coisas, e eu trabalhara muito entre os pobres. Os ricos não andam descalços e não são picados por escorpiões. Não precisam se preocupar com cães que possam morder seus burros ou camelos. Portanto, eu fazia todo esse trabalho. Tratei de muita gente picada por cobra. As pessoas chegam com sangue saindo pelas narinas e pela boca. Essas coisas têm cura. Estou falando da picada da víbora, é bom que se diga. Com a naja e a *krait* é diferente.

"Então, fui até o GG, o gerente-geral, e conversei com ele acerca do cargo, sobre o cargo vago e minhas qualificações. Ele não me deu nenhuma satisfação. Insinuou que o que eu realmente estava querendo era o salário e este casarão. Bem, essas coisas são importantes. Mas não muito. E, além disso, um médico pode ganhar dinheiro em qualquer lugar. Foi minha fé que me confortou naquele momento, no escritório do GG. E quando o GG me disse que, se eu não estivesse contente, deveria pedir demissão — e colocou diante de mim uma folha de papel sobre a escrivaninha —, eu redigi uma carta de demissão. Ele pensava estar me amedrontando. Mas eu tinha a minha fé. Se não tivesse minha fé, não teria escrito aquela carta. O gerente percebeu isso. Rejeitou a carta que eu havia escrito. E por isso estou aqui".

Mas o médico não mencionara a vida após a morte ou o além como um dos artigos de sua fé. Isso não era essencial para um muçulmano?

"Não sei nada sobre a vida após a morte. Às vezes acredito. Às vezes perco a convicção. Mas sinto que devo acreditar. Vou lhe dizer. Meu filho mais velho, não este menino aqui, mas o irmão mais velho dele, estava estudando engenharia química. Nós somos desse tipo de família, inclinada para a ciência. Bem, o menino tinha se saído muito bem no exame de admissão, mas no intermediário começou a sair-se mal. Isso me preocupou muito. Como um menino, que passara tão bem na admissão, podia desempenhar tão mal no intermediário? Era um caso sério; isso iria afetar o seu futuro. Achei que fosse coisa de algum ministro. É o tipo de coisa que eles fazem aqui. Quando querem alguma coisa para seus próprios filhos, mandam jogar fora os documentos de outras pessoas. Acontece.

"Certa noite, nessa época, sonhei que estava debaixo de uma grande e bela árvore. Havia um instrumento musical. Eu só me lembro da madeira negra do instrumento. Quando acordei, não consegui me lembrar de mais nada. Desse instrumento saía um tipo de música que eu nunca ouvira antes. E meu pai surgiu diante de mim. Mas apareceu na forma de meu tio. Porque meu pai morreu quando eu tinha dois anos, e fui criado por meu tio. Ele disse que viera para me consolar. No sonho, comecei a chorar e, quando acordei, descobri que meu travesseiro estava molhado de lágrimas.

"Naquele dia, fui até a escola de meu filho. Conheci seu professor. E ele me disse que, embora meu filho tivesse perdido muitos pontos nas primeiras questões, saíra-se bem no exame como um todo. Ele tinha feito 78 por cento. E no momento exato em que eu saía do prédio da escola, vinha um homem que era absolutamente como o meu tio do sonho. Corri em sua direção e disse: 'O senhor não sabe como estou feliz em vê-lo. Eu o encontrei ontem à noite em meu sonho'."

Aquele incidente e outros parecidos fizeram o médico acreditar na vida após a morte. Mas ao mesmo tempo ele se orgulhava do racionalismo de seu filho mais novo, o estudante de medicina que também escrevia poemas em inglês (alguns dos quais, naquele momento, estavam sendo mostrados a um dos jornalistas). De que maneira o filho era racionalista? O filho — convocado pelo pai para falar por si mesmo — disse que sua opinião em relação ao Profeta era histórica. O grande e bom homem existira; as pessoas adicionaram a divindade depois.

O filho, Syed, era mais alto e mais pesado do que o pai. Os óculos o faziam parecer estudante; com os convidados de seu pai, ele tinha o comportamento de um filho estudante privilegiado. Socialmente, era mais seguro do que o pai, intelectualmente mais arrojado, mas tinha consciência de que estava tirando partido do que seu pai conseguira.

Syed disse que se sentia isolado dos amigos na escola de medicina. Eles só queriam passar nos exames, tornar-se doutores; não estavam interessados em assuntos intelectuais. Simplesmente queriam a formação; não estavam interessados — como disse Syed — na civilização que vinha junto com a formação. (Mas Syed não o disse nesses termos.) Como passara a ter aqueles interesses intelectuais? Bem, ele tinha a vantagem da formação médica do pai — que o situava uma ou duas gerações à frente da maioria de seus colegas. Ele passara um ano na Inglaterra. E tinha lido muito em inglês.

Foi sobre suas leituras em inglês que pedi que ele falasse. E fiquei tão absorvido por sua explicação de como se aproximou da civilização exterior — uma jornada pioneira em diversos sentidos, e um contraste com o desprezo geral pelo "Ocidente" por parte de pessoas que, muitas vezes, mesmo depois de viajar e assumir uma profissão (uma formação única, isolada), tinham uma idéia muito pálida daquilo que estavam desprezando — que pedi papel e anotei as palavras de Syed.

Ele tinha vinte e três anos e achava que até o momento já lera cerca de duzentos e cinqüenta livros ingleses — afora o Enid Blyton, que lera antes dos doze anos de idade, e os livros da "Biggles", para os quais havia passado depois do Blyton e lera antes de completar catorze anos. Veio então a leitura inovadora, aos catorze, quando o pai lhe deu *The Good Earth*. Este o levou para os livros adultos: James Hadley Chase, Harold Robbins, Ian Fleming. Gostara desses livros? Não eram estranhos demais? Respondeu que não conseguia acompanhar Ian Fleming; mas lera os livros porque eram famosos, e o mesmo valia para Harold Robbins. Ele queria ler; disseram-lhe que era bom ler; o problema para ele era encontrar coisas que fizessem sentido. Costumava consultar toda a lista de *best-sellers* na *Time*, na esperança de que pudesse haver algo para ele. Mas nem sempre era fácil saber do que tratavam os livros.

Nessa época — estava com quinze ou dezesseis anos — Steinbeck foi um achado. *A leste do Éden* impressionou-o bastante. "Eu amei esse livro. A garota queria romper com a família, e uma casa foi destruída pelas chamas. Isso é tudo de que me lembro agora: foi um livro revolucionário para mim." Depois veio sua estada de um ano na Inglaterra. Assistiu à série de Perry Mason na televisão, e leu vinte livros de Perry Mason. Mas o pano de fundo não era muito difícil para ele, muito distante do que ele conhecia? Não; entendia inteiramente os livros.

Era estranha a leitura inglesa popular que organizara o mundo conturbado e em expansão de Syed Hussain. Em sua maioria, fantasias mecânicas, permitindo abordar o estrangeiro, oferecendo uma mistura entre o moderno e o arcaico, a desordem e o ritual: Enid Blyton, os livros da Biggles, Pearl Buck, James Hadley Chase, John Steinbeck, Perry Mason.

E sexo. Dos duzentos e cinqüenta livros que lera, calculava que aproximadamente trinta tinham sido livros de sexo. Lera-os para "tornar-se estável". As pessoas que não conheciam livros de sexo ficavam superexcitadas quando se deparavam com um; e queriam ver a *Playboy*. Seu curso literário de sexo o curou disso. "Também li livros de sexo do tipo acadêmico. *Felicidade no casamento*. Esse tipo de coisa."

Mas nove anos depois de haver lido *The Good Earth*, Pearl Buck continuava a ser para ele o que mais o atraía. Lera cerca de seis ou sete livros dela — e os considerava como leitura séria. "Depois, gostei muito de *The wall has two sides*, de Graham Greene."

"Você quer dizer Felix Greene?"

"Pode ser. Alguma coisa Greene. Não, o Graham Greene era *O americano tranqüilo*. Eu confundo os nomes. Eu vou lhe contar uma história. Uma vez eu estava viajando de trem para Lahore. Foi na época da revolução no Irã. Havia um missionário americano no trem. Ele me pediu que me sentasse e começamos a conversar. Quis saber o que eu achava do Irã. E eu disse a ele — eu sou assim — que os americanos iam sair do Irã, que agora iriam para a China. Ele não gostou do que eu disse. Talvez ele fosse um agente."

Não entendi a história. Mas era importante para ele, talvez por aquela visão do americano perigoso: a vida reagindo à literatura, a literatura purificando o mundo.

Quando terminou a história do americano no trem, ele disse: "No meio de todos esses livros, enveredei pelas canções populares e pela música ocidental. Gostei muito delas. Não as barulhentas, do tipo *rock-and-roll*. Mas aquelas que realmente transmitiam uma mensagem. Não apenas as ocidentais, mas as locais, em urdu. Gostei muito dos Carpenters, o grupo de um irmão e uma irmã. Eles cantam sobre a inocência básica. É assim que eu entendo. Há muitas canções que ouço que levam uma mensagem sobre religião, uma menção a Deus, convicções".

"Convicções?"

"Tipo fazer uma coisa porque você realmente acredita nela. Como amor. Fundamentos."

"Mas eu pensei que você não fosse um homem religioso."

"De certo modo não sou religioso. Mas tudo precisa ter uma mensagem."

"Qual foi o último livro que você leu?"

Não soube dizer. Fora seis meses antes; não conseguia se lembrar. Para continuar a conversa, ele disse: "O melhor autor que li ainda é Pearl Buck. Ela escreve sobre os pobres. Não diria que para os chineses ou comunistas, apenas os pobres. Ela escreve sobre os pobres e os fundamentos das relações humanas".

"Quais são esses fundamentos?"

"Relativos às pessoas. A inocência. As pessoas estão sempre tentando enganar as outras. As vítimas e os hipócritas. Em toda parte você vê essa coisa de peixe grande e peixe pequeno. Países grandes que tentam dar ordens aos países pequenos. Não só o Paquistão, mas países pequenos de toda parte. Tentaram fazer isso no Irã."

A família dele era xiita. O Irã era o coração do xiismo; recentemente alguém da família se casara no Irã, na cidade santa de Mashhad. Eu perguntei: "Você acha que agora está tudo bem, depois da revolução?".

"Não. É só um círculo vicioso. Alguma coisa continua a dar errado o tempo todo no Irã. Tanta matança assim não pode estar certo, nem em nome de Deus." Ele se referia às execuções decretadas pelos tribunais revolucionários islâmicos. "Um castigo eterno, e é isso o que a morte é, não pode estar certo se Deus é tão grande. Não pode estar associada a Deus se Deus é tão grande."

A hipocrisia era o tema do poema que ele estivera mostrando às visitas naquela manhã — e ele falara comigo sobre as vítimas e os hipócritas.

*O hipócrita parece uma cotovia*
*a mordida é pior do que o latido.*
*Um hipócrita pode mostrar-se destemido e corajoso*
*nem tudo o que reluz é ouro.*

Crueldade, injustiça e difamação também figuravam entre seus temas (e em seu próprio idioma, o urdu, o jogo de palavras, as torções idiomáticas teriam sido mais inesperadas e violentas). O poema que mais falava dele (e continha o que ele havia dito sobre seu isolamento na escola de medicina) era sobre um cirurgião amigo da família que morrera de uma infecção viral contraída durante uma cirurgia:

*Suas habilidades ninguém pode aprender*
*se uma chama de amor não arder*
*pois a sua arte não era a magia*
*mas um palpitante coração curativo.*

Referindo-se à sua poesia, ele disse: "Durante três, quatro meses, eu fico vazio. Estou ocupado, mas vazio do ângulo da poesia. Então, de repente, ela vem. Ela acontece. Nessa hora, posso escrever dois ou três poemas. Não quero fazer mais nada. Mesmo se tenho de estudar, fico sem vontade de estudar depois que essa coisa acontece. E depois fico novamente vazio".

O poema que ele acabara de escrever era "O grande homem negro". Tema estranho. Quem era ele? Muhammad Ali, o pugilista,

> [...] *que não quebraria um broto*
> *mas com um soco pode derrubar uma árvore. Sacou?*

Ao término da manhã do sabá na casa do médico, uma discussão religiosa entre os dois jornalistas parecia transformar-se em franca altercação. O assunto era Ali, o herói xiita, primo e cunhado do Profeta. Os xiitas acham que Ali deveria ter sucedido o Profeta como soberano dos muçulmanos em 632. Mas Ali — por estupenda que fosse sua vida: um dos primeiros muçulmanos, dentre um punhado deles que chegaram a ver o islã se tornar um império — foi um fracasso político. Antes dele, três homens se tornaram califas do império islâmico. Foi apenas em 656 que Ali se tornou califa; mesmo assim, seu governo foi contestado; e ele foi assassinado em 661. E era este o debate do sabá: como califa, Ali conduzira exércitos, mas poder-se-ia dizer que ordenara aos homens que matassem? Ou ordenara a seus seguidores que apenas matassem em autodefesa?

O debate começara bastante tranqüilo, na sala de estar da casa do médico. Mas logo as vozes dos debatedores se alteraram: rangeram, estremeceram, tornaram-se como as vozes dos mulás que recitavam nas mesquitas. Não era apenas a história que estava em questão. O fracasso e a morte de Ali, o fracasso e a morte dos filhos de Ali, haviam sido reformulados pelos xiitas em uma prolongada agonia no jardim, estranhamente impunes ao longo de mil e trezentos anos: uma agonia sem ressurreição. As desavenças raciais do início do império árabe (Ali, o defensor dos oprimidos) transformaram-se em religião; e eram a fonte dessa paixão matutina do sabá na residência de construção britânica em Rawalpindi.

A disputa continuou ainda bem depois da hora do almoço. Não fiquei para o final. O médico, no momento em que eu saía, deu-me seu exemplar de *The maxims of Ali*. Era uma pequena brochura, de edição local; ele disse que o livro operara maravilhas nele; dera-lhe a força para aquele encontro com o gerente-geral da companhia de petróleo; ele achava que iria me fazer bem.

Examinei-o depois, quando voltei naquela tarde para o hotel Flashman na rua Mall. Os ditos de Ali eram famosos. A primeira coletânea — cem declarações — havia sido feita mais de mil anos antes; milhares delas foram subseqüentemente adicionadas. A que recebi do médico era uma seleção, em tradução inglesa de J. A. Chapman. A princípio fiquei intrigado.

> *Confie no outro como você confiaria em si mesmo. Como é feio o senhor Duas-Caras. Nem todo arqueiro atinge o alvo. A morte de um filho quebra a espinha.*

Mas havia outro lado nessa sabedoria amistosa:

> *A maior riqueza é a riqueza da sabedoria e do juízo; a maior pobreza é a pobreza da estupidez e da ignorância; a pior insociabilidade é a da vaidade, presunção e autoglorificação.*
>
> *A perfeição não pertence a este mundo.*
>
> *Os habitantes da terra são apenas cachorros latindo, e bestas irritantes. Um uiva contra o outro. Os fortes devoram os fracos; os grandes subjugam os pequenos. São bestas de carga; algumas arreadas, outras em liberdade.*
>
> *O mundo é uma morada cercada por flagelos, e atulhada de perfídia. Seu estado não dura, e todos os que a ela chegam perecem.*
>
> *O mundo é como uma serpente: seu toque é macio, mas sua picada é mortal.*

Eram as declarações de um homem íntegro consumido pela injustiça e a derrota. A misantropia, a dor! Isso era capaz de dar força? Mas, para os derrotados e os fiéis, Ali teria sido o homem bom que mais sofrera; ele enaltecia a derrota e o sofrimento mundanos. E não se tratava aqui de perdão ou calma: ele enaltecia a raiva. E tornava-se mais claro para mim — lendo em meu quarto de hotel de beirais largos, protegido do clarão da pequena piscina por uma parede independente de blocos de concreto perfurados, adornada nos cantos por bananeiras —, tornava-se mais claro para mim o quanto essa atitude religiosa xiita e muçulmana fora alimentada no filho do médico, que era um racionalista e em cuja poesia, sempre voltada para fora, eu jamais poderia — sem a adição desse conhecimento especial — ter visto nada de muçulmano.

Nenhuma religião é mais mundana do que o islã. Apesar de sua incapacidade política, nenhuma religião mantém os olhos dos homens mais fixos no modo como o mundo é governado. E na poesia do filho do médico, em sua resposta desajeitada à civilização universal, sua preocupação com os "fundamentos", julguei poder discernir o quanto o fervor islâmico poderia tornar-se criativo, revolucionário e levar os homens a um humanismo para além da doutrina religiosa: um verdadeiro renascimento, aberto ao novo e enriquecido por ele, como haviam sido os muçulmanos em seus primeiros dias de glória.

Os fundamentalistas, inseguros, com sua visão a-histórica, temiam a contaminação estrangeira. Mas o fundamentalismo não oferecia nada. Impelia os homens para uma fé implacável; oferecia um deserto político. Violava os "fundamentos"; jamais poderia deixar o resto do mundo do lado de fora do muro. E julguei ser possível, sem considerar muitos passos à frente, perceber como, no Paquistão, pelos próprios excessos do fundamentalismo, o islã poderia estar preparando sua própria transformação.

# 8

# *NO VALE DE KAGHAN*

Logo ao norte começavam as montanhas, e menos de 160 quilômetros depois, a cordilheira do Himalaia. Lá, o inverno chegava cedo; a neve bloqueava as passagens durante meses. Em setembro, começava a migração dos pastores e suas famílias e rebanhos, das pastagens altas do verão para as terras baixas. E para ver essa migração, fui para o vale de Kaghan. Qazi, um professor da universidade de Islamabad, organizou a viagem para mim. Emprestou-me seu carro e seu motorista, que me levariam até Balakot, onde eu deveria contratar um jipe para a difícil viagem rumo ao norte, ladeando o rio Kunhar, um dos primeiros afluentes gelados do grande Indo.

Meu acompanhante era Masood. Masood era estudante de ciências. Estivera se graduando durante toda a sua vida adulta e agora, aos vinte e sete anos, estava sem ter o que fazer. Não havia emprego para ele no Paquistão. Preferira continuar seu trabalho de pesquisa, e fora aceito para um curso avançado em uma universidade inglesa; mas as taxas estavam além de suas possibilidades.

Era alto, magro e melancólico, usava óculos e um bigode de morsa. O bigode indicava seus antecedentes militares: o pai servira no exército, de 1941 a 1961, durante os seis primeiros anos no antigo exército indo-britânico e, depois, no exército do Paquistão. Agora, o pai era contador. A família migrara de Lucknow, na Índia; no Paquistão, eram *mohajir*, estrangeiros.

Os *mohajir* haviam alterado as culturas provincianas ou regionais do Paquistão, disse Masood; haviam trazido um estilo novo em matéria de comida, música e linguagem. O urdu, a língua dos *mohajir*, era agora a língua nacional do Paquistão; e Masood disse — falando comigo como a um estrangeiro que devia ser corretamente informado sobre o país — que o urdu era uma língua bonita, fácil. Depois que passamos pelo local da antiga cidade budista de Taxila e viramos para o norte, subindo, rumo a Abbottabad, ele me deu uma aula de urdu, e até consegui apreciar a clareza e elegância de seu sotaque de Lucknow. Entretanto, à medida que subíamos entre as colinas secas e luminosas, e que ele se acostumou comigo, tornou-se menos porta-voz dos *mohajir*; permitiu que seu tom se tornasse irônico.

Muitos *mohajir* que haviam migrado para o Paquistão, disse ele, tinham a pretensão de ser nababos e aristocratas na Índia. Ele não tinha nenhuma pretensão nesse sentido. Seu pai fora do exército; mas tinha sido apenas um *havildar*, um oficial não graduado, algo semelhante a um sargento. Assim, apesar de seu urdu de Lucknow, o bigode militar, os créditos em ciências, Masood era — no Paquistão, mais feudal do que a Índia, com uma classe média industrial ou profissional menor — de origens simples; e um homem sem emprego.

Em Balakot, estacionamos o carro. Tivemos de negociar um jipe na agência de viagens do governo. Aquilo era inesperado — a negociação. E o escritório também era inesperado: um cômodo aberto ao final de um gramado, com duas cadeiras almofadadas, duas camas de metal com colchões de espuma, duas outras camas de metal ao lado destas, um par de cadeiras de cabeça para baixo na parte de trás do cômodo, um pequeno sofá na parte da frente: um escritório que era a um só tempo sala de espera e ala desmantelada de hospital. Mas era um local de trabalho: os jipes no gramado eram bastante reais.

Masood me pediu que ficasse de fora e não falasse inglês, enquanto ele negociava. Sentei-me na varanda de um chalé ao lado do gramado e, depois de algum tempo, Masood saiu do escritório com ar sinistro. Disse que eles haviam pedido 750 rupias, 75 dólares; achava que eles se contentariam com 700; mas ele lhes disse que iríamos procurar outro jipe na feira.

Um homem saiu do escritório. Pediu 650. Masood não lhe deu atenção. Disse-me, carrancudo, em inglês: "Vamos até a feira". Caminhamos pela feira — uma rua de terra enegrecida, com lojinhas enegrecidas. Em um surrado posto de gasolina, enegrecido de óleo, um homem estava lavando um jipe todo amassado; pediu 900 rupias. Com isso, voltamos para a agência do governo e acertamos, não por 650, mas por 700.

E, quase na mesma hora (o pessoal do governo nem chegara a duvidar que acertaríamos com eles), partimos. O motorista do jipe era um homem de rara beleza: cabelos castanhos fartos, feições indo-arianas clássicas, o físico esbelto bem realçado por suas calças compridas brancas e folgadas e camisa de fraldas longas em tom castanho-amarelado. Levava um menino como assistente, um pequeno fumante encardido e de rosto quadrado, vestindo apenas uma camisa fina sob seu xale de cor cáqui. Tínhamos partido com tanta pressa que levou algum tempo até que eu o notasse, agarrado (para impressionar) à traseira do jipe, o xale enrolado em volta da cabeça e dos ombros estreitos; por isso, durante alguns quilômetros, eu imaginara que fosse algum menino da feira de Balakot pegando uma carona.

Logo estávamos ao lado do rio Kunhar, que corria raso em um vale largo e rochoso. E, após todas as semanas de areia e calor que eu passara, paramos o jipe para ouvir o barulho de água. A estrada era sombreada por árvores: uma bênção adicional. Mas não podíamos desperdiçar o tempo; tínhamos muito o que andar; e Masood disse que havia muito mais água pelo caminho. Começamos a avistar — e, após o trajeto fácil desde Rawalpindi, parecia uma coisa teatral, arranjada — os pastores que desciam com seus rebanhos. Eram afegãos, surpreendentemente baixos e franzinos, os homens de turbante preto, as mulheres de calças compridas, folgadas e brilhantes, e usando longos toucados. Atarefadas, as mulheres, retraídas, isolavam-se em sua vida migratória, sinistras em suas cores contrastantes (vermelho e preto), subnutridas, extenuadas pelo trabalho e a caminhada, as faces bronzeadas e marcadas por rugas.

As colinas eram irregularmente marcadas por antigas áreas aplainadas para servir de terraço, cheias de mato. As casas, assentadas nas encostas, tinham telhados chatos e grossos de cerâmica, muitas vezes de níveis variados; os telhados se apoiavam em vigas pesadas, às vezes troncos inteiros de árvores — as árvores aqui eram abundantes. Casas assentadas contra o leito da estrada geralmente possuíam os telhados no nível da estrada e pareciam apenas uma espécie de quintal de terra: os aposentos estavam embaixo, ocultos.

Paramos em uma aldeia para falar com alguns meninos. Pareciam ociosos, mas estavam usando o uniforme cinza-azulado de escolares, e não estavam tão isolados quanto pareciam. Um deles tinha um tio em Lahore; outro, irmãos em Karachi e um irmão na Arábia Saudita. Um jovem que saiu de uma casa de dois pisos, telhado plano e um muro de pedra, disse que podia ir a qualquer momento para Karachi e ganhar 2400 rupias por mês como carpinteiro. Masood não achou que ele estivesse exagerando: com a grande migração, as habilidades artesanais eram raras no Paquistão. Mas a arrogância do camponês aumentou a melancolia de Masood; disse que ele mesmo não conseguiria ganhar aquela quantia.

Eles não estavam isolados. Mas estávamos apenas a algumas horas de distância de Rawalpindi, em território feudal. Um homem muito baixo, com menos de 1,50 metro de altura — como eram baixos esses montanheses! —, passou conduzindo um búfalo. Não era dono do búfalo, disseram os meninos. O búfalo pertencia ao seu senhor, que seguia mais à frente: um homem de turbante, para o qual não havíamos atentado por não sabermos que suas mãos vazias e andar casual eram sinais de seu status aldeão de proprietário de um búfalo e um servo. E a casa do senhor feudal, o homem rico local, disseram os meninos, estava ali: não uma casa de teto plano assentada contra o sopé, mas uma casa em terreno plano, ao término do campo: uma grande casa de pedra com dois pisos e um telhado inclinado em ferro corrugado. E esses homens raquíticos que agora passavam eram gujars: os habitantes originais do vale, não muito inteligentes, na verdade um pouco retardados e mantendo distância dos outros habitantes.

A estrada subia. O rio formava uma queda abaixo de nós. As colinas íngremes eram emendadas por pequenas faixas de cultivo: milho, a safra do fim do verão do vale, que brotava onde quer que houvesse um pequeno espaço plano para suas raízes. E havia os pinheiros. Brotavam sozinhos nas encostas; as mudas, após seu primeiro ímpeto horizontal, endireitavam-se e, procurando a luz, cresciam retos e altos; eram os mais altos que eu já vira. E sempre havia as casas, nem sempre fáceis de ver, camufladas por seus telhados planos e paredes de pedra.

Ovelhas, cabras, cavalos e camelos desciam constantemente pela estrada; as ovelhas tinham o lombo tingido. Os afegãos não podiam parar para conversar. Quando podiam, não tinham muito o que dizer. Moravam onde fazia muito frio; nessa época do ano, desciam para evitar a neve do inverno; isso era tudo. Formavam uma unidade com seus animais: homem e animal haviam chegado a um entendimento. Crianças muito pequenas, enquanto fossem consideradas bebês, eram amarradas com a bagagem no dorso de camelos ou burros. Acima dessa idade, caminhavam, eram trabalhadores, adultos em miniatura, com chicotes em vez de varas; e com seus turbantes, camisas e calças pareciam tão compenetradas e completas que era difícil, de longe, principalmente se estivessem sozinhas, avaliar sua idade ou tamanho.

O belo motorista do jipe disse, com um certo toque de ciúme tribal: "Por cada uma dessas ovelhas eles conseguirão mil rupias em Mansehra ou Abbottabad".

As agitadas patas das ovelhas trituravam a poeira fina da estrada deixando-a ainda mais fina. E, à medida que avançávamos com dificuldade por uma nuvem de pó, passando por dois ou três rebanhos misturados, todos lanosos, de traseiros bamboleantes, tingidos de diversas cores, Masood (já afetado por aquele homem que se gabava das 2400 rupias que ele poderia ganhar em Karachi) disse: "Você consegue imaginar *lakhs* e *lakhs* de rupias nesta estrada?". Um *lakh* valia 100 mil rupias.

"O que eles fazem com o dinheiro?", perguntei.

"Eles têm dependentes", disse Masood. "Têm filhas ou filhos para dar em casamento. Têm festas de casamento. O costume aqui é o menino dar um presente de 20 mil rupias para a menina. Se não houver dinheiro vivo, devem construir uma casa ou fazer algum arranjo com as terras. De forma que quando ele a mandar embora ela tenha alguma coisa. Se ele não conseguir fazer isso, a menina não pode se casar com ele."

"Eu achava que no Paquistão a menina tinha de possuir um dote."

"Dote? Eu não conheço esta palavra."

Achei que Masood conhecia a palavra. Achei que ele também sabia que o costume não era considerado bom. Eu disse: "Em Karachi me disseram que as famílias ortodoxas dão apenas 32 rupias porque esta era a soma dada para o Profeta".

Ele concordou.

Não acreditei naquela cifra de mil rupias por uma ovelha. E quando, mais tarde, fomos detidos por outro rebanho, pedi a Masood que perguntasse diretamente ao pastor afegão. O afegão pensou que estávamos querendo comprar. Mostrou um de seus animais mais rechonchudos e disse que não aceitaria menos de 300 rupias por ele. E agora era a vez do motorista do jipe, que mencionara a cifra de mil rupias, fingir que não entendia.

O rio verde-claro caía sobre pedras; a água estava sempre fluindo. Mas, a uma certa altura, o rio pareceu congelado. As ondulações e redemoinhos brancos formavam um padrão fixo, marmóreo — embora ainda fosse possível ouvir o barulho. E era fascinante, mais abaixo, ver o desenho fixo se apressar novamente, o barulho do rio acompanhado de movimento.

Numa grande curva, em ângulo agudo, na estrada montanhosa, havia um acampamento afegão. Uma barraca baixa fora armada; camelos e burros estavam juntos; havia gente cozinhando. A fogueira e o negrume da barraca compunham um belo quadro, e paramos para falar com os afegãos, depois de perguntar para o motorista do jipe se aquela seria uma intrusão permitida.

Falamos com um jovem vestido à moda paquistanesa. Usava bigode, tinha a pele branca bronzeada e uma expressão jovial de camponês. Mas ele era astuto; pensou que nós — em um jipe do governo — fôssemos do governo; e a primeira coisa que disse a Masood foi que as pessoas de seu acampamento tinham deixado o Afeganistão muitos anos antes e agora moravam permanentemente no lado paquistanês da fronteira.

Masood, sem deixar de olhar para o jovem ou alterar sua voz, disse a mim em inglês: "Ele está mentindo. Ele veio de Kabul. Ele acabou de sair de Kabul. Mas não quer se envolver em nenhum problema político".

O jovem tirou do bolso uma caixa de rapé de metal. Estava cheia de uma mistura verde-escura de tabaco e ervas, da qual se devia manter uma pitada sob o lábio inferior. Ele me deu uma pitada para experimentar. Coloquei-a na ponta de minha língua e quando se umedeceu produziu um ardor, e não era desagradável. Em troca, ele aceitou uma pitada de meu rapé de fumo escuro. Era muito forte para ele e ele nem tentou controlar seu desagrado; espirrou e quase cuspiu no meu pé. Recompondo-se, inicialmente deu um tapa nos óculos de lentes claras que eu carregava no bolso da camisa e, depois, com a própria mão tirou os óculos escuros que eu ainda estava usando. Eu me esquecera de que os estava usando: estava claro demais. Eu deveria tê-lo deixado ver meus olhos logo de início: ele tinha razão de contestar minha grosseria.

Levou-nos até sua barraca para darmos uma olhada. Havia chá preparado por infusão ou fervura, à moda do subcontinente; pequenas xícaras de porcelana sujas jaziam no chão. Uma menina ou moça estava fazendo *roti*, pão chato sem fermento, sobre uma fogueira de gravetos, amassando as bolas de massa entre as palmas da mão, trabalhando depressa, lançando e girando a massa até que ela ficasse muito fina e redonda e, então, com um único gesto, pendurando o círculo fino de massa sobre seu antebraço direito antes de lançá-lo para assar na chapa de ferro. A farinha era feita de trigo local, moída em engenhos da aldeia, movidos a água, nesta região com água sempre abundante.

O *roti* quente que nos foi oferecido estava delicioso. A barraca, a fogueira, as montanhas, o rio, o chá e o *roti*: momentaneamente senti que podia me entregar àquela vida. Mas era tudo o que eles iam comer, o *roti* e o chá? Masood perguntou em meu lugar: "Só *roti* e *chai*? Nenhum *tarkari*?". Nenhum prato apetitoso de legumes ou carne? O jovem riu. "*Tarkari*? Por que precisamos de *tarkari*?"

O motorista do jipe disse que às vezes comiam *paneer*, queijo ricota. Mas não havia nenhum naquela refeição.

"É por isso que eles são tão saudáveis", disse Masood. Tinha medo de comida contaminada e água ruim. Ele viajava com pílulas; era parte de sua ansiedade geral.

Eram lindas as mulheres ou meninas da barraca. *Roti* e chá era tudo o que estavam comendo agora; mas pareciam mais bem alimentadas e cuidadas do que a maioria das mulheres que havíamos visto na estrada; e o sol das montanhas dera às suas peles brancas um maravilhoso tom escuro e cálido.

Ovelhas e cabras entravam e saíam da barraca. Tapetes e roupa de cama estavam na parte de trás. O lado esquerdo do chão à frente da barraca, disse o jovem, era para o seu pai e o seu tio; esta parte do meio era para as mulheres; e o lado direito... mas não entendi para quem era o lado direito. Havia dois irmãos na caravana; eram uma família rica. A mulher simples e selvagem sentada em seu devido lugar no meio, com os pesados brincos e colar de prata, era a esposa do tio. Jamais olhava para nós.

Masood, sem que eu lhe pedisse, perguntou ao jovem sobre o preço da ovelha. O rapaz apontou para o acampamento menor do outro lado da estrada e disse que a ovelha dali valia 3 mil rupias. Era uma ovelha grande, carregada de lã, e devia ser especial porque estava nas acomodações de moradia do acampamento, e ambas as pernas traseiras estavam amarradas a uma estaca central.

Os camelos próximo à barraca principal estavam presos de uma maneira que para mim era novidade: uma das pernas dianteiras dobrada para trás e amarrada por uma corda à parte superior da perna, de forma que o grande animal só poderia saltar. Pela primeira vez notei que havia uma cavilha ou trava de madeira enfiada no nariz de cada camelo. Era nela que a corda guia estava presa. O rapaz fez uma demonstração. Puxou a guia para baixo. O camelo relinchou como se com raiva, e não fez nada. Entretanto, logo em seguida, agachou-se dobrando suas pernas longas que estavam esfoladas e calejadas nas juntas. Os camelos, tal como os elefantes, parecem mais limpos de longe; de perto, sua pele é rachada e puída.

O rapaz disse que as garotas bonitas na barraca eram suas irmãs. Eram solteiras, tal como ele. Ele acreditava ter dezesseis anos. Mas isso, evidentemente, era um absurdo; talvez não soubesse a idade e não tivesse nenhum meio de avaliar a passagem dos anos. Nesse momento, o pai da família se aproximou. Ele era mal-humorado, mas imponente; um turbante elegante, ameaçador. Somente quando chegou bem perto foi que deu para notar sua estatura muito baixa: faltavam-lhe uns três ou cinco centímetros para 1,50 metro. Mas esses nômades afegãos eram todos pequenos, como muitos de seus animais — o gado bovino, os pôneis, os burros; os bezerros eram do tamanho de cachorros. Só as ovelhas e cabras eram saudáveis e fortes. O pai tinha olhos azul-claros, e estavam recém-pintados com *kohl*. Seu bigode branco era encerado nas pontas; a barba, repartida e enrolada; sob o bronzeado, a pele era branca. Era surpreendente o requinte, o orgulho em sua toalete (não havia outra palavra para aquilo), maior do que o das mulheres, nessa altitude e entre camelos e cabras!

O rapaz disse que o pai tinha cinqüenta anos. E o pai — os olhos azuis cheios de desconfiança e até desdém — perguntou para o filho quem éramos nós. O jovem disse que falávamos línguas diferentes; Masood falava urdu e eu falava inglês. Era o modo dele de dizer que Masood e eu éramos estrangeiros, mas de tribos diferentes. O pai — casualmente — nos ofereceu chá. Recusamos. E logo não havia mais o que dizer. O pai sentou-se no lado esquerdo da barraca, destinado a ele e seu irmão, recostou-se contra alguns pacotes, e não nos deu mais atenção.

Um burro, seguido por dois ou três de seus minúsculos companheiros, entrou na barraca para lambiscar um pouco de grama cortada que estava sendo poupada, talvez para um animal mais valioso. O pai deu uma sonora palmada na ilharga do burro. Mas não havia naquele tapa nenhuma intenção de machucar; apenas fora dado em função do som oco de advertência. Um dos rapazinhos da família jogou pedras nos outros burros, mas as pedras eram muito pequenas e foram lançadas com pouca força. Todos eram gentis com os animais. Faziam gestos amplos e ameaçadores com suas varas, mas as varas não eram usadas para bater; as varas acariciavam, guiavam.

O pai, recostando-se contra a bagagem encordoada da caravana, começou a tossir. E então — com seu esplêndido turbante, o rímel de *kohl* de seus olhos, a barba enrolada e o bigode encerado — cuspiu com desleixo no lugar onde se recostava. Percebi que ele estava se recostando entre estrumes de animais; e que, na escuridão da parte de trás da barraca — mais protegidas do que as pessoas —, estavam as valiosas ovelhas e cabras de seu rebanho.

Masood, olhando de cima para o velho, disse a mim: "Eles são assim mesmo. Você já esteve no Afeganistão? Kabul? A classe média também é exatamente assim".

Falávamos línguas diferentes. E era como se estivesse subentendido que, com nosso mútuo interesse e tolerância, de estrangeiro com estrangeiro, também devesse haver desdém, e o recolhimento de cada homem para dentro de seu grupo. O desdém de Masood não era maior do que o desdém que eu conseguia ler nos olhos do velho em relação a nós. Havia muitas tribos nessa pequena área: gujars, afegãos, kaghanis, patanes, Masood (de Lucknow, na Índia) e eu. E, ainda assim, as civilidades seriam mantidas: chá e tabaco seriam oferecidos. Nosso motorista do jipe havia se retirado; os afegãos já o entediavam; ele não fez nenhum segredo disso. Sentou-se na beirada do precipício, belo, mais evoluído, os cabelos penteados no estilo dos astros do cinema, a poeira conferindo agora um novo tom ao seu farto cabelo castanho-escuro.

E quem era a mãe das lindas garotas da barraca? Eu sabia que a mulher clara no meio era a esposa do tio. O rapaz disse que a mãe das meninas (não necessariamente a dele) estava do outro lado da estrada, no acampamento menor onde estava aquela ovelha que valia 3 mil rupias, cuidadosamente amarrada para evitar que tentasse fugir e se machucasse.

Atravessamos a estrada até o outro acampamento. O tio estava lá. Estava comodamente sentado no chão; ignorou-nos. Duas mulheres veladas — uma delas mãe das lindas garotas — estavam revirando a bagagem. Os véus eram pouco comuns, sinal do status da família. O tio conversava com as mulheres. Juntos estendiam um tapete no chão. O tio saiu de onde estava sentado e sentou-se no tapete. E enquanto se sentava, as mulheres começaram a armar uma barraca ao redor dele: uma lona com buracos redondos, varas de bambu com sapatas de ferro, amarradas no alto para formar um tripé. As mulheres encontravam dificuldade com as varas. O tio não prestava nenhuma atenção. Apenas ficou sentado, esperando a barraca e a sombra, segurando diante de si uma velha lata de leite em pó. A lata provavelmente continha o seu dinheiro.

Os véus das mulheres caíam de suas faces enquanto tentavam armar a barraca. Elas não eram como as garotas na barraca do outro lado da estrada. Suas faces eram velhas, enrugadas e escuras. As meninas solteiras eram beldades. Essas mulheres, esposas, eram trabalhadoras; eram bestas de carga. Como as mulheres dos índios dacotas que Parkman viu na trilha do Oregon em 1846. Mas esses afegãos, e todas essas tribos montesas, viviam em território que só eles conseguiriam dominar. Deles ninguém poderia dizer, como Parkman disse dos índios dacotas, que seriam varridos da face da terra.

Enquanto aguardávamos diante do tio, Masood disse: "As mulheres fazem todo o trabalho. Os homens não fazem nada. Na Europa não é assim, é?". Mas ele estava sendo injusto com os homens. Eles também eram duros consigo mesmos; nenhum dentre esses nômades era mais duro com alguém do que consigo mesmo. Masood disse: "Essa atitude para com as mulheres também existe entre nós. Mas está diminuindo nas cidades". Masood tinha irmãs. As mais velhas tinham se casado e se tornado "donas de casa", como ele disse, seguindo o velho costume. Mas as mais novas eram estudantes, estavam na universidade e Masood estava preocupado com elas.

Mas minha atitude naquele momento não era a de Masood. O acampamento afegão me levara de volta às primeiras aulas de geografia de minha infância, aos desenhos de meu livro escolar, *Homes Far Away* [Lares distantes]: homens criando lares, calor, abrigo em condições extremas; os africanos de arco e flecha em suas barricadas, protegidos dos perigos noturnos da floresta; os quirguizes em suas barracas nas estepes sem fim; os esquimós em seus iglus na terra do gelo.

E as garotas na barraca eram muito bonitas: um anseio camponês ou nômade se agitou dentro de mim. No deserto do Sind, no túmulo daquele santo ao lado do Indo, a conversa sobre *murshid* e *murid* havia evocado os contos de Lermontov e Tolstói sobre o Cáucaso. E aqui, ao lado de um dos rios gelados que desaguavam no Indo (a água verde tornando-se barrenta, drenada por um canal até Karachi, para o seu pântano tropical e salino a cerca de 1600 quilômetros de distância), senti-me levado de volta ao começo: aquela vida de animais e barracas e a marcha cotidiana. Mas o que para mim era impulso do momento, para eles era um modo de vida. Eu mudaria, faria outras coisas; eles continuariam tal como eu os via. E aquelas meninas, lindas como eram, com suas peles adoráveis, estavam realmente muito longe, encerradas em suas próprias fantasias tribais; hoje beldades, bem nutridas, conscientes de seu preço em alta, mas que logo seriam esposas e trabalhadoras.

Durante toda a tarde passamos por eles, observamos sua ternura para com seus animais, maior do que a ternura por si mesmos: as faces tão enrugadas e queimadas, tão velhas e, contudo, jovens. Não eram muitos os que tinham as feições e a saúde das meninas daquele acampamento. A certa altura, vi um homem carregando uma cabra; em outro momento, vi uma cabra embrulhada em um manto e transportada no lombo de um burro. Uma mulher caminhava com apenas um sapato calçado, o outro em sua cabeça. Era moda, o sapato na cabeça: mais tarde vimos mulheres com ambos os sapatos na cabeça, os calcanhares encaixados um dentro do outro de modo a formar um pequeno arco. Os sapatos eram calçados quando o chão era pedregoso; quando o chão era liso ou macio devido ao pó da estrada, era melhor caminhar descalço. Os tornozelos dos caminhantes ficavam tisnados de preto.

Mais acima, em Shogran, o tempo estava nublado e fresco, passando a frio quando começou a chuviscar. Os pinheiros eram imensamente altos e, em certos lugares, a terra formava um declive tão agudo ao lado da estrada que não era fácil enxergar suas raízes. No lado mais seguro da estrada sinuosa, havia destruição camponesa: as cascas dos grandes pinheiros haviam sido arrancadas para acender fogo. Não era fácil encontrar aparas por aqui, onde havia tão pouca terra plana e vegetação, e apenas pinheiros crescendo nas magras faixas de terra ao redor das pedras.

Ao entardecer, estávamos novamente ao lado do rio. Em uma ampla clareira de relva junto à margem, muitos acampamentos haviam sido montados. As fogueiras estavam acesas; chá e *roti* estavam sendo preparados; e aqui e ali, para a refeição da noite, pedaços de carne-seca estavam sendo cortados. Camelos (comendo diante das pessoas) mascavam sua forragem. Os camelos de um acampamento estavam mascando ramos de azevinho. Logo abaixo na margem, nas pedras à beira da água, onde todas as cores se reduziam, na penumbra, ao cinza e branco, estavam os pôneis e outros animais de carga, soltos ao final do dia.

Os afegãos estendiam grossos tapetes de lã sobre o capim. Eu já havia notado esses tapetes antes. Eram de lã crua e não tingida, de cor marrom-escura, com padrões simples de cores vivas; e cheiravam a ovelhas ou cabras, o cheiro afegão, o cheiro que estes nômades levavam consigo. Fui atraído por um tapete; e imediatamente Masood e o motorista do jipe — meramente por prazer, segundo parecia — começaram a negociar por mim. Um velho, o chefe do acampamento, mais amistoso do que o nosso dândi anterior de olhos pintados com *kohl*, pediu 400 rupias. O motorista do jipe disse que era muito. Mas nos sentamos com os outros homens do acampamento e bebemos xícaras de chá doce.

Em seguida, Masood me afastou dali, deixando que o motorista concluísse o negócio. Olhamos os animais de carga que mascavam folhas e ramos; caminhamos entre as barracas e as fogueiras; caminhamos entre os burros à margem do leito rochoso do rio. Quando voltamos, a transação estava feita: 300 rupias.

Todo mundo ficou contente. Apertos de mãos por toda parte; e o motorista, triunfante, recebeu o tapete como se realmente o estivesse negociando para si. Mas talvez eu tivesse sido afetado pela altitude. Quando mais tarde olhei para o tapete, em Rawalpindi, fiquei admirado não só por suas grandes dimensões — no crepúsculo, ao lado do rio, achara-o bem menor — mas também pela esquisitice de seu desenho e de suas cores, como pontos e rabiscos oscilantes de uma mente perturbada, um trabalho de asilo. E levar aquela vida nômade talvez signifique ficar com a cabeça de algum modo afetada.

A estrada subia novamente. Mesmo no escuro, o rio se mostrava branco, quebrando sobre as rochas. As pedras iam ficando maiores; tornaram-se enormes; em um ou dois lugares, a estrada passava sob saliências rochosas. Nas casas de telhado plano e em vários níveis das encostas, havia luzes amarelas. As luzes solitárias marcavam as casas, definiam os interiores; e davam um sentimento de pobreza e solidão.

Não havia nenhuma solidão na estrada. Às vezes, as pessoas acampavam logo abaixo dela; em certo local, um homem parecia estar adormecido no muro rochoso que escorava a estrada. Em dado momento, passamos por um acampamento inteiro espalhado ao lado da estrada: fogueiras de galhos, barracas, ovelhas recolhidas para a noite e parecendo, na escuridão, pedras lisas na beira do rio. Os cães do acampamento, os cães de pelagem grossa da região, latiam e corriam atrás de nós.

Desde o momento em que a luz se fora, o motorista do jipe viera colocando fitas de músicas de filmes indianos em seu toca-fitas. No vale escuro, éramos acompanhados por ternas e tristes canções de amor, perda e saudade; e era sempre uma mulher que lamentava.

*Tum zindagi-ko ghumka fasana bana-gé.*
*Ankho men intizar-ki duniya jagga-gé.*
Você fez de minha vida uma história de tristezas.
Em meus olhos você despertou um mundo de saudade.

Intraduzível, esse segundo verso mágico, com sua fantasia inesperada: esse mundo (*duniya*) de saudade (*intizar-ki*) despertado (*jagga-gê*) nos olhos do amante (*ankho*). Era o verso que mantivera a canção viva durante quarenta anos; sempre que o verso surgia novamente na fita, o garoto do motorista o cantava.

*Ik tees si dilmen ut-ti hai.*
*Ik dard sa dilmen hota hai.*
Uma espécie de endecha se eleva em meu coração.
Um tipo de dor acontece em meu coração.

As pessoas ainda estavam em marcha, embora já fosse agora noite alta; parecia não haver nenhuma hora definida para caminhar e acampar. Em dado momento, reduzimos a velocidade para um grupo que perseguia um touro que, solitário, se afastara da caravana e corria, decidido, de volta pelo caminho que viera.

Mais tarde, parecíamos ter perdido a estrada. Saímos do jipe. Estava muito escuro. O motorista mandou o menino à frente para sondar, e depois também foi atrás. Voltou, e avançou lentamente com o jipe, deixando-nos onde estávamos. Perdemos de vista as luzes do jipe. O menino, voltando, conduziu-nos adiante com a ajuda de uma lanterna. Ele me ofereceu sua pequena mão: seu toque era inesperadamente suave. Parecíamos estar caminhando sobre lama e pedras. Avistamos as luzes do jipe novamente. No breu, era difícil avaliar a distância. As luzes do jipe pareciam estar longe, como se o motorista tivesse andado um bom pedaço antes de encontrar a estrada novamente. Entretanto, segundos depois, o jipe estava logo ali, alguns passos à frente.

Parecia que havíamos caminhado sobre lama e pedras. Mas depois, no caminho de volta e à luz do dia, percebi que uma geleira havia escorrido e cortado a estrada. Ainda havia neve sobre o muro de contenção da estrada. A neve em sua superfície era velha e suja; mas debaixo daquela neve aparentemente sólida havia, ao término do verão nos Himalaias, uma grande caverna branca, e dessa caverna gotejante fluía uma torrente.

Estávamos agora entre geleiras e torrentes. Por toda parte se ouvia o som congelante da água.

A pousada em Naran estava iluminada, mas ninguém atendia. Em Balakot, quando estávamos negociando o jipe, o motorista dissera que havia um hotel do governo que cobrava 125 rupias por quarto. Agora, ele dizia que o preço era mais de duzentas. Considerando que eu estava calculando quatro quartos — eu, Masood, o motorista do carro que nos trouxera de Rawalpindi para Balakot (e que desde então ficara calado e discreto), o motorista do jipe com seu menino — meu coração se apertou. Mas Masood, que, além do medo das infecções, também sofria de algo parecido com uma hipocondria em relação a dinheiro, em relação a ser explorado, disse que deixara claro que o motorista do jipe e seu menino teriam de fazer seus próprios arranjos. Mas não foi para o alojamento do governo que o motorista do jipe nos levou e, sim, para o Park Hotel, cujas toscas placas luminosas havíamos visto em vários pontos da estrada.

O Park era um edifício baixo e comprido construído em uma área bem recuada da estrada; tinha uma varanda fracamente iluminada. O motorista tocou a buzina e um homem envolto numa coberta saiu de um edifício menor no terreno ao lado. Estava frio, já fazia frio havia algum tempo; mas nenhum quarto no hotel tinha aquecimento. O homem com a coberta nos mostrou um quarto: duas camas de estrado de madeira, luzes na parede. Masood negociou com ele e depois me levou para fora do quarto frio, para a varanda gelada, para me dizer que o acréscimo de uma cama no quarto iria me custar 75 rupias. Dessa forma, de viajante com uma pequena caravana, na perspectiva de pagar uma conta de 100 dólares pelo pernoite, eu passaria a participar de um dormitório e ficava sujeito apenas a uma taxa de 7,50 dólares americanos. Eu disse que dormiria num quarto separado; disse que tinha dificuldades para dormir. Masood conversou com o sorridente homem do hotel e ficou acertado que pagaríamos 25 rupias a mais pelo quarto extra.

Pedi que a lareira de meu quarto fosse acesa. O homem do hotel sorriu e disse que não era possível. A chaminé não funcionava; o quarto ficaria cheio de fumaça se o fogo fosse aceso. Isso explicava a relativa limpeza da lareira. Pedi chá quente. Sim, isso viria, com o jantar. E quanto ao jantar? O que eu desejava?

Eles tinham ovos? Não, não havia ovos. Lembrei-me do rio claro e disse: "Truta?". Masood, traduzindo por mim, repetiu a palavra em inglês: "Truta?". O homem do hotel balançou a cabeça afirmativamente e disse: "Truta". E Masood, ainda traduzindo, disse que havia truta.

"Quarenta rupias para a autorização", disse Masood.

"Autorização? É preciso autorização para tudo?" A palavra me fizera lembrar da dificuldade que eu encontrara em Rawalpindi para postar livros e trocar cheques de viagem.

"Não", respondeu Masood, amuado.

Estava frio demais para continuar a falar sobre autorizações. Eu havia antecipado aquele frio. Mas agora ele parecia dor; e o quarto parecia se tornar mais gelado a cada minuto. Eu não trazia comigo nenhuma camisa ou pulôver de lã. Decidi vestir uma segunda camisa sob minha camisa safári. Quando me viram tirando a roupa, saíram do quarto e foram para a varanda. A porta continuou aberta; era uma variedade congelante de meia privacidade. Eu teria preferido a companhia, até uma ajudazinha. Meus dedos estavam entorpecidos demais para lidar facilmente com os botões; e por toda parte havia o som muito frio de água caindo.

Quando, duplamente encamisado, saí para a varanda, o homem do hotel tinha quatro trutas limpas para mostrar: era evidente que não tivera de ir muito longe. O motorista do jipe e o menino enrolado em seu xale cáqui agora nos deixavam. Como dissera Masood, haviam feito seus próprios arranjos; sem dúvida, eram esperados na casa morna de teto de barro de algum camponês.

Masood e eu (e nosso motorista calado) fomos para a cozinha, em busca do calor. Ela ficava no edifício menor do terreno ao lado. E embora tivéssemos chegado apenas alguns minutos antes, embora as negociações tivessem acabado de ser concluídas e as quatro trutas acabado de ser compradas, havia um verdadeiro regimento na cozinha trabalhando em nosso jantar; e a lenha no fogo queimava sob uma chapa de ferro, e um homem de camisa azul de fraldas compridas estava alisando bolas de massa entre as mãos para fazer o *roti*, a fralda da camisa saltando a cada gesto festivo, e as trutas já haviam sido filetadas, fatiadas, temperadas e dispostas em uma mesa baixa de madeira.

Fiquei em pé diante do fogo, à maneira dos cozinheiros. Masood se sentou em uma cadeira de assento de vime, em frente à mesa baixa. Constantemente nos movíamos para fechar a porta da cozinha; o pessoal que entrava ou saía sempre a deixava aberta. Nada era mais importante do que o fogo: nem o estado da mesa na qual o homem de camisa azul estava jogando farinha nas bolas de massa, nem a qualidade da água, no balde de plástico vermelho, nem a mesa baixa e lascada na qual jaziam as trutas filetadas.

O cozinheiro, sempre ativo e agora satisfeito com seu *roti*, usou uma faca para raspar a gordura velha carbonizada da chapa redonda de ferro. Jogou óleo na chapa, retirou a madeira em brasa para moderar o calor, depositou os filés, cobriu-os com uma tampa de panela de alumínio, curvou-se para apanhar um tijolo velho do chão enegrecido e pôs o tijolo sobre a tampa da panela.

"Vamos jantar aqui mesmo?", perguntou Masood.

Ele leu meu pensamento. E foi ali que comemos.

Entrou um grandalhão, com ar altaneiro, um boné de pele e um xale em tom cinza-azulado. Não era aldeão nem montanhês. Achei que podia ser um proprietário de terras ou alguém ligado ao hotel; ou um policial, alguém de um serviço de informações, que vinha dar uma olhada nos estrangeiros. Ele disse que era um "manipulador", químico ou farmacêutico. Tinha uma loja em Balakot, e outra aqui em Naran. Eu disse: "Então o senhor tem duas lojas?". Ele respondeu: "Eu tenho uma loja". A loja de Naran ficava aberta no verão (oficialmente, ainda era esta a estação); a loja de Balakot ficava aberta no inverno.

Além da truta, havia um prato de carne para Masood e nosso discreto motorista (retraído até em questão de comida: estava preocupado em parecer estar comendo menos do que

Masood ou do que eu mesmo). A fome e o frio fizeram Masood esquecer-se de si mesmo, esquecer-se de seu medo de infecções. Pediu água para acompanhar a carne. O menino da cozinha, que vinha nos observando o tempo todo, apoiado contra a plataforma da lareira, mergulhou um copo no balde de plástico vermelho, passou o copo pingando para Masood, e Masood o bebeu até o fim.

O manipulador havia partido. Tinha pouco a dizer, depois que nos contou o que fazia e onde morava, e que descobriu quem éramos e que línguas falávamos. O cozinheiro de camisa azul afastou a lenha da fogueira. As chamas se extinguiram; as brasas escureceram-se rapidamente. A cozinha não estava mais aberta para nós; tivemos de sair novamente para o frio. Mas a comida havia nos aquecido. Parecia fazer menos frio no pátio, menos frio no quarto. Mas Masood fora afetado pela solidão e desolação do vale. Ficou em meu quarto para falar sobre si e suas preocupações.

Estava preocupado com o pai, com sua família e com o dinheiro. Ele achava que deveria estar sustentando sua família; mas não estava em condições de fazer isso. Ao mesmo tempo, estava preocupado com sua carreira científica, protelada por falta de dinheiro. Estava com vinte e sete anos; fora estudante durante toda a sua vida; e durante algum tempo ainda, por causa do campo que havia escolhido, teria de continuar a ser estudante. Era difícil para o pai. O pai nunca reclamara; todo o orgulho de seu pai residia nos filhos e em sua educação.

“Meu pai não pode continuar trabalhando. Ele trabalha demais, de manhã até a noite. Está com sessenta anos.”

“Mas se ele se aposentar, não terá nada para fazer.”

“Você não entende. Eu lhe disse qual era a posição de meu pai no exército. Meu pai era um oficial não comissionado, muito no começo da carreira. Você não sabe o que isso significa aqui.”

Aos sessenta e um anos de idade, o pai estava ganhando 1700 rupias por mês como contador. E Masood atormentava-se com isso e com seu próprio desamparo, e também com sua necessidade de continuar em seu campo de estudo.

"Não é um campo aplicado. Se fosse um campo aplicado, daria para ganhar dinheiro."

"Você quer sair do Paquistão?"

"Eu não quero sair. Existem empregos aqui que eu posso conseguir. Mas, neste momento, o governo parou de recrutar pessoal. Pode ser que esta parada seja temporária. Mas eu não sei. Solicitei uma bolsa de estudos para uma universidade americana. Eles me recusaram. Disseram que os indo-paquistaneses estavam abusando do visto de estudante. Obtinham o visto, iam para lá e trabalhavam durante um mês ou pouco mais, e depois desapareciam. Eu posso ir para a Inglaterra, para Telford. Ofereceram-me uma vaga. Mas onde vou conseguir o dinheiro? Em alguns países você pode acreditar no poder do esforço. Você pode acreditar que haverá resultados. Aqui só existe sorte. Neste país, você só pode acreditar na sorte."

Ele não sabia o quanto estava falando diretamente para mim. A idéia de esforço, dedicação e realização, a idéia de qualidade humana, pertence apenas a algumas sociedades. Não pertencia à Trinidad colonial em que eu fora criado, onde só havia oitenta tipos de trabalho simples, e a qualidade do cacau e do açúcar era mais importante do que a qualidade das pessoas. O pânico de Masood agora, sua visão do mundo como um beco sem saída (com seu conhecimento de que havia atividade e crescimento em outros países), me reportou ao meu próprio pânico de trinta ou trinta e cinco anos antes.

Os pais de Masood haviam migrado da Índia para o Paquistão em 1947. Como muçulmanos, haviam migrado para um estado muçulmano regido por convicções muçulmanas. A situação não tinha mudado; mas Masood, liberado por aquela migração, tinha evoluído; ele (e seu pai) precisava agora de mais do que um estado muçulmano. O pesar que Masood disse que o pai às vezes sentia por deixar a Índia era certo e errado ao mesmo tempo: o pai de Masood, em 1979, não era o mesmo homem de 1947. O próprio Masood, que apenas conhecia o Paquistão, não possuía nenhum herói religioso ou político; seu herói paquistanês era um cientista, Abdus Salam, que trabalhou na Europa (e algumas semanas mais tarde receberia um prêmio Nobel).

"Eles podem me dar um trabalho numa universidade", disse Masood. "Eu tinha um. Mas já não tenho. Tudo aqui é política. Se as pessoas quisessem me dar um trabalho agora se envolveriam em problemas com as autoridades. Participei ativamente da política estudantil."

"E qual o seu nível como estudante?"

"Eu fui um dos cinco melhores de minha universidade."

Ele havia mencionado uma tese, o trabalho que estava fazendo, um doutorado que logo poderia estar obtendo em uma universidade local. Agora, para minha surpresa, ele dizia: "Dentro de um mês eu posso ir embora. Um amigo arranjou um contrato para mim num colégio da África Ocidental".

"Qual?"

"Um colégio."

"Qual é o nome?"

"Não tem um nome. É só um colégio. Uma escola secundária. Eles chamam de colégio. Eu descobri quanto eles vão pagar. Três mil e seiscentas rupias por mês. Trezentos e sessenta dólares."

"Não é muito."

"Meu amigo diz que eu consigo me manter com 800 rupias."

"Eu não acho que isso seja possível."

"Então, vou economizar 20 mil rupias."

"E quanto às taxas? Você se informou sobre isso?"

"Não me informei sobre isso. Mas resolverá o meu problema de dinheiro."

"Não prejudicará sua carreira?"

"Claro que prejudicará minha carreira", disse irritado.

"Então não vá."

"Resolverá o problema de dinheiro. Preciso cuidar de minha família. Meu pai é um homem de sessenta e um anos."

Um ano: talvez dez meses. Eu disse: "Está certo. Vá. Vai melhorar o seu inglês, também".

Ele não gostou disso. "Em 'Inglês como Língua Estrangeira' eu me saí bem." Ele disse a porcentagem. O inglês dele, contudo, era variável. Mas ele era um homem de créditos e diplomas.

O homem sorridente do hotel entrou.

"Ele quer agora as 40 rupias para a licença de pesca", disse Masood. "O resto ele cobra amanhã."

O homem trouxera também a roupa de cama; não o lençol que eu pedira e julguei que ele havia prometido, mas uma toalha de mesa. Ele retirou o pesado edredom; estendeu a toalha de mesa uniformemente na cama, como sobre uma mesa; dobrou o edredom e deixou-o aos pés da cama. Depois, saiu.

Comecei a arrumar a cama.

Masood me disse que era importante manter o lençol (ou toalha de mesa) sob o edredom. "Você não sabe quem andou usando isto", e demonstrou. "Durma deste jeito. Não deixe o edredom encostar em você." Aquele jeito de fazer a cama era algo que ele — como eu — tivera de aprender. Em países quentes, não se dorme sob uma coberta; usa-se um lençol de algodão como coberta. O que Masood estava me passando era conhecimento que ele adquirira. Ele viera de muito longe; teve de aprender muito; não teve ninguém para ensiná-lo. Suas origens humildes transpareciam no modo como — ao comer — cuspia coisas para o chão; sua distância dessas origens (que agora se misturavam com sua ansiedade geral) manifestava-se em seu excesso de preocupação e hipocondria.

Apontando para o travesseiro, que tinha uma fronha de linho verde brilhante, ele disse: "E cubra aquilo também".

Quando ele saiu, fiz o que ele disse, usando a camisa safári que estivera usando durante o dia, colocando a parte de fora da camisa contra o travesseiro. Puxei as cortinas de algodão fino; elas não se fecharam de todo. Estava frio, mas o edredom era pesado e aconchegante. Num instante fui apaziguado por meu próprio calor acumulado. Dormi embalado pelo rugido das águas. E — para meu alívio e prazer — quando acordei era de manhã.

Eu imaginara que fosse o rugido do rio. Agora percebia que era uma cachoeira, caindo da colina que estava logo atrás do Park Hotel. Ao pé da colina, ao lado do hotel, um canal de pedra conduzia a água. Nesse vale de neve derretida, os canais não se destinavam à irrigação, mas preveniam inundações.

As colinas do lado distante do vale — para além do pátio ou terreno do hotel, a estrada principal onde homens e meninos caminhavam envoltos em mantos, as casas baixas da cidadezinha, o rio oculto — eram iluminadas pelo sol da manhã, e as ondulações nas colinas eram suaves e nebulosas. O sol ainda não se elevara acima da colina nos fundos do hotel; a colina e o hotel ainda estavam na sombra. Mas um pouco mais abaixo, onde a colina mergulhava, o sol brilhava entre os ramos de alguns pinheiros: um dardo estreito de luz, criando um efeito transparente, em forma de samambaia.

O homem sorridente do hotel trouxe chá para três. Deixou a bandeja em meu quarto. Fui ao encontro do motorista e de Masood. Mas Masood estava trancado no banheiro, e não apareceu durante algum tempo. Quando voltou, disse que não tinha dormido bem. Seu estômago estava embrulhado. O que ele comera e eu não? A carne? A água? Sim, era a água.

"A água aqui parece pura", disse ele. "Mas contém alguns minerais. Você já esteve em Gilgit?" Gilgit ficava mais ao norte. "A água lá é *preta*."

Mas ele tinha suas pílulas. Seja como for, imediatamente depois, com o outro lado de sua natureza brotando, sentou-se e comeu todo o gordo desjejum do hotel: fatias grossas de pão frito, batatas moles e oleosas, caril de verduras.

Era um pequeno assentamento de casas baixas de pedra, inexpressivas, algumas antigas, outras novas, construídas pelo governo (o telhado do hotel do governo era vermelho-brilhante); e terminava abruptamente na selva, depois da feira. Algumas das lojas ou barracas tinham cozinhas sobre tablados. A água espumante saía das lojas para a rua rochosa; havia excrementos de animais; o solo mais plano entre as pedras era preto. Ovinos e bovinos, a essa hora da manhã, já estavam sendo tangidos.

Sem conforto como era o povoado, provisório e meio arruinado como parecia ser a feira, o local era antigo, em uma velha rota nas montanhas. E a rota era populosa: sempre havia as casas de teto plano, assentadas contra os sopés e o aterro de contenção da estrada e meio ocultas, os telhados grossos de lama isolante apoiados em vigas pesadas ou troncos de árvore que poderiam, além disso, suportar a neve do inverno. As aparas do inverno — galhos de pinheiros e arbustos em processo de secagem — eram estendidas nos telhados e funcionavam como uma camuflagem adicional.

Às vezes, em terraços pedregosos, escorados por rochas, cresciam culturas pobres de batata, pimenta ou milho (trigo, a cultura do início do verão, milho, a do fim do verão, painço, a do inverno). Grãos e batatas — e pimentas! Os pinheiros eram dispersos. O capim crescia em tufos nos sopés íngremes, criando um efeito matizado e sugerindo, quando se subia neles e se olhava para baixo, colinas ou montanhas enredadas em trilhas de cabras.

A neve, agora derretida, havia polido e esmerilado as montanhas. Neve antiga jazia em fendas e a cor dessa neve era indeterminada: nem branco, nem marrom, mais como uma superfície de água captando luz. Essa neve antiga era firme na superfície; mas — embora o inverno estivesse prestes a chegar novamente — a neve estava derretendo, e cada fenda de neve alimentava uma torrente. A mais de 3 mil metros a terra se abria entre as montanhas: restos enegrecidos de neve em fendas sombreadas; neve espessa e branca no topo das montanhas, atenuando linhas agudas; musgo crescendo na rocha vermelha lavada dos sopés iluminados pelo sol; e, no meio do descampado, um lago verde, com um prado cheio de miosótis e pequenas flores amarelas de um prado úmido de verão, crescendo durante as poucas semanas antes do retorno da neve. Na margem distante do lago, havia algumas barracas, as barracas dos nômades: triângulos escuros sobre a tela branca. O movimento de homens e animais era incessante.

No caminho de volta, novamente no fundo do vale, o motorista do jipe parou perto de um acampamento afegão. Gritou para a menina ou mulher que preparava *roti* à frente de sua barraca. Quando ela entendeu o que o motorista do jipe estava dizendo, sorriu e abanou a cabeça. Masood disse que ele estava perguntando sobre uma variedade de raiz. Era uma raiz medicinal; curava dor. Mais tarde pensei que provavelmente fosse *ginseng*.

O motorista do jipe também tinha outras preocupações. Nessa manhã, parou diversas vezes para conversar com os motoristas dos microônibus. Nosso motorista tinha uma reputação local; eu não imaginara isso no caminho. Portanto, ele era mais do que um homem das montanhas; sua elegância — a calça perfeitamente branca, a camisa em tom bronze, o cabelo alinhado — era estudada.

E agora os cochichos, com os outros motoristas! O ar de conspiração! Achei que ele poderia ter perguntado por outro gênero de raiz ou droga, menos curativa. Mas estava falando sobre política, sobre as eleições locais que o governo militar havia decretado. Apesar das cabras, ovelhas e camelos, das barracas e das fogueiras, dos afegãos com suas vestes vermelhas e pretas e suas jóias de prata, o vale estava cheio de política. O partido do motorista do jipe era o mesmo do sr. Bhutto. Fazia cinco meses que o sr. Bhutto fora enforcado; mas o seu partido ainda despertava simpatia nas pessoas do vale.

O sr. Bhutto, disse o motorista do jipe, era o único homem no Paquistão que já havia feito alguma coisa pelos pobres. Antes do sr. Bhutto, no tempo do general Ayub (que governara de 1958 a 1968), os pobres só conseguiam tirar passaportes para países como o Afeganistão e a Índia, países ruins, países sem trabalho e nenhuma oportunidade. No tempo do sr. Bhutto, podiam-se tirar passaportes para toda parte — Europa, América, Arábia Saudita, Abu Dhabi, todos os lugares. Agora, mais uma vez não era possível tirar passaporte.

Masood (trajando um agasalho de náilon azul de zíper e um barrete branco bordado) me disse em inglês: "Foram os governos estrangeiros que acabaram com isto. Mas ele não pensa assim".

O motorista do jipe disse que nascera no vale. Seu pai mantinha uma loja; por isso, estava em melhor situação que a maioria. Ele somente se interessou pela política no tempo do sr.

Bhutto. "Este lugar", disse ele (na tradução de Masood), "tinha antigamente grandes proprietários. Eles cultivavam suas três safras do ano. Vendiam as colheitas. Conseguiam gente do local para trabalhar para eles, e as pessoas só trabalhavam para eles por comida. Era isso que costumava acontecer neste lugar."

E aquela ponte adiante, cruzando o rio Kunhar, aquela ponte fora construída pelo sr. Bhutto.

O motorista do jipe continuou a conversar, ficando mais exaltado. Parecia bastante diferente do homem que havia nos guiado pelo vale, que fora brincalhão o bastante para negociar o tapete afegão para mim. Masood parou de traduzir.

Depois de algum tempo, Masood disse: "Agora ele está sendo emotivo. Muito emotivo. Está dizendo que o senhor Bhutto não morreu".

Tínhamos passado a viagem com canções tristes e ternas sobre o amor: elas haviam dado certo clima ao crepúsculo, ao rio e às luzes das casas distantes. Estávamos viajando de volta com essa outra paixão. E comecei a olhar para as pessoas na estrada com outro olhar: eram os pobres, os negligenciados. Mas não era exatamente isso o que o motorista estava vendo.

"Esses *maulana*", disse o motorista, na tradução de Masood, "estão usando o islã como uma ferramenta. Somos todos muçulmanos. Não somos muçulmanos da maneira deles. Eles querem destruir o Paquistão. O nosso islã é melhor. Somos as únicas pessoas que podem salvar o islã e o Paquistão."

Tivemos de parar. Um caminhão estava sendo carregado com troncos de pinheiros. Os troncos eram transportados nos braços de homens, do sopé da montanha para o caminhão. A estrada era estreita; tivemos de esperar até se encerrar o carregamento dos troncos. Um microônibus Suzuki vermelho estava esperando à nossa frente. Saímos do jipe. A estrada estava recoberta por um pó fino, pisoteada pelos rebanhos que haviam passado. O motorista do jipe escalou o barranco da estrada para falar com os carregadores, e depois se sentou para observá-los.

Masood e eu ficamos em pé ao lado do desfiladeiro do Kunhar.

"Eu concordo com o que ele diz sobre os *maulana*", disse Masood. "É minha opinião. Há quinze por cento de alfabetização neste lugar."

Eu disse: "Mas não é estranho que a única liberdade que ele quer seja a liberdade para sair do país? Nem passa pela sua cabeça que o campo poderia ser desenvolvido, que poderia haver trabalho aqui".

Masood a princípio não entendeu. A idéia de fuga era exagerada em sua própria cabeça. Quando entendeu, ele disse: "Mas os governantes do país nunca tiveram essa idéia, nem deram ao povo essa idéia. Agora o exército está no comando".

Naquele momento, vendo-os como pobres e sem representação, e não como pessoas que usavam um certo tipo de roupa ou possuíam um certo elenco de características, eu pensava nos trabalhadores, pastores e ociosos que assistiam ao carregamento dos troncos, acima do rio verde e branco. E algo da melancolia de Masood e da histeria do motorista do jipe me tocou.

"O que acontecerá com estas pessoas?", perguntei.

"Só Deus sabe", disse Masood.

Mais tarde, acrescentou: "*Nada* acontecerá. *O que* poderá acontecer?". E mais tarde ainda, depois que um rebanho de ovelhas tingidas passou por nós, refinando ainda mais a poeira fina, fazendo-a elevar-se, colorindo seu barrete branco e tornando cinza seu bigode de morsa, Masood disse, olhando para o rio lá embaixo: "Eles têm as mãos vazias. Não têm armas. *Milhões* terão de morrer". E isso não era a rebeldia falando; era o desespero. "Você sabe quantos partidos políticos há neste país? Noventa e quatro partidos políticos neste país. *O que* pode acontecer?"

"Quando você começou a se preocupar com o futuro?", perguntei.

"Um mil novecentos e setenta e um." Foi o ano de Bangladesh. "Não, acho que foi antes. Acho que comecei a me preocupar com o futuro no exame para a universidade."

Masood entendera mal a minha pergunta. Eu perguntara pelo futuro do Paquistão. Mas ele estava tão sufocado por suas próprias ansiedades que achara que a pergunta se referia a ele mesmo. Tomara a pergunta como uma continuação de nossa conversa da noite passada.

O motorista do jipe estava sentado na ladeira, os joelhos para cima, de pernas abertas em sua calça branca, observando os carregadores.

Masood disse: "Eu costumava dar aulas particulares. Conseguia 400 rupias por mês com isso. Mas tive de parar. Os pais das crianças me tratavam como um criado. Nunca me tratavam como professor. Se eu tinha de chegar na casa deles às quatro e chegava às cinco, criavam problemas. Se os filhos faltavam, colocavam a culpa em mim".

O dinheiro, sua carreira, sua família: depois da noite passada, era a esses tópicos que Masood voltava.

"Meu pai agora se pergunta por que veio. 'Por que eu vim? Onde está a dignidade para a qual pensei que estava vindo?'" Mas isso, conforme eu já sentira antes, era apenas meia verdade. O pai de Masood, sargento do exército muçulmano, ao migrar para o Paquistão em 1947, encontrara a dignidade que desejara em 1947.

O caminhão finalmente foi carregado. Os pesados troncos foram calçados com cunhas e firmemente amarrados com cordas entrelaçadas. O caminhão partiu. O microônibus Suzuki vermelho seguiu atrás dele. Continuamos a viagem, após pelejarmos com o tráfego contrário que também se acumulara.

Paramos na cidade de Jared. Era famosa por seus trabalhos de entalhe em madeira. Mas os exemplares que vi eram toscos punhais de madeira, bandejas, cinzeiros: desenhos e entalhes pobres. Masood comprou um cinzeiro em nogueira por 15 rupias. Era evidente que outrora havia uma tradição; agora, a ausência de habilidade, acuidade visual, apreciação era parte da desolação humana.

Ultrapassamos novamente o caminhão com os troncos e mais uma vez estávamos atrás do pequeno Suzuki vermelho. Comíamos o pó que ele levantava na estrada.

Subitamente, pareceu haver uma espécie de comoção na parte traseira do Suzuki. Alguém foi jogado para a estrada. E depois outra pessoa foi atirada para fora.

Eu disse: "Estão jogando as pessoas para fora do ônibus".

"Uma briga", disse Masood.

O Suzuki estava em movimento mas, de repente, parou. Desviamo-nos do primeiro homem; não estava machucado e estava em pé novamente. Depois, passamos por um rapaz ou um homem jovem — as calças largas, de fechar com cordões, estavam abertas, seus genitais expostos — deitado na estrada. As pessoas do ônibus já saíam correndo em sua direção. Passamos o Suzuki — não havia ninguém no assento do motorista — e paramos cerca de 100 metros à frente, onde a estrada se alargava.

Eu não queria ver sangue. Fiquei contente por nosso motorista haver parado onde parou. Não estava claro o que acontecera. Mas o pára-brisa do Suzuki estava estilhaçado, e a explicação estava mais acima na ladeira íngreme: um rebanho de cabras, parte da migração, vagando ao lado da estrada. As cabras tinham deslocado uma pedra; a pedra esmagara o pára-brisa e ferira o motorista. Durante alguns segundos, o Suzuki ficara desgovernado na estrada montanhosa. Sem dúvida foi o que levou um dos passageiros da parte de trás a se atirar para fora do veículo. Em seguida, quem caíra fora o motorista ferido; e alguém, talvez o homem ao lado do motorista, fizera o Suzuki parar.

Agora, o motorista estava sendo erguido, para ser trazido para o nosso jipe. E o motorista do jipe estava escalando, com pés firmes (ele era um homem da região), a rampa rochosa até onde estavam as cabras e seu pastor, bem acima da estrada. O que ele estava fazendo? Por que a pressa? A resposta era simples: para injuriar o pastor, bater nele e trazê-lo até a estrada.

O estranho aborígine, o homem que conduzia seus rebanhos para as pastagens de inverno, era agora apenas alguém muito pequeno e vulnerável. Foi golpeado no rosto e maltratado por nosso motorista. Seu turbante preto — sua dignidade — pendia solto de sua cabeça calva e se tornava uma tira suja de algodão; e ele era empurrado e esmurrado por todo o caminho ladeira abaixo, deixando para trás suas preciosas cabras. Na estrada, várias pessoas do Suzuki corriam até ele e o esmurravam, correndo de volta para onde estavam paradas. Depois, a raiva lhes voltava novamente e mais uma vez corriam até o velho pastor — que chorava, sem o turbante e parecendo agora tão pequeno quanto uma criança — e batiam-lhe na cabeça e no peito.

"Eles vão matar aquele homem", disse eu a Masood.

"Não", disse Masood. "Agora eles vão parar de bater nele. Está vendo? Eles o colocaram no ônibus. Agora vão levá-lo para a delegacia de polícia."

Mas havia sido um acidente. E quanto às cabras do homem? Mas era o costume local; para Masood não havia nada que contestar. No entanto, nosso motorista falara com tanta simpatia para com os pobres. Os pobres eram seus companheiros, as pessoas do vale; os estranhos não eram contados entre seus pobres.

Trouxeram o motorista do Suzuki para o nosso jipe. Ele estava inconsciente. Um homem o segurou nos braços no assento dianteiro. Masood e eu nos sentamos no assento traseiro; o menino do motorista agarrou-se à traseira do jipe. O homem ferido não estava sangrando.

"Os ferimentos dele são internos", disse Masood. "Disseram que foi uma pedra muito grande que caiu e o acertou enquanto ele estava dirigindo."

Ao vê-lo seminu na estrada, eu pensara que ele era um garoto ou um homem muito jovem. Agora eu percebia que ele era mais velho; era muito magro, com o rosto e o corpo encolhidos pela subnutrição. Continuava inconsciente. O homem que o amparava falava suavemente com ele, como a uma criança. Mas o homem ferido não chegou a responder, nem a abrir os olhos.

Seguimos o mais rápido que podíamos, descendo o vale de Kaghan até Balakot, ao lado do desfiladeiro do Kunhar, dos sopés dos montes, dos pinheiros altos, dos terraços de milho, das casas de telhado plano. De vez em quando, Masood ou o motorista do jipe tocavam a bochecha do homem inconsciente com a parte de trás da mão. Diziam que ele estava vivo; mas ele não chegou a se mexer ou a produzir um ruído sequer.

Prosseguimos durante cerca de uma hora. E quando chegamos a Balakot, no pequeno hospital cinzento, havia apenas crianças no pátio e ninguém saiu para levar o ferido. O médico tinha ido para Peshawar; o farmacêutico estava em Mansehra. Era para Mansehra que o homem ferido tinha de ser levado. Mas isso já não era responsabilidade nossa; tínhamos de entregar o jipe.

E a responsabilidade do motorista do jipe também chegava ao final. Não havia nada mais que ele pudesse fazer. Ele se empenhara numa paixão política; expressara essa paixão na perseguição do pastor afegão, em sua compaixão pelo homem ferido. Mas sua solicitude — e seu senso dramático — não conseguiria sobreviver à tarefa longa e exigente de dirigir pelas montanhas até Balakot. Quando o deixamos ali — elegante e ocioso — parecia um homem debilitado e vazio.

Partimos — em nosso carro emprestado e com nosso motorista emprestado — ao final da tarde e início da noite. Depois das montanhas, a terra era mais macia, seca e com vegetação mais variada.

Nem Masood nem eu falamos muito. Havia pouco a dizer. Os problemas de Masood o tornavam pesado e dificultavam uma conversa neutra.

As bicicletas na estrada não usavam faróis. Os ônibus e caminhões em geral não tinham nenhuma lanterna traseira, porque não fazia nenhum sentido iluminar onde se havia passado. As carroças puxadas a cavalo não portavam nenhum tipo de luz.

"Eles não têm farol", disse eu, com súbita irritação.

"Eles não têm farol", disse Masood, categórico.

Eu o deixei na estrada de Peshawar — a cidade militar a oeste, no amplo vale plano que conduz à passagem de Khyber e a outra região do Afeganistão.

# 9

# *AGHA BABUR*

Em Rawalpindi, os jornais traziam notícias de cortes do governo. Seis ministérios seriam extintos. Era preciso fazer economia no Beluchistão: nenhum novo emprego seria criado e não deveria haver nenhum reajuste salarial para o pessoal empregado. Vinte e nove funcionários do Departamento de Pesos e Medidas seriam demitidos. O *Pakistan Times* dizia que os funcionários afetados haviam "instado o governo a lhes fornecer trabalhos alternativos para poupá-los e às suas famílias da agonia mental e fome desses dias de carestia". De acordo com *The Muslim*, porém, os funcionários apenas pediam para ser liberados da "agonia mental e frustração".

Os microônibus que circulavam entre Rawalpindi e Islamabad haviam entrado em greve de um dia em protesto contra o assédio policial. Os motoristas dos ônibus disseram aos jornais que a polícia desejava propinas maiores. A polícia disse que os motoristas vinham se "comportando mal" com os passageiros.

Trinta e quatro professores disseram a *The Muslim* que não tinham podido partir para assumir seus empregos em Omã, no sudeste da Arábia, porque as autoridades da emigração no Paquistão haviam questionado seus certificados de "não-objeção". Na mesma edição do jornal, havia uma reportagem investigativa sobre os custos elevados da ampliação de uma pousada turística administrada pelo governo no extremo norte: um trabalho que deveria ser feito em sete meses levara cinco anos.

No *Pakistan Times*, um militar aposentado escrevia um artigo sobre indisciplina. "Reconhece-se agora abertamente que nossa sociedade é corrupta, praticando todas as mazelas sociais imagináveis. Crianças que crescem numa atmosfera doméstica onde o contrabando, o câmbio negro, a armazenagem de mercadorias, suborno e corrupção [...] são aceitos com a maior desfaçatez, obviamente não aceitarão nenhuma forma de disciplina. Quando essas crianças forem para as instituições educacionais, naturalmente tentarão projetar nelas a atmosfera encontrada em casa [...]." A solução era uma maior firmeza, "um pulso de ferro", nas escolas (onde nenhuma política deveria ser permitida) e nos tribunais. "Prisão, açoitamento e até a pena de morte farão o que é necessário."

Sobre a questão mais ampla da crise paquistanesa, havia um editorial urgente no *Muslim* escrito por A. H. Kardar, ex-capitão da equipe de críquete do Paquistão e ligado à Universidade de Oxford. "Olhamos para trás com vergonha e raiva pela falta absoluta de experiência e preparo dos líderes políticos e dos administradores frente aos assuntos econômicos [...] vergonha e raiva pelo volume sempre crescente das importações de grãos [...]." Qual era — após esse desabafo passional — a solução que ele propunha? Nada de concreto. Simplesmente: menos política; e um pouco mais daquilo que acontecia antes. "Evidentemente, a escolha é entre o materialismo, com seus inseparáveis manifestos políticos de divisão da nação, e a Palavra de Deus."

Ao lado disso tudo, havia uma resenha, no *Pakistan Times*, de uma exposição no Conselho das Artes. O artista era Hameed Sagher. Era sua primeira mostra; e o resenhista era a um só tempo honesto e sensível.

"Quando se adentra o velho corredor das instalações do Conselho e se caminha pelo chão de madeira, nosso olhar é atraído por vários painéis luminosos e nossa mente é aprisionada por reações conflitantes diante desses painéis. Há uma desnorteante variedade de técnicas e estilos [...] Para entender toda essa variedade de estilos em colisão, é preciso conhecer algo sobre o artista. Durante algum tempo, Hameed Sagher foi poeta. Depois, deu início à sua vocação artística no campo comercial, tendo como guia sua experiência profissional. Não possui nenhum treinamento formal como artista [...] Como poeta, ele é fascinado por idéias. Como artista, precisa capturar essas idéias em cores e é inspirado pelas idéias provocadoras de seus amigos. Dessa forma, desenvolveu uma tensão com a qual ilustra suas idéias com muita veemência e, às vezes, com muita obviedade [...].

"Seu *Intelecto* parece uma cabeça em chamas. O painel intitulado *Luta*, em pastel, são mãos emanando fogo. *O Movimento* é um outro painel expressando uma luta política com chamas e fumaça. Em certos pontos, faixas de verde frio tendem a perturbar o impacto ígneo das figuras em chamas. *A Prece* são mãos em súplica, com grandes olhos entre elas e um minarete com pássaros ao redor [...] As cores brilhantes, o movimento e a tensão sustentam uma promessa. Com mais experiência, e menos pressões econômicas, Hameed Sagher certamente se tornará um artista importante."

A exposição estava no Salão da Maçonaria. Alguns anos antes, os maçons haviam sido proscritos como organização sionista (e também, segundo me disseram, porque alçavam Salomão acima de todos os demais profetas); e seu salão fora ocupado pelo Conselho das Artes.

Ficava na rua atrás do Hotel Flashman, uma rua de vendedores de xales, tapetes e tecidos. Era um prédio de tijolo maciço do período inglês — estilo Departamento de Obras Públicas — com um gramado, um passeio semicircular, janelas em arco e um pórtico. No frontão do pórtico ainda havia o emblema da maçonaria: os dois compassos, como uma estrela inacabada. (Rawalpindi estava repleta dessas usurpações, dessas lembranças de expulsões e terra purificada. A casa do presidente pertencera a um sikh; a mansão Poonch, um dos palácios do marajá hindu de Caxemira, estava fadada à demolição.)

O responsável pela exposição de Hameed Sagher era Agha Babur. Era um divertido senhor de meia-idade, esbelto e atraente, de longos cabelos brancos e franja. Seu escritório ficava numa sala ao final do corredor da exposição. Ele estava ocupado — o vernissage seria realizado naquela tarde — mas me concedeu algum tempo.

Uma mulher corpulenta (a esposa de Agha Babur: mais tarde ele me disse que ela não estava bem de saúde) estava sentada em silêncio, mas solidária, em um dos lados da escrivaninha de Agha Babur. Um radialista obsequioso estava à frente de sua escrivaninha. Sentei-me no lado vago da escrivaninha.

Agha Babur havia escrito uma breve nota sobre o trabalho de Hameed Sagher no cartão do catálogo.

"Eu tive de escrever isto. É importante para os nossos artistas que eles levem consigo os folhetos de suas exposições quando forem para o exterior. Não podem mostrar apenas uma tabela de preços. As pessoas no estrangeiro, na França, na Alemanha e na Itália, não abrirão espaço para expor se eles mostrarem apenas uma tabela de preços. Eles precisam desses folhetos."

Os preços de Hameed Sagher não eram altos: de 50 até 200 rupias, ou de 5 a 20 dólares.

Agha Babur estava no exército antes de entrar para o Conselho das Artes. "Vim para o Conselho das Artes porque isso aqui era um navio naufragando. Eu o coloquei no mapa. Consegui fazer isso porque sou um homem de idéias. Vou lhe dar um exemplo: 1975 foi o ano do turismo. O ministério aqui não estava fazendo nada a respeito. O turismo a princípio não ia muito bem. Escrevi cartas para todas as embaixadas daqui para me concederem seus cartazes turísticos. Consegui cartazes de dez países e realizamos uma exposição internacional de cartazes turísticos. Concedemos prêmios. Demos o primeiro lugar para a Polônia, o segundo para a Turquia e o terceiro para a Espanha. Tínhamos de concedê-lo para a Espanha. O cartaz deles era de uma tourada."

Sentado em sua cadeira, fazendo gestos de toureiro com as mãos, descreveu com a parte superior do corpo um arco súbito para o lado; e seus olhos dançaram de prazer.

"Cheio de *movimento*. A exposição ganhou publicidade em todos esses países. Escrevi uma carta ao ministro daqui dizendo: 'Foi isto que eu fiz. O seu departamento é *sonolento*'.

E ele disse: 'Agha Babur, você é um homem de idéias'. Não fiquei só nisso. Consegui que ele, através do ministério, me concedesse troféus. E entregamos esses troféus, e a cerimônia foi exibida pela TV em Varsóvia, em Ancara e na Espanha.

"As idéias simplesmente me ocorrem. Pela manhã, quando faço a barba. Por exemplo: este é o décimo quarto século da *hijra* islâmica. Nosso presidente disse em Havana o seguinte: 'Catorze séculos atrás ocorreu uma revolução'." (Algumas semanas antes, o presidente dissera isso em uma reunião de países não alinhados, aos quais o Paquistão acabara de aderir.) "Ora, isso me deu uma idéia. Você é a primeira pessoa para quem estou contando. É um privilégio seu. Quando entrarmos na nova *hijra*, vou organizar uma exposição sobre a caligrafia do Corão Sagrado."

No folheto de Hameed Sagher, Agha Babur havia escrito: "Hameed Sagher utiliza uma atmosfera poética em suas pinturas, onde a retradução de nostalgia e agonia é representada em um estilo ingênuo. Ele está procurando identidade e força [...] Sua obra representa um individualismo do artista confrontado com sentimentos malpassados e misturados, como se trancados e escondidos na caverna do tesouro de Ali Babá". E estava assinado, em elegante tipo cursivo: *Agha Babur.*

Ele estava esperando uma resposta minha. Li em voz alta sua última frase. Ele pareceu gostar disso. Agha Babur, Ali Babá: talvez o primeiro (Agha Babur gostava de usar seu nome) tivesse sugerido o segundo.

Conversamos sobre o inglês no Paquistão. Eu disse que não eram muitas pessoas que o falavam. Ele discordou, mas depois pareceu concordar. "A língua falada pode estar morrendo. Mas não a língua escrita. Embora eu tenha orgulho do urdu, nunca me esqueço de que também sou inglês." Ele queria dizer falante do inglês. "Nós agora temos essa língua inglesa. Todos os árabes e persas gostariam de tê-la. Seria ruim se a perdêssemos. Agora, quando nosso delegado paquistanês chega às Nações Unidas e faz um discurso de duas, três horas neste inglês bonito, os árabes correm até ele ao final e o abraçam. Nós não podemos perder este inglês.

"Meu professor foi Bukhari. O grande Bukhari. Um terror. Ele jogava o trabalho de volta na gente. Na nossa cara. 'Chama isto de redação? Chama isto de inglês?' Ele disse algo que não saiu mais de minha cabeça. Ele disse: 'Escrever agora é dor. Todo o resto é prazer. Lembre-se disso. Mas dia virá em que escrever será prazer, e todo o resto será dor'. Não era uma coisa boa para se dizer? 'Escrever é dor; todo o resto é prazer. Mas dia virá...'"

Parou e depois disse: "Você é como minha amiga Caroleen nos Estados Unidos. Ela também costumava anotar as coisas que eu dizia."

Eu estava escrevendo nas margens do pequeno cartão do catálogo.

"Ela era minha guia nos Estados Unidos. Divorciada. Eu era um convidado cultural do Departamento de Estado. Caro-leen me dizia: 'Agha Babur, a maioria das pessoas vem até a costa leste e acha que viu os Estados Unidos. No máximo, fazem uma viagem até Los Angeles na costa oeste. E depois acham que viram os Estados Unidos. Você é o primeiro que eu conheço que veio até Utah. Qual o seu interesse?'. Eu disse: 'Sendo muçulmano, a poligamia'. Isso era uma brincadeira. Ela me contou sobre o projeto de um teatro numa loja de departamentos. Eu disse: 'Caro-leen, você está colocando a arte na vitrine das lojas'. A vitrine do espetáculo, a vitrine da loja. Tudo o que eu dizia estava correto. Ela estava dirigindo. Apanhou um bloco de papel com uma das mãos e começou a escrever. Eu disse: '*Caro-leen*! O que você está fazendo?'. Ela disse: 'Agha Babur, eu não consigo deixar de anotar as coisas que você diz'."

Tirou uma enciclopédia da estante. No pequeno mapa dos Estados Unidos, ele tinha marcado sua rota cultural com tinta azul. Também estivera na Flórida, na Disneyworld.

O *vernissage* seria às cinco e meia da tarde. Mas aqui era o Paquistão, e o homem que iria fazer o discurso de abertura e cortar a fita era o embaixador do Iraque. Achei que eu poderia chegar lá às seis. Mas, porque o salão ficava tão próximo do hotel, e porque fiquei perambulando e olhando xales e tapetes, cheguei cinco minutos depois das seis. Havia um policial no portão. No gramado, para os comes e bebes, havia uma *shamiana*, um toldo de lona decorada. E eu estava irremediavelmente atrasado. Os discursos já haviam sido pronunciados.

Agha Babur, com seu passado militar, começara na hora certa. Pedira ao embaixador que chegasse sete minutos depois do horário oficial da abertura, ou seja, às 5h37; e o embaixador fizera exatamente isso. Quando entrei no salão, com seu velho assoalho nu, o grupo oficial estava dando um giro pelas pinturas: o embaixador em um terno e colete escuros, Agha Babur em um terno informal cinza-claro, o artista em traje paquistanês branco com uma jaqueta de lã em tom ocre e sem manga. O embaixador, robusto, parecia sério e compenetrado e escutava com a cabeça inclinada para um lado; o artista era baixo, tímido, estava vencido pela cerimônia e ao mesmo tempo era um vencedor; Agha Babur estava elegante e distinto, e artístico com seu longo cabelo branco.

O salão estava lotado. Agha Babur novamente o conseguira. No deserto social de Rawalpindi, criara mais um evento. E a exposição era um sucesso. Doze das pinturas já haviam sido vendidas. O embaixador iraquiano comprara cinco (inclusive a cabeça em chamas, o *Intelecto*); o homem da embaixada da Indonésia tinha comprado dois; o embaixador da Alemanha Oriental, ou seu representante, comprara um, tal como o embaixador russo (que não falava urdu, mas entendia o persa, e depois de examinar os dedos longos do artista os declarara "artísticos").

Conheci um amigo do artista. Era professor, tal como o jovem de baixa estatura que o acompanhava. O jovem — em cujo peito estreito brotavam cabelos pretos — estivera no exército, mas saíra para ser professor. Agora desejava ir para a Inglaterra para fazer uma tese. Como muitos paquistaneses, tinha a pretensão de ser mais do que paquistanês. Disse que era de origem persa; seu antepassado viera para a Índia após o motim indiano de 1857. (Mas esse antepassado fora apenas um entre dezesseis.) Queria ir para a Inglaterra para fazer uma tese sobre o romance político: E. M. Forster, Conrad, Graham Greene.

"Greene?"

"Ele escreveu três romances sobre a África."

"Três romances?" Eu tentava imaginar quais eram.

"Ele escreveu aquele romance sobre a África. *O âmago* de alguma coisa."

"*O âmago do assunto*. Eu não chamaria esse romance de político."

"É político. Tem um diálogo nele que chama os nativos de mentirosos. Mas ninguém diz que era por causa do colonialismo que as pessoas chamavam os nativos de mentirosos. As pessoas foram produzidas pelo colonialismo. Pela história. Mas ninguém diz isso."

"Mas se você for pensar assim, todos os escritores são políticos."

O jovem — pálido e magro — ainda não se aprofundara em sua tese; aquela pequena idéia era tudo o que ele tinha. Mudando sua linha de ação, disse: "E quanto a Kipling?".

"Ninguém escreveu com tamanha precisão sobre os indianos", respondi. "Nesse ponto, você não encontra erro em Kipling."

Mas ele realmente não conhecia Kipling; apenas conhecia o nome. Passou a falar reservadamente.

"Eu não queria trabalhar com o romance político inglês", disse ele. "Foi idéia deles. Na verdade, eu queria trabalhar com os sonetos de Shakespeare. Mas disseram que isso já estava muito batido."

"Há muita coisa sobre os sonetos. O que você deseja dizer sobre eles?"

"Eu acho que Shakespeare estava atraído por um jovem. Mas as pessoas achavam isso antinatural."

Achei que seria melhor para ele deixar os sonetos em paz.

"E porque achavam isso antinatural... você sabe, eu sou persa. Você conhece Hafiz, Saadi? As pessoas na Europa são muito ingênuas sobre o homossexualismo."

Ele tinha trinta anos. Mas tinha lido pouco; ele sabia pouco; tinha poucas idéias. Acho que ele não queria realmente fazer uma tese. Ele queria um emprego; queria um visto e um certificado de não-objeção; queria ir embora.

Como ele poderia ler, como poderia julgar, como poderia aventurar-se nas disciplinas críticas de outra civilização, quando tanto de sua própria história lhe havia sido distorcido e proibido à investigação? E como era estranho, no salão usurpado à maçonaria de Rawalpindi, falar de romance político inglês e das distorções do colonialismo quando, naquela cidade, dentro de algumas semanas, em nome de um islã que não devia ser questionado, os furgões de chicoteamento iriam sair às ruas, fotos oficiais dos chicoteamentos públicos seriam divulgadas e um dos melhores jornalistas do país seria preso e fotografado em correntes.

# 10

# *AS COLINAS DE SAL DE UM SONHO*

As noites estavam ficando mais frescas em Rawalpindi; o verão estava quase no fim. Mas fazer o curto trajeto de ônibus dos contrafortes do Himalaia até Lahore, nas planícies do Punjab, era descer para onde ainda fazia muito calor. Também era descer de onde a agricultura dependia de chuvas para onde ela dependia de irrigação, alimentada pelos rios do Punjab.

As planícies irrigadas do Punjab paquistanês haviam sido o celeiro de grãos dessa parte do subcontinente. Mas a irrigação que abençoava alguns campos amaldiçoava outros. Sem drenagem natural no solo do Punjab, o lençol freático se elevara para uma altura de cerca de três metros da superfície. Quarenta por cento da terra irrigada estava agora encharcada; um quarto da terra era prejudicado pelo sal, branco na superfície do solo, preto e mais prejudicial no subsolo. O assassino avançava pelo subterrâneo; mas era possível perceber a próxima linha de árvores adultas cujas raízes iriam apodrecer, a próxima área de campos onde, em breve, nada brotaria.

A aldeia de Raiwind ficava no meio de uma nova área de deserto. Viajar de carro de Lahore para lá era ver (devido à planura da terra) centenas de quilômetros quadrados destruídos (ainda com faixas verdes viçosas aqui e ali). Havia um grande aglomerado em Raiwind. De longe, era como uma feira: pessoas andando a pé ao longo de trilhas planas e retas para uma grande cidade de barracas, caminhões, ônibus e carroças puxadas por cavalos, como miniaturas na distância, levantando poeira (mas os canais estavam cheios de água).

Era uma ocasião religiosa: no Paquistão, o fervor religioso jamais se abatia. Terminara o ramadã e o festival de encerramento do ramadã; havia passado o entusiasmo da peregrinação a Meca; logo viria o Festival do Sacrifício. Nesse meio tempo, havia o seguinte: a assembléia de uma fraternidade muçulmana dedicada à idéia de que todo muçulmano era também um missionário do islã.

Tinham vindo, só Deus sabe a que custo, de todas as partes do Paquistão e também de diversos outros países. As pessoas dessa fraternidade não se incluíam entre os pobres; muitas eram comerciantes. Durante três ou quatro dias, ouviriam discursos, morariam e rezariam juntas. Raiwind, onde nada era cultivado, oferecia um espaço aberto perfeito. A terra estava tão encharcada, a água tão próxima à superfície que caminhar em certos lugares era como andar sobre um colchão de molas.

Havia muitas barracas de lanches com paredes de lona listrada. A área principal de barracas era imensa, com incontáveis postes de bambu apontando para ângulos variados acima da cobertura branca abobadada: metros e metros de algodão branco pendiam de cordas amarradas aos postes de bambu, os tecidos de algodão descendo e subindo, frouxamente alinhavados, de forma que na imensa área coberta, cujo final era difícil de avistar, o lençol branco parecia cortado e rasgado, revelando pedaços de céu azul-pálido e faixas do branco ofuscante do topo do algodão onde o sol batia. Os cortes criavam faixas de luz que desciam em segmentos irregulares sobre as pessoas e o solo. Sob o algodão branco, o efeito era mais de luz filtrada do que de sombra, e vagamente aquoso; e o sobe-e-desce das tiras de algodão em seus suportes encordoados sugeria uma espécie de superfície marítima. Aqui e ali, homens abanavam homens santos de turbante, às vezes com lençóis; outras vezes, dois homens de uma vez erguiam e baixavam grandes lençóis brancos, criando dosséis momentâneos sobre homens santos deitados. Por toda parte, tapetes e roupa de cama enrolada e cântaros de água.

Era organizado: cada fila tinha um número. Fui levado de pessoa para pessoa, arrebatado de um palco onde se iniciava uma conversa e levado para o enclave estrangeiro onde havia árabes, indonésios e até africanos (mãos nitidamente velhas nesses agrupamentos muçulmanos internacionais, usufruindo despudoradamente da sensação étnica que eles e seus costumes e língua estavam suscitando). Arrebatado de outra conversa ali, fui conduzido finalmente para a *shamiana* executiva, onde um cientista de cabeça raspada me examinou, até que um almirante da aeronáutica, com uma maravilhosa barba branca, olhos tristes e modos delicados, chegou e falou comigo sobre a vida após a morte. Esta era uma das metas daquela concentração, disse ele, fazer com que as pessoas pensassem seriamente sobre a vida após a morte.

Agacharam-se diante de mim sobre um tapete de algodão no solo seco. O cientista disse que estivera na Inglaterra ao término da guerra; tinha ido em um navio de transporte das tropas. Já naquela época notara sinais da doença do Ocidente, mas conservara sua própria paz; agora, estava claro que o Ocidente admitia estar doente.

O cientista disse que não queria ficar "dividido", como seu próprio pai ficara nas Índias britânicas: um muçulmano em casa, um europeu longe de casa. Ele e todos na assembléia queriam ser muçulmanos do modo como os primeiros muçulmanos o haviam sido. Quando perguntei em que ponto o seu novo comportamento diferia de seu antigo comportamento, não obtive nenhuma resposta direta.

Estava quente; o cientista com a cabeça raspada estava suando. O almirante da aeronáutica com seu turbante estava mais fresco, mais composto e, também, mais atormentado. Ele desejava purgar-se de pensamentos pessoais, fazer tudo em favor apenas de Alá. Mas toda ação levantava dúvidas; em toda ação, ele detectava algum pensamento egoísta degradante.

"Fique para as nossas orações", disse ele. "Às vezes, assistir a todos nós em oração produz efeito positivo nos recém-chegados."

Mas era por isso que eu não queria ficar e era o que estava me deixando nervoso: as orações, a visão de 100 mil — ou seriam 200 mil? — prostrando-se em uníssono, no deserto evitável de Raiwind.

No caminho de volta, parei em uma aldeia. Nenhuma safra era ali cultivada no momento. Os homens não eram mais camponeses, mas trabalhadores que viajavam para a cidade de Lahore, a duas horas de distância. O inimigo era o lençol freático: o buraco mais superficial se tornava uma poça e a aldeia estava cheia de poças estagnadas, algumas bem grandes, rodeadas de entulho da aldeia. O verde estava desaparecendo. Mas devia haver algum gado; bolos de estrume, lenha, secavam sobre muros de barro.

Os homens com quem falei abrigavam-se do sol em um cômodo em ruínas, feito de tijolos de barro, ao lado de uma poça. Mais adiante na rua torta de terra, havia uma casa de bom tamanho. Disseram-me que era uma casa muçulmana. Achei estranho dizer uma coisa dessas, até que entendi que se referiam ao fato de que, antes do Paquistão, antes de 1947, a casa pertencera a um não-muçulmano. Agora a aldeia era toda muçulmana, pura. Na hora das orações — embora nenhum chamado fosse ouvido — dois dos homens se levantaram para ir à mesquita.

A terra era salgada. Mas a fé mantinha esses homens em paz.

E alguns tinham uma fé tão grande que se afastavam completamente da fé. Isso acontecera com os *ahmadi*. Era para saber sobre eles que eu viera a Lahore.

Os *ahmadi* se consideravam os mais puros muçulmanos. Em sua reverência ao Profeta haviam enxertado uma reverência ao Messias Prometido, Ahmad, que surgira na Índia no século XIX. Os seguidores de Ahmad, os *ahmadi*, afirmavam que Ahmad viera para purificar a fé decaída. Para outros muçulmanos, essa reverência ao Messias Prometido degradava a "finalidade" do Profeta e era o tipo mais perverso de blasfêmia. Campanhas contra os seguidores de Ahmad haviam sido repetidamente encetadas; e, no tempo do sr. Bhutto, os odiados *ahmadi* haviam sido declarados não-muçulmanos.

Meu interesse pela seita começara com a funcionária pública *ahmadi* que eu conhecera em Karachi — a viúva do sári verde. Eu ficara impressionado com sua educação e dignidade, sua aceitação da perseguição, sua aceitação do fato de que ela e os filhos talvez tivessem de deixar o Paquistão.

Minha expectativa, ao vir para Lahore, era visitar a colônia *ahmadi* na pequena cidade de Rabwah, a cerca de 160 quilômetros de distância. Mas as apresentações eram necessárias; e não era fácil em Lahore conseguir ser apresentado a um *ahmadi*. Os *ahmadi*, compreensivelmente, eram reservados. E os muçulmanos que não pertenciam à seita não queriam saber deles; ora fingiam não ouvir, ora ficavam furiosos.

Eu ouvi dizer que os *ahmadi* eram propensos à casuística; que o homem a quem sempre se referiam publicamente como Messias Prometido era aceito por eles, em segredo, como um segundo profeta. Disseram-me que o Ahmad original fora instigado pelos ingleses, para dividir os muçulmanos indianos. Também ouvira dizer que eles eram fortes nas forças armadas; que eram bons homens de negócios e "buscavam apenas seus interesses próprios"; que se tornar *ahmadi* era obter segurança e proteção.

Depois, por intermédio do filho de um oficial do exército aposentado, conheci o coronel Anees, que pertencera ao exército paquistanês. O coronel era da seita; deixara o exército porque sentia que os preconceitos — principalmente depois da ilegalidade da seita — eram agora muito fortes. Estava com quarenta e um anos, era pesado mas musculoso, com ombros vigorosos. Tinha uma expressão serena que quase parecia um sorriso. Passara dois anos de sua vida como prisioneiro de guerra na Índia, depois da guerra de Bangladesh, em 1971. No campo de prisioneiros indiano, lera muito, aprendera francês e fizera uma série de desenhos a lápis que eram excelentes, minuciosos e em estilo fotográfico. Parte de sua serenidade deve ter sido adquirida durante aqueles dois anos de retiro e concentração mental.

Era um homem fácil de se gostar. Mais difícil era penetrar em sua fé prodigiosa. Mas isso não o surpreendia: disse que para entender os *ahmadi* era necessário saber muito sobre o islã, muito. E apenas entendi o que quis dizer depois que me levou para conhecer os líderes da seita em Lahore. Certa tarde, ele me levou para lá e deixou que eu mesmo descobrisse.

Uma casa rica, suburbana, com três ou quatro carros no passeio; um jardim verde, viçoso; portas deslizantes de vidro em caixilhos de madeira; um assoalho atapetado; móveis de estilo; mesas baixas de madeira entalhada; pinturas paquistanesas modernas; criados; chá. Um ambiente estranho — correto talvez apenas em sua meticulosidade indo-vitoriana, e a sensação que produzia era de clausura — para a exposição de mistérios religiosos que para mim pareciam vir de um mundo antigo. E os homens que me esperavam — de idades variadas: desde o fim dos trinta até o início dos sessenta — podiam ser modernos homens de negócios, pelo modo de vestir, educação e maneiras. Alguns provavelmente eram homens de negócios. Mas eram dotados de uma autoridade adicional: eram homens que consideravam a si mesmos extraordinários por sua fé.

Não era dado a muitos estar entre os primeiros a reconhecer um Messias e, com isso, vincular-se aos primeiros que acreditaram na missão do Profeta. A coragem desses primeiros fiéis era agora justificada, como a deles o seria quando o mundo inteiro se voltasse para o Messias Prometido. E, como uma marca de sua fé, apesar da perseguição, alguns usavam um projeto muito ralo de barba no queixo.

Cem anos antes, havia apenas Ahmad, um único homem. Agora havia 10 milhões de *ahmadi* no mundo inteiro. Cem anos depois de agora, por que não 10 milhões vezes 10 milhões? Fora o que disse o imã ou bispo de Lahore (que tinha uma barba em crescimento) a um cético em Londres. Com tão portentosa fé eles podiam se dar ao luxo de rir dos detratores, dos "interesses adquiridos". A verdadeira religião, disse o imã, era revestida pela "cultura". Uma vez que se visse além dessa coisa passageira, a religião tornava a ficar clara.

Sempre houve aqueles que preferiam negar os sinais, disse o imã. Estava nas profecias, por exemplo, que quando o Messias Prometido surgisse ou declarasse sua missão haveria um eclipse do sol e da lua. Quando eclipses como esses ocorreram em conjunção estreita em 1894, um cético, frustrado, bateu sua cabeça contra uma parede e disse: "Agora este homem" — o Messias Prometido — "está certo!". O cético, porém, não abandonou sua dúvida.

Eles riram da história que lhes era bem conhecida. E havia uma história mais recente de descrença e interesse adquirido.

"No ano passado", disse o imã, "houve uma conferência em Londres no Commonwealth Centre. Havia centenas de delegados de diversos países. Cientistas estavam presentes. Alguns apresentaram trabalhos. Mas a imprensa ignorou a conferência. O pessoal da TV não mandou ninguém."

"Sobre o que era a conferência?"

"Sobre a libertação de Cristo da cruz", disse o mais velho.

Cristo não morrera na cruz. Só estava em coma quando foi tirado da cruz. A mortalha de Turim provava que o sangue havia fluído de um homem que ainda estava vivo. As pernas quebradas de Cristo foram curadas e ele saiu para pregar para as tribos perdidas de Israel. Seguiu seu caminho até Caxemira, no norte da Índia, onde morreu com a idade de cento e vinte anos.

"Quem organizou essa conferência?", perguntei.

O imã ficou surpreso.

"Nós organizamos."

Eu estava confuso. Mas aquela crença sobre Cristo era central à fé *ahmadi*.

Alguns muçulmanos acreditam (embora isso não seja sancionado pelo Corão) que Cristo (para os muçulmanos, um dos profetas anteriores a Maomé) voltará à terra como o redentor ou o *Mahdi*. Os *ahmadi* dizem que a profecia foi mal interpretada. Pelo seguinte motivo: Cristo não está vivo em algum lugar do céu, esperando voltar para a terra; Cristo está morto. Está morto porque não foi levado da cruz para o céu. Ele foi tirado da cruz, curado e seguiu com seu trabalho de pregação até estar com cento e vinte anos. Ele viveu sua vida como homem; foi uma vida muito longa; ele não pode voltar para a terra para um segundo período.

A verdadeira profecia, de acordo com os *ahmadi*, era que alguém *como* Cristo voltaria para a terra como o Messias Prometido, para purificar a religião num tempo de trevas e restabelecer a pureza do islã. E esse homem foi Ahmad, nascido em 1838 na aldeia de Qadian, agora na Índia, bem junto à fronteira com o Paquistão. Jesus nasceu mil e trezentos anos depois de Moisés; Ahmad nasceu mil e trezentos anos depois do Profeta. Jesus nasceu numa colônia romana; Ahmad nasceu numa colônia britânica. Essas eram apenas duas das inúmeras semelhanças.

A família de Ahmad tinha sido proprietária de terras. Mas, sob a administração britânica, havia perdido suas oito aldeias, e a divisão da propriedade restante entre a família deixara pouca terra para Ahmad. Sobre a infância ou o início da vida de Ahmad pouco se diz. Sabe-se que ele aprendeu o árabe, a língua sagrada, sem nenhuma instrução; e que ele sofria de vertigens e diabetes e tinha uma leve gagueira. Recebeu sua primeira revelação quando estava com quarenta anos. Mas não foi senão quando estava com cinqüenta e um ou cinqüenta e dois, em 1890, que ele anunciou sua missão. Verificou-se, depois, que muitas coisas sobre Ahmad — inclusive suas deficiências físicas e o nome do seu local de nascimento — haviam sido profetizadas.

Suas revelações lhe vieram em palavras, e isso era importante. Se ele tivesse afirmado ter sido meramente inspirado, não teria sido capaz de defender suas palavras. Certa vez, foi acusado de tentativa de assassinato — foi uma primeira campanha para desacreditá-lo — mas foi absolvido. Ele se casou tarde; teve um filho quando estava com cinqüenta anos (um ano antes de anunciar sua missão); e o filho se tornou a terceira cabeça do movimento (Ahmad morreu em 1908). Todos esses eventos foram profetizados.

Era uma história complicada, conforme me alertara o coronel Anees; e talvez eu não tenha entendido direito todos os detalhes. Grande parte do que escrevi (mas não tudo) me foi contado por Idrees, o irmão do imã de Lahore, durante uma longa viagem matutina até a colônia *ahmadi* em Rabwah.

Idrees desejava que eu entendesse que a fé era puro islã, e se harmonizava com tradições e profecias aceitas. Tive a impressão de que ele estava também um pouco nervoso depois da proibição da seita, e preocupado em não parecer estar blasfemando. Idrees era um grisalho advogado da corte suprema; suas explicações conseguiam ser precisas e detalhadas.

A proibição da seita pelo sr. Bhutto fora profetizada. O mesmo acontecera com a punição do sr. Bhutto. Estava nas profecias que um governante iria declará-los *cafar*, infiéis; e que, mais tarde, ambas as mãos desse governante seriam quebradas.

"A mão que segurou a declaração", disse Idrees, "e a mão que a assinou."

Perguntei-lhe se não teria sido melhor para os *ahmadi* ficar na Índia, no seu reduto original, no local de nascimento de Ahmad.

"Sem o Paquistão e o sr. Jinnah", disse Idrees, "a Índia teria sido outra Espanha."

"Espanha?"

"Um lugar onde o islã foi eliminado. E agora muitos estudiosos dizem que as realizações mais gloriosas do islã ocorreram na Espanha."

Muito tempo antes da divisão, porém, o segundo califa, ou sucessor (o filho de Ahmad), profetizara uma migração: uma migração semelhante à de Cristo, depois que fora retirado da cruz. A profecia lhe ocorrera em um sonho.

A terra pela qual estávamos passando era plana. As colinas, quando chegamos perto delas, eram abruptas. Eram as colinas salgadas do Punjab, e Idrees disse que, do céu, pareciam ser os últimos afloramentos dos Himalaias. Eram colinas baixas e vermelhas, tão vermelhas que os homens que extraíam o sal — puro, os torrões como mármore cheio de veios — ficavam vermelhos com seu pó.

Ao lado das colinas estava o Chenab, um dos rios do Punjab, um rio do subcontinente indo-paquistanês: não um fluxo de água em meio a margens bem definidas, mas uma ampla e devastada depressão que, na cidade de Rabwah (abaixo das colinas de sal), tinha entre três e cinco quilômetros de largura: a maior parte do leito do rio estava exposta e seca, com bancos de areia baixos e convexos, grandes depósitos cinzentos de sedimentos, enegrecidos onde saturados de água, e com poças d'água, e o verdadeiro rio como uma faixa irregular de água em lugar de um fluxo, sem ondas, aparentemente sem profundidade, que se bifurcava preguiçosamente ao redor de uma ilha.

O segundo califa, depois de haver profetizado a migração da Índia, tinha visto uma paisagem como esta em um sonho, e, de fato, ela possuía certa qualidade onírica, com as abruptas colinas rochosas vermelhas e o canal espraiado do rio depois da planície uniforme e irrigada do Punjab.

"Ele viu que havia uma enorme inundação", disse Idrees, "e nela estávamos todos à deriva até que, no final, alcançávamos terra em um lugar que era montanhoso, com montículos e também alguma área arenosa."

As colinas eram importantes nessa migração que tinha de assemelhar-se à de Cristo: contava-se que Jesus e Maria, depois de deixar a Galiléia, haviam se mudado para um lugar fisicamente elevado. E o rio era importante, porque o Messias Prometido profetizara que os tempos seriam difíceis para o seu povo e que então, para consolá-los, ele apareceria nos bancos do Nilo ou de um rio como o Nilo. Tudo estava contido em um "símile" — para usar a palavra que Idrees constantemente empregava — de mundo irreal. O Nilo, disse Idrees, nascia nas Montanhas da Lua; Chenab quer dizer "Rio da Lua".

A comunidade havia planejado um conjunto habitacional às margens desse precioso rio. Muitos devotos haviam comprado pequenos lotes. Entretanto, o governo do Paquistão — perseguindo a comunidade até mesmo aqui — havia se apossado da terra para abrigar refugiados *bihari* de Bangladesh. Refugiados contra desterrados, os indesejados desapropriando os indesejados: os *bihari*, na verdade, haviam construído uma mesquita, símbolo de sua posse, antes de os *ahmadi* obterem uma ordem judicial de permanência contra a apropriação de sua terra. Na própria Rabwah, o governo desapropriara um terreno de loteamento da comunidade, de mais de 1,5 hectare, para construir uma delegacia de polícia; também fora obtida uma ordem de permanência contra essa desapropriação.

Passando o rio, ao pé de uma das colinas vermelhas, à luz turvada pelo calor, ficava o cemitério *ahmadi*. Os que estavam ali enterrados eram pessoas que haviam deixado de herança dinheiro para a comunidade e o movimento. As sepulturas eram baixas; o muro era baixo. O cemitério era tão integrado à estranha paisagem que, se Idrees não tivesse apontado para ele, eu não o teria notado.

O salitre estava a uma profundidade entre 15 e 30 centímetros abaixo do solo quando os *ahmadi* o encontraram. A terra — eles tinham comprado 400 hectares — ficara abandonada durante séculos. Agora, nessa terra, tal como em alguns pontos na rocha vermelha de sal, havia um afloramento de cor verde-musgo, um matiz adicional. E havia um pequeno núcleo urbano, arborizado, embora a água captada de poços — a única ali disponível — fosse um pouco salobra. A colônia e reduto *ahmadi* tinham o aspecto de uma unidade administrativa do governo: prédios baixos e empoeirados de tijolo vermelho com cortinas de junco nas entradas; e varandas ao redor de pátios onde, cuidadosamente aguados, cresciam oleandros, hibiscos e uma variedade de coqueiro pequeno.

Idrees me acomodou na casa de hóspedes — "para dignitários" — e foi dar seu nome ao escritório do imã, o chefe atual da seita. O imã, neto do Messias Prometido, tinha setenta anos e um título de mestrado em artes por Oxford, disse Idrees. Trouxeram-me uma Pepsi e, depois, chá. Logo Idrees entrou para dizer, com certa reverência, que ele havia sido "chamado". Ele achava que em breve eu também seria chamado.

Mas não fui. Idrees, explicando para mim depois, disse que o imã estava ocupado. Ele estava com milhares de cartas e muitos assuntos administrativos para resolver; e partiria para Rawalpindi no dia seguinte. Como compensação, mostraram-me uma fotografia — um homem de turbante e rosto limpo — e permitiram-me subir até a escura sala de espera onde, aguardando como se estivesse em um consultório médico, havia um sombrio grupo familiar, com uma mulher de véu preto, arqueada.

Na seção de publicações — apesar dos problemas com o governo em relação a uma nova tipografia — havia pilhas de edições em brochura e traduções do Corão. Idrees, espanando o pó do deserto de cada um dos encorpados volumes, mostrava os exemplares do Corão, língua após língua, página de título após página de título. Os *ahmadi* atuavam muito na África: tinham edições do Corão em ganda, suaíle, ioruba. Que energia, que organização nessa área do Punjab! Mas os *ahmadi* não desejavam nada menos do que a conversão do mundo inteiro.

Eles foram banidos de muitos países muçulmanos; mas o trabalho sempre continuava em outro lugar. O homem alto de branco havia regressado de um posto missionário na Dinamarca. Ele me fez pensar em um diplomata chamado de volta para o seu país e vivendo em condições empobrecidas. Antes de montar em sua velha bicicleta e partir para a forte luz do sol, ele disse que os escandinavos estavam procurando novas fés e que ele formara na Dinamarca uma razoável congregação para o Messias Prometido.

Mais gordo, mais feliz e com uma história maior para contar, era o homem que, a intervalos, servira durante vinte anos em Londres. Ele tinha uma congregação de 10 mil pessoas (na maioria migrantes paquistaneses, eu diria); e ele não hesitara — em Londres — em lutar pela causa muçulmana. A diretora da escola de sua filha queria que ela usasse a saia do uniforme escolar em lugar das calças compridas e largas do recato islâmico. Ele levara a questão para uma instância superior e saíra vencedor. A filha usou as calças compridas e, quando a notícia se espalhou, muitos muçulmanos mandaram suas filhas àquela escola; a diretora depois lhe agradeceu. A lei garantia a liberdade de religião, disse ele. Ele se referia à lei da Inglaterra, a lei de outros homens.

O grande problema dele fora evitar que sua filha tivesse “uma mente dividida”. Mas ela ficara inquieta com esse “tal de movimento feminista” e não estava se adaptando facilmente no Paquistão e em Rabwah. Ele estava sempre discutindo o assunto com ela, mostrando-lhe o quanto o costume islâmico era melhor para as mulheres. Ele assistira ao rebaixamento na posição das mulheres na Inglaterra durante o tempo em que lá esteve; os homens já não davam seu lugar para elas nos ônibus, e ele havia lido no *Observer* que as doenças venéreas eram agora uma "epidemia".

Mas o que havia no movimento feminista que atraía sua filha? Ele não respondeu. Os alto-falantes chamavam para a oração da uma da tarde: "Não há nenhum Deus além de Deus", cantaram de modo melodioso e variado. E o ex-missionário em Londres se levantou. Vestiu seu boné preto de pele e disse — com uma jocosidade londrina: ele ainda mantinha seus modos londrinos, sua segurança londrina — que não queria atrasar-se para o almoço: sua esposa, ao contrário do que se dizia sobre as mulheres muçulmanas, era uma tirana. As pessoas em Londres, disse, costumavam perguntar-lhe por que ele não tinha quatro esposas; ele lhes respondia que mal conseguia lidar com uma.

Idrees também acreditava na reclusão rígida das mulheres; sua esposa mantinha o *purdah*. Idrees achava que meu incômodo com o homem de Londres fosse apenas um incômodo com a migração paquistanesa. E, enquanto caminhávamos sob a luz branca de volta para a casa de hóspedes, ele disse: "Há uma maré nos assuntos humanos...". A imagem da inundação, o sonho do califa, a migração!

Almoçamos. Idrees saiu para dizer suas orações, acrescentando à oração das três a oração da uma da tarde que ele havia perdido. Depois, entrei em seu quarto na casa de hóspedes e conversamos. Ele ficou deitado em uma das camas, ora de costas, ora de lado. Sentei-me no banco da penteadeira. Fazia calor. As rochas de sal das colinas de Rabwah armazenavam e irradiavam calor. No verão, as rochas jamais se esfriavam. Mas Idrees estava em paz. Essa terra de sal, rocha e rio era o seu santuário. Ele disse que a paz sempre o visitava em Rabwah.

Havia ligeiros aborrecimentos; sempre havia perseguição. Naquela manhã mesmo ele recebera um pequeno choque: um homem da cidade dera queixa na polícia de que fora expulso de uma casa por ordem do chefe da seita. Não foi bem assim;

foi apenas uma disputa entre inquilino e proprietário; mas as pessoas sabiam que podiam ir até a polícia com histórias sobre a seita. Era como o caso recente com o qual ele tivera de lidar, de um trabalhador demitido que infligira a si mesmo alguns ferimentos e depois dera queixa no tribunal do trabalho de que havia sido espancado pela seita.

Invariavelmente, ele chegava com algumas pequenas notícias ruins como essa. Mas ele gostava de vir a Rabwah, e era uma sorte para ele quando isso ocorria duas vezes por mês. Eu não conseguia penetrar em sua fé. Mas naquele quarto, à medida que ele perdia a ansiedade, crescia meu afeto por ele. Gostava de vê-lo relaxado na cama, tomado de paz, portando sua extraordinária fé, sua convicção no Messias Prometido que viera para purificar e revelar novamente a verdadeira religião. Ele se tornava mais tranqüilo; sua face se renovava. E percebi como me enganara com seus cabelos grisalhos: ele era alguns anos mais jovem do que eu. O forte calor seco, a paisagem de sonho para a qual só recentemente os homens haviam dado um significado, o local da libertação e possível martírio: era como ser levado de volta a um passado distante.

Falamos sobre sonhos. Os sonhos do segundo califa haviam sido famosos mesmo no período britânico. Sir Mohammed Zafrullah Khan, um dos mais distintos *ahmadi*, costumava contá-los para o vice-rei britânico, que ficou cético até receber, por essa via, informações precisas sobre os aviões de guerra dos Aliados. Mas sonhos e profecias precisavam ser abordados com cautela; não podiam ser espalhados; podiam ser provocadores. Era melhor que as profecias se tornassem públicas depois que tivessem se concretizado — como a profecia sobre o sr. Bhutto e a quebra de suas duas mãos.

Mas por quanto tempo a paz reinaria em Rabwah? Tinha havido alguma sugestão, algum sonho sobre uma nova migração?

Era como tocar numa ferida. Isso era algo em que Idrees não queria pensar. "No momento presente", disse ele, formal, "este é o lugar que está cumprindo o propósito de Deus, fornecendo orientação para o mundo inteiro e toda a raça humana."

Saímos para o calor. Olhamos para a mesquita e o grande pátio onde todos os anos havia uma assembléia dos fiéis. Vimos a escola onde estudantes de diferentes países estavam sendo ensinados — ensino que durava de seis a sete anos — para voltar e difundir a notícia sobre o Messias Prometido. Encontramos um jovem muçulmano indiano, de vinte e dois anos de idade e procedente de Trinidad, e um indonésio de vinte e seis. Havia dois nigerianos, de doze e catorze anos de idade, à margem do pátio marrom.

"Aqui, aqui!", disse Idrees. "Eu não quero que eles se sintam excluídos."

E os meninos, parecendo órfãos, aproximaram-se. Nada a dizer: olhos brilhantes em rostos tristes, ansiando, sob as colinas de sal do Punjab, no distrito artificial, pelas florestas úmidas da África.

O sol começava a se pôr. Saímos dali. Bruscamente, enquanto conversávamos, Idrees uniu as palmas de suas mãos no gesto muçulmano de oração. Estávamos passando pelo cemitério. Era seu costume, disse ele depois, fazer uma oração por eles, "para que pudessem ser elevados ainda mais alto no céu".

O pôr-do-sol incendiou o Chenab, o Rio da Lua. E quando estávamos além do rio, o pôr-do-sol incendiou as poças estagnadas dos campos encharcados, a terra irrigada moribunda, transformando-se em sal e pântano, pântano mais claro no crepúsculo (a água apanhando a última luz) do que no clarão uniforme do dia.

Idrees ficara falando o tempo todo. Agora estava calado. Era como se a terra cobrasse seu tributo e conferisse novamente uma margem ansiosa à sua melancolia.

Fumaça se elevava das fogueiras a cozinhar. Na estrada, a fumaça era negra devido aos escapamentos de veículos irregulares. As carroças puxadas por cavalos não tinham faróis; e os caminhões geralmente não tinham lanternas traseiras. Antigamente todos tinham faróis, disse Idrees. Agora, não havia mais lei. "Quando a lei é degradada pelos legisladores, como o homem comum pode obedecer?"

Sua prática na corte suprema parara de desenvolver-se. Mas sua esposa possuía algum patrimônio e renda. Ele queria viajar; gostava de viajar; tinha apenas quarenta e dois anos. Ele nunca o disse, mas eu sentia que, para ele, tal como para a moça *ahmadi* de sári verde que eu conhecera em Karachi, havia agora alguma idéia de migração, de fugir de alguma perseguição mais dura que estava por vir.

As luzes de Lahore começaram a surgir.

"Você fez alguma anotação sobre aquela profecia?", perguntou Idrees. "Em 1989, o mundo estará cansado de esperar pela vinda de Cristo. Os iranianos estarão cansados de esperar pelo décimo segundo imã. Então, eles se voltarão para nós."

# III

# *CONVERSAS NA MALÁSIA*
## *A fé primitiva*

[...] *Um pessimista seminu, mascando bétel, estava parado à margem do rio tropical, à beira das florestas imensas e imóveis; um homem irado, impotente, de mãos vazias, com um grito de amargo descontentamento prestes a sair-lhe dos lábios; um grito que, se saísse, soaria pelos ermos virgens dos bosques, tão verdadeiro, tão grande, tão profundo como qualquer grito filosófico estridente que alguma vez saiu das profundezas de uma cadeira preguiçosa para perturbar a imensidão impura de chaminés e telhados.*

Joseph Conrad,
*An Outcast of the Islands* (1896)

*Essas comunidades que dispõem de uma história ainda pequena produzem no europeu uma curiosa impressão de fragilidade e isolamento. Elas não se acham herdeiras dos séculos e, por isso, o que visam transmitir a seus sucessores parece insípido e emocionalmente pobre a alguém cujo passado é vívido e cujo futuro é iluminado pelo conhecimento das lentas e dolorosas conquistas de tempos anteriores. A história nos torna conscientes de que não há nenhuma fina-*

*lidade nos assuntos humanos; não há uma perfeição estática e uma sabedoria incontestável a serem alcançadas.*

Bertrand Russell,
*Portraits from Memory*

# 1

# *PRIMEIRAS CONVERSAS COM SHAFI: A JORNADA FORA DO PARAÍSO*

Foi da Índia ou do subcontinente indo-paquistanês que a religião partiu para o Sudeste Asiático. O hinduísmo e o budismo foram primeiro. Aceleraram as grandes civilizações do Camboja e de Java, cujos monumentos — Angkor, Borobudur — estão entre as maravilhas do mundo. Essas religiões indianas, segundo nos dizem, não foram disseminadas por exércitos ou colonizadores, mas por comerciantes e sacerdotes. E foi esse tipo de viajante indiano que, depois que o islã chegou ao subcontinente, começou, no século XIV ou XV, a levar o islã para a Indonésia e a Malásia.

O islã foi para o Sudeste Asiático como mais uma religião indiana. Não houve nenhuma invasão árabe, como no Sind; nenhuma matança sistemática da casta guerreira local, nenhuma implantação de colônias militares árabes; nenhuma partilha de saques, nenhum envio de tesouros e escravos para um califa no Iraque ou na Síria; nenhum tributo nem taxas impostos aos infiéis. Não houve nenhuma calamidade, nenhuma aniquilação súbita de uma ordem mundial estabelecida. O islã se propagou como uma idéia — um Profeta, uma revelação divina, céu e inferno, um código divinamente sancionado — e se mesclou com idéias mais antigas. Para purificar essa religião misturada, chegam os missionários islâmicos; e é ainda do subcontinente — e principalmente do Paquistão — que procedem os missionários mais apaixonados.

Eles não trazem notícias de governo militar, a economia de remessas, a perda da lei, a tragédia dos muçulmanos *bihari*, agora hostilizados tanto por Bangladesh quanto pelo Paquistão. Esses eventos são distintos do islã, e esses homens trazem notícias apenas do islã e dos inimigos do islã. Eles oferecem a paixão, e é a paixão especial dos muçulmanos do subcontinente: a paixão das pessoas que, apesar do Paquistão, sentem-se como uma minoria ameaçada; a paixão das pessoas que — com sua visão da história como um "relato agradável de conquista" — sentem que deixaram de ser conquistadores; e a paixão, acima de tudo, de muçulmanos que se sentem à margem do verdadeiro mundo muçulmano. A dissidência persa da Arábia criou a fé xiita, e a convicção persa de que são islamicamente mais puros do que os árabes. A dissidência muçulmana indiana da Arábia é maior do que a persa; e sua paixão é igual ou mais ardente.

Todo muçulmano é um missionário do islã: era essa a idéia de fraternidade formulada no deserto encharcado do Punjab. E, após quatro dias da vida em barracas e orações em massa, os homens simples saem intoxicados pela visão de um mundo prestes a mudar. Alguns vão para a Malásia; para lá têm ido durante anos; e agora sua paixão encontra uma resposta.

Existem algumas ruínas arquitetônicas de influência hindu no extremo norte, mas nenhuma grande civilização indianizada se desenvolveu na Malásia, em Java ou no Camboja. A terra (embora alcançada por europeus no litoral) foi mais ou menos ignorada e deixada aos malaios até o século passado.

As histórias de Joseph Conrad transmitem uma imagem sobre os locais mais remotos do arquipélago malaio cem anos atrás: navios costeiros europeus, ocasionalmente em competição com os árabes, os homens da fé pura; colônias mercantis ou administrativas à beira do mar ou do rio, com a floresta ao fundo; camponeses e trabalhadores chineses criando raízes onde quer que consigam; sultões e rajás malaios, guerreiros com suas cortes; e, ao fundo, malaios mais simples, povos do rio e da floresta, metade muçulmanos, metade animistas.

Mundos distintos, ainda que em colisão: o mundo dos europeus, avançando na direção dos "confins extremos das trevas", o mundo tribal fechado dos malaios: era este um dos temas de Conrad. E hoje, na Malásia, os revolucionários islâmicos, os jovens contestadores, são os descendentes daqueles povos ao fundo, povos do rio e da floresta. Na Malásia, foram os últimos a surgir; e surgiram depois do ciclo colonial, depois da independência, depois do dinheiro.

Agora, na Malásia, não são apenas cocos e juncos que são apanhados nos desembarcadouros. A Malásia produz muitas coisas preciosas: estanho, borracha, azeite-de-dendê, petróleo. A Malásia é rica. O dinheiro, descendo na escala social, criou uma geração inteira de aldeões cultos e os atraiu para a civilização que outrora parecia estar apenas nos confins extremos das trevas, mas que é agora universal.

Esses jovens nem sempre gostam daquilo que encontram. Alguns estudaram no estrangeiro, concluíram cursos técnicos; mas são poucos os que realmente sabem onde estiveram. Na Austrália, Inglaterra ou Estados Unidos, procuram ainda os hábitos e costumes de seu país; sua estada no estrangeiro os irrita, fazendo com que se recolham mais para dentro de si mesmos. Não podem regressar para a aldeia. São jovens, mas a vida de sua infância se alterou.

E também passam a entender que nos últimos cem anos, enquanto eles ou seus pais dormiam, seu país — uma idéia nova: uma combinação de reinos e sultanatos — foi colonialmente refeito; que a Malásia rica de hoje cresce em bases coloniais e é uma criação britânico-chinesa. Os ingleses desenvolveram as minas e as fazendas. Trouxeram os chineses (os camponeses diligentes e desenraizados de um século atrás) e um número menor de indianos para fazer o trabalho que os malaios não conseguiam fazer. Agora os ingleses não mandam mais. Mas os malaios são apenas metade da população.

Os chineses progrediram; é sua energia e talento que mantêm o país em marcha. Os chineses são barrados do poder político. Os malaios é que governam; o país é oficialmente muçulmano, com leis pessoais muçulmanas; as relações sexuais entre muçulmanos e não-muçulmanos são ilegais, e há uma espécie de vigilância policial religiosa; as discriminações legais contra não-muçulmanos são ultrajantes. Mas os malaios que governam têm reputação ou pertencem a famílias antigas ou nobres que, algumas gerações atrás, cruzaram o limiar para o novo mundo.

Os novos aldeões, que acham que já perderam demais, encontram seu caminho por toda parte bloqueado. O dinheiro, o desenvolvimento e a educação os despertaram para o conhecimento de que o mundo não é como sua aldeia, que o mundo não é seu. Sua raiva — a raiva de povos pastoris com habilidades limitadas, dinheiro limitado e uma compreensão limitada do mundo — é abrangente. Agora eles têm uma arma: o islã. É o seu modo de acertar as contas com o mundo. Ele está a serviço de sua aflição, seu sentimento de insuficiência, sua raiva social e ódio racial.

Esse islã é mais do que a velha religião de sua aldeia. O islã que os missionários trazem é uma religião de mudança e triunfo iminentes; chega como parte de um movimento mundial. Em *Readings in Islam*, uma revista missionária local, pode-se deduzir que o Ocidente, mesmo aos olhos de seus filósofos, está devorando a si mesmo com seu materialismo e ganância. O verdadeiro crente, com suas idéias sobre a vida depois da morte, vive em função de ideais mais elevados. Para um não-crente, sem fé no além, a vida é um círculo de prazer. "Ele gasta a maior parte de sua riqueza numa vida de ostentação e demonstra sua pompa e circunstância vestindo roupas de seda e brocados e usando recipientes de ouro e prata."

Seda, brocados, ouro e prata? É possível realmente dizer isso em uma cidade como Kuala Lumpur? Mas isso é teologia. Refere-se a um *hadith*, ou tradição sobre o Profeta. Certo dia, Hudhaifa pediu água e um sacerdote persa lhe deu água em um recipiente de prata. Hudhaifa reprovou o persa; com seus próprios ouvidos, Hudhaifa ouvira o Profeta dizer que os não-crentes usavam recipientes de ouro e prata e vestiam seda e brocados.

O novo islã chega assim, e para os novos aldeões chega como um tipo alternativo de aprendizado e verdade, cheio de aparatos de erudição. É a paixão sem um programa construtivo. O mundo materialista é o que deve ser derrubado primeiro; o estado islâmico virá depois — como no Irã, como no Paquistão.

E a mensagem que começa no Paquistão não pára na Malásia. Ela viaja para a Indonésia — 120 milhões de pessoas, que, comparadas aos 12 milhões da Malásia, são mais pobres, mais heterogêneas, mais frágeis, com uma história recente de massacres e matanças em massa. Lá, o novo movimento islâmico entre os jovens é visto por seus inimigos como niilismo; chamam-no de "a doença malaia". Dessa forma, a paixão islâmica do Paquistão, com suas raízes específicas, não pára de converter e reconverter, alimentando outras angústias. E a promessa de calamidade política se espalha como boas novas.

A Malásia evapora. Na estação das chuvas, pela manhã, as nuvens se formam. À tarde, a chuva cai, as colinas verde-azuladas desaparecem e, depois, as nuvens pairam nas fendas das montanhas como fumaça. Trepadeiras sobem depressa pelos cabos dos postes do telégrafo; esmagam galhos moribundos dos coqueiros antes mesmo que os galhos se desprendam; recobrem árvores agonizantes, ou árvores que não conseguem resistir, criando estranhos efeitos de topiaria. Chuva, sol e vapor aqui não exprimem decadência, lassidão tropical; exprimem vigor, coisas ricas crescendo rápido, dinheiro.

A velha cidade colonial de Kuala Lumpur, capital da Malásia, ainda sobrevive parcialmente. Antigas residências particulares, azulejadas, de origem britânica; as filas de prédios comerciais chineses de dois andares, as lojas embaixo, os pilares sustentando a projeção do andar superior; os *kampung*, ou aldeias, malaios — casas modestas, mas atraentes, de madeira desbotada e ferro corrugado em tom marrom-avermelhado devido à ferrugem — em áreas reservadas aos malaios na época da fundação da cidade; perto da estação ferroviária, os prédios da administração britânica: os tribunais em estilo vitoriano-gótico-mongol, cúpulas e arcos e escadarias em torre.

Essa cidade colonial foi deixada para trás pelos novos conjuntos residenciais, os arranha-céus da cidade nova, as vias expressas construídas pelos coreanos, ligando o aeroporto à cidade, primeiro passando pelas fazendas (visto do céu, o oeste da Malásia é uma mancha escura de floresta, mas é uma floresta organizada, com árvores enfileiradas, e o vapor branco se eleva em colunas como fumaça de chaminés) e, depois, pelas fábricas e unidades de montagem de companhias internacionais.

Nos jardins públicos e em outros lugares nessa cidade nova, podem-se ver jovens aldeões malaios vestidos como árabes, com turbantes e túnicas. A vestimenta árabe — tão distante do Paquistão, tão distante da Arábia — é seu distintivo político. Na universidade, existem garotas que não só usam o véu, mas também luvas e meias em pleno calor. Grupos diferentes usam cores diferentes. O véu é mais do que o véu; é uma máscara de agressão. Não como as tranças emaranhadas dos rastafáris na Jamaica, homens entorpecidos por uma vida marginal suportada durante gerações; não como os adereços *hippies* da classe média que só deseja "viajar"; essas são roupas de aldeões desarraigados que desejam derrubar o que não é seu e depois assumir o comando. Isso porque uma parte não reconhecida da fantasia é a de que o mundo segue adiante, avança sozinho, fica apenas como herança.

Shafi trabalhava para a causa muçulmana. Não usava roupas árabes. Mas entendia os jovens que o faziam. Shafi viera para Kuala Lumpur de uma aldeia no norte. A mudança ainda o perturbava.

"Quando eu estava na aldeia", disse ele, "a atmosfera era completamente diferente. Você sai da aldeia. Você vê todas as luzes brilhantes, começa a sentir a civilização materialista ao seu redor. E eu me esqueci de minha religião e meus compromissos; no sentido de que é preciso rezar. Mas não ao ponto de sair e fazer coisas sórdidas como ter garotas, beber, jogar e tomar drogas. Eu não perdi minha fé. Simplesmente esqueci de rezar, esqueci das responsabilidades. Apenas me perdendo.

Não consegui nada sólido em minha estrutura. Fiquei apenas flutuando por aí, e sem saber em que direção."

"Onde você morou quando veio para Kuala Lumpur?", perguntei.

Ele não deu uma resposta direta. Nessa fase inicial de nossas conversas, era difícil para ele falar de coisas concretas.

"Eu estava morando em um subúrbio", disse ele, "onde estava exposto à civilização materialista à qual nunca me expusera antes. Rapazes e garotas podem sair juntos. Você está livre do controle familiar. Está livre da sociedade que normalmente o critica, numa aldeia, quando você faz alguma coisa errada. Tire uma cabra, uma vaca, um búfalo — de algum lugar onde a cabra está sempre amarrada —, e solte essa cabra no meio de um bando de outros animais: a cabra simplesmente vai perambular por onde quiser sem nenhuma amarra."

"E isso é ruim para a cabra?"

"Eu acho que a cabra ficaria muito feliz por vagar livre. Mas, para mim, não acho que isso seria bom. Se cabra tivesse cérebro, eu gostaria de lhe perguntar: 'Por que você quer vagar à toa quando você é amarrada, alimentada e cuidada por seu senhor? Por que deseja vagar por aí à toa?'."

"Mas eu quero vagar por aí", disse eu.

"O que você entende por ser livre? Liberdade para mim não é uma coisa em que você possa ficar vagando por qualquer lugar que deseje. Liberdade deve estar dentro da definição de uma certa estrutura. Porque eu não penso que sejamos capazes de correr por aí e conseguir tudo. Essa liberdade não significa nada. Você realmente precisa definir aonde deseja ir e o que deseja fazer."

"Mas você não sabia o que desejava fazer quando veio para Kuala Lumpur?"

"O primeiro objetivo era a educação. Esta era uma estrutura. Mas o conflito entre esta liberdade e o objetivo principal está aí, e eu imagino que seja este o problema que enfrentei e que muitos de meus amigos enfrentam."

"Outras pessoas em outros países enfrentam o mesmo problema."

"Elas enfrentam as mesmas restrições de vida familiar que eu?"

"Que restrições?"

"Restrições religiosas. Você tem essa estrutura com você. Tradição religiosa, vida familiar, a sociedade, a comunidade da aldeia. Então você vem para a cidade onde as pessoas estão correndo, as pessoas são livres. Os valores se contradizem.

"Veja, na aldeia onde fui criado, nós tínhamos o mínimo essencial. Tínhamos arroz para comer, casa para morar. Não precisávamos esmolar. Na cidade, você pode comprar um almoço por 10 dólares [dólares malaios, 2,20 dólares americanos]. Ou, numa barraca, você consegue almoçar por 50 centavos. Esse excedente de 9,50 que os moradores da cidade gastam será gasto por nós em outras coisas. Para nós, com nossa estrutura, tradição e religião, isso é excessivo.

"Às vezes minha esposa sente que devemos voltar para a aldeia, e eu também sinto a mesma coisa. Não fugir para longe do mundo moderno, mas tentar levar uma vida mais simples, mais significativa do que vir para a cidade, onde você tem muito desperdício e muitas coisas que provavelmente não são reais. Você não é honesto consigo mesmo se pode gastar 50 centavos e se manter sem fome, mas, em vez disto, gasta 10 dólares.

"Vou lhe dizer uma coisa sobre o desperdício. Recentemente, o governo construiu uma pista de patinação. Depois de três meses, demoliram a pista porque uma rodovia vai ser construída sobre ela. Eles estão construindo grandes estradas e vias expressas entre as aldeias. E de quem são os caminhões que passam para apanhar produtos dos pobres e despejar produtos fabricados pelos ricos a um preço exorbitante — os televisores coloridos, refrigeradores, ar-condicionado, rádios transistorizados?"

"As pessoas não querem essas coisas?"

"No final eles vão usar as TVs coloridas, que as pessoas gostam, para anunciar produtos para arrastar as pessoas para uma vida de esbanjamento."

"A vida na aldeia... você não acha que para a maioria ela é desinteressante?"

"A aldeia? Ela é simples. Ela é destituída de — como posso dizer? — desperdício. Você não deve desperdiçar. Você não precisa correr atrás das coisas. O que eu quero dizer com voltar para o *kampung* é ficar com a comunidade, e não fugir do desenvolvimento. A sociedade é bem unida. Se alguém morre, há um alarme no *kampung*, e a maioria de nós fica sabendo quem faleceu e quando vai ser enterrado, qual foi a causa da morte e o que aconteceu com os parentes próximos. Eles estão por perto? Não é poluído na aldeia. Poluição física, mental, social."

"Poluição social?"

"Algo que contradiz nossos costumes e tradições. No *kampung*, um homem não pode caminhar com uma mulher que não pertença à sua família. É proibido."

"Isso é errado por quê?"

"A verdadeira essência do respeito e da dignidade humana deriva de uma relação honrada entre homem e mulher. Você precisa ter uma lei para proteger a unidade da sociedade. Você precisa que sua família seja protegida. Quando as garotas vêm das aldeias para KL, não querem ser protegidas pela lei."

Shafi tinha trinta e dois anos. Era pequeno e magro, usava óculos, tinha uma testa em declive e uma barba rala. Certa vez se estabelecera como empreiteiro de obras. Mas não tivera sucesso; e desistira desse e de todos os demais ramos de trabalho em tempo integral em favor do movimento da juventude muçulmana chamado ABIM. O ABIM era o mais importante e mais organizado grupo de jovens muçulmanos na Malásia; e Shafi venerava seu líder, Anwar Ibrahim, um homem da mesma idade que ele.

A história de Anwar Ibrahim era extraordinária. Viera da costa ocidental da Malásia, uma região mais desenvolvida, e estava uma geração ou duas à frente de Shafi. Seu avô tinha um pequeno restaurante de aldeia; seu pai era enfermeiro de um hospital; Anwar estudara em uma faculdade fundada pelos ingleses para os filhos dos príncipes ou sultões locais. Anwar teve de passar por um exame de admissão; os rapazes de sangue nobre não precisavam passar por esse exame.

Os ingleses haviam garantido não desrespeitar a religião muçulmana dos sultões e, na faculdade, eram escrupulosos em relação a essa garantia. Mas Anwar achava que a religião, tal como era praticada na faculdade, era apenas uma questão de ritual, sem grande significado. Por isso, com a ajuda de um professor inglês (que mais tarde se tornou muçulmano convicto), Anwar começou a estudar o islã; e passou a entender melhor o valor da disciplina, unidade e submissão à vontade de Deus. Quando estava com dezesseis anos, fazia discursos sobre o islã nas aldeias; era um orador inflamado. Foi a partir dessa atividade estudantil que seu movimento se desenvolveu, agora altamente organizado, com um edifício em Kuala Lumpur, escritórios, pessoal e até uma escola.

Ele estava em contato com movimentos muçulmanos no exterior — na Indonésia, em Bangladesh, no Paquistão. Estivera no Irã e conhecera o aiatolá Khomeini, o que aumentara sua reputação local. Para Anwar Ibrahim, o islã era o catalisador e purificador necessário à Malásia; o verdadeiro islã despertava as pessoas, principalmente os malaios, e ao mesmo tempo os salvava da corrupção da política racista da Malásia, da sovinice da cultura do dinheiro e da imitação cômoda do Ocidente.

Seu escritório no ABIM — com pessoal em cubículos abertos, máquinas de escrever e gabinetes de arquivos — era como o escritório de um modesto executivo: ferramentas modernas e uma organização moderna para servir à causa puritana do islã. Ele era pequeno e franzino, mais franzino do que Shafi, e até mais juvenil na aparência. Era simpático; e sua simpatia era aumentada pelo fato de que, apesar de sua grande autoridade local, ele dava a impressão de um homem que ainda aprende, ainda reflete sobre as coisas. Sua visão grandiosa do islã lhe conferia uma segurança que nem todos os seus seguidores possuíam; e a viagem havia contribuído para essa visão. Condenava o "modismo" de certos grupos muçulmanos malaios, seu simplismo religioso e político. Admitia, porém, que ainda não refletira inteiramente sobre o lado econômico das coisas; dizia que ainda estava apenas no "estágio da conscientização". Tive a impressão de que ele acreditava sinceramente que um sistema econômico islâmico era algo que ele poderia um dia trazer de um lugar como o Paquistão.

Eu teria gostado de conversar mais com Anwar. Após nosso primeiro encontro no escritório do ABIM, ocorreu-me que eu devia viajar pela Malásia com ele, e ver o país através de seus olhos. Ele estava disposto; mas não deu certo. Ele estava ocupado, no centro de toda a atividade do ABIM; estava constantemente em trânsito, de carro e de avião; era muito solicitado como orador. Quando a segunda de nossas tentativas fracassou, mandou que Shafi me encontrasse no Holiday Inn, onde eu estava hospedado.

Foi somente por recomendação de Anwar que Shafi, quando veio ver-me, abriu-se comigo. E, mesmo assim, Shafi ficou hesitante em se colocar, em parecer um porta-voz, em desmerecer a distinção do líder.

"Eu não sou o líder", disse Shafi, com uma risada, quando nos sentamos no café Gardenia. "Sou apenas um general."

No princípio, não foi fácil conversar com Shafi. Ele expressava as abstrações do movimento, e as abstrações tornavam sua linguagem difícil. Evitava os detalhes concretos, não porque fosse reservado, mas porque estava habituado apenas a responder perguntas sobre a fé e o movimento, e não sobre si mesmo.

Disse que não gostava de lugares como o Holiday Inn. Achei que isso era um exagero, até que ele começou a falar sobre o desperdício da vida da cidade. E eu nunca consegui entender a diferença entre o homem que conversava comigo — inteligente, senhor de si, ar de estudioso — e a vida parada da aldeia da qual ele disse ter saído e à qual desejava voltar.

Ele queria voltar, sentir de novo a sensação do acerto e integridade das coisas; e consegui perceber por que para ele o islã era o veículo perfeito. Mas Shafi — um profissional, um organizador — fora produzido pelo mundo que ele rejeitava; era esse mundo que libertara sua inteligência. Não lhe teria sido fácil separar a parte dele que era puramente tradicional ou instintiva da parte pela qual só ele era responsável. E sua aldeia havia mudado; a Malásia havia mudado; e o mundo havia mudado.

Foi sobre esse mundo mudado e opressivo que, não muito tempo depois que Shafi me deixou, ouvi o ministro malaio do exterior falar num discurso em um seminário na universidade. O ministro usava uma camisa florida: era o único toque de cor tradicional. Ele e o funcionário indiano de seu ministério falaram das discussões na recente conferência dos não-alinhados em Havana; falaram dos distúrbios nas fronteiras do norte: Tailândia, Camboja, Vietnã. Embaixadores estrangeiros estavam presentes. Os dois homens da embaixada chinesa, em traje safári cinza de mangas curtas, faziam anotações, segurando suas canetas na vertical, à moda do calígrafo chinês. Depois, carros enormes levaram embora alguns embaixadores. Não eram apenas os chineses ricos locais e os construtores de rodovias e os fabricantes de televisores coloridos que haviam alterado o mundo.

Foi para outro tipo de vida antiga que, mais tarde, no jantar na casa de um conhecido advogado indiano, a conversa se voltou. James Puthucheary, o advogado, participara ativamente da política colonial na Malásia e em Cingapura. "Fui preso pelos ingleses, pelos cingapurianos e pelos malaios", disse o advogado. "Os únicos que me prenderam e com os quais, depois, consegui ter relações de amizade foram os ingleses." Um dia, o secretário colonial britânico — o segundo na hierarquia, logo abaixo do governador — foi vê-lo na prisão. "Senhor Puthucheary", disse ele, antes de entrar na cela, "importa-se de que eu entre em seu quarto?" Mais tarde, segundo Puthucheary, "ambos caíram no mundo". O secretário colonial se aposentou e entrou para os negócios; Puthucheary completou os estudos que havia iniciado na prisão e se tornou advogado. "Costumávamos nos encontrar e jogar bridge."

Era um encontro da classe média elegante e educada, consciente, além disso, de sua diversidade racial: malaios, chineses, indianos. Havia muitos carros no passeio e no gramado. Velhas batalhas, velhos governos; e podia-se dizer que — com a ajuda do dinheiro da Malásia — esses homens haviam acabado de chegar à dignidade. O mundo andara rápido para eles. Mas o que havia sido ganho já estava sendo aos poucos destruído pelo ressentimento e raiva das pessoas que ali não estavam representadas, a gente do rio e da floresta que ficara de fora do despertar dos tempos coloniais, e cujos filhos constituíam agora a primeira geração culta de malaios aldeões. Para eles, o mundo se movera ainda mais rápido.

Pela manhã, consegui ler o jornal com um entendimento maior. "Ações no valor de 15 mil oferecidas aos bumiputras." Um *bumiputra* (a palavra era sânscrita, pré-islâmica) era "um filho da terra", um malaio; e os malaios receberiam empréstimos para comprar as cotas que lhes eram reservadas. Era a forma de o governo discriminar em seu favor, procurando elevá-los ao nível econômico dos chineses. O método era ineficaz; apenas criara uma classe privilegiada de malaios "testas-de-ferro". Era contra esse tipo de racismo que Anwar Ibrahim e o ABIM lutavam, contrapondo a ele a visão de um caminho islâmico mais puro.

"A obrigatoriedade dos estudos islâmicos é bem-vinda, diz o ABIM": o islã iria se tornar matéria obrigatória para os muçulmanos nas escolas. "Rahman: não negligencie o crescimento espiritual" — era o que dizia um homem do governo, tão muçulmano quanto qualquer outra pessoa. "Ouça a chamada que vem das areias do deserto" era um artigo de fundo escrito, para esse dia especial, o Festival do Sacrifício, por um colunista famoso: um trabalho excelente, lírico, sobre recordações familiares da peregrinação a Meca.

Só metade da população era muçulmana; mas todos tinham de prestar obediência ao islã. As pressões vinham de baixo: um movimento de purificação e limpeza, mas também um movimento racial. Isso contribuía para um nervosismo geral. Fazia com que as pessoas se escondessem do visitante por receio de que pudessem ser traídas. Conduzia — estranhamente, nessa terra de chuvas, vapor e florestas — ao clima do estado ideológico.

Shafi chegou de manhã, vestido em roupas malaias formais para o feriado religioso, o Festival do Sacrifício. Usava uma túnica em tom laranja-claro e calças compridas (essa peça de roupa malaia copiada da chinesa), com botões dourados na túnica; levava um sarongue ao redor da cintura como um cinto folgado (o sarongue era a roupa malaia original, e o de Shafi havia sido tecido por sua mãe, em listras em tons pastel); levava ainda um boné de veludo preto (o boné era o acessório indiano de sua roupa malaia). Parecia um príncipe. Com um punhal preso à cintura, poderia passar por um rajá de cem anos atrás, parado à margem de um rio, com sua própria corte. Mas ele chegara dirigindo seu carro; e estávamos no saguão do Holiday Inn.

Ele perguntou: "Você leu o que eu disse ontem à noite? Gostou?".

"Eu gostei do que você disse sobre sua unidade familiar."

"Você quer perguntar mais?"

Ele estava ansioso, aberto. O esforço de autobiografia, meu interesse nos detalhes de sua vida o haviam entusiasmado.

"Sim. Mas eu já conheço sua filosofia, as idéias de seu movimento. Eu quero algo mais pessoal."

Do saguão fomos para o café Gardenia, passando ao lado do bar, onde, à noite, os casais se sentavam na penumbra e The Old Timers — indianos e malaios, ou talvez apenas malaios — entoavam canções populares nos alto-falantes. No café, sentamo-nos próximo à janela, olhando de cima a pequena piscina oval com a piscina menor e anexa para crianças. Todos estavam brancos nessa manhã.

"O que você acha daquilo?", perguntei.

Ele tinha ficado um pouco mais tenso, na expectativa das perguntas pessoais. Virou-se e olhou as pessoas em volta da piscina, mostrando-me seu perfil, a pele malaia morena e lisa, o declive de sua testa, os óculos, a inclinação da ponte entre as lentes, o arredondado de seu nariz arrebitado e achatado, a barba. Tinha uma expressão dura; seu rosto ficou mais sério.

"Não sei o que acho", disse ele. "Para nós, são estrangeiros, só isso. Não pertencem a nossa cultura."

"Você não gostaria de estar com eles?"

"Não. Mas a água é bem refrescante. Temos essa mesma água clara na aldeia. Ambiente mais natural. Dava para ver o leito do rio, as plantas, as trepadeiras ao lado, na margem."

Do outro lado da piscina, estava uma mulher de cerca de quarenta anos vestida em um maiô preto. Era branca, não bronzeada, o corpo mole mas ainda em boa forma, e as pernas recolhidas no plástico da cadeira preguiçosa, em uma posição mais desajeitada do que provocante. Abaixo de nós estava uma mulher mais jovem de azul, mais baixa, o corpo mais firme, deitada de bruços. Ambas poderiam ter despertado desejo em um homem sexualmente ativo.

"Você acha bonitas essas mulheres brancas?"

Ele olhou para elas, uma de cada vez, com a mesma expressão séria: estava se esforçando para descobrir o que achava.

"Nós não temos um senso de comparação."

"Mas os homens brancos e outros homens acham bonitas as mulheres malaias."

"Eu já ouvi isso. Mas é verdade? É o que realmente eles acham?"

E, no café, com as garçonetes malaias de vestidos verdes longos com seus crachás de identificação do Holiday Inn ("Bonito e Simples"), falamos da aldeia. Não era fácil para Shafi, embora o esforço de pensamento e a memória o animassem. A narrativa que brotava era moldada por minhas perguntas.

"Conheço cada canto de minha aldeia. Costumávamos caçar passarinhos, pescar alguns peixes. De calças compridas ou sarongue. Com as calças compridas, os bolsos ficavam cheios de pedras. Usávamos as pedras no estilingue para alvejar os passarinhos. Saíamos por volta das dez da manhã, nos feriados escolares, ou bem mais cedo, no mês do jejum. E voltávamos na hora do almoço com o bolso vazio de pedras e sem trazer nenhum prêmio. Às vezes nos divertíamos apanhando sementes de seringueira. Cada um de nós depositava suas sementes em um gomo de bambu, colocava o bambu em suportes a cerca de dez centímetros do chão e tentava derrubá-lo de longe. O menino que o derrubasse ganhava as sementes apostadas.

"Uma outra atividade na infância era ler o Corão, mesmo sem saber o significado dos versos. Nossos pais nos mandavam fazer isso. Estávamos simplesmente obedecendo."

"Você não acha que isso é um mau começo intelectual?", perguntei.

"Você tem razão. Mas é mais do que isso quando você lê o Corão. Várias fontes nos mandam ler o Corão. Cada vez que lemos, ganhamos um pouco de bondade na vida. Eu sinto que é isso mesmo."

"Então é como magia?"

"Está acima da magia neste caso. Não é escrito por um ser humano. A magia é operada por seres humanos, enquanto o Corão está acima disso. O outro livro que tínhamos era texto escrito por alguns líderes famosos da aldeia. Textos religiosos, abordando principalmente os ensinamentos. Eram impressos na cidade. Sobre como rezar, sobre como manter-se limpo. Fisicamente limpo. Se você tem água, você se lava com água. Se você não tem água, é permitido usar outras coisas. Pedras, madeira, casca de árvore, folhas, papel. Mas não ossos de animal que não foi abatido. Higiene básica.

"Você devia escolher, se não tivesse um banheiro adequado, um lugar retirado onde ninguém o visse, e não na corrente de água onde as pessoas estão usando a mesma fonte, e não debaixo de uma casa, e nem em nenhum lugar onde as fezes possam prejudicar o público. É um ensinamento sagrado e pode ser aplicado em nossa vida. Por isso, aceitei-o como algo que precisamos seguir. Isso foi quando não tínhamos mais do que doze anos de idade."

"Havia um livro como esse em toda casa na aldeia?"

"Cada um dos que faziam o curso recebia o livro. Parte um, parte dois e parte três. O livro foi escrito pelo mulá da mesquita. Eu acho que ele tinha um grande armário na parede, de cerca de três metros de comprimento por três de altura, cheio desses livros. Ele dava o primeiro livro. Mas se você perdesse aquele, você tinha de comprar. Havia sessões de ensinamento todas as tardes de sexta-feira e manhãs de sábado na mesquita. Para as crianças, dos nove aos quinze ou dezesseis anos."

"Os livros tinham alguma coisa sobre masturbação ou sexo?"

"Basicamente, ensinavam limpeza. Isso era a primeira parte. A outra parte era como rezar. Que tipo de água é permitido que você use para suas abluções antes de rezar. Você tem que usar água limpa. Água limpa é definida basicamente como água corrente de um riacho. O volume de água terá de ser um mínimo de setenta ou cem litros. Então você pode dizer que está limpo. Você não deve ver sujeira, cheirar sujeira ou tocar sujeira. Se essas condições não forem atendidas, a água estará suja.

"Se você não comparecesse a uma sessão de ensinamento sem justificativas válidas, você seria castigado. E esse castigo pelo mulá era aceito pelos pais. Além disso, havia os ensinamentos das manhãs de sexta-feira feitos pelo chefe dos anciãos na aldeia. Isso era para todo mundo, não só para as crianças. Aí ensinavam coisas mundanas e divinas. Relações humanas. Velhos e jovens, homens e mulheres. Limpeza, orações. Durante esse ensinamento das sextas-feiras de manhã, referiam-se ao Corão e à tradução e isso incentivava as pessoas a ler o Corão e as traduções. Depois, diariamente tínhamos de ir para a leitura do Corão, de manhã e à tarde.

"Minha aldeia fica em Kota Baru. No nordeste. Considero as pessoas de minha aldeia bastante empreendedoras. Elas tecem este tipo de roupa — foi minha mãe quem fez este sarongue que estou usando. Algumas estão trabalhando no governo. Outras têm fazendas, arrozais, plantações de coco. Pegam gente da aldeia para fazer o trabalho.

"Havia cerca de 2 mil pessoas na aldeia naquela época. Todo mundo tinha casa própria, em seu próprio terreno ou de um parente ou em terreno pertencente ao departamento religioso do governo. Eles constroem suas próprias casas. Ninguém faz ocupações. E, se não me engano, ninguém pede esmolas. Não há nenhum mendigo em nossa aldeia. Eu diria que era uma aldeia bastante próspera. Um homem e sua família tiveram de partir porque a terra em que estava a casa deles foi vendida.

Foram para outra aldeia e quando mais tarde perguntamos a eles como estavam vivendo, disseram que nada podia ser comparado com nossa aldeia. Lá era mais fácil para eles encontrar trabalho.

"Na aldeia não havia contaminação das culturas amarelas, das literaturas amarelas. Uma escola onde você aprendia a ler e escrever, só isso. Em malaio."

Perguntei: "Mas quando você tem uma vida simples assim, você pode ter projetos intelectuais?".

"Projetos intelectuais não existiam. Eu lhe dou um exemplo. Não havia muitos jovens que saíam da aldeia para fazer o curso superior. As únicas pessoas que saíram foram da família dos mulás. Só saíram em busca de educação religiosa, não de educação secular. Foram para Meca. Toda a família do mulá foi para Meca. Um deles tinha um parente lá.

"Não havia estrangeiros em nossa aldeia. Mas ao lado de nossa aldeia há uma aldeia chinesa. Eles eram diferentes, só isso. Comiam carne de porco, e nós dizemos que o porco é sujo. Eles eram diferentes. Não os achávamos feios. Tinham olhos pequenos e pele mais clara. São muito mais sujos do que nós. Seus quintais fedem. A água suja do quintal fede. Eles criavam porcos, e os chiqueiros fedem. E sempre que os porcos escapavam dos cercados e entravam em nossa aldeia, os garotos os apedrejavam. E qualquer cachorro desgarrado da aldeia chinesa será apedrejado. Porque é tabu para um muçulmano ter cachorros e porcos. Mas não havia brigas entre as aldeias."

"Os chineses eram ricos?"

"Naquela época não eram ricos. Na educação eram muito rígidos com os filhos. Depois do jantar, eles cuidam que a criança escute ou recite seus livros de escola em voz alta, na cozinha ou na sala da frente."

"Mas vocês também eram rígidos. Mas só com a educação religiosa?"

"Entre nós, a educação religiosa é obrigatória. Quase todo jovem muçulmano precisa conhecê-la. É um dever. Conosco o valor humano recebia mais ênfase do que o valor religioso."

"Mas, intelectualmente, vocês ficaram para trás."

"Sim, intelectualmente ficamos para trás. Eu digo mais: em termos de busca de instrução material e secular, ficamos para trás. Mas em termos de ser mais humanos, mais responsáveis, mais razoáveis em nossa conduta ou modo de vida, acho que somos muito melhores do que eles. Moralmente, somos muito melhores do que eles."

"Mas vocês não eram tecnicamente equipados."

"Não, não éramos tecnicamente equipados. Um de nossos mulás na aldeia passou por esse problema. Instalou uma usina de beneficiamento de óleo de coco, e também de fabricação de sabão. E não deu certo. Por quê? Acho que ele não dispõe de conhecimento técnico nem de capacidade administrativa. Não me permitiram ir até sua fábrica e, por isso, não posso dizer mais.

"Mas nós nunca pensamos nisso, em conhecimento técnico. Eu me lembro de uma vez, quando começaram a construir uma ponte no rio em Kota Baru, alguns mulás e hadjis [muçulmanos que haviam feito a peregrinação a Meca] ficaram chocados. E disseram: 'Como é que eles conseguiram construir essa estrutura enorme sobre o rio?'. Quando estavam fazendo o trabalho de aterragem, eles ficaram muito chocados.

"Basicamente somos pessoas boas, mas não tecnologicamente equipadas, porque somos auto-suficientes. Não precisamos de arranha-céus, de grandes aterros, de estrada. Não temos necessidade tecnológica."

"Você tem certeza?", perguntei.

"Acho que não precisamos. Quando estávamos na aldeia, vimos um calendário com um retrato de um prédio de vinte e cinco andares de Cingapura, e ficamos admirados com aquilo. Foi em 1957. Na aldeia, achamos que não precisamos desse tipo de desenvolvimento. A percepção da necessidade de todas essas coisas vem das experiências das visitas que fizemos fora de Kota Baru, a Kuala Lumpur e outros lugares."

"Como vocês conseguiram o calendário?"

"Alguns parentes nossos saíram em *haj* [a peregrinação a Meca] passando por Cingapura, e trouxeram o calendário. Cingapura era uma cidade agitada e eles se expressaram do seguinte modo: quando dormiam em um hotel sentiam como se os carros estivessem passando atrás da cama. Isso perturbava o seu sono. Só consigo me lembrar de dois ou três carros na aldeia. A mesma pessoa que descreveu Cingapura descreveu a aldeia de agora como mais parecida com Cingapura: o som do carro passando atrás da cama."

"Você não acha que a velha vida da aldeia desapareceu para sempre?"

"Não, ela deve estar lá. Precisamos das boas comodidades básicas. Precisamos de um bom serviço de ônibus, uma boa escola."

Que visão de simplicidade! Mas ela exigia um ônibus — uma estrada — construção de estrada — equipamentos.

"Como era a sua escola?", perguntei.

"Na aldeia, o chão era de terra e quando chovia sempre ficava inundado. E não tínhamos eletricidade."

Mas, naquela escola simples, o novo mundo havia irrompido, alçando Shafi, sem que ele percebesse, para fora dos caminhos puramente aldeões. Havia o movimento do escotismo. Fazia parte do sistema britânico, mas para Shafi parecera apenas parte da vida de sua escola de aldeia. Em 1963, houve um torneio de acampamentos escoteiros na Malásia. Foi para participar desse torneio que, com quinze anos de idade e como membro da tropa de escoteiros de sua escola, Shafi saiu de Kota Baru e foi pela primeira vez para a cidade britânico-chinesa de Kuala Lumpur. Após dezesseis anos, o nervosismo e a comoção daquela viagem ainda lhe eram próximos. Transpareciam em sua linguagem.

"Nós chegamos de trem. Um dia e uma noite. Ficamos esperando aquilo. Sonhamos com aquilo. Éramos aventureiros. Estávamos num grupo. Na viagem, ficamos procurando semelhanças. Por exemplo, bons restaurantes malaios — nós os tínhamos em Kota Baru. Não conseguimos encontrar. Comer foi difícil para nós; temos de carregar comida muçulmana.

"Quando partimos, conseguimos ver uma cena aldeã. No

começo da noite vimos fazendas de borracha e matas e, à noite, quase tudo é mata. Mas, pela manhã, quase chegando a KL, percebemos que estávamos passando por uma comunidade chinesa, bairro chinês, que conhecemos bastante, e percebemos o pessimismo que enfrentávamos sobre os problemas de ter boa comida muçulmana e não conseguir encontrar outros malaios. Estávamos vendo mais chineses e indianos. Muito difícil para nos comunicarmos. Porque não os conhecemos. Para nós é mais fácil falar com um malaio que nos conheça. Foi um choque, mas não um transtorno. Porque esperávamos isso. Mas não estávamos nem um pouco assustados.

"Tínhamos alguma noção de orientação na cidade, e por isso tivemos facilidade em nos locomover. Mas sentíamos que não estávamos em parte alguma. Estávamos perdidos na enorme comunidade. Toda vez que dávamos uma volta, em dez pessoas quase não conseguíamos ver nenhum malaio. Esperávamos aquilo. Mas estávamos em um grupo e não nos aborrecemos muito com eles. Estávamos bem no meio de uma comunidade não muçulmana, não malaia, e era essa a dificuldade que encontramos. Sabíamos que havia *kampung* malaios espalhados pela cidade. Mas ficamos onde estávamos por causa da competição."

Shafi estava cansado. O exercício de memória o havia exaurido. E ele estava incomodado pela contradição — que se manifestava em nossa conversa — entre seu anseio pela pureza da vida aldeã e seu reconhecimento do atraso dos malaios. Bem no fundo, ele sentia — sabia — que não havia nenhuma contradição, nenhuma falha; mas não conseguia encontrar as palavras para expressá-lo.

Agora era uma hora da tarde. Muito tarde para Shafi me levar para conhecer seus irmãos, que era parte do que ele planejara para mim nesse dia festivo. Devido ao festival, o grande bufê do almoço de sexta-feira do Holiday Inn havia sido montado aqui no café em vez de no salão fechado e cheio de espelhos do andar de cima, onde, nas sextas-feiras normais (para não-muçulmanos, ou muçulmanos que não observavam o sabá), havia um desfile de modas, com música. O hotel deprimia Shafi porque era estrangeiro, esbanjador, cheio de estranhos sem fé e indiferentes às regras: agora eu conseguia ver isso através de seus olhos. Passamos pelo bar, escuro, mesmo à luz do dia. No outro lado do corredor, havia uma mostra de Selangor Pewter — objetos decorativos em exposição em todo hotel, toda loja de suvenires, anunciados em todos os folhetos turísticos locais, em todas as revistas.

Era estranho pensar em livros escritos e publicados na aldeia de Shafi, livros de regras como aqueles escritos no Irã por aiatolás como Khomeini e Shariatmadari, dos quais se encontrariam exemplares nas casas de seus seguidores, que podiam consultá-los sem constrangimento sobre os assuntos mais íntimos e descobrir o que era e o que não era permitido pelo Corão e pela tradição islâmica autorizada. A vida simples era uma vida rígida. Havia regras para tudo; e todos tinham de aprender as regras.

No Paquistão, os fundamentalistas acreditavam que seguir as regras certas era trazer de volta a pureza do caminho islâmico inicial: a reorganização do mundo seguir-se-ia automaticamente na redescoberta da verdadeira fé. A aflição e paixão de Shafi, na Malásia multirracial, era mais imediata; e eu sentia que, para ele, o desejo de restabelecer as regras era também um desejo de recriar a segurança de sua infância, a vida da aldeia malaia que ele perdera.

Um pouco dessa aflição toca a maioria de nós. É a ela que, como indivíduos, responsáveis por nós mesmos, temos constantemente de nos acomodar. Shafi, em sua própria visão, era o primeiro homem expulso do paraíso. Ele culpava o mundo; transferia para o islã o fardo inteiro dessa acomodação.

Esse pensamento me ocorreu depois. Aquela tarde, depois que Shafi me deixou, toda a sua disposição de espírito ficou comigo. No bar, naquela noite, finalmente tomei a bebida de cortesia do Holiday Inn, o *Tropical Aura*. Os Old Timers faziam uma grande algazarra; a bebida tinha gosto de suco de abacaxi enlatado. Depois, no café — outra vez — comi uma omelete. Não estava boa. Mas o jovem garçom malaio era suscetível e prestativo. E eu pensei, olhando-o enquanto ele arrumava cuidadosamente a mesa ao lado, tentando fazer a coisa certa, "Ele é como Shafi, não posso me esquecer".

## 2

## *AS GAROTAS CORAJOSAS*

Acordei às duas e meia da madrugada e não consegui dormir novamente. Durante uma noite anterior de insônia eu fora para o café às quatro e meia e o encontrara deserto, com um cheiro de produto químico de limpeza. Por isso, dessa vez fiquei no quarto. Logo depois das cinco, pedi café. Tive de telefonar duas vezes. O rapaz, quando chegou, estava sujo e com cara de poucos amigos. O leite estava azedo e levou embora meu apetite sem diminuir minha fome.

Quando puxei a cortina, estava claro e, na pista de corridas em frente, os cavalos estavam treinando. Aquela vista da pista de corridas, com as colinas de Kuala Lumpur, fora o motivo pelo qual eu havia escolhido o Holiday Inn. Nas tardes de sábado e domingo, a multidão se juntava na tribuna principal, e a cada meia hora gritava, mais alto do que os comentários do alto-falante. Mas não havia cavalos nem corridas. As corridas eram realizadas em outro lugar; a multidão estava assistindo à televisão, e só havia se juntado para jogar, porque — sob as leis islâmicas da Malásia — o jogo em Kuala Lumpur só era permitido na pista de corridas. Agora, na pista de corridas fantasma, havia cavalos: primeiro vi dois, depois seis, e depois muitos outros. Estudei as posturas dos cavaleiros sobre os pescoços dos cavalos, os estribos curtos, as rédeas na horizontal.

Estava nublado. As colinas exalavam fumaça. Nuvens muito brancas subiam das grotas; e sobre a serra havia uma massa inteira de nuvens de chuva de cor branco-acinzentada, lentamente se erguendo e se afofando. Ao redor da pista de corridas estavam as árvores que eu conhecia de minha infância: bananeiras, o jasmim-vapor, outra árvore com uma flor amarela, a grande *samaan* da América Central, ou árvore de chuva, utilizada nas fazendas para sombreamento.

Eu gostaria de estar mais alerta e com a mente mais livre para desfrutar do que via. O esgotamento da insônia se convertia em ansiedades, irritações: o leite ruim que havia me negado o café, telegramas sem resposta. Quando desci, havia uma garota na recepção. Falei com ela sobre os telegramas. Ela me indicou a telefonista. A porta tinha uma placa: SOMENTE PESSOAL AUTORIZADO. A telefonista, uma garota malaia que não sabia falar bem o inglês, era um tipo comum e usava óculos redondos.

Enquanto ela checava seu fichário, li o quadro de avisos aos funcionários, que estava em malaio e inglês. Havia um aviso que desejei não ter lido. "Funcionários irresponsáveis" haviam "urinado e defecado" no chão do vestiário, e em pratos e copos da cantina. A higiene ritual não tinha nada a ver com a higiene pela higiene, nada a ver com a consideração para com o outro. Havia regras para as aldeias; não havia nenhuma regra para a cidade. Havia regras para o hotel; elas tinham de ser obedecidas porque eram regras do hotel — e o hotel mantinha padrões elevados. Mas ali embaixo, entre os companheiros, um ou dois malaios ainda achavam que as regras já não estavam valendo.

A náusea permaneceu comigo. Quando saí para o lado de fora, imaginei sentir cheiros; e os cheiros pareciam me seguir por toda parte, até o hotel Equatorial, aonde fui em busca do almoço de bufê. Lá, encontrei um homem que eu conhecia. Ele me dissera que a cidade não havia sido construída para os muçulmanos. Os muçulmanos tinham de lavar-se ritualmente cinco vezes por dia antes de oferecer suas orações; usavam o que estava à mão; usavam pias e bacias para lavar os pés e os genitais. Por isso, toda a animação que eu sentira diante da história de Shafi — animação que em parte me havia despertado naquela manhã — converteu-se em seu contrário.

Mas tudo se acertou novamente quando Shafi — em trajes cotidianos formais — veio ver-me naquela tarde. Com o sujeito diante de mim, tão franco, tão simpático, minha perturbação se foi. Ele trouxera um amigo, um sujeito muito baixo e franzino, de trinta e quatro anos de idade. O pai do amigo tinha sido um mulá de aldeia. Quanto ao amigo, havia se especializado em estudos islâmicos e — curiosamente — fora para Birmingham, na Inglaterra, para fazer seu doutorado. Agora era um alto funcionário do ABIM. Havia perdido vários dentes em um acidente, e mancava. Sempre que ele falava, devido aos dentes perdidos, parecia sorrir.

"Por que vocês todos são tão jovens no movimento?", perguntei.

O amigo respondeu, com seu sorriso: "Nossos pais eram gente simples. Noventa e cinco por cento deles nunca estiveram numa universidade. E os que estiveram, só aprenderam coisas para servir aos seus senhores coloniais".

Sua franqueza era como a de Shafi. Toda a minha simpatia do dia anterior refluía.

Eu disse: "Então você é exatamente como Shafi. Você não tenta encobrir nada".

"O que temos para encobrir?", disse Shafi. "O que temos?"

"Shafi, quando eu lhe perguntei ontem de manhã o que você achava dos brancos em volta da piscina, foi a primeira vez que você teve de pensar numa coisa dessas?"

"Foi a primeira vez."

"Mas como, Shafi? Essas pessoas estão todas por aí ao seu redor. Agora mesmo estão à nossa volta, aqui, no café."

"Eu nunca *vejo* essas pessoas."

Ele usou a palavra em ambos os sentidos: nunca tinha ocasião de se encontrar com os brancos e, quando os via, nunca pensava neles.

Até agora, nenhum deles tocara o sanduíche de ovo que eu pedira para eles. Estavam esperando que eu comesse primeiro. Comi. Entretanto — embora o amigo de Shafi não tivesse almoçado — apenas lambiscaram. Ambos deixaram no prato a maior parte de seus sanduíches. Fora apenas por cortesia que me haviam permitido pedir sanduíches para eles; em um lugar como o Holiday Inn, ambos receavam comer comida não muçulmana.

Para evitar os degraus, quando partiram, Shafi guiou o amigo manco pela rampa lateral atapetada, destinada à passagem das bagagens. Perto daquele homem muito baixo e franzino, com a perna esquerda defeituosa, Shafi parecia alto e protetor. Pensei em Behzad e em sua namorada mancando na plataforma da estação ferroviária de Teerã: revolucionários, agora inadvertidamente, mas conscientes da verdade e perigo que carregavam consigo.

Shafi havia prometido me levar à escola do ABIM e, ainda, encontrar algumas "garotas audazes" que conversariam comigo. Trouxera o amigo para me examinar. Aparentemente, o amigo não desaprovara; e, bem cedo na manhã seguinte, Shafi veio me buscar com seu carro.

Considerando a cidade frenética, confusa, moderna, com placas comerciais em chinês, inglês e malaio; considerando os engarrafamentos e a fumaça dos escapamentos que estremeciam no calor; considerando Shafi em seu carro, dirigindo agora com aquela calma (o menino cuja escola na aldeia do nordeste distante tinha chão de terra que era inundado pela chuva); perguntei se a cidade ainda lhe parecia estranha.

Ele disse que não. Mas ele era um estranho em sua aldeia. Realmente um estranho. Os edifícios tinham mudado; as pessoas haviam partido; ele já não conhecia todo mundo. A aldeia deixara de ser dele, do modo como havia sido.

Na escola, que ficava em um prédio de três andares do ABIM, afastada do centro da cidade, conheci um australiano, um grandalhão de meia-idade, usando óculos e um barrete, sentado sozinho e aparentemente à toa. Shafi disse que ele estava tentando aprender sobre o islã. Os jovens malaios ocupados que encontrei eram de um tipo que eu passara a reconhecer: aldeões cujas faces, a princípio inexpressivas e com um toque de desconfiança, iluminaram-se em sorrisos quando Shafi explicou meu objetivo: antigos modos, velhas cortesias aldeãs, logo abaixo da severidade.

O secretário-geral foi mais duro. Assim que Shafi me apresentou, disse que o mundo decaíra moralmente nos últimos duzentos ou trezentos anos, com a industrialização. Ele falava como alguém que estivesse prestes a endireitar aquilo. Tinha um jeito de executivo e carregava diversas pastas na mão.

Shafi tinha trabalho a fazer. Deixou-me com Nasar. E novamente — como acontecia com muitos outros — era notável o pequeno porte físico de Nasar, sua fragilidade. Cem anos antes ou mais — quando os navios a vapor europeus costeavam o litoral, de cais em cais, quando as fazendas britânicas estavam começando e o chineses chegando, e as cidades administrativas eram núcleos toscos à margem da floresta — o antepassado de Nasar era um xeque, um malaio que vivia na Arábia e pastoreava peregrinos malaios para Meca.

Aquele xeque, voltando para a Malásia e para sua aldeia, a mais de nove quilômetros de distância de onde era agora a cidade de Kuala Lumpur, teve um filho. O filho, o bisavô de Nasar, casara-se com a idade de doze anos. Na velhice, em 1934, esse bisavô fundou um jornal em língua malaia. Tentou incitar os malaios, dizer a eles que precisavam lutar por sua sobrevivência. Mas ninguém o escutou; mesmo seu próprio filho, o avô de Nasar, que deveria ter sido um professor de religião, decidiu que o dinheiro advindo do ensino não era o bastante e preferiu tornar-se um fazendeiro de arroz, com uma área de pouco menos de três hectares. O filho do fazendeiro de arroz tornou-se funcionário do governo, no Departamento de Silvicultura. Ele era o pai de Nasar. Com isso, a família, outrora de educação árabe e líder à sua própria moda, havia se tornado, na Malásia moderna, "uma família de classe média baixa".

Quanto a Nasar, após uma educação local, fora para a Inglaterra, para Bradford, para obter um diploma em Relações Internacionais. Descobrira que as grandes potências não estavam interessadas em paz; só se preocupavam com as esferas de influência; vendiam armamentos. E ele não gostara do que conhecera da vida inglesa em Bradford.

"Eles são muito individualistas. Em Bradford, as pessoas me diziam: 'Por que você não tira um tempo para ir a bares, discotecas?'. Estavam tentando dizer que era para ficar junto com os outros, mas não com sua família. Eles são criados por sua própria tecnologia. A modernização da Malásia, se não for contida, seguirá o mesmo padrão. Nós aceitamos a tecnologia, mas isso não deve afetar a base da estrutura social. A promiscuidade e o alcoolismo são os grandes perigos. Isso acompanha a promiscuidade. A confiança é a base da felicidade familiar. Alá criou os homens e as mulheres para que se casassem em um procedimento correto e criassem uma família. Essa é a base da estrutura social. Temos de evitar a promiscuidade. Finalmente pretendemos ter aqui uma escola separada para as meninas e os meninos. Acreditamos que o desemprego hoje se deve, em parte, a essa filosofia de libertação das mulheres."

Mulheres, a família: elas criavam ansiedade nesses homens franzinos que, mal se tornavam adultos, talvez sentissem mais do que sua fragilidade física. Ao fim de nossa primeira conversa, Shafi havia dito: "Quando as meninas vêm das aldeias para Kuala Lumpur, não querem ser protegidas pela lei".

Os homens deviam ir para a mesquita para as orações do meio-dia e meia da sexta-feira. Pouco antes de saírem, pouco antes de os escritórios ficarem vazios e as luzes se apagarem, Shafi apresentou as garotas audazes que ele havia prometido.

Sentamo-nos na sala da frente com vista para a rodovia. Era uma espécie de almoxarifado, desordenado, com copos plásticos com restos de café leitoso sobre uma mesa, muitas pastas e impressos, e uma cadeira torta de escritório em que faltava uma das rodinhas. Dois aparelhos de ar condicionado abafavam o ruído do tráfego.

As garotas eram de tipos raciais diferentes. Uma era esguia e de pele morena; a outra era pálida, rechonchuda e de cara redonda. Usavam vestidos longos e tinham as cabeças cobertas. A morena levava um toucado fino de algodão preto que se enrugara e parecia solto; havia nela certo desalinho geral adolescente que a tornava atraente. A da cara redonda era mais elegante. Um lenço branco estava firmemente assentado em sua cabeça e sobre ele havia um toucado cor-de-rosa preso sob seu queixo.

Ambas estavam um pouco nervosas. Fazia dois anos que estavam na escola do ABIM, e tinham vindo para cá porque não haviam se saído muito bem nos exames para a escola do governo. Ambas estavam agora na classe mais adiantada da escola.

Perguntei-lhes sobre o toucado, que me fazia lembrar das mulheres em Teerã. Disseram-me a palavra malaia para ele, *tudong*.

"A cabeça precisa estar coberta", disse a garota com o *tudong* preto.

"Não deve aparecer nem um pedaço do cabelo", disse a do *tu-dong* branco e rosa.

"Mas está aparecendo um pouco do seu cabelo", disse eu à menina de preto. E estava aparecendo bastante.

Ela deu um risinho nervoso e se pôs infantil.

Perguntei: "Por que o cabelo deve ser coberto?".

"O cabelo, você sabe", disse a de preto, dando o risinho nervoso novamente, antes de se compor, dizendo: "Algumas meninas têm um cabelo muito bonito e às vezes os homens ficam sexualmente atraídos pelo cabelo."

Ela falou em malaio com a de rosto redondo e toucado rosa, e esta saiu da sala.

"É tão ruim assim?", perguntei. "É ruim para a mulher? Ou para o homem?"

"É ruim para os dois. Para a menina é pecado porque faz os homens se sentirem atraídos."

A menina de rosa voltou para a sala.

"O cabelo é *aurat*", disse ela.

"*Aurat?*"

"Coisas que não podem ser mostradas."

Falaram então em dueto, fazendo os devidos gestos. A de rosa disse: "As meninas só podem mostrar a face". A de preto disse: "E as mãos só depois do pulso".

"E os pés?", perguntei.

"Os pés?", disse a de preto. "Eu acho que não. Acho que os pés não são *aurat*." Seus próprios pés eram visíveis, abaixo do vestido comprido de algodão, tão enrugado quanto seu toucado; e ela estava usando sapatos bem pequenos de salto alto com correia e fivela.

"Os pés são *aurat*", disse a de rosa.

Trocaram algumas palavras em malaio, e a menina de rosa saiu novamente.

A de preto disse: "Dois anos nesta escola é pouco tempo, porque há tanta coisa para aprender". Então, como se compensasse sua incerteza sobre os pés das mulheres, disse, fazendo um gesto para baixo do corpo: "O homem é *aurat* da cintura até o joelho".

A garota de rosa voltou e disse: "Os pés são *aurat*".

(Quem estava sentado lá fora, com as respostas prontas? Seria o australiano?)

"Algumas garotas cobrem a face", disse a de preto. "Existem muitas nesta escola. Embora não seja necessário."

"Por que fazem isso?"

"Talvez elas saibam mais", disse a de rosa.

A garota de preto sorriu, agora menos nervosa, como se divertida pelo pouco que ela sabia.

Sua amiga, rechonchuda e elegante, parecia totalmente segura. Ela disse: "O principal objetivo dessas filosofias é preservar a beleza e bondade das mulheres. Nós podemos preservar nossa beleza. Ela não é para ser exibida. Isso é muito ruim".

"Por que é ruim?"

A garota de preto, a frívola, como agora eu a considerava, disse: "Tudo o que eu sei é que é muito ruim". Ela riu. "Eu *sei*, mas não consigo expressar."

"Você gostaria de ocultar sua face?"

"Talvez algum dia. Quando soubermos mais."

"E quando acharmos que é necessário", disse a de rosa.

"O que mais vocês precisam aprender? Você estão aqui há dois anos."

"Existe *muita coisa* para aprender", respondeu a de preto.

"Nós não falamos árabe", disse a de rosa.

"Então vocês não entendem as orações que vocês dizem."

"Essas nós entendemos. Mas o Corão está em árabe e gostaríamos de ler o Corão em árabe."

"Vocês prefeririam ter ficado na escola do governo, se tivessem passado no exame?"

A garota de preto fez que sim com a cabeça.

A de cor-de-rosa disse com seu jeito franco, imponente: "Agora, nas escolas do governo, o sistema de ensino é mais para o acadêmico".

"Ciência", disse a garota de preto, agora aparentemente desaprovando a escola do governo. "Ciência. Tecnologia. É preciso passar em todos os exames para conseguir um lugar na universidade, se você quiser ter um bom emprego ou um padrão de vida elevado, um bom salário. Essa religião eles realmente não aprendem na escola. As meninas não rezam. Elas esqueceram como rezar. E é *preciso* rezar."

"Você diz para as meninas que elas vão para o inferno?"

"Oh, *não*!", disse a de rosa. "Nunca dizemos isso. Temos de ser delicadas com elas. Temos de falar com elas com delicadeza."

"Você sente pena delas?"

"Bem, sim", disse a menina de preto.

"É ruim desejar um bom emprego?"

"Não é ruim", respondeu a de rosa. "Mas não podemos ficar buscando apenas coisas materiais na vida. Porque existe vida depois da morte. Por isso, em nossa vida, temos de nos equilibrar entre a vida na terra e a vida depois da morte."

Eu disse à garota de preto, com os sapatos de salto alto: "Você não é muito jovem para estar pensando em morte?".

A garota de rosa respondeu por ela, dizendo, solene: "A morte pode chegar a qualquer hora".

"E você quer ir para o céu?"

"É claro. No céu nos misturamos com as pessoas boas. Não só com as pessoas boas. Podemos nos unir com nosso Profeta. Você ouviu falar de nosso Profeta? Tudo é bom e bonito no céu. Eu não posso lhe dizer o quanto é bom. Nosso Deus nos prometeu. Não dá para comparar com as coisas da terra."

"Vocês encontram tempo para ler?"

"Sim, nós lemos", disse a garota de rosa.

"Nós lemos *muito*", disse a de preto, em um tom de queixa.

"Qual foi o último livro que vocês leram?"

"*Far from the Madding Crowd*", respondeu a de rosa.

"É um livro escolar. Eu não me referia a esses. Eu queria dizer alguma coisa que vocês leram para vocês mesmas, por interesse."

A de preto respondeu: "Agora, com todos os trabalhos escolares, eu não li nada recentemente. Não consigo me lembrar".

"Nós lemos Barbara Cartland, Perry Mason", disse a de rosa.

"James Hadley Chase", disse a de preto, subitamente se lembrando.

"Denise Robins", disse a outra, o rosto redondo se iluminando como o fizera quando descrevia a vida no céu.

"Harold Robbins?"

"Eu não gostei de Harold Robbins e parei", respondeu a de preto.

Ela deu uma risadinha. A menina de rosa sorriu.

"Por que você parou?"

"Eu não posso lhe dizer", disse a de preto. "Posso apenas traduzir o que dizemos em malaio. Nós dizemos: 'O livro é sujo'."

"E quanto a Barbara Cartland e Denise Robins?"

"Oh, *não*!", disse a de rosa, enternecida. "Esses não são sujos." E em seguida, com uma curiosa afetação: "Esses são para meninas mais novas".

"Mas as pessoas nos livros não estão muito distantes de vocês? São ingleses, europeus, brancos. São cristãos."

Quando a menina de rosa falou, comecei a perceber outro traço de caráter sob sua firmeza: "Eu só li como passatempo".

"E nosso professor nos mandou ler", disse a de preto.

"Para melhorar nosso inglês", emendou a outra.

Perguntei: "Os livros da Mills and Boon, vocês os conseguem aqui?".

Esses romances curtos e leves, em edições em brochura, mais conhecidos pelo nome da editora inglesa que pelos nomes dos autores, foram promovidos com sucesso em muitos países da comunidade britânica. Satisfaziam as necessidades imaginativas das populações recém-chegadas à educação e à vida nas cidades; parecem instruir nas maneiras modernas de sentir, e são lidos até por estudantes universitários, e mesmo por homens.

"Mills and Boon!", disse a menina de rosa, suavemente, mais uma vez comovida, como se lembrasse de alguma comida particularmente doce e substancial.

"Por que esses livros são tão agradáveis?"

Voltando a ser formal, a de rosa disse: "Quando lemos, o amor é bonito porque é tudo fantasia".

"Você quer dizer que não gostaria que esse tipo de coisa acontecesse com você?"

"Não."

"Mas então qual é a graça?"

"Lemos apenas para imaginar como a vida deles é boa."

"Boa?"

"São ricos", disse a de rosa. "Têm uma casa grande, um carro grande." Sua voz se tornou macia e redonda. "E eles se amam."

"Amor? O casamento de vocês não vai ser arranjado?"

"Oh, *não*! Não conosco."

A casa grande, o carro grande: será que essas patinhas islâmicas — embora estivessem aprendendo as regras, contemplando a vida depois da morte — já seriam secretos cisnes da cidade?

"Você gostaria de morar em uma aldeia?", perguntei. "Conversei com algumas pessoas daqui que acham a vida da aldeia melhor."

"Não", disse a garota de preto. "Eu quero morar aqui."

Novamente firme, bem instruída, a menina de rosa disse: "A aldeia é mais tranqüila. Eu gostaria de morar na aldeia".

A garota de preto pareceu mudar de idéia. "É, a aldeia é mais tranqüila." Depois, mudou de idéia outra vez. "Mas eu gostaria de estar na cidade porque aqui tudo acontece."

"É mais tranqüilo na aldeia", disse, sentimental, a de rosa.

Como alguém que agora conhecesse sua própria opinião, e tivesse encontrado um modo de dizer o que sentia, a garota de preto disse: "Eu gostaria de estar na cidade porque é também o centro do movimento religioso".

"Mas há tantos estranhos na cidade", disse eu para provocá-las.

"Sim", disse a de preto, e foi rápida e firme. "Nós temos muitos imigrantes."

Era a palavra empregada pelos malaios para descrever os não-malaios — chineses, principalmente; era a palavra rejeitada pelos não-malaios, que diziam já possuir um século de residência.

"Os imigrantes causam problemas", continuou. "Foram os ingleses que os trouxeram para cá. Os ingleses introduziram o sistema inglês. Antes disso, o sistema era todo islâmico."

Eu achara a garota de preto — com seu *tu-dong* desalinhado, os sapatos de salto alto, sua incerteza sobre as regras islâmicas — a mais frívola das duas. Agora, eu percebia que, em termos políticos e raciais, ela era a mais veemente. Ela tomou conta dessa parte da conversa. A de rosa ficou apenas escutando, com seu terno sorriso fixo.

"Os chineses tentam monopolizar nossa economia", disse a de preto. "Eles são bons homens de negócios. Estamos ficando para trás. Não é verdade o que dizem, que os malaios são preguiçosos. Sabemos que isso não é verdade, mas ficamos magoados ao ouvir essas coisas. Se não tivéssemos os chineses, poderíamos ser um povo bem empreendedor. Se você olhar a história, no tempo do sultanato de Málaca, nós malaios tínhamos fama de ser o povo mais empreendedor."

"Por que vocês se preocupam tanto com os chineses?"

"Os chineses têm a China, os indianos têm a Índia. Nós só temos a Malásia."

"Vocês não têm a Indonésia e todas as ilhas?"

Ela fez cara feia; sua testa jovem se enrugou. "A Indonésia está cheia de cristãos, você não sabe?"

"Você nasceu em Kuala Lumpur?", perguntei para ela.

Ela nascera, mas sua família viera da Indonésia, de Java.

"Há *muito* tempo", disse ela.

"Antes da guerra", emendou a de rosa.

Portanto, a garota de preto, ou sua família, chegara durante o período britânico. Ela era indonésia, mas isso significava que ela era racialmente consangüínea dos malaios; e também era muçulmana. Depois de quarenta anos, ela podia se considerar malaia. Depois de mais de cem anos, os chineses — que haviam construído o país dela — ainda eram imigrantes.

Os escritórios estavam na escuridão. Os homens ainda estavam na mesquita. As garotas me acompanharam até a estrada. A de cor-de-rosa atravessou a estrada movimentada para esperar comigo até eu conseguir um táxi. A de preto permaneceu no outro lado, na entrada do prédio, a idéia do atrativo feminino agora um pouco presente, sorrindo, dando pequenos acenos ocasionais, amistosa comigo, um forasteiro; mas cheia de suas paixões confusas. Seu *tu-dong* solto, atado de maneira inexperiente, não lhe escondia o cabelo; e sob seu vestido longo de algodão parecido com um saco, de cores opacas — o traje da modéstia islâmica, o símbolo de sua agressão —, apareciam os pequeninos sapatos de salto alto, com as correias e fivelas.

Ser malaio era ser muçulmano — estava escrito nas leis do novo estado. Mas ser malaio era também ser rejeitado pela grande e rica cidade britânico-chinesa, onde tudo acontecia. O dinheiro viera para a terra tropical de florestas, rios e aldeias; e o dinheiro criou novos frenesis e frustrações.

# 3

# *ENTRE MÁLACA E OS ALTIPLANOS DE GENTING*

A terra era farta: chuva, calor e rios, solo fértil explodindo em vida, com bananeiras, arrozais, coqueiros, seringueiras. O capim crescia sob as seringueiras; e o gado, que devia sofrer com o sol, encontrava pastagem na sombra. O calor, que na cidade era difícil de agüentar, na zona rural era mais agradável. A água e o sol favoreciam a vegetação, que servia de abrigo e refrescava; e o verde rapidamente recobria a terra vermelha que fora exposta por obras rodoviárias ou loteamentos imobiliários. As aldeias malaias nunca estavam longe; as casas, com telhados inclinados e paredes baixas de madeira, ficavam no meio de pequenos jardins. E, a intervalos regulares, havia as pequenas cidades do período colonial, colônias chinesas: prédios comerciais de dois andares, de concreto e ferro corrugado, as lojas recuadas, a calçada abrigada pela residência de cima. As datas — pintadas nos prédios comerciais, ou em números de concreto em relevo — eram recentes; muitas eram dos anos 30; a colônia demorara a desenvolver-se.

Fiz essas observações num sábado, ao passar de carro ao sul de Kuala Lumpur rumo a Málaca. Fui para Málaca por causa de seu nome histórico: o estreito de Málaca, a cana e a pimenta de Málaca.

No centro da cidade, havia uma igreja pintada de vermelho e datada de 1753; havia um museu ao lado do portal de um antigo forte europeu em ruínas. Mas, em outros lugares, a história parecia ter sido queimada pelo calor. A praia, na maré baixa, era larga e plana, de lama preta macia; esgotos da cidade desaguavam nela; e a lama preta era pontilhada pelas tocas de pequenos caranguejos e marcada pelos rastros de criaturas anfíbias, peixinhos saltadores e criaturas de barbatanas pretas que se contorciam.

Um navio estava ancorado ao largo. Uma fileira de barcaças, cada uma tendo ao leme um malaio de sarongue com as costas nuas, estava sendo rebocada para o canal da cidade, um esgoto a céu aberto, mais cinzento do que preto ou marrom, que corria ao lado dos armazéns e casas do recente período colonial.

O passado europeu era mais velho do que sugeria aquele quadro. Málaca, guardando a rota para as ilhas das especiarias das Índias Orientais, era outrora considerada valiosa; e os portugueses conquistaram Málaca (a sete meses de Lisboa, de navio) em 1511, oito anos antes de Cortez — no outro lado do mundo — marchar sobre o México, e vinte e dois anos antes de Pizarro ir para o Peru. Isso era agora difícil de entender; mais difícil ainda era entender como Portugal e o Ocidente haviam chegado aqui pouco depois do islã.

O Ocidente, depois de suas muitas mutações, permanecera novo, incitando mudança, incitando perturbação, como agora o estava fazendo. O islã tinha envelhecido, parecia ter se tornado parte da vida auto-suficiente e — para empregar a palavra que Shafi em breve me diria — "medíocre" das aldeias malaias.

Esse tema da mediocridade, a contradição entre seu anseio pelos costumes da aldeia e seu desejo de ver os malaios mantendo-se firmes, residia na cabeça de Shafi. Ele havia me telefonado para falar a respeito. Ele não ficara satisfeito com o que havia dito.

E quando, no domingo, contei-lhe sobre meu passeio até Málaca e a riqueza da terra que eu tinha visto, ele disse: "Você pode jogar uma semente e ela brotará". Fez um gesto de lançar uma semente na piscina do Holiday Inn. "Você joga um anzol na água e apanha um peixe. Talvez seja por isso que os malaios têm sido medíocres. Vivem ao lado de rios. É claro que ali haverá peixe, terra fértil para cultivo de arroz, transporte fácil por barcos. A vida é muito fácil, comparada à dos chineses, que vêm de um país com quatro estações."

Ele fizera algumas reflexões sobre a auto-suficiência da aldeia, e queria falar primeiro sobre elas.

"Somos uma comunidade muito unida e sabemos pouca coisa sobre o mundo externo. Você me perguntou por que não tínhamos técnicos, profissionais especializados. Para atender às nossas necessidades, dispomos de nossos próprios construtores, que também são arquitetos, que podem fazer projetos quando requisitados pelos clientes e têm habilidade para transformar um projeto em realidade. Não temos médicos. Mas temos na comunidade uma prática médica tradicional. Se bem me lembro, nunca houve em minha aldeia doenças crônicas que exigissem operação imediata."

Depois que ele disse isso, voltamos a falar de sua vida e sua carreira. Sua primeira visita a Kuala Lumpur em 1963 com a tropa de escoteiros de sua escola tinha sido um choque. Mas uma segunda visita, dois anos depois, foi mais fácil.

"Eu estava ficando um pouco mais acostumado, um pouco mais corajoso. Vim com um velho que era um parente distante e ficamos dez dias, em várias casas de parentes. Ficamos em *kampung* malaios e também com parentes em condições modernas. Posso citar um caso em que fui mais corajoso. Tomei um táxi para o museu. No caminho de volta, eu não conseguia saber qual direção tomar, depois de caminhar certa distância. Então, simplesmente tomei um táxi de novo."

"Por que isso foi uma coisa corajosa? Você estava com dezessete anos."

"Meus pais não me deixavam vir para KL com alguém que não fosse conhecido da família. E não são muitas as pessoas que, como eu, deixam o *kampung* para vir desse jeito para KL. Não é que sintam medo. Podem ou não ficar com medo. Mas não têm nada para fazer em KL.

"Por isso, não fiquei com medo quando entrei para a faculdade em KL, em 1966, para fazer a educação pré-universitária. Eu tinha dezenove anos. Os que estavam mais adiantados do que eu na escola estavam todos estudando aqui em KL. Fiquei numa casa de estudantes, administrada pelos estudantes. Em 1968, fui para o Instituto de Tecnologia. Ali, comecei a me interessar por política estudantil. Foi quando entrei em contato com Anwar Ibrahim. Eu estava com vinte e um anos e ele também."

"Você saía com garotas?"

"O que você quer dizer com sair? Veja, tinha uma pessoa de quem eu gostava e que estava morando com uma família e dificilmente eu poderia apanhá-la para sair. Apanhar alguém para sair significa ser infiel. Ela era uma parente distante. Era uma admiração de infância. Começou em minha aldeia, com as reuniões de família.

"Em 1969, houve distúrbios políticos em KL, conflitos raciais entre malaios e chineses. Foi quando me tornei um líder. Alguns amigos me convidaram para ir a uma manifestação pública e não fui. Senti que iria ocorrer um tumulto naquele dia. Era uma manifestação de malaios contra chineses."

"Você tinha muita raiva dos chineses?"

"Sim. Eu diria que cresci com raiva dos chineses. Em termos de tabus religiosos. Mas os sentimentos em KL eram diferentes. Eram nacionalistas. Por volta das sete da noite, no dia daquela manifestação, eu estava em um albergue e ouvi no rádio que seria imposto o toque de recolher em KL. Essa notícia justificava minha decisão de não ir. Minha percepção estava correta. Organizei grupos de segurança ao redor da faculdade, disse aos estudantes que jantassem e permanecessem calmos e quietos. Não havia outros líderes e com isso me tornei líder por acaso. Depois desses tumultos, fizemos reuniões com Anwar Ibrahim e outras organizações estudantis muçulmanas. Começamos a conversar sobre o nacionalismo e o islã. E foi assim que começou."

"Quando estudante, você nunca teve dúvidas sobre a fé?"

"Não. Eu questionava apenas os sistemas. Por que o matrimônio? Cheguei a propor que deveria haver matrimônios por contrato. No sentido de que se você desejasse um descendente, você se casasse com a pessoa mediante o acordo de que, depois que a criança nascesse, o contrato estaria encerrado. Isso era uma idéia maluca de minha parte. Era uma das poucas fantasias que eu tinha."

"Você ficava pensando na garota de quem você gostava? Ela correspondia?"

"A garota de quem eu gostava não correspondia. Depois que saí da faculdade, trabalhei numa organização de jovens e, quatro anos depois, fui para os Estados Unidos."

Isso para mim era novidade. Nada do que Shafi havia dito sugeria que ele tivesse ido para o exterior.

"Abordei o diretor cultural da embaixada americana depois de ficar sabendo que havia certo intercâmbio de trabalhadores jovens. A princípio ele disse que as vagas já haviam sido todas preenchidas, mas, depois de um mês, ele voltou e me ofereceu a viagem.

"Os Estados Unidos foram um choque. Antes de partir, recebíamos textos sobre o que iríamos encontrar. Mas, na chegada ao aeroporto JFK, o primeiro choque foi o biológico, o tempo. Era um dia mais cedo: ainda estávamos no mesmo dia que partíramos. Eu esperava que o JFK fosse grande e que as coisas fossem diferentes. Não me admirei com nada. Do céu, vi belos conjuntos residenciais próximo à praia e os achei bonitos. E, chegando ao hotel, como já esperava, fiquei alojado com um africano."

"Você esperava isso?"

"Não fiquei surpreso por estar com um africano, porque eu era o único malaio no programa." Mas com a ênfase que Shafi atribuía a estar com o africano (anônimo, em sua versão), imaginei que, imediatamente depois do vôo demorado e do choque biológico, a experiência o havia desestabilizado. "O que desconfiei, ao ter de ficar com aquele africano, foi que os organizadores do programa estavam procurando deixar juntas pessoas afáveis com antecedentes semelhantes. Eu já esperava que fosse haver segregação no programa. Isso não me deixou infeliz. Achei que estavam fazendo uma generalização conosco, africanos e malaios, que vínhamos de países subdesenvolvidos no mesmo estágio de civilização, se você quiser colocar as coisas desse modo.

"A comida era toda ocidental. Como muçulmano, era difícil para mim gostar da comida porque eu desconfiava que ela não era cozida à moda muçulmana. Na segunda noite, meu diretor de programa me levou para ver um filme pornô. E pensei: a maioria das experiências que vou ter na América não é da minha" — ele procurou pela palavra — "cultura, é algo estranho para mim, que as coisas lá... tudo o que na América é sim, para nós na Malásia é não, e tudo o que é não na América, para nós é sim. Os avanços técnicos, os avanços materiais, isso era tudo o que eu esperava. É possível ter isso em qualquer lugar."

"Em qualquer lugar?" Eu estava interessado nessa idéia do mundo desenvolvido como algo simplesmente existente, bem ali: parte de uma divisão quase preestabelecida entre os homens: criativo, não criativo; infiel, crente.

"Nas escalas em Bangkok, Hong Kong, Tóquio, eu via a mesma coisa: edifícios altos, pessoas ocupadas, tecnologia moderna. O que eu não conseguia encontrar era gente com a mesma formação religiosa que eu."

"Por que você se surpreendeu tanto? Você tinha ido para um país estrangeiro. Um grande país, um país importante. Você não estava interessado naquilo que eles tinham para mostrar?"

"Eu não estava interessado naquilo que eles tinham para mostrar. Mas ficava perguntando por que, com todo aquele desenvolvimento que eles têm, não conseguiam nem sentar um pouco para refletir sobre a criação universal. Os não-muçulmanos, os que não crêem na grandeza do criador, não tinham tempo nem para pensar nesse criador. Mais tarde, quando eu estava em Chicago, conversei sobre o islã com alguns judeus, alguns negros e alguns americanos. E, comparada com a MT que eles praticam, a Meditação Transcendental, minha explicação resumida realmente os atraiu."

"O que sabe você sobre as outras religiões?"

"Eu tenho feito leituras ao acaso. Mas até que ponto se pode pensar o universo com o cérebro limitado que nós temos?"

"Você não acha que talvez esteja sendo muito pretensioso sobre si mesmo e desdenhando muito facilmente das outras pessoas?"

"Você pode dizer que um homem é civilizado quando ele sabe de onde vem e para onde vai. Não posso aceitar que um homem seja educado e civilizado quando ele passa a vida inteira estudando o universo e acaba venerando as estrelas, sem saber de onde ele vem e para onde está indo. Eles não encontraram a resposta."

"Shafi, você acha que encontrou a resposta?"

"Acho que sim."

"Fale-me mais sobre o tempo que passou nos Estados Unidos."

"Antes de sair de KL, um repórter me perguntou o que eu pretendia fazer lá. Eu disse a ele que queria estudar todas as políticas feitas pelos civilizados, pelos chamados civilizados, no mundo moderno, de forma que não caíssemos vítimas dos mesmos erros que eles cometeram."

"Você está dizendo que vocês tem civilização e eles não?"

"Civilização para nós não significa somente desenvolvimento material. Significa sermos capazes de desenvolver o homem, a pessoa, levá-lo para mais perto do criador."

"Então você não me tem em grande consideração?"

"Ora, por favor, não leve para o lado emocional." Shafi riu. A frase soara preparada; achei que ele já havia feito a piada antes. "Se você ficar mais tempo talvez eu consiga convencê-lo. Mas, quanto aos EUA, alguém me deu um livro. Basicamente, a partir de conversas e discussões com as pessoas, diziam que dinheiro é religião e sexo é o profeta. Basicamente, a vida deles gira em torno de dinheiro e sexo."

"Você acha que a minha vida gira em torno de dinheiro e sexo?"

"Eu pergunto: qual o propósito do que você escreve? É para contar às pessoas o sentido de tudo?"

"Sim. Eu ia dizer compreensão."

"Não é por dinheiro?"

"Sim. Mas a natureza do trabalho também é importante."

Eu o havia chocado. A idéia de uma vocação era nova para ele; e — dada a sua receptividade — considerou aquilo por algum tempo. Ele apreciava o debate religioso — agora eu me dava conta disso; mas quando voltou a falar, não foi para negar ou contestar o que eu havia dito a meu respeito.

Com uma consideração que parecia preocupação, ele disse: "Parece-me que você está perdendo alguma coisa. Você não está fazendo justiça consigo mesmo. Você tem procurado a verdade e ainda não conseguiu a verdade".

"Voltemos aos Estados Unidos."

"Fiz amizade com as pessoas de lá. Nova York, Chicago, Washington, Indiana. Eu estava trabalhando com um programa voltado ao exterior, um programa para os pobres. Mas eu esperava a volta para casa. Eu agora penso na América como um lugar para uma visita curta, mas não para ficar. Quando voltei, trabalhei para a Cruz Vermelha. Depois, arrumei emprego em uma empresa, uma firma de construção. Uma empresa malaia. Como gerente-geral."

"Você era muito jovem."

"Eu estava com vinte e oito ou vinte e nove. As manipulações no ramo não eram feitas com ética, mas com corrupção. Trapacear na construção, não entregar os trabalhos conforme as especificações."

"Isso era porque a empresa era malaia?"

"O ramo é assim. Esse ramo está cheio de pessoas sem escrúpulos. As pressões dessa corrupção eram grandes demais. Eu saí da empresa depois de um ano. Eu estava ganhando um salário muito bom. Cerca de mil dólares por mês. Isso foi em 1973, 1974. Tentei me estabelecer por conta própria no ramo da construção, tentando ser honesto. Ser honesto não compensa. Eu conseguia um contrato e tentava ser honesto, mas quando a gente tenta ser honesto acaba sendo a única pessoa honesta nesse campo. Por exemplo: eu construo uma casa e a especificação determina que seja em concreto, e eu tento seguir a especificação, mas meus trabalhadores — a maioria deles chineses — não seguem as instruções. E eu ficava em dificuldades. As pessoas não acreditavam em mim. Os clientes não acreditam em mim e eles têm muitos preconceitos em relação aos empreiteiros malaios. Têm razão de desconfiar, porque os malaios estão apenas começando no ramo. Uma vez eu fiquei seis meses sem nenhum trabalho, sem contratos. Foi uma época difícil. Mas é gratificante porque você está fazendo aquilo para si mesmo e sabe que está sendo honesto. Para nós, muçulmanos, o objetivo de fazer negócio é cumprir as exigências da sociedade."

"Isso não é a verdade para todo negócio?"

"Alguns negócios visam estritamente o lucro. Ao término de meus três anos como empreiteiro, comecei a me envolver mais intensamente com as atividades islâmicas. E eu acho que há uma necessidade, uma necessidade muito maior de cumprir as exigências do movimento islâmico do que as do negócio ao qual eu me dedicava."

"E quanto à garota de quem você gostava?"

"Ao voltar dos EUA, eu me casei. Não com a garota de quem eu gostava, mas com uma garota de uma aldeia que provavelmente tem uma formação similar à minha. Uma garota de um *kampung*. Ela vem de uma família pobre, de outro estado, o que significa romper com uma tradição de minha família. Porque ninguém de minha família, nenhum de meus parentes próximos, se casou com alguém de outro estado. Meus pais não fizeram objeção. Mas sinto que quebrei uma tradição. Isso não me preocupa. Minha esposa está trabalhando numa empresa, uma firma inglesa. As práticas empresariais não a preocupam. Ela está fazendo basicamente trabalho de secretaria. Ainda não temos uma casa. Estamos construindo. Eu comprei de um loteador, por 58 mil dólares."

"Então você desistiu da idéia de voltar para a aldeia?"

"Para mim é indiferente morar numa aldeia ou na cidade. Eu amo a aldeia porque não é poluída em termos ambientais, em termos de sociedade, e em termos de recursos. As pessoas não são materialistas. São pessoas com dignidade. São muito devotas. Até na cidade: se eu tiver essa comunidade impoluta com ambiente impoluto, eu gostaria de ficar. Isso pode não ser possível, mas eu preciso estar na cidade por causa da natureza de minhas atividades no movimento da juventude muçulmana. Compramos coletivamente três hectares de terra a cerca de 27 quilômetros de KL, e estamos tentando planejar uma comunidade auto-suficiente e instalações administradas segundo o sistema islâmico. Jardim-de-infância islâmico; cooperativa; centros de saúde, com médicos muçulmanos. Planejando a utilização máxima dos recursos."

"Você estará tentando recriar a vida da aldeia. Mas você não disse que a vida de sua aldeia em Kota Baru era medíocre?"

"Sim, de certo modo. Porque é auto-suficiente. A única diferença é que somos guiados pelo senso de religiosidade."

"Tem certeza de que todos o malaios são guiados por isso?"

"Nem todos os malaios são guiados por isso. Há algumas comunidades que enfatizam mais as tradições que a religião. Algumas dessas tradições são bastante pagãs."

Ele queria dizer pré-islâmicas. E comecei a perceber que, além de seu desejo de preservar a comunidade malaia aldeã, ele tinha um desejo missionário contrário — que lhe fora dado pelo novo islã — de purificar os velhos costumes da aldeia, de purgar seu povo malaio de uma parte importante de si mesmo. Mas isso era uma outra questão. Ele sabia que não havia respondido à pergunta sobre mediocridade.

"Essa tentativa de tornar os malaios menos medíocres", disse ele, "é uma tentativa difícil. Ainda não refleti a respeito."

Ele tinha perdido a aldeia. Casara-se fora do estado e quebrara uma tradição familiar. Com sua educação, viagens, profissão, sem saber, ele quebrara outras tradições. No novo mundo, ele fracassara nos negócios. Eu podia ver como, sem o islã, ele estaria perdido. Mas, quer gostasse ou não, Shafi entrara no novo mundo; e nesse mundo não lhe era possível esconder-se. Sua sobrevivência dependia de tentar novamente e com mais empenho; dependia de visão.

Quando estávamos saindo do café — e ele estava novamente preocupado em parecer estar avançando, em dar a si mesmo uma individualidade superior à de seus companheiros — eu disse: "Eu gostaria que você pensasse numa coisa. Eu não quero discutir, embora eu saiba que você quer que eu discuta com você. Mas eu acho que por você ter viajado para os Estados Unidos com uma idéia fixa você pode ter perdido algumas coisas. Acho que você não está sendo muito justo para com as pessoas de fora".

"Eu admito que existam pessoas dedicadas lá, e pessoas boas. Mas eu não posso fazer concessões."

> Do jornal *The Straits Times*, de 6 de novembro de 1979:
> Três acusações de destruição de ídolos hindus em Temerloh: Temerloh, segunda-feira. — No tribunal de justiça daqui, um ex-professor de religião e um estudante alegaram inocência da acusação de ter destruído ídolos hinduístas no distrito de Temerloh, no ano passado [...].

Isso também fazia parte do movimento islâmico entre os jovens cultos. Era um tipo mais elementar de islã, e eu sentia que isso deixava Shafi embaraçado. Ele disse que isso não era importante. Mas era importante.

O ABIM, o grupo de Shafi, não era o único grupo de jovens muçulmanos na Malásia; Anwar Ibrahim, com sua concepção elevada do islã, não era o único líder. Havia outros líderes, com mensagens mais simples. Os missionários (da Índia ou do Paquistão) haviam trazido para a Malásia a mensagem da destruição de ídolos. Haviam calculado, consultando vários livros, quantos milhares de anos um muçulmano ganharia no paraíso para cada ídolo que ele destruísse; e calculavam que um total geral de trinta ídolos destruídos conferia a um muçulmano o prêmio máximo, a eternidade no paraíso.

Na realidade, a raiva malaia estava voltada contra os santuários chineses — alguns não passavam de caixas de concreto — espalhados por toda parte nas cidades (havia dois bem próximos ao Holiday Inn). Mas os chineses eram poderosos e tinham suas sociedades secretas. Os hindus tâmeis eram uma comunidade pequena, pacífica. Por isso as imagens hindus eram destruídas. Durante muitas noites — em um período de três semanas em 1978 — os templos tâmeis foram profanados.

No templo de Kerling, ocorreu então uma tragédia. Um grupo de cinco destruidores de ídolos (entre eles, pelo menos dois estudantes universitários) foi surpreendido por oito guardas do templo. Quatro dos destruidores de ídolos foram mortos. Depois disso, cessara a destruição de ídolos. E agora, mais importante do que o caso do templo de Temerloh, era o processo dos oito guardas de Kerling, acusados de "homicídio culposo não caracterizado como assassinato".

O processo estava acontecendo longe de Kerling, em Klang, na costa ocidental, a cerca de 32 quilômetros de Kuala Lumpur. Foi um motorista de táxi tâmil que me levou até lá. Mas seus pensamentos não estavam no processo. Seus pensamentos eram sobre dinheiro; o tempo todo.

No primeiro dia em que peguei seu táxi, eu disse: "Você não ligou o taxímetro". Ele respondeu: "Minha cabeça está cheia. Estou imaginando como vou para Málaca amanhã. Vai ficar em pelo menos 140 dólares. Eu não tenho esse dinheiro. Minha irmã vai se casar". Eu perguntei: "Por que fica tão caro assim ir para Málaca?". Ele disse: "Nós somos sete. Minha mãe, minha irmã, minha esposa e meus três filhos. Sete. A tarifa será, no mínimo, de vinte dólares para cada um. Por táxi de linha". E quando paramos e entramos no trânsito enfumaçado de Kuala Lumpur, ele me envolveu em sua ansiedade.

"Vocês sete precisam ir para Málaca?", perguntei. "Sua esposa precisa ir?"

"Ela tem de ir. É a irmã dela que está se casando."

"Eu achei que você disse que era sua irmã."

"A irmã dela é minha irmã."

"Certo. Posso entender que sua esposa precise ir. Mas e sua irmã? Ela precisa ir para Málaca?"

"Ela *quer* ir. Ela conhece *bem* a menina."

"Bem, deixe sua esposa e sua irmã ir. Duas tarifas. Quarenta dólares."

"E a minha mãe? Você não conhece nossos costumes. Minha mãe tem de ir."

"Certo. Por que não deixa sua mãe, sua esposa e sua irmã ir? Você fica."

"Três mulheres? Indo sozinhas para Málaca?"

"Certo. Você vai com elas."

"Mas se eu for, as crianças não podem ficar. São muito novas, e todas meninas."

Portanto, eram sete para Málaca ou nada. Um homem com seis mulheres e meninas dependentes: não admira que parecesse prestes a tagarelar de modo descontrolado.

E agora, levando-me para o julgamento em Klang, parecia prestes a se tornar tagarela outra vez. Dinheiro, dinheiro: ele precisava de muito dinheiro. Se conseguisse 60 mil dólares, tudo ficaria bem, disse ele. Deixaria de dirigir táxi e entraria para o ramo de papelaria. Dava para ganhar dinheiro no ramo. Davam-se 10 mil para o atacadista e ele entregava 20 mil dólares em mercadorias com três meses de crédito.

Se conseguisse, se conseguisse. E ele tinha as sete bocas para alimentar; e as três crianças eram meninas; e havia a irmã se casando longe. E o governo dava tudo para os malaios. Os chineses eram muito melhores. Eram inimigos perigosos mas bons amigos. Você conhece malaios? Você gosta de malaios? Os malaios o apunhalam pelas costas. Ele saltava de uma coisa para outra com todas as suas diferentes angústias.

"Você vai para Málaca?", perguntei. "Pediu emprestado o dinheiro?"

"De um punjabi. Cem. No mês que vem tenho de devolver cento e vinte e cinco para ele."

"Então você pede emprestado a 300 por cento. E agora quer levantar 60 mil dólares."

Ele mudou de assunto, voltando a um assunto mais velho: suas despesas. Ele disse que comprava 10 cates de arroz por semana. "Quanto é 1 cate?" — "Um quilo." —"Então você compra 22 libras de arroz por semana?" — "Sim." Vinte e dois dólares por dia pelo aluguel de seu táxi para a companhia, dissera ele; 22 milhas até Klang, dissera ele; e agora, 22 libras de arroz por semana. Era seu número predestinado.

No entanto, apesar de todas as suas dificuldades, estava cheio de amigos. Parecia vê-los a cada engarrafamento. "Ele é da minha companhia." Em outro momento, ele disse: "Está vendo aquele carro? Era eu quem o dirigia. Depois o gerente me chamou e me deu este aqui e deu aquele para aquele camarada. Ele é muito mau motorista. Bebe e dirige. Eu nunca faço isso. Eu só tomo um pouco de rum. Uma vez por semana. Sábado à tarde. Dois litros".

"Dois litros?"

"É bom para o corpo."

"Você não tem dinheiro, mas tem três filhos. Você pede dinheiro emprestado a 300 por cento para ir a um casamento em Málaca. E agora você me diz que se embriaga todo sábado." Pelo espelho, reparei que faltava um de seus dentes superiores da frente. "Como você perdeu esse dente?"

"Em um acidente de moto."

"Como esses acidentes todos acontecem com você? Por que você não volta para o campo e trabalha em sua terra?"

"Não tenho terra."

E era isso mesmo. Era difícil imaginar que — muito antes do islã e da chegada do Ocidente — seus ancestrais indianos do sul tivessem disseminado sua religião, poemas épicos, escultura e arquitetura para o Sudeste Asiático. Quanto a ele, não conhecia nada disso. Era descendente de trabalhadores trazidos no século XIX, e depois, para trabalhar nas fazendas inglesas; era esse todo o seu passado. Agora — na Malásia pós-colonial, muçulmana — ele era oprimido. Era um homem tão perdido quanto Shafi e os outros malaios aldeões. E talvez estivesse mais perdido, sem um sentido de comunidade ou um conhecimento de um passado puro, sem uma fé à qual recorrer, sem poder culpar o mundo, sem saber a quem culpar. E a destruição de ídolos em Kerling e Temerloh, o julgamento em Klang — no qual fingia não ter interesse: essas teriam sido apenas ansiedades superficiais para um homem nascido com uma carga inteira de angústia.

Cidade após cidade surgiam nessa faixa desenvolvida da costa ocidental: nenhuma aldeia malaia. Em Klang, tivemos de perguntar onde ficava o tribunal. Era um tranqüilo prédio colonial de dois andares, a certa distância do centro. Não havia nenhuma multidão no pátio. E, no andar de cima, na sala do tribunal, não havia ninguém na bancada destinada ao público. O julgamento ganhava as manchetes; era acompanhado de perto; as pessoas estavam nervosas. Mas o evento em si parecia discreto, tão insignificante quanto Shafi o dissera: um juiz malaio, dois policiais malaios, um rapaz de boa aparência no assento das testemunhas, uma intérprete indiana num sári amarelo, sentada ao lado do rapaz que prestava testemunho, um advogado indiano de costeletas, fazendo a inquirição.

Os sete outros acusados — que naquela noite haviam enfrentado os destruidores de ídolos — estavam no banco dos réus, um pequeno cercado de madeira no meio da sala; pareciam bastante à vontade. Havia o ronco de quatro aparelhos de ar condicionado; era impossível ouvir alguma coisa do que era dito por advogado, testemunha ou intérprete. Uma ocasião reservada; no entanto, quatro jovens perdidos e tolos, desnorteados pelo novo mundo, sua perplexidade simplificada em um sonho de trinta ídolos esmagados e uma eternidade no céu, haviam morrido.

Voltamos para o centro da cidade e, depois de um giro, fomos até o quebra-mar, construído numa praia de lama preta. Barcos a remo, em que faltavam tábuas, apodreciam naquela lama e tinham a cor da lama; na água marrom, barcos ainda em uso estavam atracados entre postes verticais; corvos e um gato faminto apanhavam restos. Veio a chuva, que turvou a vista sem amenizar o calor, tornou tudo cinza, esburacou temporariamente a lama quase líquida. Era possível imaginar essa baía inóspita cem anos atrás: uma colônia de pescadores, talvez, e teria parecido na época um lugar aonde o mundo nunca chegaria.

O motorista tâmil da falha nos dentes, perdido por algum tempo, voltou, molhado de chuva. Tinha encontrado alguns caranguejos para comprar. Disse com seu jeito rápido e entusiasmado que os caranguejos eram duas vezes mais caros em Kuala Lumpur.

“Você vai vendê-los?”, perguntei.

“Vou levá-los para casa. Vou consumi-los.”

“Você nunca conseguirá 60 mil dólares.”

Longe daquela costa, uma estrada nova, passando por colinas arborizadas, levava aos altiplanos de Genting. As nuvens desciam sobre as colinas; estava frio o bastante para usar pulôveres. Mas ao término daquela estrada, depois dos troncos brancos e altos das árvores da floresta, depois do desalento da floresta, das trepadeiras, das folhas grandes e cordiformes, das samambaias, palmeiras e bananeiras silvestres; depois disso, não havia nenhum povoado, nenhuma cidade, apenas uma vasta área de recreação, um playground de concreto na névoa: um lago de brinquedo, passeios de brinquedo, trens de brinquedo, um hotel e um cassino.

Os prazeres do dinheiro na Malásia eram simples. O dinheiro ampliava as limitações de lugares como a Malásia, pequenos, sem educação e chegando tarde para tudo. O dinheiro — do petróleo, da borracha, do estanho, do azeite-de-dendê — alterava os velhos costumes. Mas o dinheiro apenas transformava as pessoas em compradores de bens importados, fixava o país em uma relação de dependência do mundo desenvolvido, mantinha todos os homens colonizados.

Era possível entender o afastamento de alguém como Shafi; a raiva dos destruidores de ídolos; e o desejo, entre outros malaios, de fingir que eram árabes, vivendo de modo tão puro como no tempo do Profeta.

# 4
# *ARÁBIA*

Havia uma comuna islâmica em Kuala Lumpur. Dizia-se que seus jovens malaios haviam rejeitado os costumes e bens modernos; cultivavam uma pequena área de terra e viviam, segundo pensavam, como árabes — os antigos, não os novos árabes. Não gostavam de visitantes. Shafi — simpatizante da idéia da comuna, mas sem desejar interferir nos assuntos de outros grupos — deu o meu nome a eles. Durante vários dias, nada aconteceu.

Então, recebi um telefonema de Khairul. Ele era da comuna. Sua pronúncia do inglês era entrecortada e dura, como um japonês em um filme americano antigo sobre a guerra. E, como o personagem de um filme, ele disse: "Como vou saber se você não é da KGB ou da CIA?".

Pensei que ele soubesse. Ele disse que algum tempo antes haviam permitido que dois repórteres da *Time* os visitassem, mas, depois, passaram a achar que os homens eram da CIA. (De fato, como eu soube mais tarde, a *Time* não utilizou a matéria; e Khairul — como outros avessos à publicidade que fogem para um silêncio inesperado — deve ter ficado um pouco irritado.) Ele disse que iria trazer três pessoas para se reunir comigo naquela noite. Pedi-lhe que trouxesse duas porque eu estava cansado demais para enfrentar quatro pessoas em meu quarto no Holiday Inn.

"Em que aspecto você está interessado?", disse Khairul com sua voz estalada de japonês. "Espiritual, econômico?"

"Espiritual."

Foi quando achei que dissera a coisa errada. Teria sido melhor conversar sobre o aspecto econômico. Por intermédio de Anwar Ibrahim, do ABIM, eu ficara sabendo um pouco sobre as idéias econômicas de alguns grupos islâmicos na Malásia. Diziam que o Ocidente estava desmoronando. "E estão criando a imagem de que o sistema econômico islâmico abrange basicamente o preparo de ketchup e alimentos *halal* [ritualmente puros]. Em termos de matar um boi por semana."

Mas minha preocupação com a escolha do assunto era desnecessária, tal como minha precaução quanto ao número dos visitantes. Khairul e seus homens não vieram. Em lugar deles, um recado pedia que me encontrasse com um homem em frente ao prédio do parlamento às dez horas da manhã seguinte. Decidi não fazer isso. Achei que se não fizesse nada, e mantivesse silêncio depois, havia uma chance de aguçar a curiosidade de Khairul, deixando para ele a iniciativa de me procurar. E foi o que aconteceu.

Certa noite, alguns dias depois, por volta das sete e meia, Khairul telefonou. Estava lá embaixo, no Holiday Inn, com seus três homens. Subiram. Ou melhor, invadiram. Três deles — incluindo o próprio Khairul — estavam sensacionais em seus turbantes e túnicas verdes compridas.

Apenas um deles usava calças e camisa. Sentou-se em uma das poltronas. Um, de turbante, sentou-se na outra poltrona. Khairul, olhos risonhos, queimado de sol, inesperadamente jovial em seu traje árabe, sentou-se na mesinha entre as poltronas. Um homem muito baixo e usando barba, que disse ser jornalista e desejava tomar notas, sentou-se na cadeira da penteadeira e imediatamente sacou uma caneta e papel.

"O que você quer saber?", perguntou Khairul.

E os quatro enchiam tanto o quarto, e eu ainda estava tão impressionado com sua aparição — turbantes, túnicas encardidas — e seu alvoroço, que esqueci novamente o sistema econômico islâmico.

"Vocês todos são diferentes", disse eu. "Gostaria de saber como vocês chegaram aonde estão agora."

"Sim", respondeu Khairul, "somos todos diferentes."

Todos eles, exceto por Khairul, vinham do estado de Kedah, no norte. O que usava calças e camisa — parecia mais chinês que malaio e não parecia tão nervoso quanto os outros — disse que era médico. Quanto a Khairul, era advogado. O de turbante branco com um tom mulato no rosto era missionário e hadji, alguém que havia feito a peregrinação a Meca. Ele era o menos elegante dos quatro, mas era o porta-voz. Khairul era o intérprete, e logo se pôs bem à vontade, esticando e cruzando as pernas sobre a mesinha abaixo da luminária de vime do Holiday Inn. Eu fiquei na cama, de pijama.

Perguntei ao hadji se ele sentia alguma saudade da vida na aldeia. Respondeu que não. A vida na aldeia não era islâmica. "Existem muitas tradições animistas e hindus", disse o médico.

Foi o que Shafi me contara: essa contradição no pensamento de Shafi surgira mais para o final de nossa última conversa. Os costumes da aldeia eram os costumes malaios autênticos; mas esses costumes tinham de ser alterados. A crença tinha de ser purificada, as velhas tradições pagãs da aldeia tinham de ser erradicadas.

"As cerimônias de casamento nas aldeias ainda são hindus", disse Khairul.

"Isso é importante?"

O hadji disse que sim, pois isso era contrário ao Corão. Disse também que a família de sua mãe viera do Iêmem. Foram para Kedah passando pela Tailândia. A família de seu pai era de Sumatra. Eram canibais — e o hadji e todos os demais riram —, caçadores de cabeças. Foi seu avô quem fora convertido ao islã. O pai se tornara professor de religião. Era agricultor e era pobre; quando morreu, deixou exatamente um dólar. Recusara-se a mandar seu filho para a escola do governo. Ele mesmo educara o menino.

"Ele me ensinou tudo", disse o hadji, traduzido por Khairul. "Ensinou-me o Corão, o árabe. Ensinou-me sobre Napoleão e Hitler."

"O que ele lhe disse sobre Napoleão?"

"Napoleão criou leis simples e eficazes. Mas não pode ser comparado com Khalid, o companheiro e general do Profeta. Khalid dizia que seu momento de alegria era quando os exércitos dos fiéis e dos infiéis entravam em luta e apenas o som dos cavalos podia ser ouvido e voavam faíscas do choque entre as espadas na noite escura."

"A noite escura e fria", disse o médico.

"Compare isso com Napoleão. Ele retira suas tropas a fim de encontrar-se com sua amada. Isso está na história. Pode ler. Então, como se podem comparar as duas personalidades? Khalid sacrifica sua vida para defender sua religião. Napoleão pensa em seu amor. As mulheres possuem os mesmos atributos físicos em qualquer lugar. Mas a convicção é uma só." Isso era tradução de Khairul. "Se Napoleão fosse muçulmano, teria ficado na retaguarda do exército e com toda certeza teria sido posto de quarentena..."

"Levado à corte marcial?"

"Isso mesmo", disse Khairul, aceitando a sugestão. "Ele teria sido levado à corte marcial por imoralidade."

Eu queria que o hadji falasse mais de sua infância. Eu teria gostado de comparar suas memórias com as de Shafi. Mas ele disse que desejava falar sobre coisas maiores. Entretanto, fiz uma tentativa.

"O que na vida da aldeia você detestava por não ser islâmico? Afora as cerimônias de casamento."

"A usura."

"Quem eram os agiotas?"

"Malaios, chineses." E o hadji parou, para poupar meus sentimentos.

"Indianos", disse o jornalista, sentado à penteadeira, escrevendo. "*Chettis*. Já ouviu falar dos *chettis*?"

Respondi que sim e perguntei: "O que você detesta nos chineses?".

"Seu modo de vida", disse o hadji, o rosto redondo, sorrindo. "Se eles se tornassem muçulmanos, eu não me importaria. Não temos nenhum sentimento racial." (Mas na Malásia se dizia que se os chineses como comunidade se tornassem muçulmanos, os malaios se tornariam budistas.)

Ele cuidou das vacas e trabalhou nas plantações de seu pai até a idade de quinze anos. Foi quando o pai morreu. Milhares de pessoas assistiram ao funeral de seu pai.

"Mas por que não ajudavam seu pai? Ele era um professor de religião. Por que o deixaram morrer com apenas um dólar?"

O hadji não respondeu. Disse que continuou a ler depois da morte do pai. Lia tudo o que conseguia encontrar. "Eu li um livro de Sukarno. *Revolução... Revolução* alguma coisa."

"*Sob a sombra da revolução*", disse o médico. (Era uma tradução malfeita. O título do livro de Sukarno, *Dibawah bendera revolusi*, poderia ser mais bem traduzido como *Sob a bandeira da revolução*.)

O jornalista, enquanto fazia anotações sobre nossa conversa, examinava também vários papéis na penteadeira, e fiquei um pouco preocupado que ele pudesse achar alguma coisa de que não gostasse.

Agora ele falava em malaio com Khairul. Khairul perguntou se eu tinha uma máquina fotográfica. Eu disse que não.

"Ele tem uma máquina fotográfica", disse Khairul, referindo-se ao jornalista, "mas não tem filme. Ele pode comprar aqui no hotel?"

Eu disse que ele podia tentar; a loja no saguão da entrada ainda estava aberta. E o baixinho de túnica saiu, os grandes tênis brancos brilhando destacados sobre o tapete escuro do Holiday Inn.

Aspirei um pouco de rapé, explicando que era tabaco, nada mais forte — eu sabia que eles condenavam os estimulantes.

"Tabaco não é encorajado pelo islã", disse Khairul.

"Não é encorajado?"

"Não é proibido. Não é encorajável. É um termo técnico em árabe, entende?"

Sorrindo, o hadji disse: "Muitos fabricantes de tabaco são judeus e, para destruir os judeus, não devemos consumir seus produtos. Há um livro muito bom sobre os judeus".

"De Henry Ford", disse o médico.

"O homem dos automóveis", disse Khairul.

"Eu consigo encontrar esse livro aqui?"

"Na livraria Perkim", disse Khairul. "Lá você pode encontrá-lo."

"Os judeus são inimigos de Deus", disse o hadji. "Você conhece a teoria da evolução?"

"Conheço."

O hadji fixou em mim seu rosto sorridente. "Você sabe por que a teoria foi formulada?"

"Para um homem com passado agrícola", disse eu, "você sabe muita coisa."

"Eu sei muito pouco. Sei apenas uma fração do que está no Corão."

Khairul, as pernas cruzadas e confortável na mesinha entre o médico e o hadji, disse: "Se você conhece o Corão, conhece tudo. Economia, política, leis familiares: os princípios estão todos contidos no Corão".

Houve uma batida na porta.

"Deve ser seu amigo", falei.

E levantei-me de pijama para abrir a porta para o jornalista. Com seu turbante, os óculos redondos de lente *dégradé*, a barba longa e fina, a túnica e ainda uma peça de tipo sarongue que eu não notara antes, parecia um pequeno dervixe enrugado e tostado de sol, perdido no deserto do corredor do Holiday Inn; e ele estava parado com seus grandes tênis brancos muito próximo à porta como se, apartado de seus companheiros, ele ficasse muito tímido. Não havia conseguido nenhum filme.

Voltei para a cama e disse ao hadji, que estava paciente e sorridente em sua poltrona: "Você estava me falando sobre a evolução. Estava dizendo que fora proposta por um determinado motivo".

"O que você sabe sobre a história dos judeus?", perguntou o hadji.

"Muito pouco."

"Eles são uma raça de gênios", respondeu ele. "Sabia disso? Isso é confirmado pelos livros de Deus."

"Eles são uma raça de gênios", acrescentou, por sua vez, Khairul. "Ao longo da história."

"As outras raças sentem inveja deles", disse o hadji, "porque eles são uma raça de gênios. Eles contribuíram muito em termos de conceitos. Karl Marx."

"Engels", disse Khairul, dando seu palpite.

O jornalista, novamente fazendo suas anotações na penteadeira, emendou: "Tolstói".

"Todos judeus", disse o médico.

Achei que ele se afastara do assunto da evolução. "Gostariam de tomar um chá?", perguntei.

"É feito aqui por muçulmanos?", quis saber o hadji. "Como eles o preparam?"

"Eles usam saquinhos. E os rapazes do hotel são malaios."

O hadji não parecia convencido. Conversaram entre si em malaio e Khairul disse: "Tomaremos alguma bebida engarrafada".

Saí da cama e fui até a pequena geladeira Sanyo, que ficava na diagonal em um canto não muito longe da cadeira do hadji, e trazia a inscrição "O SEU BAR PARTICULAR". Continha uma fileira dupla de miniaturas em cima e, nas prateleiras, um modesto estoque de bebidas. Cerveja, vinho alemão, água tônica, Coca-Cola, Seven-Up. Escolheram Coca-Cola.

"Uma garrafa é o bastante", disse Khairul. "Dará para nós quatro. É o nosso costume."

Levei a garrafa até o banheiro, dizendo, para evitar pensamentos sobre impureza: "Tem um abridor aqui, ao lado da porta". Apanhei um dos copos desinfetados, envoltos em celofane, e o entreguei ao hadji, juntamente com a garrafa aberta.

O jornalista estava folheando dois recortes de jornais sobre a penteadeira.

"Isso é sobre o motorista de táxi e o africano", falei.

Eles conheciam a história. Fora publicada nos jornais. Um motorista de táxi havia encontrado um africano desolado no aeroporto de Kuala Lumpur. O africano disse que perdera sua passagem, além de seu dinheiro e documentos. O motorista o levara para casa. Por sua própria conta, publicara um anúncio para a devolução dos documentos, mas sem resultado; arranjou uma prorrogação do visto; emprestou dinheiro — seu e de sua tia — para pagar um hotel e, depois, para uma passagem de avião. Agora, dois meses depois, o africano, originário de Gana, havia regressado a Kuala Lumpur. Dera 2 mil dólares americanos para a tia do taxista e, para este, havia a promessa de um carro novo, um Datsun.

O hadji, passando o copo com a Coca-Cola para Khairul, disse: "Esse tipo de coisa aconteceria em seu país?".

"Não."

"Acontece diariamente nos países islâmicos. Isso é novidade para você. Para nós, não."

Mas o taxista era chinês e, segundo a reportagem de um dos jornais, não conseguia permissão para ter um táxi.

O hadji, limpando as narinas com o dedo indicador e depois esfregando o dedo no braço aveludado da poltrona, disse: "Precisamos concluir a história sobre os judeus. Antes do tempo de Moisés, havia uma tribo judaica em terras árabes. Na tribo judaica, havia um profeta. O profeta, depois de receber revelações de Deus, ordenou aos judeus que rezassem no sábado. Mas os judeus ignoraram as ordens do profeta porque, no sábado, há muito peixe no mar e eles preferiram ir pescar a fazer do sábado um dia religioso".

"Eu não conheço essa história", falei.

"Ela está no Corão", disse o hadji. "Por causa disso, o profeta ficou irado, e a ira de Deus..."

Khairul sentiu certa dificuldade na tradução da passagem. Interrompeu e conversou com o hadji em malaio. Em seguida, retomou: "E a ira de Deus foi imposta aos judeus, e Deus jurou transformar toda a tribo em macacos...", interrompeu novamente para dar uma risadinha.

"Macacos", disse o médico, sério. "Foram transformados em macacos."

"Por sete dias", disse o hadji.

"E depois morreram", disse o jornalista.

"Essa história", disse o hadji, "é mencionada no Torá, no Corão, no Testamento..."

"No Antigo Testamento", disse Khairul, comentando sua própria tradução. "Não reconhecemos Lucas e os outros."

"Esses são os três livros de Deus", disse o hadji. "O povo dos três livros conhece esta história. Nós, muçulmanos, acreditamos no Antigo Testamento. Se você não acredita nesse livro, não é muçulmano."

"Porque, no Antigo Testamento", disse o médico, "há uma parte que menciona claramente a vinda de Maomé."

Khairul acrescentou: "Há um livro sobre esse assunto, escrito pelo professor Benjamin. Você o encontra na livraria Perkim. Ele é um padre católico convertido ao islã. Seu novo nome é professor Abu Daud".

O hadji, que fora deixado de fora desse aparte em inglês, disse: "A história dos judeus ainda não acabou. Por terem sido convertidos em macacos, o prestígio moral dos judeus decaiu. Para corrigir essa situação, porque já estão degradados...".

"Aos olhos do mundo", emendou o médico.

"...os judeus estão agora arrastando a sociedade inteira com eles."

"Eles têm esse princípio", disse o médico. "Se eles são prejudicados, que os outros também o sejam."

O hadji dos olhos brilhantes e lábios carnudos disse: "Você ficou surpreso quando eu disse que os judeus eram inimigos de Deus. Mas este é apenas um dos sinais que mostram a perversidade dos judeus. Você me fez algumas perguntas. Agora, deixe-me fazer-lhe outras. Esse é o costume do islã. Você pergunta, depois eu pergunto. Eu falo, depois você fala. Você acredita que seus bisavós eram macacos?".

"Não."

O hadji sorriu e disse (Khairul, depois da Coca-Cola, arrotando ao longo de sua tradução): "Isso prova a perversidade dos judeus".

Perguntei: "Mas os homens não evoluem? Eu não quero dizer isso num sentido pessoal". E me dirigi a todos eles. "Mas você me disse que seus avós em Sumatra eram caçadores de cabeças. Agora você é um hadji e um homem culto."

"Esse era um modo errado de vida", disse o hadji. "Foi por isso que o islã passou a existir, para corrigir as discrepâncias do modo de vida. Por exemplo, antes do islã, o califa Omar pegou a filha e a enterrou viva. Era uma desgraça ter uma filha. Era essa a prática dos árabes naquela época. O califa Omar costumava soluçar e chorar pensando em seu passado, sua vida antes do islã."

"Seus amigos o encontraram no deserto, chorando", disse o médico.

"E depois que ele entrou para a congregação do islã tornou-se o melhor dos homens."

Khairul perguntou: "Você já leu um livro chamado *A estrada para Meca*? Ah, isso é que é livro! É escrito por Mohammed Asad, um judeu austríaco".

O jornalista, que estivera calado por muito tempo, disse: "Qual o nome que ele tinha antes? Pold alguma coisa?".

"Leopold", disse Khairul. "Esse livro você encontra também na livraria Perkim."

"É uma biografia, não é?", perguntou o médico.

"Sim", disse Khairul. "É uma biografia. Um livro *maravilhoso*."

O hadji, mais uma vez deixado de lado, entrou novamente na conversa. "Você acredita num criador?"

"Não", respondi.

"Mas essa é a base do islã."

"É muito difícil para mim", disse eu, após discutirmos um pouco. "Eu me sinto perdido quando penso demais sobre o universo."

"Eu descreveria esse sentimento de estar perdido como contentamento", disse o hadji.

E fiquei sem saber se estava sendo compassivo ou crítico.

"Quando você esteve no Irã, conversou com os professores de religião de lá?"

"Encontrei alguns aiatolás. Khalkhalli, Shirazi."

"Ah, Shirazi!", disse o hadji. "Sobre o que conversaram?"

"Um pouco sobre religião. Acho que ele estava com medo de que eu pudesse ser comunista."

Eles riram.

"Como está o Irã agora?", perguntou o hadji.

"Uma confusão. Nenhuma lei. As fábricas não estão funcionando. Os mulás não sabem como administrar o país. É algo que vocês podem ter de enfrentar aqui também."

"Se os muçulmanos viverem da maneira islâmica, a verdadeira maneira islâmica...", disse o hadji, e mais uma vez Khairul encontrou problemas com a tradução.

"...tudo se seguirá", disse o médico.

Perguntei: "Qual a diferença entre a vida de vocês agora, como verdadeiros muçulmanos, e a vida de antes?".

Não responderam. O hadji disse apenas: "Basta só uma olhada quando você encontra uma pessoa e você consegue perceber se ela é hinduísta, animista ou muçulmana".

Como? Isso aparecia no rosto? Havia uma espécie de graça ou contentamento no rosto do fiel?

Não, o hadji se referia a uma coisa simples. Os não-crentes comiam carne de porco e não faziam discriminação entre os alimentos.

Perguntei sobre seus trajes. Era necessário que as pessoas religiosas se vestissem como eles?

Khairul respondeu: "Existem cinco princípios que governam as roupas. São mandamentos de Alá. Para os homens, cobrir-se desde o umbigo até o joelho. Para as mulheres, cobrir tudo exceto os olhos e as mãos".

"Algumas mulheres na universidade estão cobrindo as mãos", falei.

"É melhor", disse Khairul.

"Por que vocês usam mantos verdes?"

"Vestir branco e verde é encorajável no islã."

"Por quê?"

"Porque é o modo como os profetas viviam. Usar um batique como o seu não é encorajável no islã."

"Batique?" Dei um puxão no paletó de meu pijama de algodão da Marks and Spencer.

"Um batique como esse é apenas para senhoras", disse Khairul.

"Para homens, tem de ser simples", disse o jornalista.

"Mas os pijamas são islâmicos. Os modelos e cores são islâmicos. Os europeus pegaram a idéia em lugares como a Turquia e a Índia."

"Vieram dos países islâmicos", disse o hadji. "Mas não dos mandamentos de Alá."

"Você não compreende a beleza do islã", disse Khairul. "Quando entender os cinco princípios, verá a sua beleza. Eles se aplicam a tudo. No islã, certas coisas são obrigatórias. Certas coisas são encorajáveis. Este é um termo técnico, uma tradução do árabe."

"Permitidas?"

"Permitidas? Não, encorajáveis é melhor. Por isso, certas coisas não são encorajáveis, como o seu batique. Por isso, certas coisas são *haram*, proibidas. Como um homem expor seus joelhos. A quinta categoria é *harus*, discricionário."

"Discricionário, discrepância, você tem um vocabulário e tanto, Khairul!"

"Eu sou advogado", disse Khairul. E, gabando-se um pouco: "Fui educado em uma escola de língua malaia. Vou lhe dar uma idéia de um princípio discricionário. Um homem de negócios necessita realmente de apenas cinco camisas mas compra quarenta porque pode pagar quarenta. No além, a extravagância será levada em conta. Esses cinco princípios abrangem todos os aspectos da vida. Tudo: política, economia, vida familiar, até a tosse. Existe *muito* a aprender sobre o islã. Você pode passar *anos* e nunca chegar ao fim."

"Fale-me sobre a tosse e os cinco princípios."

"Vou lhe dar um exemplo. Se você está em uma reunião social e sente vergonha de tossir e, três dias depois, você acorda com uma dor no lado porque não tossiu, isso é errado. É obrigatório tossir, já que não tossir prejudicará sua saúde. Tossir é encorajável se você cobrir a boca e disser: 'Bendito seja Alá'. Não é encorajável tossir sem cobrir a boca. Mas tossir no rosto de alguém" — ele se virou para o médico e fez o gesto de cuspir no rosto dele — "fazer isso é horrível. É *haram*. É proibido. É antiislâmico e pecaminoso."

"E quanto à tosse discricionária?"

"*Harus.* Quando você está sozinho e ela não ofende ninguém. Aí você pode se levantar e tossir ou sentar-se e tossir. Torna-se totalmente discricionário. Todas essas coisas são regulamentadas."

Chegou então a hora de eles partirem. O hadji tinha uma reunião; os outros disseram que ele era um grande viajante e pregador. O médico tinha de ir para a clínica.

"Você precisa conhecer o consultório dele", disse Khairul. "É muito islâmico e bonito. Você não está bem; posso ver que você não está bem. Ele trataria de você *maravilhosamente.* Ele pode tratar de você agora mesmo."

"Eu já estou aos cuidados de outro médico", falei. "Não posso mudar."

"É isso mesmo", disse o médico, agora num tom peculiarmente profissional.

A comuna ficava na periferia de Kuala Lumpur, em uma área arborizada nas colinas. Havia uma placa ao lado da estrada um pouco antes. Eu não esperava uma placa. Mas — embora a comuna tivesse a reputação de ser sigilosa — não fazia sentido vestir-se como árabe e ocultar-se.

A região era perfeita para uma colônia malaia, para as casas de madeira sobre palafitas ou colunas, para os jardins verdes e árvores altas e frondosas. Mas a floresta havia sido derrubada para abrir uma rua larga; e a rua era ladeada por casas malaias modernas — modernas porque tinham basculantes de vidro em lugar de janelas, e porque as áreas com colunas ao pé das escadas haviam sido muradas para criar mais espaço interno.

A chuva convertera a rua de terra em lama. Havia muitos jovens por ali com mantos ou túnicas verdes e turbantes brancos. Bem no fim da rua, uma carroça estava sendo empurrada na lama. Entre os que empurravam, achei ter reconhecido o hadji; tudo ali parecia possível. Eu estava enganado; fora apenas o tom mulato que o turbante branco conferia a certos rostos malaios. Outras figuras devidamente trajadas (esperando a hora das orações, como atores esperando a chamada para entrar em cena) vadiavam pela varanda ou pórtico da loja na esquina, onde — como parte de seu costume islâmico independente — a comuna vendia pequenas coisas para os motoristas que passavam.

Comprei um pouco de batata-doce frita em pedaços. Vinha em um pacote plástico grampeado. Tinha menos gosto de batata-doce do que de óleo de fritura.

O motorista do táxi disse: "Você está vendo o tipo de besteira que estamos conseguindo ultimamente?". Ele pronunciara a palavra *bullshit* [besteira] de um jeito que soou como *bushy* [cerrado, cheio de arbustos], e pensei tratar-se de seu termo para uma aldeia malaia. "Você está vendo o tipo de cerrado que estamos conseguindo ultimamente?"

Ofereci-lhe um pouco de batata-doce.

"Não", disse ele, zangado.

# 5
# *O BRINQUEDO ESTRAGADO*

Shafi viera do nordeste pouco desenvolvido, de Kota Baru. Eu queria conhecer a aldeia pela qual ele lamentava — outrora impoluta, o povo devoto, digno e não materialista. E Kota Baru foi a primeira parada em uma viagem para o interior que ele organizou para mim.

A viagem começou mal. O motorista tâmil da falha nos dentes, o homem do infortúnio, devia levar-me para o aeroporto. Na noite anterior, ele entrara correndo, feliz em minha direção, no saguão do Holiday Inn e me contara que a corrida até o aeroporto havia sido passada para ele; depois de me envolver, ao longo de muitas corridas, em todas as suas angústias, considerava-se agora meu amigo. E, como de certa forma eu já esperava, alguma coisa não dera certo. Seu carro levara uma batida durante a noite (mas ele disse que ia receber o seguro), e pela manhã tive de caçar outro motorista.

Foi um vôo de uma hora até Kota Baru e até a monção. (Para Shafi, dezessete anos antes, fora uma viagem de um dia e uma noite, saindo de Kota Baru, passando por fazendas de seringais e depois selva, até todos os choques de Kuala Lumpur.) O avião fez duas tentativas de pouso na pista de Kota Baru. Aterrissamos sob um aguaceiro e os passageiros saíam para o pequeno abrigo do aeroporto em pequenos grupos, debaixo de guarda-chuvas espalhafatosos. E Rahman não estava lá para me encontrar, como Shafi havia combinado.

Consegui o nome de um hotel e peguei um táxi para lá. Kota Baru estava inundada: uma cidade colonial raquítica dos anos 20 e 30 — lojinhas baixas, casinhas baixas, com telhados, ferro corrugado — da qual o dinheiro novo fazia brotar uma cidade nova de concreto e vidro. O hotel era novo, pequeno, com pretensões modernas. E descobri — foi como um pequeno milagre, mas havia apenas um hotel em Kota Baru — que Rahman havia reservado um quarto para eu passar a noite.

Mais tarde, ele telefonou. Disse que era estranho que ninguém tivesse ido me encontrar. Ele não enviara somente um homem ao meu encontro; enviara três, três professores primários. Tinha até lhes dito que depois dos vários anos que passei na Inglaterra provavelmente eu teria uma pele branca. Sua conversa mole — o oposto da franqueza de pessoas como Shafi — tinha de ser lida por mim como conversa mole: era o modo de Rahman me informar que não queria se envolver muito comigo. Rahman trabalhava para o governo. Não queria se envolver muito com Shafi e com o ABIM, nem com um visitante enviado pelo ABIM.

A chuva não parava. Rahman chegou ao hotel no fim da tarde. Era um sujeito baixo, rechonchudo, sorridente, trajando um conjunto estilo safári azul de mangas curtas. Minha expectativa era de que seria levado para a aldeia de Shafi ou para uma aldeia parecida. Mas Rahman não pretendia fazer isso; não pretendia aparecer em público como meu guia para coisa alguma. Em vez disso, saímos de carro pela chuva na tarde que rapidamente escurecia — campos inundados, casinhas malaias encharcadas e dispersas sob árvores frutíferas gotejantes — e chegamos a uma faculdade muçulmana onde Rahman poderia dividir sua responsabilidade por mim, seu perigoso visitante, com outras duas ou três pessoas que estavam tão nervosas quanto ele.

Haviam preparado chá. O chá era doce, leitoso e frio. E eles, meus anfitriões, pareciam decididos a não dizer nada. Seriam esses amigos de Shafi os meninos que o acompanhavam em sua infância para pescar e atirar pedras nos passarinhos?

Eram eles. Talvez não os amigos de fato de Shafi; mas pessoas como eles. Não era apenas Shafi que havia evoluído.

Um deles era professor de filosofia. Um professor? Um homem do passado pastoril de Shafi? Sim; ele lecionava na faculdade sobre as tentativas dos filósofos árabes e persas de produzir uma síntese entre o pensamento islâmico e o pensamento grego. Isso parecia uma tarefa difícil, e o professor disse que era difícil, somado a um pouco de tristeza pelo fato de que ele ainda tinha de ler muito, principalmente sobre filosofia grega. Ele estudara na universidade islâmica de Al Azhar, no Cairo. Não tinha gostado de lá (mas poucos aldeões malaios pareciam ter gostado de suas viagens). Achara os árabes indisciplinados e irresponsáveis.

Eu queria ouvi-lo falar mais sobre o período que passara em Al Azhar. Mas ele disse — a conversa mole novamente — que estava ocupado. Tinha de jantar com sua esposa. Depois do jantar? Depois do jantar, ele teria de sair de carro para comunicar uma notícia de morte em uma família; era um costume malaio (e esse foi o primeiro lembrete dos costumes aldeões de que Shafi havia falado).

Veio a hora das orações. Deixaram-me com o chá e foram dizer suas orações no aposento vizinho. Não se apressaram.

Quando voltaram, o arquivista, que usava uma túnica abotoada e tinha um olhar abotoado, conversou um pouco. Disse que passara três dias na Inglaterra, em "Queensway, WC2". Desses três dias ele se lembrava de três coisas: pessoas viajando de metrô; um orador no Hyde Park dizendo que sessenta por cento dos homens na Inglaterra eram homossexuais; e o fato (um pouco contraditório) de ter visto homens e mulheres abraçando-se em público.

"Essa ausência de costumes", disse o arquivista. "Aqui, quando apanhamos um peixe, nós o limpamos, fritamos e depois comemos. Lá, eles pegam um peixe e comem imediatamente. Nós ainda estamos lavando o peixe e eles já estão limpando a boca depois de comer."

Rahman, deixando de lado as imagens aldeãs, disse: "Aqui, nós temos um lugar e uma hora para o ato sexual".

"Conosco, é uma coisa privada", disse o professor de filosofia. "Secreta e sagrada. Não contamos nem mesmo para os nossos amigos."

"Aquele povo está perdido", disse o arquivista.

O professor árabe veio juntar-se a nós. Era mais alto do que os outros, e usava um sarongue e um barrete branco. Seu rosto era inexpressivo. Começou a comer. Disse que as pessoas estavam cansadas de romances e por isso estavam se voltando para o Corão.

"É mais *natural*", disse Rahman.

Mas não havia romances árabes?

Sim, disse o professor árabe, enquanto comia. Havia um romancista egípcio. Mas um livro ia para um lado e outro livro ia para o outro, mostrando que o homem estava perdido.

O que eram esses romances?

Ele não conseguiu dizer. Disse que apenas estava repetindo o que seus alunos diziam. E comeu um pouco mais do bolo malaio, bebeu grande quantidade do chá frio, levantou-se, ajeitou o sarongue e saiu pisando duro.

Eles estavam contentes e falavam sem parar. Queriam que eu soubesse que estavam contentes. Rahman trabalhava para o governo e ganhava mil dólares por mês e tinha um carro. "Eu gosto daqui", disse ele. Não queria ir para nenhum outro lugar da Malásia. Aqui eles não viviam competitivamente; aqui eles não se preocupavam com os chineses; não tinham os problemas dos malaios de outras áreas.

Não parava de chover. Fomos jantar em um restaurante malaio, administrado por uma organização malaia. O restaurante era mais grandioso do que qualquer outra coisa que Shafi teria conhecido quando criança. Sua decoração estava um pouco desleixada, mas Rahman estava contente em exibi-lo como um exemplo de empreendimento malaio: "Veja, nem todos estamos voltando ao islã".

O professor de filosofia ainda estava conosco. Ao que parece, ele tinha se esquecido do jantar com a esposa e de seus deveres mortuários. Mas aquela amostra de conversa mole não passara de um sinal para que eu não insistisse sobre Al Azhar, filosofia ou algum outro assunto polêmico.

E — como parte de sua satisfação — todos eles tinham famílias grandes. Rahman tinha cinco filhos; o arquivista calado, muito jovem, tinha três; o professor de filosofia, quatro.

"Somos otimistas", disse o professor de filosofia. "Meu pai era um homem pobre. Mesmo assim, eu estou bem. Vai estar tudo bem com nossos filhos."

"Alá disse que nenhuma criatura viva ficará sem sustento", disse o arquivista.

"Mas e quanto a um lugar como o Camboja?", perguntei.

"Eles provocaram seu próprio castigo", disse o arquivista. "Alá disse isso sobre os infiéis."

"Uma formiga pica a sua perna", disse Rahman. "Mas você não mata essa formiga específica. Você se livra do formigueiro."

Perguntei sobre uma matéria do jornal matutino. Tinha saído uma reportagem sobre a necessidade de quarenta pessoas para a conclusão do porto, e o povo da aldeia estava mantendo os filhos longe da escola.

Disseram que a história era velha. Rahman disse que, quando era criança, havia uma história parecida sobre a necessidade de quarenta pessoas para que a estrada de ferro ficasse pronta. Histórias como essa tinham uma explicação simples. Os pais queriam que seus filhos ficassem em casa e não se afastassem para muito longe, porque a aldeia era escura, apenas uma lâmpada aqui e outra ali. Quando ele era criança, também se dizia que subir numa bananeira fazia as partes pudendas apodrecer: isso era só para impedir que as crianças subissem. Se você se sentasse em um travesseiro ficaria com bolhas no traseiro: isso era para manter os travesseiros limpos.

"Mas agora as pessoas são mais instruídas", disse Rahman. "Simplesmente falam para as crianças que se elas se sentarem nos travesseiros eles ficarão sujos."

Conversávamos e chovia; e meu peito se apertou com o ar úmido; e pensei em meu pequeno apartamento no hotel onde o ar-condicionado central soprava ar muito frio e não podia ser regulado.

Shafi lamentava a vida aldeã que ele conhecera; falava sobre ela como algo no passado, algo que ele só poderia ressuscitar para si em uma comuna. Mas aquela vida — de comunidade, velhos costumes e paz — ainda existia para esses homens, apesar dos carros e dos novos tipos de trabalho. Era Shafi quem havia mudado. O islã desses homens era parte de seu contentamento. O islã de Shafi — o islã vitalizador e purificador dos malaios, destruidor de falsos costumes e falsos desejos — era revolucionário, não servindo a nenhuma causa que esses homens pudessem entender.

Eu achava estranho ser considerado emissário daquela revolução. Mas era isso o que eu era, e depois daquele jantar fui abandonado. Rahman telefonou na manhã seguinte para dizer que precisava ir para a mesquita às onze e depois tinha um compromisso com sua mulher até as três da tarde. Não poderia me levar para lugar nenhum, nem mesmo para uma fábrica de batique. Nem mesmo poderia me levar de volta para o aeroporto.

Chovia. Tive de ficar no hotel. A folha de jornal que o "homem da manutenção" do hotel pregou na abertura do ar-condicionado não diminuiu o frio em meu pequeno apartamento. Para me aquecer, eu tinha de abrir os basculantes do banheiro e, com isso, a chuva respingava para dentro. O vestíbulo era muito pequeno. Dividi meu tempo entre ele, a sala de jantar e o quarto até o final da tarde, quando atravessei as inundações até o aeroporto. O sol saiu por algum tempo e depois choveu novamente. Na pista, a água caía sobre água, as gotas grandes espirrando altas e brancas.

Penang ficava a uma pequena distância na direção da costa ocidental. Era a costa desenvolvida, mais colonizada, com as fazendas inglesas, as fábricas, o dinamismo dos chineses. Era a terra de Anwar Ibrahim do ABIM, e por isso Shafi organizara a visita para mim. Mas depois de Kota Baru, eu estava em dúvida. O avião que fazia escala em Penang seguia para Kuala Lumpur, e foi tentador prosseguir viagem. Mas desci.

Uma curta escala, mas era como estar em outro país. Penang tinha um aeroporto internacional; não havia chuva; e Abdullah, um homem de trinta e quatro anos, que trabalhava na universidade, estava à minha espera.

Fábricas com nomes famosos, uma cidade movimentada, com alguns setores elegantes: Abdullah, enquanto me levava em seu carro, a princípio falou de modo neutro, usando de cautela comigo, mas logo sua paixão veio à tona: companhias internacionais, baixos salários, a informalidade dos malaios, sua incapacidade para competir, a necessidade do islã. Abdullah era um malaio de compleição clara, com traços caucasianos. Ele não estava contente; era um homem acabrunhado por sua paixão. Ele me apresentou a Mohammed, dois anos mais jovem, mais chinês na aparência. Mohammed era professor; também ele carregava a cruz malaia.

Levaram-me para o hotel E&O, e nos separamos por algum tempo. O E&O era um grande hotel do tempo dos ingleses, e ainda era grande. Era refrescante entrar em seu grande saguão. Minha sala de estar dava para um terraço com arbustos e palmeiras; o mar ficava mais adiante, mas não consegui vê-lo na escuridão. E que alívio naquela hora — por mais que eu me solidarizasse com a infelicidade de Abdullah e Mohammed — estar longe da Malásia malaia e do contentamento e irresponsabilidade das pessoas em Kota Baru! O aperto em meu peito se afrouxou; e na grande sala de jantar, onde as toalhas de mesa eram novas e os garçons chineses, ágeis e experientes, meu humor ficou tão leve que bebi quase toda a garrafa do Riesling australiano.

Eu ainda estava um pouco inebriado pelo vinho quando, às dez horas em ponto, conforme haviam prometido, Abdullah e Mohammed voltaram para me ver. Vieram ao meu apartamento. Pedi chá e café. O copeiro chinês, inicialmente amistoso e até curioso demais a meu respeito, um estranho, empalideceu quando viu os malaios, como se percebesse o que eu já havia compreendido: que os dois malaios com as faces nobres e melancólicas eram homens com uma missão racial e religiosa.

Por um momento, eu os via — sentados nas cadeiras de junco — como que distantes. E, depois que o copeiro se foi, manifestei a Mohammed e Abdullah o pensamento que me ocorrera na sala de jantar: em um velho hotel colonial como esse, em parte desejado, em parte rejeitado, um aldeão malaio poderia sentir que se tornara um estranho em seu próprio país.

Mohammed, o mais jovem, com os traços chineses, disse: "Você captou o termo".

"Nós nos sentimos estranhos", disse Abdullah.

"Vocês se sentiam assim quando eram crianças?"

"Principalmente quando trazidos para a cidade", disse Mohammed. "Fiz o curso primário no *kampung*. Depois disso, me mandaram para a escola de uma cidade pequena. Butterworth." Ele pronunciara o nome inglês da maneira local: "But'worth". "Logo depois do canal, saindo daqui. E para mim já era um pouco como sentir-me um estranho." Ele tinha onze anos na época.

"Ainda me lembro da primeira vez que encontrei meus professores. Eram pais e irmãos, como vocês dizem. Meu tio me levou até a escola. Ela ficava perto de um cemitério cristão. Por isso, ao lado da escola sempre tinha o cemitério e a capela. Sempre havia essa atmosfera, essa atmosfera cristã e estrangeira. E é claro que pela manhã tínhamos de cantar uma daquelas canções."

"Hinos. Você ainda se lembra de algum deles?"

"Eu não me lembro." Mas lembrou-se de frações do conhecimento religioso cristão que lhe fora ensinado. "Não o islã. O islã nunca nos foi ensinado. Isso foi por volta de 1957. Foi no tempo em que estávamos prestes a conseguir nossa independência. Era esse pano de fundo que provavelmente gerava confusão em nossa juventude, nas pessoas de nossa geração. Você é muçulmano, vem de um passado muçulmano e de um *kampung*, e você é trazido, transplantado, para aquele ambiente. Acho que é por isso que até muito recentemente minha visão de mundo era muito antiislâmica."

"O que você quer dizer com isso?"

"A idéia sobre a vida em geral. O que você pensa sobre o homem e a sociedade? Qual a sua idéia e concepção sobre a natureza? Ela é parte de você? Você deve se opor a ela, conquistá-la, ou deve viver lado a lado com ela? E, por fim, o que você pensa do sobrenatural? Ele é poderoso?"

"E qual a sua idéia de natureza? Como muçulmano e malaio."

"Falaremos disso depois."

"Que idéia de natureza você diria que estava sendo ensinada a você na escola?"

"Naquela época?" Ele ficou confuso; entretanto, fora ele quem levantara a questão. Pensou durante algum tempo. "Essas idéias não eram absolutamente cristãs. Na verdade, era uma mistura de idéias cristãs e seculares. Uma delas, como a que nos era passada na ocasião, era que a natureza devia ser explorada e conquistada. Ou melhor, antes de mais nada, que a natureza era uma coisa sem alma, que apenas conquistando a natureza você pode ficar em paz."

Pensei em meu próprio tempo de escola em Trinidad, que também era uma colônia britânica, com fazendas. Essas idéias também me haviam sido passadas?

Dirigindo-me a Abdullah, perguntei: "Você concorda com o que o Mohammed está dizendo?".

"Ele tem razão", respondeu.

"Vocês sentiam isso na época, quando eram crianças? Ou pensam assim agora?"

"Nós percebemos isso agora que estamos nos reportando ao passado, ao islã."

"Mas eles não ensinaram a vocês na escola sobre Wordsworth e a poesia inglesa da natureza?"

"O foco não era esse. Isso só era ensinado quando estávamos nas aulas de literatura. E o objetivo era mostrar que essas pessoas eram todas românticas. Não era para mostrar a essência de seu pensamento. Porque o tempo inteiro a ênfase era no modo de desenvolver as minas de estanho, derrubar árvores, construir fábricas."

E Mohammed tinha razão. A Malásia britânica, nessa costa ocidental, era uma fazenda e uma mina. Chineses e indianos, e mesmo alguns javaneses, eram trazidos para trabalhar nas minas e fazendas, ao passo que os malaios, inadequados para esse tipo de trabalho em acampamento, ficavam em suas aldeias arborizadas ao lado dos rios. Mesmo hoje, essas aldeias malaias eram fascinantes, controlavam a mata com árvores de frutos e sombra, plantações de banana, casas de pilares de madeira com cômodos internos arejados para o sono e varandas semifechadas para as conversas. Não como as fazendas sistematizadas, onde as seringueiras eram cultivadas em filas e blocos e eram regularmente cortadas e replantadas, e os trabalhadores moravam em casas enfileiradas; não como as minas, ou o espaço aberto das cidades pequenas com suas filas de lojas de concreto. Quando criança, em um *kampung*, Mohammed teria consciência de dois mundos, duas paisagens — mais do que eu poderia ter em Trinidad. Mas o quanto realmente ele percebera isso? Até que ponto sua vida natural numa aldeia malaia lhe permitira perceber isso?

"Qual era a sua idéia pessoal de natureza?"

Ele evitara a pergunta anteriormente. E mesmo agora hesitava.

"Naquele tempo? Provavelmente não teria sido capaz de dizer."

"Mas tente fazer isso agora."

"Formular minhas idéias?" E com uma franqueza que se assemelhava à de Shafi, ficou calado, tentando elaborar algo que não havia formulado antes.

Para ajudá-lo, eu disse: "Certamente a idéia malaia também é derrubar o mato e plantar as bananeiras e as mangueiras ao redor da casa e manter longe o mato. Isso não é conquistar a natureza?"

"Eu diria que é mais coexistir. Essa é a visão malaia. Não havia nenhuma idéia de conquista da natureza tal como os ocidentais hoje a consideram."

"É mais como desenvolver o que é preciso", disse Abdullah.

"Ao mesmo tempo", disse Mohammed, "eles cuidam daqueles que não estão sendo utilizados no momento."

"Daqueles?"

"Os elementos naturais. Os elementos da natureza"

Mas agora eu sentia que aquilo que tinham começado a formular — o que estavam tentando encaixar em um modo de vida irrefletido — eram idéias ocidentais sobre ecologia e meio ambiente.

E quando o pressionei, Mohammed, depois de uma ou duas tentativas malogradas, disse: "Atualmente ainda não sei bem o que os malaios pensam com relação ao homem e à sociedade e à supernatureza".

"Supernatureza? Você quer usar essa palavra *pop*?"

"É uma palavra que não podemos evitar se quisermos entender a visão de mundo de qualquer povo específico e, nesse caso, dos malaios ou muçulmanos."

Com isso, tudo o que consegui foram seus sentimentos indefinidos.

Ele pareceu reconhecer que havia sido vago.

"Quero acrescentar algo ao que eu disse sobre as minas de estanho", disse Mohammed. "Quando os professores nos ensinaram que a natureza devia ser conquistada, desenvolvida, essas idéias estão todas em conformidade com a revolução industrial."

Era o aluno falando, o estudante de história. Mas havia alguma coisa mais. Eu sentia que ele estava usando idéias duplamente distantes dele: idéias derivadas do Ocidente, encampadas e simplificadas pelos novos missionários islâmicos em muitas publicações; idéias sobre a morte do Ocidente, seu fracasso espiritual, o desperdício dos recursos mundiais.

"Você não sentia alguma coisa assim na escola?", perguntei.

Ele não respondeu.

Abdullah, que estivera calado durante grande parte do tempo, respondeu: "Pelo menos para mim, quando eu estava na escola, no colegial, comecei a perceber todas essas coisas. Quer dizer, nós não existimos por mero acaso. Temos um significado mais profundo do que esse. Eu recebi instrução religiosa desde muito cedo, porque minha família tinha uma forte formação religiosa islâmica. Quando eu estava com dezessete anos, esse tipo de sentimento começou a aparecer mais dentro de mim".

"Deve ter havido alguma coisa que originou isso em você. Algo que fez você questionar aquilo que estavam lhe ensinando na escola. Você consegue pensar em alguma coisa em particular?"

"Eu me lembro de quando estava fazendo literatura inglesa e tínhamos aquele livro, *O homem e Deus*. Mitologia grega. Sobre Zeus, Afrodite, Milo e todas aquelas deusas gregas. Apolo. Os personagens que, segundo os gregos, eram deuses que se manifestavam na forma humana, e depois se entregavam a todo tipo de atividades, não? Como rivalidade, devassidão. É claro que, além do aspecto moral, era isso que me repugnava como muçulmano. Eu me lembro de Júpiter, por exemplo, aparecendo na forma humana e seduzindo a princesa... não consigo me lembrar do nome dela. E ainda, afora isso, quando estávamos estudando geografia, e tínhamos de estudar as formas geológicas, por exemplo, como um vulcão se forma — a gente ouvia isso e aquilo e aquilo outro. Mas, na aula de religião, ensinavam que somos criados por alguém que está administrando o universo inteiro. Depois eu discutia essas coisas com meu professor de religião. Devo dizer também que eu tinha sorte por ser de uma família grande. A gente podia às vezes conversar em casa. Como podia acontecer de repente, esse vulcão, como eles diziam na aula de geografia? Seguramente ele devia ser criado por alguma coisa."

"Minha formação foi diferente da de Abdullah", disse Mohammed. "Provavelmente eu era mais malaio do que muçulmano. Minha família não era tão religiosa assim, eu acho, não tinha muito conhecimento do islã. E depois eu fui para a escola da missão e a educação que recebi era um misto de educação cristã e secular. Secular era uma palavra ruim para esses homens: significava mundano, ateísta, ocidental, não-malaio. Dessa forma, quando concluí a escola secundária, eu era secular. Nesse sentido, minha vida era mais confusa. Eu não sabia muito sobre o islã. Portanto, minha consciência islâmica era menor. Por isso, passei a estudar mais quando comecei a trabalhar como professor."

"Em que sentido você era confuso?", perguntei. "Minha formação é mais complicada do que a sua, mas eu não me sinto confuso. E há muitas pessoas como eu. Muitas pessoas no mundo de hoje possuem antecedentes complicados."

"Depois de pensar melhor, você não se sente confuso", disse Mohammed.

"Depois de pensar melhor", falei.

Ele sorriu. "Você não se sente confuso porque aceita."

"Você não conseguia aceitar o que você era? Você era um malaio que foi para a escola da missão porque era a melhor escola para a qual podia ir. Você não sabia quem você era e o que acontecera com você?"

"Provavelmente não." E repetiu: "Provavelmente não". Pensou um pouco e disse: "Naquela época provavelmente eu não tinha consciência de que estava confuso". Depois de pensar um pouco mais, disse: "Embora eu diga que venho de uma formação que não é muito religiosa, eu sabia que estava rezando e que toda a minha família estava rezando. E, de repente, pedem para a gente cantar essa canção cristã. Isso seguramente deve ter me deixado confuso. E outro ideal que me colocava em confusão era essa mistura dos sexos". Ele deixara aquilo para o fim, o grande choque da escola da missão. "Na escola, a gente estava sempre com meninas. Pediam para dar as mãos, dançar."

Mohammed tinha trinta e dois anos. Era professor e tinha amigos na universidade. Mas, vinte anos depois, essa violação do tabu da aldeia ainda o desorientava. E, como ocorrera com Shafi no Holiday Inn em Kuala Lumpur, era difícil para mim reconciliar o que estava sendo dito com o homem elegante que o estava dizendo: um homem aparentemente à vontade em uma cadeira de junco, em um quarto que dava para um terraço, com palmeiras, arbustos e uma piscina, ao lado do mar.

"Faz uma hora e meia que estamos conversando", disse Mohammed. "E não falamos sobre as coisas que você disse que queria que eu falasse. A reestruturação da sociedade."

Isso era verdade. Mas eu preferira ficar longe daquilo. Eu sabia, a partir de nossa breve conversa no começo daquela noite, que o desmantelamento da sociedade o animava mais do que a reestruturação; que a reestruturação na qual ele estava interessado significava apenas o islã, e as abstrações do islã. E agora isso se evidenciava. A Malásia — com seus problemas dolorosos: a negligência dos malaios, o dinamismo dos chineses, a política racial, as corrupções do novo dinheiro, a dependência tecnológica do país pequeno e sem educação — desaparecia, tornava-se também uma abstração, uma terra de pura crença, de submissão total a Alá. Naquela submissão tudo se resolvia.

À meia-noite tiveram de partir. Tinham receio de dirigir depois dessa hora. Mohammed deixou dois documentos para eu examinar. Um deles era um ensaio que ele havia escrito, "Defeitos do modernismo: a tendência do *Nahdah* (Renascimento) no mundo muçulmano". Era redigido no estilo da escrita missionária islâmica. Uma seção era intitulada "A falência do Ocidente" ("vício e luxúria, álcool e mulheres, festas extravagantes e ambientes sedutores"); outra era intitulada "A perfeição do islã". Havia uma lógica no ensaio. O Ocidente, que proporcionara a Mohammed formação acadêmica, estava aberto à crítica na qual ele o havia treinado. O islã, que não lhe proporcionara esse aprendizado, que apenas fornecera a fé restaurada, era imune a críticas.

O segundo documento deixado por Mohammed era um rascunho a lápis do que ele havia preparado para o nosso encontro. Era um esboço do que ele dissera sobre a reestruturação da Malásia; e era igualmente abstrato. Seu "sistema de crenças" exigia a adoração de Alá; para o "sistema social" ele queria liberdade, "nenhuma corrupção ou malversações nos departamentos", proteção das mulheres e da vida familiar, "sem prostituição e sem bairros homossexuais"; o "sistema econômico" insistia em "ganhos morais, sem corrupção, sem jogo, exploração dos pobres e inferiores". Mas havia uma incitação ao final do documento. O último parágrafo de Mohammed, sobre o "sistema político" de seu estado ideal, preconizava "liderança de tipo imã: o califa é o representante de Deus na terra". Preconizava, de fato, alguém como o aiatolá Khomeini. Khomeini governava no Irã como representante de Deus. Era desejo de Mohammed que alguém como ele governasse a Malásia. Era sua única proposta concreta.

Era para aí que o levava sua paixão malaia e muçulmana, seu conhecimento da história, começo de autoconsciência e vida intelectual. Ele não tinha nenhuma idéia de reforma ou processo de aperfeiçoamento. Ele não se ocupava com o concreto. Era difícil para ele — que dependia das palavras e pensamentos de outras pessoas, que ajustava esses pensamentos às suas próprias emoções indizíveis —, era difícil para ele ser concreto. Apenas desejava que o mundo fosse refeito e reapropriado tão subitamente quanto (em sua memória, o menino da aldeia que vai para a escola da missão ao lado do cemitério) lhe fora arrebatado. Era essa a promessa de seu islã.

As notícias do mundo muçulmano não eram animadoras. O novo século da era islâmica — da qual os fiéis tanto esperavam — começara com uma série de calamidades. Um avião do Paquistão, transportando peregrinos que haviam concluído a peregrinação, caíra depois de decolar do aeroporto de Meca. Na própria Meca, um conflito armado se prolongara durante dias na Grande Mesquita, e muitas pessoas haviam sido mortas. No Paquistão, a lei marcial fora reforçada. As eleições tinham sido canceladas; os chicoteamentos públicos haviam sido instituídos; um conhecido jornalista paquistanês fora preso e as fotos o mostravam acorrentado. No Irã, a embaixada americana fora tomada por estudantes e mais de cinqüenta americanos foram mantidos como reféns, por razões meramente teatrais: a revolução islâmica desandara, a esmo, sem rumo.

Mas Mohammed e Abdullah não acreditaram nas más notícias das terras da fé. Mohammed achava que as notícias do Paquistão apenas significavam que o país estava sendo finalmente reestruturado. Abdullah achava que as notícias do Irã não estavam sendo informadas corretamente pela Reuters ou pela Associated Press. Havíamos conversado a respeito no início da noite e Abdullah dissera: "Precisamos de nossas próprias agências de notícias".

Voltei para Kuala Lumpur, para o Holiday Inn.

A telefonista disse ao telefone: "Como vai o senhor? Como está o seu peito? Sabe, o senhor não deve tomar gelado se tem asma. E deve usar morcegos".

"Morcegos?"

"Morcegos! É o que as pessoas fazem no *kampung*. O senhor pega o morcego, tira o coração e o assa até ficar crocante, bem crocante; depois, o senhor mói o coração e mistura no café e bebe duas vezes por dia. É assim que o povo do *kampung* faz. E realmente funciona."

"Mas o coração de um morcego é muito pequeno."

"Talvez eles usem dois ou três, eu não sei. Mas realmente funciona."

Eu disse a Shafi, quando ele veio me perguntar sobre a viagem: "Mas você não me falou sobre a chuva em Kota Baru. É o mesmo que me falar da Groenlândia sem mencionar o gelo".

Ele riu. "Não me ocorreu. Quando havia enchentes, as pessoas saíam para ter a sensação da água na rua. Eles acham isso ótimo. Depois, saíamos de barco. Embora eu nunca tenha presenciado isto, conta-se que as meninas saíam de casa usando roupas festivas, as melhores roupas, e os rapazes aproveitavam a oportunidade para vê-las. Entravam apenas até a água lhes chegar aos joelhos. E andar nos barcos. Cada família devia manter um barco debaixo da casa, tirá-lo e prepará-lo para o encontro dos barcos. Passear de barco em volta da aldeia e ver como é quando há água onde normalmente não há. Quando começava a inundação, cortávamos troncos de bananeiras e os juntávamos atravessando neles um bambu, e saíamos remando nessa balsa."

"Isso me parece o paraíso. Seus olhos brilham só de você falar sobre isso."

Era o modo como ele às vezes falava de sua aldeia, não como um aldeão, mas como um viajante romântico, como um homem que agora olhava de longe.

"A chuva era uma coisa pela qual ansiávamos. Eu sempre gostei de água."

Alguns dias depois — Anwar Ibrahim viajara para uma conferência islâmica em Bangladesh, e havia menos trabalho a fazer no escritório do ABIM — Shafi veio novamente. Pegamos um táxi e fizemos um passeio. Passamos pelos novos conjuntos residenciais na bela área montanhosa a oeste da cidade. Eu via uma cidade bem conservada onde o dinheiro parecia estar se espalhando rapidamente, mas não era isso que Shafi queria que eu visse. A diferença entre o velho e o novo era a diferença entre malaios e chineses. E mesmo quando as casas eram novas, Shafi conseguia distinguir entre a malaia e a chinesa.

Comecei a entrar em seu jogo. Eu era um novato; escolhi exemplos fáceis. Passamos por uma casa com uma cerca de madeira.

"Casa chinesa?", falei.

"Casa chinesa", disse Shafi.

Passamos por uma casa com fileiras de orquídeas no jardim.

"Casa malaia?"

"Não. Chinesa."

Desisti.

Mais adiante, onde os subúrbios davam lugar ao campo, passamos por algumas meninas, uma delas muito bonita, sentadas sob o abrigo de um ponto de ônibus. Eram malaias.

"Pessoas intemporais", disse Shafi.

"Que coisa para se dizer!"

Mas ele estava usando a palavra a seu próprio modo. E não estava falando como um romântico, mas como um reformador. "Pessoas intemporais. Pessoas que não têm nenhum limite para o tempo, e que não se preocupam com o tempo. Podem se dar ao luxo de esperar um ônibus. Para elas, não há pressa nenhuma para terminar as coisas, e em algumas aldeias você vê as pessoas se fazendo de bobas. Jogando cartas, conversando. 'Aonde você vai?' 'Ao mercado.' Se você pergunta 'para quê?', não lhe darão outras razões específicas além da falta de propósito: para ver as pessoas, encontrar os amigos e dizer 'olá' e depois, quando se aproxima a hora do almoço, voltar para casa. E quando encontram os amigos dizem 'Como vão as crianças? E a pescaria? Tem muito peixe no mercado? O que vai acontecer com aquela família? Como está a enchente? Quatro metros e meio? Seis metros?' Pessoas intemporais."

Chegamos às plantações de coqueiros. As plantas de troncos ásperos e folhas verde-escuras cresciam em filas. Cachos pesados das castanhas ricas em óleo, amarelas e vermelhas, estavam empilhados à margem do campo, molhados após a chuva. O céu estava cinzento; mais chuva estava a caminho. Retornamos à cidade.

"Cogumelos!", disse o motorista, e Shafi pediu que ele parasse na barraca malaia à beira da estrada onde estavam os cogumelos. Eram grandes cogumelos brancos de talos longos e estavam amarrados em feixes.

"Eles não são cultivados", disse Shafi. São colhidos na floresta.

"Parecem flores", falei.

Com uma curiosa ternura, olhando para os feixes que comprara, Shafi disse: "Eles são um tipo de flor". E quando nos pusemos de novo em movimento, continuou: "Na aldeia sempre diziam: 'Nunca use uma pá para desenterrar um cogumelo. Se fizer isso, o cogumelo não brotará novamente'. Eu achava que isso tinha a ver com o metal. Mas não. Se você desenterra um cogumelo com uma pá, você arranca os esporos, o subsolo".

As garotas ainda estavam sentadas no ponto de ônibus.

Próximo de Kuala Lumpur, Shafi pediu para o motorista sair da rodovia. Entramos por um assentamento de posseiros malaios: pessoas que vinham das aldeias. As casas eram como as das aldeias, mas bem juntas e sem o verde. As casas eram levantadas da noite para o dia, e Shafi indicou os grandes barracões contendo madeira e outros materiais de construção que supriam as necessidades dos posseiros.

"Os chineses", disse Shafi. "Explorando."

"Mas eles também oferecem um serviço."

"Com eles, oferecer serviço é apenas setenta por cento."

"Já é bastante. Você quer que os homens sejam perfeitos. Esta é a diferença entre nós."

Almoçamos no Holiday Inn. Agora ele não tinha mais nenhum problema com a comida.

Perguntei: "É verdade mesmo? Você nunca pensou ou falou sobre sua vida do jeito que tem falado comigo?".

"É verdade. Para mim, o passado é passado. Eu acho que não tenho tempo para pensar nessas coisas." E acrescentou: "Aqueles bons e velhos tempos".

Ele não sabia nada de história. Por meio de seus pais, ouvira falar da ocupação japonesa da Malásia durante a guerra; mas isso era tudo. Havia antigas lendas em outros distritos; mas em Kota Baru não havia nenhuma, ou ele não ouvira nenhuma. Na escola, não se interessava pela história. E agora não havia tempo para aprender ou para ler; havia o seu trabalho para o movimento. O passado rico de seu povo permanecia fechado para ele: hinduísmo, budismo, crenças animistas.

Ele vivia no limbo. Achava que como malaio não tinha nada; e, em resposta, desejava — como se tal coisa fosse possível — não ser nada mais do que sua fé, uma espécie de homem abstrato. Para ser civilizado, dissera, um homem precisa saber de onde veio e para onde vai. Essa não era uma questão histórica; para Shafi era apenas uma questão de convicção religiosa correta. Tudo fluía da verdadeira fé. Por amor a seu povo malaio, seu desejo de corrigir o mundo para esse povo, desejava que o povo se tornasse tão purificado quanto ele mesmo se considerava. Essa era a grande tarefa que estabelecera para si mesmo.

"Mas a religião", perguntei, "não está desviando as pessoas do que elas deveriam estar fazendo? Não está lhes dando uma saída cômoda?"

Ele não entendeu o que eu queria dizer. Interpretou a pergunta a seu próprio modo.

"Nós somos a primeira geração", respondeu. "Só alguns conseguem entender o modo completo de vida do islã. Queremos mudar a partir da tradição normal que não é o verdadeiro modo de vida islâmico. Mas o processo é difícil e leva tempo."

Perguntei-lhe sobre a natureza. Contei-lhe o que Mohammed e Abdullah haviam dito em Penang: que os muçulmanos procuravam coexistir com a natureza e os não-muçulmanos, principalmente os ocidentais, procuravam conquistá-la.

Ele não considerou as frases de Mohammed e Abdullah.

"Eu devo ser muito franco com você. Em minha aldeia, não há desenvolvimento. Nenhuma mina de estanho, nenhuma plantação de seringueiras. Por isso, tenho pouca coisa a dizer a respeito." Suas experiências eram menores e mais pessoais. "Quando eu era mais jovem, a impressão que eu tinha do ambiente era que ele era limpo. Os riachos não eram poluídos com nenhuma substância química. A única coisa poluente que tínhamos era o cheiro dos porcos e o lixo dos porcos na comunidade chinesa vizinha. Quando eu estava com quinze anos, as pessoas começaram a construir fábricas de batique; três, uma malaia e duas chinesas; e as substâncias químicas estavam sendo descarregadas no rio. E isso perturbou nossas atividades de natação no pequeno riacho de lá. Eles estragaram nosso brinquedo. Deveriam ter jogado o lixo num buraco. Minha turma, meus amigos adolescentes, não estavam contentes com aquilo. Descobrimos que era uma fábrica chinesa de batique e sentimos um grande desprezo por ela."

"Eu estava lendo um romance malaio. O autor fala das poças de urina sob as varandas das casas."

"Isso é poluição biológica e às vezes esses dejetos são fertilizantes. Excrementos de pássaros, excrementos de galinhas. Porém, os de porcos não estão a nosso favor por causa das restrições religiosas."

"Você achava bonitas as colinas quando era criança? E os arrozais brotando?"

"Para nós era uma visão comum. Nunca pensávamos se eram bonitos ou não. Mas, em alguns romances, lemos sobre os campos de arroz e o vento que sopra pelos bambus e produz uma espécie de som, som natural, e isso nos fez perceber a beleza à nossa volta."

"Esta manhã você me disse, ao mostrar as casas, que os chineses plantavam por razões comerciais e os malaios por valores estéticos."

"Eu não disse estético."

Mas ele dissera. A palavra havia ficado bem gravada em mim. Talvez — embora a palavra pudesse ser justificada — ele não tivesse usado a palavra que pretendia. Ele queria dizer que a casa e o quintal chineses eram um estabelecimento comercial; que as pessoas na casa com as fileiras de orquídeas cultivavam as orquídeas por dinheiro. O quintal malaio era um jardim, parte da casa; permanecia parte da terra boa, parte da natureza, mesmo se algumas frutas e alimentos que ele produzia se destinassem à venda. Não havia uma só palavra para descrever isso. "Estético" (embora bem adequada) era apenas a abreviação usada por Shafi, a palavra que ele deixara escapar, e não era rigorosamente defensável. Talvez a idéia não tivesse sido plenamente elaborada por ele. Talvez — embora a diferença fosse bastante real, pudesse ser sentida e percebida — não houvesse nenhuma definição da diferença entre as casas malaias e chinesas que não pudesse ser demolida.

E desejei saber até onde — além da ausência do senso histórico — essa incapacidade para adequar palavras e sentimentos levara Shafi a chegar ao ponto em que ele estava. Os sentimentos, sem o controle das palavras, haviam permanecido sentimentos, e fluíam para a religião; haviam engajado Shafi no aprendizado dos artigos abstratos de uma fé missionária; haviam ocultado suas motivações, obscurecido sua causa, haviam-no ocultado parcialmente de si mesmo. A religião agora enterrava a emoção real. Ele amava seu passado, sua aldeia; agora ele trabalhava para erradicá-los.

"Falando em plantações de banana e em casas malaias", disse ele, "tive uma pequena discordância com meu pai. Eu estava muito atraído pelas flores bonitas e queria plantá-las na frente de casa. Mas meu pai fez um *grande* buraco bem na frente da casa e depois de queimar, durante alguns dias, algumas sobras e lixo — folhas de bananeira, capim e outros resíduos do jardim — ele plantou um pé de banana. E eu não fiquei muito contente com aquilo. Ele disse: 'Nós teremos frutos com a bananeira. Não podemos ter nada com as flores, que não podemos comer'.

"Chamei minhas outras irmãs e irmãos para o meu lado, para defender minha causa, mas a bananeira ficou lá. Depois de alguns meses, a bananeira começou a soltar o cacho e meu pai começou a me provocar. 'Olhe, temos o fruto de nosso trabalho. E você não tem nada das flores que você plantou.' Na verdade, meu pai cavou o buraco bem no lugar onde eu plantava flores. Desde então, e até hoje, comecei a repudiar o plantio de flores porque isso não trazia muito benefício exceto pela beleza."

"O que você pensa agora do incidente?"

"Meu pai tinha razão. Mesmo agora, minha mulher quer plantar flores em vasos, em nossa casa aqui em KL e, em vez disso, eu insisto em que plantemos alguma verdura, alguns legumes."

# *IV*

# *INDONÉSIA*
## *Usurpações*

*O povo daqui perdeu sua religião.*

Sitor Situmorang

# 1
# *AGRESSÕES*

Shafi mudou de idéia a meu respeito bem no final. Na manhã de minha partida de Kuala Lumpur, ele ligou para me dar os nomes de algumas pessoas do movimento muçulmano na Indonésia. Disse que para elas a situação estava mais difícil. O exército governava a Indonésia e era hostil ao movimento. Pouco depois, Shafi ligou novamente. Queria que eu parasse no escritório em meu caminho para o aeroporto; ele queria se despedir. Mas quando, apenas uma hora depois, fui para o prédio do ABIM, Shafi não estava em seu escritório; e não desceu do andar em que estava.

Enviou um sujeito mais velho que usava um boné malaio preto e acabara de voltar da Suíça, onde estivera tratando de negócios islâmicos; esses novos muçulmanos viajavam bastante. (As notícias em certas partes da Malásia eram de que a Europa estava rapidamente se convertendo ao islã. A Escandinávia, sempre liberal e prudente, já havia caído; metade da França era muçulmana; na Inglaterra, a cada dia centenas de pessoas se convertiam.)

O homem que vinha da Suíça falou comigo sobre a ocupação da embaixada americana em Teerã. Disse que os informes da imprensa ocidental eram tão parciais que ele não sabia em que acreditar. Mas ouvira dizer na Suíça que os americanos haviam contratado alguns iranianos para atacar *outra* embaixada ocidental, a fim de desacreditar a revolução. Os Guardas

Revolucionários tinham descoberto o plano e levado o grupo contratado para a embaixada americana.

E foi com certa tristeza por Shafi — e pelo islã que camuflava sua causa — que passei pelas fazendas ricas e organizadas até o aeroporto de Kuala Lumpur; e naquela tarde desembarquei em Jacarta.

Tinha chovido. Havia lama vermelha dos dois lados da estrada. Cercas de barras compridas de ferro corrugado (para esconder o quê?); vendedores de frutas sentados com seus cestos no terreno molhado; ônibus soltando fumaça pelos escapamentos; multidões; a sensação de uma grande cidade sufocada — telhados vermelhos, muitas árvores — ao pé de arranha-céus caóticos; as rodovias caracterizadas pela elevação de névoa e fumaça. Após os espaços abertos de Kuala Lumpur, era como estar novamente na Ásia. Meninos jornaleiros e meninos com deformidades mendigando nos cruzamentos. Homens carregavam cestos pendurados em ambas as pontas de uma vara flexível equilibrada em seus ombros, e andavam com passos rápidos e curtos. (Mais tarde, em Yogyakarta, cidade do interior, experimentei a carga de um oleiro. A tensão era menor no ombro do que nas panturrilhas, que tremiam a cada passo oprimido: era necessário caminhar bem devagar.)

Mas Jacarta também era uma cidade de estátuas e monumentos revolucionários: uma chama de liberdade, uma falange de combatentes armados apenas de lanças de bambu, uma figura gigantesca partindo correntes. Pareciam não ter ligação com a vida da cidade, e os estilos eram importados, alguns russos, outros expressionistas. Mas o que celebravam era real: o orgulho nacional, e uma liberdade amargamente conquistada.

Estar em Jacarta era estar em um país com uma percepção de seu passado. E esse passado situava-se bem antes da luta pela liberdade e dos tempos coloniais. Os holandeses haviam governado por mais de trezentos anos; Jacarta era a cidade que eles haviam chamado de Batávia. Mas a língua holandesa não era vista em parte alguma. Por toda parte, a língua, em alfabeto romano, era indonésia, e a raiz de algumas palavras era o sânscrito. Jacarta em si — não mais Batávia — era um nome sânscrito, "a cidade da vitória". E o sânscrito, ocorrendo tão distante no oriente, fazia a mente recuar séculos no tempo.

O hotel era conhecido como Borobudur Intercontinental, em homenagem ao templo budista do século IX no centro de Java. A planta baixa desse grande templo de nove terraços era a base do logotipo do hotel: três círculos concêntricos pontilhados dentro de cinco retângulos, escalonados nos cantos por um efeito ondulatório. O logotipo era estampado nos cinzeiros; era tecido nos tapetes dos elevadores; composto em azulejos no fundo da piscina onde a ondulação da água azul se somava ao ondulado do desenho.

A Indonésia, como a Malásia, era um país muçulmano. Mas o passado pré-islâmico, que na Malásia parecia tratar-se apenas de costumes aldeões, na Indonésia — ou Java — se evidenciava como uma grande civilização. O islã, que surgira apenas no século XV, era a fé formal. Mas o passado hindu e budista, que existira durante mil e quatrocentos anos antes disso, sobrevivia sob muitas formas — meio apagado, ligeiramente misterioso, mas ainda impressionante, como o próprio Borobudur. E era esse passado que dava aos indonésios — ou javaneses — o senso de sua singularidade.

As estátuas de guerra e revolução em Jacarta eram por demais enfáticas; algumas eram absurdas. Mas celebravam a história recente; e essa história era heróica e terrível, e ler sobre ela provocava vertigens.

Foram os japoneses que, ao ocupar a Indonésia em 1942, aboliram a língua holandesa. Ordenaram que todas as placas holandesas fossem retiradas ou pintadas; e, da noite para o dia, depois de trezentos anos, a língua holandesa desapareceu. Os japoneses estabeleceram Sukarno e outros líderes nacionalistas indonésios (presos ou exilados pelos holandeses) em uma espécie de governo indonésio durante a guerra. Os japoneses organizaram o exército indonésio. Foi esse exército que combateu os holandeses durante quatro anos depois da guerra, quando os holandeses tentaram restabelecer seu domínio. E foi esse exército que, depois, durante os vinte anos da presidência de Sukarno, unificou as ilhas dispersas do arquipélago, reprimindo em diversos pontos os movimentos separatistas muçulmanos e cristãos.

A independência não foi fácil para a Indonésia. Não veio como regeneração e planos qüinqüenais. Veio como uma série de pequenas guerras; veio como caos, pompa, uma continuação da retórica nacionalista de Sukarno. O fascínio de Sukarno se enfraquecia. O poder do exército crescia. Foi o exército que, em 1965, acabou depondo Sukarno. O exército afirmava que os comunistas estavam planejando, com o apoio passivo de Sukarno, tomar o país. E, após o caos e as frustrações da independência, houve um terror ainda maior do que qualquer coisa que o arquipélago conhecera.

Cem mil pessoas foram presas. Houve um massacre de chineses (residentes na Indonésia durante séculos, e vítimas tradicionais dos massacres: os próprios holandeses mataram vários milhares em Jacarta em 1740). E conta-se que, nos levantes populares por todo o arquipélago, meio milhão de pessoas ditas comunistas foram caçadas e mortas. Alguns dizem que esse número foi de 1 milhão. Os indonésios ainda estão atordoados pelos acontecimentos de 1965 e posteriores. Quando falam em 1965, são como pessoas olhando, à distância, para uma parte misteriosa de si mesmas.

Agora o exército governa. Os ônibus militares de cor cáqui estão em todos os lugares; e Jacarta é pontilhada pelas barracas das unidades de *kommando* (estranho que exatamente essa palavra holandesa tenha sido mantida) que ostentam a bandeira nacional vermelha e branca da Indonésia. O exército se converteu em uma organização política, e decretou que estará poderosamente representado em todo governo.

É o exército que mantém unido o arquipélago. E o governo militar — depois dos anos de inércia e retórica de Sukarno — deu à Indonésia quinze anos de descanso. Nesse período, com a ajuda do petróleo indonésio, Jacarta fez brotar seus arranha-céus; as estradas principais foram pavimentadas; surgiram os primeiros serviços apropriados a uma cidade grande. Nesse período de tranqüilidade também foi criada uma geração educada, a primeira geração a conhecer estabilidade após cinqüenta anos. Mas o governo militar se desgasta. E a estabilidade e o crescimento já são acompanhados — a armadilha de países como a Indonésia — pela inquietação.

A inquietação é manifestada pelo novo islã, o islã que é mais do que ritual, que fala das injustiças cometidas com as criaturas de Alá e dos métodos satânicos dos governos terrenos: o islã que faz as pessoas recuar, para saltar adiante com mais violência.

Ler sobre a história recente da Indonésia é ficar com vertigens. E olhar para ela na vida de um único homem é perguntar como, com tão pouco a que recorrer em termos de lei ou país, alguém pode resistir a tantas agressões à sua personalidade.

Suryadi estava na metade dos seus cinqüenta. Era baixo, moreno escuro, de aparência frágil. Nascera na Java oriental e definia-se como um dos "muçulmanos estatísticos" da Indonésia. Não recebera nenhuma formação religiosa; a religião que ele tinha era o que estava no ar ao seu redor. Ele não tinha certeza se acreditava no além; e não sabia que essa crença era fundamental à fé muçulmana.

Ele pertencia à nobreza, mas em Java isso apenas queria dizer que ele não era do campesinato. Os holandeses governavam por meio dos antigos tribunais feudais do país. Mas Java era apenas uma colônia agrícola, e as habilidades requeridas da nobreza no período holandês não eram muitas. O avô de Suryadi, como nobre, ocupara um modesto cargo burocrático; o pai de Suryadi era escriturário de um banco.

Como nobre, Suryadi podia freqüentar uma escola holandesa. As taxas eram baixas; e Suryadi, na verdade, não tinha de pagar. A educação era boa, o que podia ser constatado pelo inglês excelente que Suryadi falava. E recentemente, desejando aprender alemão novamente e se matriculando no centro cultural alemão em Jacarta, o Instituto Goethe, Suryadi descobriu que, com seu alemão ensinado por holandeses, de quarenta anos antes, fora colocado na classe intermediária, e que mais tarde não encontraria dificuldades em obter um certificado em uma prova corrigida na Alemanha.

No início de 1942, os japoneses ocuparam Java. A mensagem da rádio Tóquio era de que os japoneses concederiam à Indonésia sua independência, e muita gente se dispôs a saudar os japoneses como libertadores. Suryadi estava no último ano do colégio. Os professores holandeses foram substituídos por indonésios, e o diretor ou supervisor era japonês. Por mais seis meses, as aulas continuaram como eram durante o governo holandês. Depois — e é espantoso como as coisas continuam, mesmo durante uma comoção social — Suryadi foi para a universidade. Os conferencistas e professores agora eram japoneses. Mas os japoneses simplesmente não conseguiam dominar as línguas estrangeiras. Eles próprios o admitiam e, depois de algum tempo, designaram indonésios, que trabalhariam sob a supervisão de japoneses.

Os indonésios usavam as aulas para pregar o nacionalismo. Muito da benevolência para com os japoneses já havia terminado. Estava claro para Suryadi que a economia inteira estava sendo subvertida para ajudar o esforço de guerra japonês. Milhares de indonésios foram enviados para trabalhar na estrada de ferro da Birmânia (e ainda há uma comunidade de indonésios na Tailândia, fruto da migração forçada daquela época). As estações de rádio foram fechadas; as que outrora traziam as boas novas da rádio Tóquio já não podiam ser ouvidas.

Dois incidentes ocorreram nessa época e levaram Suryadi a declarar sua oposição aos japoneses. As autoridades universitárias decretaram que todos os estudantes deveriam raspar a cabeça. Era a disciplina do mosteiro zen. E Suryadi não poderia sentir isso de outra forma: uma agressão à sua personalidade. E depois, num dia na praça de armas — os estudantes estavam recebendo treinamento militar —, um estudante foi esbofeteado por um oficial japonês. Todos os indonésios se sentiram humilhados, e Suryadi e seus amigos realizaram uma demonstração de protesto na universidade. Trinta deles, professores e também estudantes, foram apanhados pela polícia secreta japonesa e levados para a prisão.

Na prisão, ouviam as pessoas sendo torturadas por crimes antijaponeses e até por ouvir rádio. Mas Suryadi e seu grupo foram tratados como prisioneiros políticos; e continuaram a ser disciplinados à moda de um mosteiro zen. Recebiam bastonadas de bambu, mas era apenas uma humilhação ritual. Os bastões de bambu tinham fendas na ponta; não machucavam; apenas produziam um grande estalido. Depois de um mês de prisão, Suryadi e seus amigos foram libertados. Mas foram expulsos da universidade. Por isso, Suryadi não concluiu sua formação.

O castigo para o grupo foi leve porque os líderes nacionalistas indonésios ainda estavam cooperando com os japoneses. Segundo Suryadi, Sukarno nunca acreditou que o Japão fosse perder a guerra; nem mesmo acreditava que a bomba atômica havia caído no Japão. Foi apenas depois da rendição japonesa que Sukarno e os nacionalistas proclamaram a independência da Indonésia. E seguiram-se quatro anos de luta contra os holandeses.

Quanta coisa para acontecer nos primeiros vinte e seis anos de uma pessoa! Mas Suryadi não guardava rancor. Os acontecimentos haviam sido grandes demais; a culpa não era de ninguém. Ele não tinha ressentimentos nem dos holandeses nem dos japoneses. Ele agora fazia negócios com ambos; e respeitava a ambos como pessoas que honravam um acordo. Os japoneses tinham fama de negociantes inflexíveis no Sudeste Asiático (houvera manifestações antijaponesas em Jacarta por causa da dominação japonesa do mercado indonésio); mas Suryadi considerava os japoneses mais generosos, no mínimo, do que os holandeses.

Suryadi não guardava rancor, e podia-se dizer que ele vencera as dificuldades. Mas havia nele uma tristeza indonésia, e era a tristeza de um homem que sentia ter sido abandonado, e estava agora — depois do período holandês, do período japonês, dos quatro anos de guerra contra os holandeses, dos vinte anos de Sukarno — sem uma causa. Mais de uma vez o mundo parecera prestes a se abrir para ele como indonésio mas, depois, fechara-se novamente.

Ele tinha vivido na clandestinidade durante os últimos anos de Sukarno. Depois disso, o governo militar parecia revitalizar o país. Mas agora outra coisa estava acontecendo. Uma espécie de cultura javanesa estava se afirmando. Suryadi era javanês; a dança javanesa, os épicos e o teatro de marionetes eram parte de seu ser. Mas ele achava que a cultura javanesa estava sendo mal utilizada; estava encorajando um renascimento de atitudes feudais, com o exército assumindo o lugar dos antigos tribunais. Suryadi, como os javaneses, era muito atento às cortesias feudais. Entendia que a saudação atual do soldado para um oficial era mais do que uma saudação militar; também continha uma reverência feudal. Era uma espécie perversa de retrocesso. Não era o que Suryadi desejara para o seu país.

E ele havia perdido a filha. Ela se convertera à nova causa muçulmana — a doença malaia, como algumas pessoas a chamavam. Na escola, e depois, na universidade, ela fora uma menina ativa. Tinha estudado dança javanesa; era mergulhadora; gostava de acampar. Entretanto, na universidade, conhecera um muçulmano novo, um muçulmano convertido; e começara a mudar. Saía de casa com os cabelos cobertos; usava batas longas de cores neutras; e sua mente começou a tornar-se igualmente desbotada.

Certo dia, Suryadi e sua esposa fizeram algo imperdoável. Mexeram nos documentos da garota, e descobriram um compromisso que ela havia assinado. Ela tinha se comprometido a obedecer em tudo a um certo professor muçulmano; ele seria o seu guia para o paraíso. Ela, que teria sido uma muçulmana estatística como Suryadi e sua mulher, estava agora sendo instruída na fé pura.

Suryadi não aceitou bem aquilo. Agora achava que deveria ter sido mais calmo no começo; ao deixar seu desânimo se tornar aparente demais, provavelmente afastou ainda mais a garota para longe de si. Certo dia, ele disse a ela: "Caso alguém lhe pedisse para ir acampar agora, será que você diria: 'Eu não posso ir, porque não tenho nenhuma garantia de que haverá água para as minhas abluções antes das orações'?". Ele falara com irritação e ironia. Mas depois ela voltou até ele e disse: "Eu verifiquei. No Corão não há nada que diga que isto seja obrigatório se você estiver viajando". E Suryadi compreendeu então que ela se tornara impermeável à ironia; que ela se afastara do modo alusivo de falar da família. A perda intelectual era o que mais o entristecia. Ele disse: "Mas você não tem mais cabeça? Sempre precisa ir consultar aquele livro? Não pode mais pensar por você mesma?". E ela respondeu: "O Corão é a fonte de toda a sabedoria e virtude no mundo".

Ela se casara com o muçulmano converso que a conduzira para a fé. Ela tinha um diploma; ele ainda era apenas um estudante universitário; mas, como uma boa esposa muçulmana, ela se subordinou a ele. Essa era a nova tristeza com a qual Suryadi estava aprendendo a conviver: uma filha outrora jovial que passara a ser uma estranha.

No entanto, recentemente ele encontrara um pequeno motivo de esperança. Ele a estava levando de carro de volta para a casa de seus sogros, onde ela morava com o marido, e disse: "Eu comprei aquela casinha para você. Por que você não vai morar lá? Por que seu marido quer continuar morando com os pais? Não está certo. Por que ele não se decide a agir por conta própria?". Ela dissera então: "Ele tem complexo de inferioridade, pai".

E esse pequeno sinal, o primeiro durante um bom tempo, de que a filha ainda tinha juízo, ainda era capaz de raciocinar, foi um grande alívio para Suryadi. Ela tinha visto o que para Suryadi era claro: que o rapaz era um estudante pobre, não tinha formação, não conseguia dar conta da vida universitária. Faltava ainda algum tempo para ele se formar, e não havia tempo suficiente para o seu estudo. Durante o mês do ramadã, o mês do jejum, abandonara completamente o estudo, jejuando o dia inteiro e rezando à noite na mesquita. Isso era mais cômodo do que ficar com os livros difíceis; e sua retidão religiosa era admirada por seu grupo islâmico na universidade.

A filha o percebera por si mesma. Isso acontecera algumas semanas antes. E era isso o que Suryadi agora estava esperando: que, com o tempo, ela passaria a enxergar um pouco mais.

No fim, pouco antes de nos despedirmos, Suryadi disse: "Mas eu tive sorte. Não fui como tantos outros na Indonésia, passando para outro comprimento de onda sob pressão".

"Outro comprimento de onda?"

"Você sabe como são as pessoas aqui. Mas talvez não saiba. Elas se tornam místicas. Pessoas lógicas, racionais. Começam queimando incenso ou sentando-se à noite em cemitérios, quando desejam alcançar alguma coisa; quando se sentem frustradas, estagnadas em seu trabalho ou carreira."

"Você chama isto de místico?"

"Eu não sei do que mais se pode chamar isto."

O islã era a religião formal do povo. Mas, sob essa capa, estavam os impulsos do mundo mais antigo, relíquias do passado hindu, budista e animista, mas não mais parte de um sistema. Os templos de Borobudur e Prambanam, do século IX — o primeiro, budista, o segundo, hindu —, eram motivo de orgulho. Mas não eram mais inteiramente possuídos pelas pessoas, porque não eram mais compreendidos inteiramente. Seu significado, outrora irresistível, agora precisava ser elucidado por estudiosos; e Borobudur permanecia um mistério, assunto de discussão acadêmica. Foram os holandeses que redescobriram Borobudur e o apresentaram ao povo de Java: era o que dizia Gunawan Mohammed, poeta e editor. Gunawan — um muçulmano, mas à sua própria maneira indonésia — disse, referindo-se ao passado, e fazendo um pequeno gesto de talhar: "Em algum lugar, a corda foi cortada".

Era um povo para o qual o passado estava, a um só tempo, vivo e morto. E — quer estivessem falando das chacinas de 1965 ou sobre sentar-se à noite em um cemitério — falavam como se continuassem misteriosos para si mesmos.

E agora, com a paz dos militares, com o crescimento da indústria e do ensino, com a chegada da nova civilização tecnológica à Indonésia, o mundo se tornara mais estranho. Em uma noite de sábado, eu caminhava pela área do mercado do centro de Jacarta, o Pasar Baru, o mercado novo, com os pavimentos quebrados, a lama, as lojas cheias de produtos importados, as barracas de comida, os discos reproduzidos nos alto-falantes. Nesse clima de parque de diversões, entrei em uma livraria. Era uma loja bem iluminada e com dois andares de livros. Havia livros em inglês sobre matérias técnicas — medicina, psicologia, engenharia. Também havia uma grande seção de livros em inglês sobre temas místicos ou de ocultismo — taoísmo, I Ching, as buscas de Paul Brunton na Índia e no Egito secretos. Era assim que a nova civilização se manifestava: habilidade técnica e magia, uma civilização sem o seu cerne.

Depois da vertiginosa história dos últimos cinqüenta anos, o mundo ficara mais estranho, e as pessoas oscilavam. Quer se movessem para diante, para a nova civilização, ou para trás, como a filha de Suryadi, para a fé árabe mais pura, estavam agora sempre entrando no mundo alheio, e se afastando mais de si mesmas.

## 2

## *SITOR: RECONSTRUINDO O PASSADO*

A Indonésia lentamente se abria e, quando conheci Sitor Situmorang, não o compreendi inteiramente. Ele era um poeta; estivera ligado aos últimos tempos de Sukarno e, depois do golpe militar, ficara preso durante dez anos, de 1965 a 1975. Em nosso primeiro encontro — e foi difícil acreditar depois — não atentei para a face política do homem, e para os dez anos de prisão, quando não lhe era permitido escrever ou ler coisa alguma. Acredito que deixei passar esse lado porque, em nosso primeiro encontro, Sitor quis que eu o negligenciasse: talvez naquele momento essa parte de seu passado o angustiasse.

Ele passava a imagem de um escritor, humanitário, reflexivo. Falava sobre uma autobiografia que estava escrevendo e na qual estava encontrando dificuldades. Ele era um homem de baixa estatura, cinqüenta e seis anos, um rosto pequeno e ossudo, asiático escuro, sobrancelhas eriçadas; uma sacola de lona cheia de livros a tiracolo conferia-lhe um toque estranho de estudante universitário contemporâneo.

Suas origens estavam no norte da grande ilha de Sumatra. Sumatra era fisicamente mais agreste do que Java. Os muçulmanos eram mais muçulmanos; a influência hindu-budista era menor; havia áreas cristãs; e ainda havia tribos animistas. Sitor viera de uma das tribos; era um batak. E suas origens tribais estavam no cerne de suas dificuldades com a autobiografia.

Lembrei-me das dificuldades que Shafi encontrava para compor um padrão com os eventos de sua vida bem mais curta, sua transição da aldeia para a cidade. E isso constituía parte do problema para Sitor. Mas seu passado tribal estava mais distante; Sitor perdera contato com ele; e descobrira que escrever sem uma compreensão sobre suas origens não era fazer mais do que registrar uma sucessão de eventos. Foi por isso que, durante algum tempo, deixara de escrever sobre a atualidade e preferira concentrar-se no entendimento de seus antecedentes tribais. Ele voltara para a aldeia no norte de Sumatra com uma jovem antropóloga canadense. Ela o ajudara a resgatar parte de seu passado tribal; e isso havia sido uma iluminação.

Foi isso o que saiu de nosso primeiro encontro. Foi um encontro breve; ambos tínhamos outras coisas para fazer. Naquele momento, eu ainda estava tentando fazer contato com grupos muçulmanos, mas esses estavam muito retraídos.

Sitor me acompanhou até um escritório; ficava no seu caminho. Achei que ele se movia com a autoridade de uma pessoa que era conhecida. Mas quando alguém acenou para ele da janela de um andar superior, Sitor chamou minha atenção para o fato. "Sabe?", disse-me. "Eu não o conheço." E mesmo nesse momento não me dei conta inteiramente do quanto devia ser importante para Sitor — depois de dez anos de prisão, seus dez anos de silêncio como escritor, da idade de quarenta e dois até os cinqüenta e dois — receber essas pequenas demonstrações de que ainda era conhecido.

Os muçulmanos eram evasivos. Corridas de táxi antes e depois do almoço, no calor úmido, não resultavam em nada. Fadiga de viagem e fadiga de hotel se abatiam sobre mim à tarde. Meu quarto ficava no décimo quinto andar. Passei a sentir que já fazia muito tempo que eu vivia com a visão silenciosa do ar-condicionado: telhados vermelhos e árvores, arranha-céus, um cartaz da XEROX, aviões chegando pela esquerda para pousar no terminal doméstico, tráfego nas vias à direita e à esquerda do jardim do hotel, fumaça pairando sobre as rodovias como uma neblina marrom, subindo e mesclando-se com as nuvens que traziam mais chuva. Jacarta não era uma cidade para se caminhar à tarde.

E foi para Sitor que telefonei. Eu não o imaginava como alguém cuja vida tivesse sido distorcida pela política e pela prisão. A impressão que eu tivera dele, depois de nosso encontro pela manhã, era de um homem que alcançara a calma, um homem tranqüilo e tranqüilizador.

Uma mulher atendeu ao telefone. Ela falava bem o inglês. E Sitor levou tanto tempo para vir atender que receei tê-lo interrompido em seu repouso ou trabalho — seu texto, a autobiografia. Quando atendeu ao telefone, foi tão gentil e interessado quanto eu esperava.

"Você precisa sair do Borobudur e ficar em outro hotel", disse ele.

"Você quer dizer que o Borobudur põe as pessoas para fora?"

"Não, que seria mais barato."

Mas, em seguida, ele entendeu. Ele compreendia a solidão.

"Venha para a minha casa", disse ele. "Venha às sete. Tenho um encontro com um jovem às seis. Não, venha às seis e meia."

Ele morava no Jalan Maluku. Alguns homens que, após o calor do dia, espaireciam à frente de uma barraca de bebidas com uma lâmpada fluorescente indicaram a direção para o motorista do táxi. Passou uma carroça empurrada por um homem que batia um pedaço de bambu contra ela. Essas carroças, contendo comida, embora fizessem parte da vida de Jacarta, e embora houvesse uma de verdade no restaurante do hotel para dar o toque local, não eram encontradas na área ao redor do hotel.

Era uma casa nova e grande de concreto, com um portão aparentemente feito de bambu. Sitor apareceu vestido em uma túnica indonésia. "O bambu esconde o ferro", disse ele a respeito do portão. E disse que a carroça estava vendendo macarrão; ele sabia pelo barulho do bambu. Toda comida de rua tinha seu próprio acompanhamento musical.

A casa era em estilo alemão, com uma espécie de status diplomático. Estava temporariamente vaga. Tinha pouca mobília; mas havia uma peça de escultura indonésia contemporânea e muitos quadros indonésios.

Fomos para a parte de trás da casa. Sitor disse, como se repetisse e testasse a palavra inglesa: "Este é o terraço". Sentamos ali. O jovem que ele estava esperando às seis não viera. "Ele é um homem ocupado. Trabalha com direitos humanos."

A casinha em um canto do jardim dos fundos, que era viçoso e habilidosamente cultivado, era o "pavilhão". Era onde Sitor morava.

"Barbara virá juntar-se a nós", disse ele.

Adi, o jovem, chegou. Devia estar em seus trinta anos, era esbelto, tinha feições angulosas, o cabelo cortado rente. Ele disse que fazia doze horas que estava trabalhando e não podia ficar muito tempo. Se demorasse muito ali, haveria uma pequena guerra do Vietnã em casa.

"Adi é um dos novos líderes", disse Sitor. "Ele é muçulmano."

"Eu sou muçulmano", confirmou Adi.

"Por quê?" Esse tipo de pergunta podia ser feito na Indonésia.

"Meus pais eram muçulmanos. Além disso, é mais lógico que o catolicismo. Esse negócio de Trindade é algo que não consigo entender. O protestantismo é melhor. O hinduísmo tem castas, o que eu rejeito."

Estava ficando escuro. Uma luz veio da varanda do pavilhão. E contra essa luz, o rosto na sombra, surgiu uma mulher alta, esbelta, em um vestido longo. Ela parecia estar cuidando de uma planta suspensa ou algo em uma gaiola.

Houve um estremecimento em Sitor. Trêmulo, em sua idade, diante do aparecimento de uma mulher! Ele se compôs e disse com certa deliberação: "Barbara é holandesa".

Alguns pratos com doces foram trazidos por uma criada até a mesa à qual estávamos sentados. E Barbara percorreu a curta distância até nós, perdendo seu mistério à medida que saía da sombra da luz do pavilhão para a luz da casa principal. Ela estava com um vestido azul de batique. Era jovem, vinte e tantos anos, e bonita; tinha segurança e estilo. Sitor ficou mais tranqüilo.

"O que são essas coisas?", perguntei, referindo-me aos doces.

"São feitos de feijão", disse Barbara, num inglês quase sem sotaque.

"São gostosos?"

"Ele gosta deles", disse ela, referindo-se a Sitor. "Devem ser bons."

Ela falou em indonésio com Adi.

Os doces eram redondos, com depressões, como pequenas bolas de tênis que estivessem murchas. Dentro da casca com aspecto de flanela, havia um recheio macio: oleoso, doce, sem aroma, como os doces que eu experimentara na Malásia.

"Eu estava sendo interrogado sobre o fato de ser muçulmano", disse Adi em inglês.

"Meu Deus!", disse Barbara. "Não interrogado!"

Mas as interrogações estavam na cabeça de Adi. Um caricaturista fora detido pelas autoridades.

"O exército não tem nenhum senso de humor", disse Adi.

"É sério?", perguntei.

"É o jeito deles. Eles o prenderão por um dia ou dois. Ele será interrogado de forma amigável. Embora amigável não seja bem o termo."

Depois, Sitor me acompanhou até a rua. Havia mais carroças passando pela noite, com diferentes tipos de sons.

Longe de Barbara e seu vestido longo de batique, havia novamente nele um tremor.

"Volte para Adi", disse eu.

"Adi é um velho amigo."

"Você é casado com Barbara?"

"Tribalmente." E riu ali na rua. "Venha no sábado pela manhã. Eu vou lhe mostrar as fotos. A tribo insistiu. Depois que estávamos vivendo juntos durante dois anos."

"Você está com cinqüenta e cinco, Sitor?"

"Cinqüenta e seis."

"E ainda essa vida apaixonada? A paixão nunca nos deixa?"

"Foi o que a antropóloga canadense me perguntou. 'Ainda, na sua idade?' Ela tinha vinte e quatro." E riu novamente, mostrando os dentes no rosto ossudo, asiático, escuro.

* * *

Foi diferente no sábado pela manhã, à luz do dia, na casa principal quase vazia. Sitor tinha dor de dente e estava tomando vários remédios. Barbara estava em roupas de trabalho: as cores mais pálidas da Europa. Parecia mais esguia. A luz do dia acrescentava um ano ou dois ao seu rosto, embora ela continuasse parecendo uma jovem de trinta e poucos. Ela estava ocupada, como uma executiva, preparando-se para sair para o trabalho. Ela trabalhava em um centro de apoio ao artesanato indonésio, financiado por holandeses; e antes de sair, deixou instruções com Sitor sobre seus pássaros nas gaiolas, e especialmente sobre seu papagaio vermelho.

Sitor não conseguia se acalmar. Estava com dor de dente; e as pessoas continuavam a aparecer só para bater um papo com o famoso poeta. Havíamos combinado conversar nessa manhã sobre sua autobiografia. Mas ele continuava a adiar o momento; a certa altura ele foi para o lavabo. Quando realmente começamos, não conseguiu falar. Ele havia se preparado bastante, pensado demais. Qualificava toda expressão assim que a enunciava, e mal conseguia concluir uma sentença. Começou a usar palavras grandiosas. E sempre havia as visitas, e a extensa troca de cortesias em indonésio.

Por todas as portas da sala de estar podia-se contemplar o verde: o maravilhoso aproveitamento do ambiente nesse pequeno cenário, criando cômodos verdes e frescos, sombras de grandes folhas verdes do lado de fora de cada porta. E o tempo inteiro, na rua — a manhã se esvaindo, perdendo seu frescor —, as carroças produziam seus sons variados.

No final, decidimos apenas bater um papo. Sitor trouxe os álbuns e me mostrou fotos coloridas de sua aldeia no norte de Sumatra. As fotos tinham sido feitas apenas algumas semanas antes, quando ele e Barbara tinham ido juntos pela primeira vez para a aldeia. Sitor se dissera um homem tribal; também havia dito que descendia da família de um cacique. As palavras não me diziam muita coisa. As fotografias me ajudaram a entender um aspecto da realidade: mostravam que, para Sitor, como nativo de uma tribo e o filho de um chefe, havia uma parte de Sumatra, uma parte da terra, que era absoluta e inalienavelmente sua.

Durante dezoito gerações, os antepassados de Sitor haviam dominado uma pequena área — de 10 por 20 quilômetros — no norte de Sumatra. Era uma área montanhosa, rochosa, que não valia a pena ninguém conquistar. Lá os holandeses haviam chegado tarde, por volta do fim do século XIX. Foi o pai de Sitor quem os havia combatido; lutara contra eles de 1884 a 1908. Era difícil acreditar nas datas, mas Sitor disse que o pai dele nascera em 1850 e morrera em 1963. O pai havia morrido com cento e treze anos? Sim; ele era um super-homem tribal. Sitor tinha uma irmã de oitenta anos; Sitor fora concebido quando o pai tinha setenta e três anos. Depois de derrotado, seu pai foi nomeado pelos holandeses como administrador da área. Continuou a ser um chefe; as coisas continuaram quase como antes.

A área tribal, controlada pelo pai de Sitor, consistia em três vales de rios que desciam de montanhas de cerca de 2 mil metros de altura para um lago maravilhoso. As fotografias mostravam arrozais pálidos com diques ou paredes de pedra a jusante dos vales. O arrozal não crescia espesso e de cor verde-esmeralda, como acontece em terras mais ricas. As cores dessa paisagem tribal eram estranhamente emudecidas, moderadas. Ali Sitor passara seus primeiros anos de vida, uma unidade na família ampliada do chefe; e Sitor não tinha nenhuma lembrança de conversa com seu pai ou sua mãe. Quando estava com seis anos, foi mandado para uma escola holandesa para pessoas como ele, filhos de caciques e chefes secundários. Mas só os meninos, não as meninas. Por isso, a irmã de Sitor — que estava com oitenta anos — era uma aldeã analfabeta e — para Sitor, antes de sua iluminação antropológica — parte de um passado remoto.

Eram um povo isolado. Mas, fosse qual fosse o modo como chegaram aos seus vales, tinham trazido consigo — ou desenvolvido — uma arte decorativa e extraordinárias habilidades de construção. Grandes muros de pedra protegiam a aldeia; as passagens de acesso eram muito estreitas e podiam ser facilmente defendidas ou cerradas. As casas eram construídas em um quadrado. Tinham tetos em forma de chifres, de inclinação abrupta, com fachada que descia no meio e se projetava para cima e para fora em cada ponta, como a proa de um navio: um projeto que, segundo Sitor, protegia as casas contra os fortes ventos da região.

Na aldeia de Sitor, a única adição moderna a essa arquitetura era o ferro corrugado para o telhado. As casas se apoiavam em robustos pilares de madeira fortalecidos por encaixes de barras ou vigas diagonais. As paredes, entre os pilares e o telhado de projeção abrupta, eram realmente muito baixas. O interior das casas era escuro. Havia camas de madeira; elas repetiam, de uma maneira modificada, o chifre ou a forma de proa de navio. E essa forma modificada surgia novamente na praça central da aldeia, no sarcófago de pedra que continha os crânios dos chefes. A metade superior de um lagarto era esculpida na tampa do sarcófago; os pés do lagarto ficavam na seção inferior. O lagarto era um emblema de boa sorte.

Sitor foi arrebatado dessa vida quando o enviaram, com a idade de seis anos, para o internato holandês. Era uma escola cristã, mas ele não era obrigado a ser cristão. Era obrigado, porém, a falar em holandês, na sala de aula e fora dela. As férias escolares mais longas duravam um mês. Era quando ele voltava para a aldeia e era calorosamente saudado pelo pai (então com mais de oitenta anos) e a mãe, mas não havia nenhuma conversa. Ele simplesmente dormia em uma das casas da aldeia, e comia da panela comum. Sempre havia comida, preparada por algum parente distante.

Ele estava em seu último ano na escola secundária em Jacarta quando chegaram os japoneses. Eles aterrissaram primeiro no sul de Sumatra, no meio do mês de fevereiro de 1942. Duas semanas depois, com Sumatra dominada, chegaram à Java ocidental. O exército holandês se retirou. As ruas de Jacarta estavam vazias; as pessoas ficavam dentro das casas. Mas, um dia, Sitor e alguns amigos saíram em suas bicicletas. E foi próximo ao grande monumento colonial holandês, próximo ao terreno atual do hotel Borobudur Intercontinental, que Sitor viu o primeiro soldado japonês.

O soldado estava numa bicicleta, uma das famosas bicicletas dobráveis do exército japonês. O soldado estava cansado e suava; seu uniforme era fino e barato, e ele cheirava a suor. Ele deteve os meninos. Esclareceu — embora falasse apenas japonês — que queria a bicicleta que Sitor estava usando.

A bicicleta japonesa dobrável era de fabricação inferior e dura de pedalar. A bicicleta de Sitor era britânica, uma robusta Humber ou Raleigh ou Phillips. Mas essa bicicleta, que era um pouco grande para Sitor, era grande demais para o japonês. Ele tentou fazê-la andar mas concluiu que não conseguiria. Sitor tinha 1,60 metro de altura; o japonês era uns dez centímetros mais baixo.

O monumento holandês, perto de onde se dera esse encontro (hoje substituído por uma gigantesca estátua de bronze de um homem que exulta ao romper suas cadeias), era de um dos primeiros colonizadores holandeses, apontando para baixo, como disse Sitor, para a terra conquistada da Indonésia. E já naquela época Sitor refletia — tendo mantido sua bicicleta — sobre como era estranho que um homem tão pequeno quanto aquele soldado japonês tivesse derrotado os grandalhões holandeses.

Esse foi o único contato direto de Sitor com os japoneses. Na área de Jacarta onde ele morava, a vida seguia como antes. O mesmo acontecia nas áreas holandesas; só mais tarde as mulheres e crianças holandesas foram enviadas para os campos de prisioneiros. A escola de Sitor, porém, foi fechada. Quando, depois de algumas semanas, os trens começaram a circular novamente, Sitor e seu amigo passaram a ir para as colinas nas imediações de Jacarta para apanhar frutas e legumes que depois vendiam nas ruas. Mais tarde, ele conseguiu um trabalho bem melhor. Os japoneses haviam decretado que todas as placas em holandês deveriam ser retiradas ou alteradas. Dessa forma, Sitor passou a repintar as placas dos holandeses.

Seis meses depois, os japoneses ordenaram que todos os estudantes não javaneses deveriam voltar para suas respectivas ilhas. Os japoneses queriam dividir a Indonésia em zonas de ocupação controláveis, disse Sitor; queriam também retirar de

Jacarta os estudantes desempregados, potenciais causadores de problemas. Dessa forma, Sitor, aproveitando a oferta japonesa de transporte para casa, voltou para Sumatra, para a aldeia onde, desde a idade de seis anos, não havia permanecido por um período maior do que um mês. Ficou na aldeia durante três anos. Seu irmão tinha uma boa biblioteca; era a biblioteca de um homem que recebera uma sólida educação holandesa. Assim, embora Sitor não tivesse concluído a escola, lera muito até a guerra terminar.

Depois, houve toda a turbulência da história da Indonésia do pós-guerra: a proclamação da república indonésia feita por Sukarno e outros; a luta contra os holandeses; os anos de Sukarno; e depois, em 1965, a revolta contra Sukarno. O exército, que fora criado pelos japoneses, emergia agora como governo. Sitor foi detido por suas ligações com Sukarno e passou dez anos preso, até 1975. Não lhe era permitido ler ou escrever. Podia receber uma visita por mês, e essa visita durava quinze minutos. O que ele fazia? Conversava com prisioneiros da mesma categoria que ele; conseguiu conhecer pessoas que não conhecia; aprendeu muito em termos políticos e sociais.

O que quer que Sitor fosse ou tivesse sido em Jacarta, para sua aldeia ele era sempre um homem da tribo. E quando saiu da prisão, teve de ser reiniciado na tribo. Para essa cerimônia, o crânio do avô foi retirado do sarcófago de pedra com o lagarto da sorte esculpido na tampa. Sitor segurava um prato com o crânio e um limão, o limão como um agente de limpeza. Um primo de Sitor participava da cerimônia. O primo era um curandeiro e viu que a mandíbula do crânio havia deslizado quando o crânio foi transferido para o prato de Sitor. Ele estendeu o braço e repôs a mandíbula no lugar. O xamã ou sacerdote ficou furioso. O primo, ao tocar o crânio ancestral, representava uma ameaça a tudo o que era bom e um sinal de infortúnio para todos eles.

Sitor tinha uma foto em preto-e-branco daquele momento: Sitor, inocente do drama atrás dele, segurando o prato com o crânio e o limão à altura de seu ombro; o xamã, o rosto contorcido pela raiva, entrando rapidamente em ação, o cabelo esvoaçante, para contrabalançar o efeito do gesto irreverente do primo.

Sitor, como homem com direitos políticos cassados, não conseguiria arranjar emprego. Mas ainda tinha reputação como poeta. Um dia, cerca de dois anos depois de sair da prisão, estava fazendo uma leitura de poemas na casa de um holandês em Jacarta. Havia umas vinte pessoas presentes, principalmente estrangeiros. Alguém chegou atrasado. Sitor, que estava de costas para a porta, virou-se quando o retardatário entrou, e viu uma garota alta, européia, cuja beleza o impressionou. E mais do que a beleza, disse Sitor: sua "aura". A sala se transformou. Na mesma hora, decidiu que iria conhecer a garota. E foi ajudado por um pouco de sorte: a garota entrou e sentou-se ao lado de uma inglesa que havia pedido a Sitor que recitasse uma tradução inglesa de um de seus poemas.

Dessa forma, Sitor, terminada a leitura, conseguiu dirigir-se diretamente à garota. Disse a ela que gostaria de conhecê-la; pediu um "encontro". Descobriu que sua presença não se devia ao fato de ela conhecer sua poesia. Ela só viera para dar uma olhada no homem que estivera ligado a Sukarno e passara dez anos na prisão. Sitor não se importou por ela não conhecer sua poesia. Barbara era holandesa. Fora enviada para a Indonésia por um grupo holandês para ajudar a desenvolver o artesanato indonésio; ela era o equivalente de um trabalhador do Peace Corps.

Encontraram-se no dia 25 de maio. Barbara tencionava retornar à Holanda; estaria de volta para lá, de licença, no dia 16 de junho. E isso era extraordinário: porque Sitor fora convidado por uma organização cultural para visitar a Holanda e para lá seguiria no dia 28 de junho. Depois de dois anos, ele ainda se lembrava das datas. Assim, embora Barbara apenas tivesse podido marcar dois encontros com ele em Jacarta antes de partir, na Holanda ela marcaria muitos outros.

Não foi fácil para ele saber a impressão que estava produzindo nela. Barbara era holandesa e muito fria. Mas ele foi subjugado pelo mundo novo que ela lhe mostrou, as idéias novas que ela lhe apresentou. Ele passara dez anos na prisão, apartado dos livros, vivendo com velhas idéias; tinha perdido uma década inteira do movimento intelectual do Ocidente.

Barbara era dos anos 60, a geração de 1968. Lera muito Schumacher e coisas desse tipo. E, para Sitor, que fora criado nos tempos coloniais, Barbara e seus amigos pareciam uma nova raça de "missionários". As pessoas jovens para o meio das quais Barbara o levou não pretendiam converter os nativos, mas desejavam ajudá-los de um modo mais direto.

Como essas pessoas tinham sido criadas? Como a Europa produzira essa geração deslumbrante? Durante o tempo que passou na Holanda com Barbara, ele ficou em um estado de elevada excitação emocional e intelectual: esse homem tribal de cinqüenta e três anos, com seus traços asiáticos e escuros (e as sobrancelhas eriçadas que às vezes sugeriam um pirata chinês), 1,60 metro de altura, diabético, politicamente castrado, com a holandesa clara e alta, vinte anos mais nova do que ele.

Passaram a morar juntos quando voltaram para a Indonésia. A tribo ficou sabendo e insistiu que eles se casassem de acordo com os ritos tribais. Para isso, era necessário que Barbara fosse iniciada em uma tribo aparentada mas distinta, já que a tribo de Sitor era "exogâmica" — e Sitor falava com facilidade o termo técnico antropológico.

Com apenas algumas semanas de antecedência, ele e Barbara foram para a aldeia para as cerimônias. O clima estava úmido e fresco nas colinas rochosas acima dos vales; as fotografias mostravam névoa e nuvens baixas; as cores eram opacas. Houve uma refeição ritual em uma das casas com o telhado extravagante em forma de chifre. Barbara e Sitor comeram usando as mãos; comeram carne de porco. "Olhe", disse Sitor, apontando para uma das fotos. "Este sou *eu*. Em *minha* aldeia. É real. Não é para turistas." Ele estava vestido como visita, usando botas de borracha, e olhava para baixo para uma velha que trabalhava em um tear. "E esta é minha irmã. Ela não sabe ler nem escrever." E havia uma foto mostrando Barbara e ele em pé diante da porta da casa do pai dele, a casa do grande chefe que agora pertencia ao irmão de Sitor: era aonde Sitor teve de levar Barbara para a cerimônia de casamento tribal.

Ele ficou impressionado com a trajetória que havia percorrido, e era uma imensa trajetória. Em uma geração, ele se ajustara à experiência que para outros indonésios havia se desenrolado ao longo dos últimos quatro ou cinco séculos. E ainda não fora capaz de escrever sua autobiografia. Tinha feito duas tentativas nos últimos três anos e descartado centenas de páginas. O material era rico demais, extraordinário demais; a personalidade mutável do escritor, que para ele era a essência da experiência, era algo que ele não fora capaz de expressar; apenas conseguira registrar eventos.

Sobre o que ele havia escrito, disse: "Não há nenhuma síntese no conjunto. Não se tornou uma expressão de crescimento a partir de minha perspectiva como indivíduo. Tudo por que passei não se encaixa em um contexto, em termos artísticos, pessoais e políticos".

Ele não conseguira se definir porque não sabia quem era ele. Fora ceifado de seu passado. Partira para a escola holandesa quando tinha seis anos de idade; fora expurgado das crenças aldeãs. Para um escritor, o começo de sua vida tinha sido invulgarmente destituído de palavras: nunca tivera uma conversa com os pais. Por isso, a antropóloga canadense fora muito útil para ele.

Ela passara cinco meses em sua aldeia, e ele a acompanhara como guia e intérprete. Ele mostrou uma foto da antropóloga: uma jovem corpulenta e atraente em um terno safári: claro que ser batak e Sitor tinha suas compensações. Por meio do questionário especializado que aplicara, ela reconstruíra para ele seu passado ancestral. Sozinho, ele não conseguiria fazê-lo. Por isso, agora, quando tentava escrever novamente a autobiografia, pelo menos seria capaz de dizer: "Foi assim que meus antepassados viveram durante dezoito gerações".

"Eu sou complicado", disse Sitor. "Mas não confuso."

Ao longo da manhã, várias pessoas haviam aparecido. Um homem, um alemão que falava inglês, viera olhar a casa. As outras visitas eram para Sitor, o poeta. Ele ficou contente com todas. Após quatro anos de liberdade, ser procurado ainda lhe dava prazer.

Barbara voltou ao meio-dia. Cuidou de seus pássaros, um por um. Sitor e eu fomos para o pavilhão. O pavilhão, ao término de um longo jardim ao lado da casa principal, era decorado com os objetos artesanais que motivaram o serviço de Barbara na Indonésia: esteira de junco, poltronas de vime, cestos do Timor. Barbara conhecia sua matéria; tinha um olhar bom, puro.

Os criados (Barbara e Sitor tinham dois) haviam preparado um almoço de peixe frito e arroz, e pepinos em conserva para serem comidos depois. Sitor, devido a sua diabete, comia muito pouco.

"Você vai voltar logo para a Europa?", perguntei para Barbara.

"Espero que não", disse ela, mordendo com decisão um pedaço de pepino em conserva.

"Eu gostaria de ir novamente", disse Sitor. "Gostaria de ser convidado para ficar bastante tempo. Tem muita coisa aqui que me magoa."

A hora de almoço de Barbara terminou depressa; ela voltou para os seus artesanatos. Comi outra fatia de peixe frito; Sitor ficou me observando comer. Em uma das paredes do pequeno aposento havia uma pintura surrealista de dois nus vistos por trás, um homem moreno, uma mulher ruiva, com pássaros por toda parte. Um amigo pintor havia ligado certo dia quando morrera um dos pássaros de Barbara; o quadro foi o presente que o pintor, comovido, havia feito. Havia ainda na sala desenhos realizados com traços fortes de caneta, nus feitos pelo próprio Sitor.

Para Barbara, o fascínio da Indonésia e de Sitor, o poeta; para Sitor, o fascínio e segurança de Barbara e da Europa. Barbara podia não dar valor para a Europa. Para Sitor, ao término de sua jornada, isso não era possível. Ele possuía agora sua aldeia ancestral, os vales, o lago, os muros de pedra, as casas dos contos de fadas. Mas já não podia voltar para lá; não podia fingir ser o que deixara de ser. Sem a Europa (e isso significava a Holanda) e seus convites culturais, sem seu interesse por sua "complicação", ele apenas tinha a Indonésia, para ele uma terra de mágoa e fracasso, onde ele agora não conseguiria arranjar emprego, e onde ele poderia ser apagado, sem ninguém ou coisa alguma a que recorrer.

E só depois de muitas horas foi que percebi o que fora omitido de nossa longa conversa: os vinte anos entre 1945 e 1965. Eu não perguntara a Sitor sobre eles: sua infância e seu presente haviam me interessado mais. Nesses vinte anos, os primeiros da independência indonésia, Sitor escrevera seus poemas e ficara famoso. Mais tarde ele se tornara um político e homem do poder. Para algumas pessoas da época, particularmente aquelas que ao final do período de Sukarno podiam ser chamadas de "contra-revolucionários", ele se tornara uma figura ameaçadora. E, conforme mais tarde descobri, havia pessoas que achavam que suas carreiras haviam sido prejudicadas por Sitor. Alguns, mesmo depois desse tempo todo, não o haviam perdoado.

Mas o homem que me contou isso me disse quase de imediato: "No entanto, não vou falar contra ele. Ele sofreu mais do que qualquer um de nós".

## 3

## *DESESCOLARIZAÇÃO*

Adi Sasono, a quem eu encontrara na primeira noite na casa de Sitor, dissera-me que eu entenderia melhor os muçulmanos indonésios se saísse para a zona rural e desse uma olhada nos colégios islâmicos aldeões tradicionais. Esses colégios eram conhecidos como *pesantren.* Adi tinha um colega de atividade que possuía particular interesse pelos *pesantren*; e foi esse colega, como muçulmano com a mesma devoção ou envolvimento que Adi, quem planejou minha viagem. Ele achava que eu deveria conhecer um *pesantren* moderno — havia um, famoso, perto de Yogyakarta e Borobudur; e eu também deveria dar uma olhada em um outro muito antigo — perto de Surabaia.

Esses *pesantren* aldeões preservavam a harmonia entre comunidade e escola, a vida da aldeia e a educação. Nisso eram diferentes dos colégios de estilo ocidental que, estabelecidos na zona rural asiática, eram psicologicamente perturbadores. O amigo de Adi me contou que o famoso educador Ivan Illich viera para a Indonésia conhecer os *pesantren.* Eu não havia lido os livros de Ivan Illich e, de sua teoria da desescolarização, eu realmente só conhecia a palavra. Mas sabia que ele gozava de grande reputação, e achei que seria interessante ir até onde (para minha surpresa, devo confessar) ele havia ido.

Fui com Prasojo, um estudante universitário de dezenove anos de idade, e eu não poderia ter arranjado melhor companhia. Prasojo passara um ano no Arizona com uma bolsa de estudos concedida pelo American Field Service. Ele falava bem o inglês, com um sotaque americano. Aproveitara enormemente sua estada no Arizona, aprendera muito, e ficara tão grato ao AFS que pretendia dar a eles parte dos honorários que receberia de mim.

Achei também que Prasojo queria retribuir a mim, um estrangeiro, parte da generosidade que recebera nos Estados Unidos. Para a nossa viagem, ele usava calças jeans com a etiqueta da AFS pregada sobre um dos bolsos da frente. Sua altura era pouco acima da média e ele tinha a aparência de um chinês. Esse traço era objeto de piadas na família. O pai de Prasojo, um grandalhão, indiscutivelmente indonésio, costumava dizer: "Ora essa, como fui ter este filho chinês?".

Tomamos a ponte aérea da Garuda até Surabaia, na costa norte da Java oriental. A lama tingia a costa marinha. Os rios eram meandros barrentos na terra verde, excessivamente lavrada e povoada. A área em volta de Surabaia era uma terra de arroz, os arrozais em compridas faixas finas, mais fáceis de irrigar, mas sugerindo, do alto, um esforço imensamente menor.

As casas — como mais tarde verificamos, viajando de Surabaia para o interior — acompanhavam as faixas dos arrozais. Eram muito estreitas e se alongavam para os fundos. Ficavam a uma pequena distância da estrada, e os jardins da frente eram rapados, mas sombreados. Bananeiras brotavam da terra nua, além de coqueiros, mangueiras, cana e frangipana. Os arrozais começavam diretamente dos fundos das casas. Durante a viagem, parecíamos estar passando por uma aldeia muito comprida. Aqui, Java era uma pequenez interminável, difícil de associar com antigos reinos e impérios famosos, que parecia ser apenas uma terra de gente de esforço insignificante, o *wong chilik*, o povinho, amaldiçoado por sua própria fertilidade: 4 milhões na Java do começo do século passado, 80 milhões hoje.

Foi Prasojo quem me apresentou o termo, *wong chilik*, dizendo-me, na mesma hora, que o termo (embora graciosamente sonoro) era tão insultuoso quanto antiquado. Entretanto, para algumas pessoas, que não eram do campesinato, era importante que sua distinção fosse reconhecida. Essas pessoas se intitulavam "nobres", *raden*, e utilizavam a letra R antes de seus nomes. Também construíam casas com um telhado especial em forma de chapéu, uma distinção que não teria me ocorrido se Prasojo não me tivesse alertado, tal o aspecto comprimido, repetitivo e provinciano de todas: os telhados vermelhos, as paredes de bambu trançado nas pobres, de concreto nas menos pobres, os quintais cheios de sombra, flores e frutas.

Janelas constituíam uma inovação, disse Prasojo. Na casa javanesa tradicional não havia nenhuma; e, com paredes de bambu trançado, que vedavam a claridade e o calor mas permitiam a ventilação, não era necessário ter janelas. Na casa tradicional, a luz entrava por aberturas no telhado. Mas as paredes de concreto necessitavam de janelas; e percebi que os basculantes de vidro eram moda entre as menos pobres.

Cada pequeno jardim tinha seu marco de portão, mas sem portão. Os marcos tinham um desenho curioso, com pirâmides entalhadas ou fixadas em seu topo, ou ainda formas de losango, às vezes bifurcadas: concreto, mas concreto claramente imitando tijolo. Esses marcos, que a princípio sugeriam uma única propriedade de terra e gente, talvez por alguma grande fazenda, eram, na realidade, resquícios do estilo arquitetônico do último reinado hindu de Java, o reino de Majapahit, que se desintegrara ao final do século XV.

Era assim que sobrevivia o passado pré-islâmico: como tradição, como mistério. INDRAPURA, "a cidade de Indra", estava pintado no ônibus à nossa frente; e INDRA VIJAYA, "a vitória de Indra", estava em muitas lojas. Mas esse Indra não era mais o deus ariano do panteão hindu. Para Prasojo, bem como para o motorista de nosso carro, esse Indra era apenas uma figura do teatro de bonecos javanês. Prasojo começou a me contar uma lenda muçulmana local sobre cinco irmãos Pandava, que representavam os cinco princípios do islã. E acho que Prasojo não fazia idéia do verdadeiro encanto da lenda: a história que ele estava me contando procedia da antiga epopéia hindu do *Mahabharata*, que tinha uma existência de mil e quatrocentos anos em Java, assumira raízes javanesas e, depois, fora adaptada para o islã. Prasojo, javanês e muçulmano, vivia entre mistérios maravilhosos. A erudição, aplicada ao seu passado, teria arruinado o que se tornara sua fé, seu cajado.

E, ao final da tarde, chegamos à cidade de Jombang. Era onde ficava o antigo e famoso *pesantren*. Mas Jombang, logo que deixamos a rodovia, parecia estar cheia de colégios. Havia diversos grupos de meninas muçulmanas tagarelando na rua após o encerramento das aulas: figuras parecendo pequenas freiras, com as cabeças cobertas, blusas e sarongues. Onde estava o nosso *pesantren* e em que sentido era diferente desses outros colégios? Corremos de um lado para o outro, o motorista se comportando como se ainda estivesse na rodovia; penetramos em ruelas rurais sombrias. Mais tarde, descobrimos que havíamos passado várias vezes por ele: era de aspecto tão comum, tinha até um quadro de avisos, e não tinha nada de rústico ou da mistura de aldeia e colégio que eu (e também Prasojo) esperava.

Havia um muro e, atrás dele, prédios toscos de concreto de dois andares, tendo em volta um pátio de areia com algumas árvores. No centro do pátio, havia uma mesquita aberta entre pilares, com um piso ladrilhado pouco acima do nível do chão. Meninos vestindo camisas e sarongues estavam sentados ou perambulando pela beirada do piso e, com o passo, acompanhavam um texto árabe enquanto um professor, com voz aguda, fora de nossa visão, recitava disciplinadamente.

Entramos e passamos pelo quadro de jornais — ao ar livre, com um anteparo de madeira e os jornais atrás de um vidro — até o escritório ao lado da mesquita. Não havia ninguém no escritório. Camisas e sarongues multicoloridos estavam estendidos nas grades das varandas dos prédios. Havia meninos por toda parte, as costas nuas, vestindo apenas sarongues, a pele marrom viva e o físico indonésio magro, liso e belo, músculos peitorais e abdominais delicadamente definidos.

Olharam para trás. E então, pouco a pouco, começaram a se reunir em volta de Prasojo e de mim. Quando caminhávamos, vinham atrás. Tornavam-se uma multidão à medida que andávamos pelas estreitas trilhas de terra e esgotos barrentos entre as casas nos fundos do terreno: roupas ou panos do comprimento de sarongues pendurados por toda parte, olhares de esguelha de dentro de pequenos cômodos abafados (oito meninos em um quarto, disse alguém a Prasojo). Havia lama e lixo do lado de fora do tosco abrigo da cozinha e da oficina da escola; e, sobre uma fogueira ao ar livre no pátio barrento, um garotinho de sarongue estava raspando uma massa grudenta de arroz de uma caçarola queimada. Ele olhou aterrorizado para nós, para a multidão que estava conosco. Talvez, pensei, todos os centros medievais de aprendizagem tivessem sido assim.

Mas... teria sido "Illich" que um dos meninos gritara, e depois outro?

Um homem muito baixo com um boné preto, medindo talvez cerca de 1,20 metro de altura, dirigiu-se a nós e nos conduziu de volta, com nosso séquito, para a frente do terreno, até um prédio próximo à mesquita. Ele abriu uma porta, deixando que Prasojo e eu entrássemos em uma sala grande, e fechou a porta para a multidão. Ele parecia muito severo sob o boné preto.

"Ele diz que estamos criando um tumulto", disse Prasojo.

"Não sou eu quem está criando tumulto", falei.

Havia duas filas de cadeiras em volta de duas mesas baixas naquele salão. Sentamo-nos.

E, tal como na África Oriental, em certas estações, as formigas voadoras se amontoam contra as janelas para as quais são atraídas pela luz, assim também os alunos do famoso *pesantren* de Jombang — atraídos pelo quê? pela visita que confirmava sua fama? — se amontavam contra as janelas, face mongol sobre face mongol, sorriso sobre sorriso. Imitavam cada palavra que eu dizia, mesmo no recôndito do salão. E agora, distintamente, entre a conversa e a imitação, havia gritos de "Illich! Illich!". Teria a visita — ou o propalado interesse — daquele homem famoso os tornado tão fúteis?

Outro homem entrou na sala.

"Eles dizem que devemos nos registrar", disse Prasojo. "Há uma aula de árabe acontecendo na mesquita e estamos perturbando. Eles recebem muitos visitantes aqui."

Claro.

"Temos de nos registrar no escritório", disse Prasojo.

"Mas não há ninguém no escritório. Nós já estivemos lá."

Com isso, ficamos sentados durante algum tempo. E logo se verificou que o homem do boné preto não detinha nenhuma autoridade, nem mesmo era professor, era apenas aluno, fazia nove anos que era aluno. Apenas nos trouxera para a sala para ficar conosco. Achei que ele devia estar tentando ser útil.

"Dê a ele a carta de apresentação", disse eu a Prasojo. "Diga-lhe que a leve para o seu líder."

Um *pesantren*, sendo tradicional e "desestruturado", segundo eu ouvira dizer em Jacarta, não tinha um "diretor". Tinha um *kiyai*, um "líder".

Humildemente, o homem do boné preto apanhou a carta e saiu.

"Você não poderia ir e conversar com o professor de árabe?", disse eu a Prasojo.

A aula continuava. O professor, escondido em algum lugar nas sombras da mesquita, recitava sem parar.

Prasojo ficou horrorizado. Não podia interromper um professor.

"O que faremos?"

"Vamos esperar."

Esperamos. Quando a aula de árabe terminou, fomos para fora, enfrentando a multidão. Meninos sem camisa vadiavam pelas varandas das casas; alguns estavam fumando cigarros de cravo indonésios, de aroma adocicado. Mas, com a multidão de imitadores agora fechando o círculo, era difícil mover-se ou falar. O homenzinho do boné preto voltou, agora mais expedito, arrumado e imperturbável do que nunca, com a carta de apresentação ainda em sua mão. Não tinha encontrado seu líder.

Prasojo me conduziu de volta para a sala com as cadeiras.

"Posso deixá-lo aqui por algum tempo?", perguntou, e sua infelicidade lhe conferia uma estranha formalidade. "Vou ver se encontro alguém."

Saiu e percebi que nenhum dos meninos o seguiu. Mas continuavam a ficar de boca aberta diante de mim. Porém, a noite estava chegando, a hora das orações, a hora de comer, e o interesse por mim começou a esmorecer. Com freqüência cada vez menor, e às vezes agora de longe (um mais desocupado se afastando, a curiosidade saciada), vinha o grito de "Illich!". E a cortesia indonésia não estava morta. Eu estava sentado sozinho, mas alguém de um cômodo interno trouxe muitos copos de chá (como se uma verdadeira sessão de chá estivesse prestes a começar), depositou um copo à minha frente sem olhar para mim e saiu.

Prasojo voltou com dois homens. Um deles era um aluno que ficou olhando parado e mudo. O outro era um professor de inglês, tão baixo quanto o homem do boné preto. Ele era todo sorrisos, ansioso para praticar seu inglês. Prasojo fez com que ele se acalmasse. Conversaram em indonésio e Prasojo disse que o professor de inglês nos levaria a outro *pesantren*, a meia hora de carro dali, onde poderíamos encontrar alguém que poderia nos dizer alguma coisa.

Parecia haver pouco a perder. Por isso, seguimos de carro pelo crepúsculo, saímos da interminável aldeia javanesa, e o professor de inglês sorridente, sentado ao lado do motorista, não era nenhum problema. Abruptamente, depois de alguns minutos, ele se virou e disse: "Quantas vezes o senhor visitou este lugar?". E, depois de elaborar e fazer sua pergunta em inglês, e obter uma resposta, endireitou-se no banco e ficou em silêncio pelo resto da viagem.

O *pesantren* a que chegamos parecia mais novo e mais eficiente: um conjunto bem construído de edifícios de concreto e ferro corrugado em um terreno bem conservado. Era hora da oração noturna: alguém estava entoando a chamada. O líder local estava no escritório sem iluminação, um velho com óculos de lentes grossas e um comprido sarongue azul. Disse que estávamos com sorte: o sr. Wahid partiria no dia seguinte para Jacarta. E nos conduziu no escuro por alguns jardins até uma residência particular, para conhecermos o sr. Abdur Rahman Wahid, que sabia tudo sobre *pesantren*. E só então me lembrei de que alguém me dera o nome desse sr. Wahid como o de alguém que eu deveria tentar conhecer. Artigos haviam sido publicados a seu respeito nos jornais de Jacarta. Seu trabalho com os *pesantren* começara a colocá-lo em evidência.

O acaso — Prasojo encontrar o professor de inglês — havia me levado até o sr. Wahid. Um homem baixo, corpulento, de meia-idade, vestido num sarongue, o sr. Wahid estava em sua sala de visitas em estilo ocidental — uma luz mortiça no teto, um televisor ligado em um canto distante, mulheres entrando e saindo, família, criados, xícaras de chá dispostas na mesa baixa. E o que ele me disse alterou o meu dia, colocou em ordem as experiências confusas do final da tarde e abriu minha mente para uma maravilha histórica.

Primeiro, o nome. Em indonésio, a palavra para o bairro chinês de uma cidade era *perchinen*: *per-china-en*, "onde estavam os chineses". Dessa forma, *pesantren* era *per-santri-en*, "o lugar onde estavam os homens sábios", sendo *santri* uma versão de *shastri*, o termo sânscrito que designa um homem instruído nos *shastras* hindus, as escrituras.

Em Java, nos tempos hindu-budistas, *pesantren* era um mosteiro, sustentado pela comunidade em troca da orientação e proteção espirituais por ele fornecidas. Quando os sistemas filosóficos da antiga civilização se romperam, os sufis muçulmanos não encontraram dificuldades para se apoderar desses lugares; e foi fácil para esses lugares continuar a ser centros de aconselhamento para a população da aldeia. Ficavam abertos para todo aquele que a qualquer momento quisesse ir até o líder ou *kiyai* de um *pesantren* e solicitar conselho pessoal ou instrução religiosa. Não era necessário se matricular em nenhum curso formal; era nesse sentido que a instrução do *pesantren* era chamada de "desestruturada".

No tempo dos holandeses, no final do século XIX, as aldeias começaram a mudar. Algumas pessoas se enriqueciam e desejavam educar seus filhos. Foram essas pessoas, os novos-ricos das aldeias, que começaram a transformar os *pesantren* de centros sufis em escolas para crianças. E, em Java, o próprio islã estava sendo transformado. O lado sufi, o lado místico e mais próximo das religiões mais antigas, estava perdendo importância. A abertura do canal de Suez e a chegada do navio a vapor tornaram Java — até então no limite oriental do islã — menos distante. No tempo dos navios a vela, a viagem para Meca demorava meses; agora, a viagem podia ser feita em três ou quatro semanas. Mais gente passou a ir para Meca. Mais pessoas foram se familiarizando com a fé mais pura: o Profeta, o mensageiro de Deus e suas rígidas proibições.

Na última década do século XIX, os *pesantren* começaram a ser transformados em colégios. O colégio *pesantren* de Jombang, que tínhamos visitado, fora fundado em 1896. Mas continuavam a ser lugares religiosos. Permaneciam sendo lugares que os aldeões sustentavam e aos quais visitavam em busca de conselhos. A cada trinta e cinco dias, os líderes dos *pesantren* de uma área se reuniam para discutir as questões que surgissem. Recentemente, por exemplo, tinha havido certa agitação em torno do cabelo comprido para os homens. Os líderes seguiram o procedimento islâmico correto. Recorreram ao Corão e outros documentos sancionados do tempo do Profeta e não conseguiram encontrar nada que o Profeta tivesse dito sobre cabelos compridos. Por isso, decidiram que cabelo comprido não era problema. Por que os líderes se encontravam a cada trinta e cinco dias? Tratava-se de uma reminiscência dos tempos hindu-budistas. Naquela época, a semana tinha cinco dias, e os líderes dos mosteiros se encontravam a cada sete semanas.

Estava tarde. Mas uma aula estava em andamento no próprio *pesantren* do sr. Wahid, na casa ao final de seu jardim. O *pesantren* ainda respeitava o horário do mosteiro, ainda exigia um dia e uma noite de devoção de seus ocupantes. Saímos para o jardim para assistir. Meninos estavam escarrapachados pelo chão do cômodo da frente da pequena casa do professor e do lado de fora da porta. A luz na sala era muito fraca; o professor sofria da vista. O professor lia ou entoava em árabe, sem pausas, e os meninos acompanhavam em seus livros. Era uma aula sobre a lei islâmica.

O sr. Wahid disse que o professor era um dos homens mais instruídos da área. Não recebia salário, apenas 500 rupias por mês, ou oitenta centavos de dólar. Mas os aldeões lhe davam comida; o *pesantren* lhe fornecia transporte, e construíra a pequena casa para ele.

A aula terminara. Os meninos se levantaram. Alguns se juntaram à nossa volta. O pequeno professor com os óculos de lentes grossas saiu da casinha escura e ficou parado, silencioso e humilde ao nosso lado, enquanto conversávamos a seu respeito. Ele tinha apenas trinta anos, disse o sr. Wahid, mas sabia de cor grande parte do Corão.

"Só trinta anos", disse eu, "e ele conhece de cor o Corão!"

"Metade", disse o sr. Wahid. "Metade."

Não achei que isso fosse muita coisa, um homem de trinta anos com apenas um livro para dominar. O sr. Wahid e eu debatemos a questão amigavelmente, enquanto o professor permanecia parado do lado de fora de sua casa sob a luz fraca, silencioso, curvado e modesto, esperando ser dispensado: o herdeiro improvável dos monges budistas de tempos antigos, ainda vivendo (como Buda havia prescrito para sua ordem) da generosidade de seus semelhantes, mas agora reembolsando-os com aulas de árabe para seus filhos.

Voltamos de carro para Jombang, com o professor de inglês. Ele ganhava mais de 80 centavos de dólar por mês, embora não tenha dito quanto. Mas não tinha uma casa e ninguém lhe dava comida. Ele dava um jeito, mas as coisas andavam apertadas. Uma tigela de arroz comprada na aldeia custava 50 rupias, aproximadamente 8 centavos; uma tigela de arroz e mais "alguma coisa" poderia deixá-lo cerca de 16 centavos mais pobre.

O *pesantren* de Jombang parecia diferente sob a luz de lâmpadas, mais tranqüilo. O portão principal estava fechado. Isso era para manter os meninos lá dentro, disse o professor de inglês. Entramos pelo portão aberto perto da casa do líder; os meninos tinham muito medo do líder e não usavam aquele portão.

As luzes eram fracas. O estabelecimento estava mais quieto do que estivera de tarde. Mas, na casa chamada Al Fattah, eles ainda perambulavam de sarongue, e — como em um parque natural à noite, cheio de pássaros empoleirados — as visitas ainda provocavam certa agitação. Havia oito meninos para cada quarto e a regra era que os meninos — que vinham para o *pesantren* com treze anos e saíam com vinte e cinco — tinham de ser de idades diferentes. Mas nem sempre havia espaço no chão para oito, e alguns meninos dormiam na mesquita.

Aqui e ali, no pátio, sob a luz muito difusa, meninos fingiam estudar. Era simulação, já que a luz era muito fraca. Os livros para os quais estavam olhando eram: um livro sobre lei islâmica, *An Arabic Grammar*, *The Story of Islam* e *How to Pray*. Este último livro continha desenhos ilustrando cada fase das posturas islâmicas para oração; e isso talvez não fosse realmente necessário, já que os meninos rezavam cinco vezes por dia. Era tarde da noite; e o dia do *pesantren* começava cedo.

O centro sufi virara escola: a disciplina de monges e dervixes aplicada aos jovens. Isso não era tradicional e não era educação. Era um rompimento com o passado indonésio; era islamização; era entorpecimento, maior do que qualquer outro que pudesse ter ocorrido em um currículo de estilo ocidental. Entretanto, ainda atraía pessoas interessadas, porque, emaranhada dentro dele, estava a velha celebração monástica da idéia de pobreza: uma idéia que, aplicada a uma escola em Java, em 1979, manifestava-se como pouco mais do que o pobre ensinando o pobre a ser pobre.

Passamos a noite em Surabaia. Um poder imperial ou mundial não se lembra de todas as suas pequenas batalhas. Mas a população local se lembra. Os ingleses haviam combatido os indonésios em Surabaia em 1945, depois da guerra. Havia estátuas comemorativas para ver; e, depois que as vimos, Prasojo e eu partimos para o percurso de seis horas no rumo sudoeste até Yogyakarta. Tomamos novamente a estrada de Jombang, passamos pela aldeia interminável, com os marcos esculpidos dos portões que falavam do antigo e morto império hindu-javanês de Majapahit.

O museu de Majapahit, onde paramos, continha pouca coisa. Mas havia um templo não muito longe, entrando por uma pista defronte ao museu. Era uma passagem fresca, bastante sombreada. As casas de bambu trançado não tinham janelas. Uma placa de "pare", na pista — presa a um pedaço de bambu, solto dentro de um buraco —, era vigiada por uma garotinha. Por uma taxa de 100 rupias, pela qual deu um recibo, ela ergueu o bambu: o dinheiro era para a aldeia.

Uma grande tora pendia de uma barra transversal em um abrigo com telhado de sapé ao lado da pista. Era o posto de observação da aldeia; os aldeões se revezavam em turnos para a vigia durante a noite. A tora era oca e tinha um corte vertical feito em um dos lados; quando era golpeada com um malho produzia um ruído retumbante. Podia ser utilizada para dar as horas, avisar sobre ladrões ou incêndios; o principal perigo eram os incêndios.

E bem ao lado da aldeia sombria, ao ar livre, estava a velha grandiosidade: a imponente torre de tijolo vermelho do templo de Majapahit, sem ornatos, geométrico, sólido, o estilo antigo que era a fonte dos losangos e pirâmides esculpidos nos marcos de portão que víramos durante todo o caminho desde Surabaia. Como monumento, não era grande coisa. As estátuas que a torre consagrava haviam sido retiradas. Mas, depois dos aglomerados e da uniformidade, das casas pequenas, das estreitas faixas dos arrozais, aquilo conferia um passado às pessoas, e um toque diferente à paisagem.

Prasojo não conhecia o propósito ou o significado do templo. Apenas se impressionava pelo fato de que fora construído sem máquinas. Não fora usada também nenhuma argamassa. O musgo durante séculos mantivera os tijolos unidos: isso havia maravilhado um alemão que Prasojo conhecera.

Comemos alguma coisa em um café chinês. Prasojo me perguntou: "Você pode dizer que eles são chineses?". Eu disse que sim. A aldeia continuava; as pessoas e suas casinhas estavam sempre conosco. Depois, o terreno se tornava irregular e começamos a transitar por matas recentes de teca, as árvores crescendo retas, as folhas grandes e redondas. Foram os japoneses que durante a guerra haviam cortado toda a teca de Java, disse Prasojo. E isso era interessante porque, um dia antes, no terminal doméstico do aeroporto de Jacarta, onde havia fotos das antigüidades da Indonésia, Prasojo me dissera que os japoneses haviam cortado ou desfigurado com suas espadas as cabeças dos Budas de pedra. O assunto surgira novamente no museu de Majapahit, e eu lhe disse que (caçadores de troféus à parte) os muçulmanos haviam sido os grandes iconoclastas da história, os maiores cortadores de narizes de estátuas antigas. A princípio, não lhe foi fácil admitir isso. Mas, depois, compreendendo, ele disse simplesmente: "Para evitar que as pessoas rezassem para elas".

Era meio-dia, e até as florestas de teca eram úmidas. Prasojo caía no sono de vez em quando. Ele pedira ao motorista que colocasse música popular no toca-fitas do carro; aquilo o fazia dormir. A terra se aplainava, abria-se em uma planície ampla com uma linha de colinas azuis de um lado e montanhas de cumes elevados do outro. Tinha chovido; tudo cintilava. O verde dos arrozais era glorioso. E, contra esse verde, cada toque de cor clara — nos vestidos e sarongues das pessoas que trabalhavam nos arrozais — era duplamente glorioso e se refletia, com o céu, na água. O arroz crescia em linhas retas; campos diferentes estavam em fases diferentes de crescimento.

Quando a luz mudou, e o calor da tarde se reduziu, Prasojo despertou e ficou alerta novamente. O sono fizera mais do que refrescá-lo: ele falou poeticamente sobre o campo pelo qual estávamos passando. Ele havia estudado perto dali. Falou da beleza de acordar de madrugada, ainda escuro, e caminhar com tochas feitas de tronco de coqueiro para ir esperar o ônibus na estrada. Falou de seus hábitos de "namorar" à tarde. A hora de namorar era das quatro às seis; não havia para onde ir depois das sete. A garota se sentava na parte de trás da motocicleta com as pernas viradas para um lado e cingia o rapaz pela cintura: esse era o prazer autêntico do namoro.

"Esta é a melhor parte do dia", disse Prasojo.

O sol estava vermelho. A luz era vermelha; ela se filtrava vermelha pelas árvores, caía vermelha na estrada. Uma tênue neblina emanava dos arrozais; as colinas azuis se tornavam mais pálidas; e o sol e o céu se refletiam na água dos campos de arroz.

"Para nós não é fácil estar no estrangeiro", disse Prasojo. "Ficamos com nostalgia."

Eles ficavam nostálgicos com tudo. Com tudo por que tínhamos passado naquele dia: o frescor da manhã, o calor do meio-dia, o relaxamento e as cores do fim da tarde. Com tudo que víramos na estrada e nos campos: o ciclo da colheita do arroz, as tarefas variáveis, os homens levando cargas nos cestos em cada uma das pontas de uma vara de bambu, os riquixás puxados por bicicletas, as carruagens puxadas por cavalos (regiões diferentes tinham diferentes estilos de carruagem). Para um indonésio, tudo sobre seu país era conhecido; nenhum detalhe de casa, roupa ou luz passava despercebido. Toda estação tinha o seu padrão; cada dia tinha o seu padrão. Quando Prasojo foi para o Arizona, seu primeiro pensamento, ao despertar no primeiro dia, foi: "Eu não estou na Indonésia".

Tudo isso era extraído dele pela luz que se esvanecia, o melhor momento do dia javanês. A estrada estava cheia de gente que se entregava aos prazeres daquela hora do dia, relaxava, conversava. As carruagens passavam ocupadas. Rapazes e garotas andavam juntos de bicicleta — Prasojo chamava minha atenção para eles.

E ele me contou algumas estranhezas de sua estada no Arizona. Certa manhã ele perguntou para o seu vizinho, como uma questão de cortesia e amizade, o que ele teria perguntado a um indonésio: "O que você vai fazer hoje?". Na Indonésia, o homem teria dito: "Vou para o meu arrozal. Hoje tenho de fazer isso e aquilo". Mas, no Arizona, a resposta — de um homem de trinta anos — foi: "Isso não é da sua conta". Ou se Prasojo fosse, como poderia ter feito na Indonésia, para a casa de um amigo, sem motivo nenhum, apenas pela amizade. No Arizona, a mãe do rapaz diria: "O que você deseja?". Isso, na Indonésia, era rude. "Não somos tão individualistas assim", disse Prasojo.

Em Java, quando um homem queria colher seu arroz, enviava uma mensagem aos seus colegas da aldeia. Eles viriam ajudar e, em troca, receberiam arroz. O avô de Prasojo, fazendeiro, gostava de fazer sua refeição noturna na frente da casa, de forma que poderia convidar os amigos que passassem: "Venha e coma conosco". É claro que isso não era possível na cidade. Em Jacarta, num instante você estaria com a casa cheia. Mas a mãe dele ainda tinha o impulso de compartilhar; e isso podia colocá-la em dificuldades com o pai e, às vezes, levar às lágrimas. Embora, a duras penas, ela tivesse aprendido que não podia alimentar Jacarta todas as noites, ainda assim, quando saía para uma viagem de trem, levava muito mais comida do que precisava para si e para a família, simplesmente para ter o bastante para dar às pessoas que poderiam estar com ela no compartimento do trem.

No entanto, indonésio que era, Prasojo viajara com prazer. Durante o tempo em que estivera com o American Field Service no Arizona, ficara impressionado pela diversidade da raça humana. Não havia gostado dos holandeses por causa do passado colonial (algumas semanas depois, ele me contou sobre um desagradável contato físico entre seu avô fazendeiro e um holandês); mas, no Arizona, conhecera um rapaz holandês de quem passara a gostar muito e ficou contente por se livrar de seus sentimentos em relação aos holandeses. E como era bom poder chamar um rapaz alemão de "Hitler" e o rapaz entender a brincadeira; e como era bom, quando Prasojo recusava carne de porco, alguém dizer: "Ei, quando é que você vai desistir dessa sua religião?".

Ele morara inicialmente com uma família luterana; depois, com uma presbiteriana; e, ainda, com uma agnóstica; e convivera bem com todas elas. Mas continuava indonésio o bastante para não conseguir responder, quando alguém lhe perguntou: "Você gosta mais dos Estados Unidos do que da Indonésia?". Prasojo não queria magoar o americano que fizera a pergunta; ao mesmo tempo, ele não podia dizer que gostava da Indonésia menos do que gostava. A partir de sua experiência no Arizona, sentira vontade de se tornar escritor, e escrevera um ensaio autobiográfico de cem páginas, *Merden bukan Casa Grande*, ou "Merden não é Casa Grande". Casa Grande era onde Prasojo ficara no Arizona; Merden era o nome de sua aldeia em Java.

Ao pôr-do-sol, chegamos ao templo de Prambanam. Apesar de todas as fotos, era impressionante ver a torre imponente tão próxima à rodovia e tão parte de um cenário aldeão; era difícil acreditar.

O templo hindu do século XIX — suas primeiras fotos mostram apenas a grande base, com uma morena de pedras derrubadas — fora reconstruído pelos holandeses, e não de uma forma falseada: foram usados blocos de pedras onde as peças originais haviam se perdido. O templo tinha sido o centro de um enorme complexo. As obras de restauração ainda prosseguiam. As pedras dos templos menores eram cuidadosamente classificadas e etiquetadas. No entanto, a aldeia estava invadindo os limites. Ao lado da área cercada do monumento, havia lixo sendo queimado nas ruínas de um dos santuários menores que ainda possuíam esculturas. "Isso me machuca", disse Prasojo. Entretanto, mais uma vez, o que o impressionava parecia ser apenas o fato de que os homens tivessem construído algo tão grande sem utilizar máquinas, tivessem esculpido tão bem sem máquinas.

Um grupo de meninas do local, inquietas naquela hora do dia, corriam para cima e para baixo das quatro escadas de pedra, gritavam para nós, e saíam rindo para o terraço balaustrado. Sobre os campos molhados, o céu desaparecia; o templo parecia envelhecido.

A balaustrada era esculpida com cenas do *Ramayana*, o épico hindu que Java e outros países do Sudeste Asiático haviam assumido como seu. Mil anos depois de Prambanam, o épico ainda residia em Java. Prasojo o conhecia bem, pelo teatro de marionetes. Ele conhecia os personagens, as histórias; entendia as questões morais que elas levantavam. Monumentos como Prambanam utilizavam uma teologia complicada, hindu ou budista, para proclamar o poder e o caráter quase divino do rei. A teologia se enfraquecera; os reis e padres haviam partido; o lado mais brando das velhas religiões sobrevivia na forma de civilização.

Prasojo era muçulmano; tinha amigos entre os novos muçulmanos. Mas ele ainda estava distante do novo desejo muçulmano de purificar, de criar os homens abstratos da fé, homens que não seriam nada além das regras. Prasojo possuía sua civilização javanesa de modo íntegro demais para isso: foi sobre sua civilização que ele viera falando durante a viagem.

Amigos e conversas eram importantes para Prasojo. Ele tinha amigos em Yogyakarta. Passou a noite com eles e, mais tarde, disse que fora com cinco deles para um restaurante, onde — por uma hora — tinham se divertido "demais".

Ele havia dito que queria que saíssemos de manhã bem cedo para que pudéssemos acompanhar os estudantes de Yogyakarta indo de bicicleta para a escola, sete deles lado a lado, tocando as campainhas e rindo. Por que andam de bicicleta desse jeito no trânsito de Yogya? "Porque são muito felizes." E eram felizes porque isso era apropriado ao seu momento de vida, e àquela hora da manhã. Mas foram esses estudantes de bicicleta — e o restante do tráfego ciclístico — que criaram o congestionamento que atrasara Prasojo. Com isso, perdi os estudantes.

Entretanto, Prasojo trouxera um de seus amigos; para mim, pela conversa de Prasojo, uma espécie de figura mítica: o amigo, parte do ritual e da segurança da vida javanesa. Prasojo não conseguia esconder o prazer que sentia por estar com o amigo. Ele o tocava; falava-me sorridente sobre ele. E o amigo, enquanto esteve conosco, ficou calado, embora nunca entediado, contente por estar com Prasojo.

O *pesantren* de Jombang havia sido um tormento. Mas Prasojo sustentava grandes esperanças para o *pesantren* Pabelan. Pabelan era a atração principal em matéria de *pesantren*. Era a instituição pedagógica islâmica "tradicional" que fora ampliada em um colégio do tipo que alguns consideravam perfeito para Java: não era uma fábrica de diplomas (ele não dava diploma), era "desestruturado", ensinava habilidades apropriadas, era "cooperativo", auto-sustentado, professores e alunos trabalhavam juntos, ninguém era estritamente apenas professor, aldeia e colégio se sustentavam reciprocamente, ninguém era absolutamente aldeão, ninguém era absolutamente estudante. Entendi que ele era o seguinte: uma comunidade educacional, uma organização de auto-ajuda, algo em harmonia com a aldeia sobre a qual Prasojo me contara.

Ele ficava a uma hora de carro de Yogya, na estrada para o templo de Borobudur: aldeias e arroz por todo o caminho; a terra ali era vulcânica e fértil. Tomamos uma estrada lateral ladeada por árvores e, ao final, várias casas javanesas caiadas em um amplo terreno arenoso, com coqueiros e flamboyants. Descobrimos o escritório, em uma casa aldeã rústica, e aí começaram meus problemas.

Havia dois homens no escritório. Um deles era Taufiq. Parecia ter uns trinta anos, era baixo, rosto redondo, com um enorme e permanente sorriso, e uma risada grave e fácil. Ele negou que o escritório fosse um escritório. E isso imediatamente me confundiu, porque havia uma caixa envidraçada com diversas pastas de papéis.

Taufiq disse então que não havia nenhum pessoal administrativo. As pessoas do *pesantren* se revezavam no escritório, motivo pelo qual — e isso divertiu muito Taufiq —, para alguns visitantes, o escritório não parecia escritório. Taufiq estava no escritório aquela manhã como porta-voz do *pesantren* apenas porque era a vez dele.

Mas e quanto à continuidade? Quem cuidava das pastas de documentos na caixa de vidro? Taufiq não respondeu ou eu não captei o que ele disse. Ele apresentou o outro homem que estava no escritório — um jovem empertigado que falava fluentemente o inglês — como um líder aldeão, um chefe de aldeia. Esse homem não se encaixava na idéia que eu fazia de um chefe aldeão. E, tentando lidar com todos os quebra-cabeças que Taufiq já havia me proposto, perdi algumas explicações que ele dava a Prasojo sobre a ausência de professores na escola.

Comecei a ouvir novamente quando Taufiq disse, em seu tom invariável: “Nós vivemos em paz com a natureza”.

A preocupação ecológica disparou um alarme: ela parecia moderna, mas também fora considerada corânica, e, por ambos os motivos, fora incorporada ao novo islã. E retornei totalmente à conversa quando Taufiq disse que éramos estranhos, mas éramos bem-vindos. Poderíamos ficar para o almoço e passar a noite. Era o costume de Pabelan: ser muçulmano era servir seu semelhante.

"É por isso que você serve seus semelhantes?", perguntei. "Algumas pessoas servem seus semelhantes simplesmente porque são seus semelhantes."

"Somos muçulmanos", respondeu o líder aldeão, "e desejamos ser bons."

"O que você quer dizer com bom?"

O líder aldeão, mantendo-se empertigado, disse: "Costume. Não provocar ofensas".

Era uma boa resposta, uma resposta muçulmana: ater-se ao costume muçulmano sancionado, não provocar ofensas a muçulmanos.

"É bom ou ruim usar cabelo comprido?", perguntei.

Novamente ele não hesitou. "Isso não é um problema."

Ele havia passado em seu teste islâmico. Relaxou. Olhou para mim com um novo interesse. "Você é árabe?", perguntou.

"Não. O que o faz pensar assim?"

"Você se parece com nosso Profeta."

Prasojo ficou injuriado. "Você não pode *dizer* isso. Ninguém sabe como era o Profeta."

"Ninguém sabe", disse o líder, tentando agora manobrar entre a blasfêmia e a descortesia. "Mas ele se parece com o que se imagina que o Profeta deveria parecer."

Olhamos para o mapa do arquipélago indonésio na parede. Pabelan era o centro do mapa. Para ele afluíam linhas vermelhas de todos os distritos da Indonésia — marcados por alfinetes — que tinham enviado estudantes para o *pesantren.*

Prasojo, talvez por brincadeira, talvez não, apontou para uma ilha muito pequena do norte: "Como é que eles conseguiram ouvir falar disso lá?".

"Não vamos conversar", disse Taufiq. "Vamos lá para fora."

E, deixando o líder no escritório, saímos para o pátio arenoso. O cheiro de fossa, forte dentro do escritório, diminuiu ao ar livre. Alguns meninos e adultos, entre eles um velho com um boné preto, estavam construindo estrados de camas à sombra de um coqueiro.

"Você disse que não há nenhum professor", disse eu a Taufiq. "Quem os ensinou a fazer camas?"

"Uns ensinam os outros."

Fomos até os fabricantes de cama. Sem dúvida habituados a receber visitas, não nos deram nenhuma atenção.

"O que você quer que eu pergunte agora?", disse Prasojo.

"Pergunte quem paga pela madeira."

"As pessoas nos dão coisas", disse Taufiq. "Nós vendemos coisas. Fazemos mobília e vendemos. Algumas pessoas na aldeia nem sabem que estou no *pesantren*. Acham que eu sou um comerciante." E deu sua risadinha grave; ele gostava da idéia do incógnito, do enigma.

"Olhe", disse Prasojo. "Garotas. E elas são muito bonitas."

Era o olhar dos dezenove anos. As garotas eram muito novas; estavam agachadas na areia em volta de um buraco que já ia fundo, apanhando restos de raiz de coqueiro e colocando-os dentro de uma cesta. Quando nos aproximamos para observar, tornaram-se lânguidas, rompendo delicadamente os pedaços flácidos de raiz, sem pressa.

"Elas estão juntando lenha, para cozinhar", disse Taufiq. "É cooperativo."

"Quanto tempo elas gastam apanhando lenha?", perguntou Prasojo.

"É sexta-feira", disse Taufiq. "Elas não têm aulas."

Prasojo começou a se interessar pelas garotas bonitas.

"Você quer dizer que elas gastam o dia todo?"

Taufiq não parou de sorrir. "É cooperativo."

Mas, ainda enquanto observávamos, as garotas resolveram tirar o dia. Levantaram-se cuidadosamente, seguraram suas pequenas cestas de raízes de coqueiro junto aos quadris, e se afastaram gingando.

A areia tinha áreas delimitadas por uma corda branca: quadras de voleibol. Mas ninguém estava jogando. Aqui e ali, colchões estavam sendo postos ao sol sobre esteiras, para serem ventilados.

"Esse é o dormitório das meninas", disse Prasojo. "Você quer ir dar uma olhada?"

Eu não ia deixar Prasojo me usar como pretexto. Eu disse: "Isso poderia embaraçá-las". E, em vez disso, seguimos em frente para observar um grupo que limpava um tanque. Uma mangueira grossa estava ligada a uma bomba elétrica inativa; e meninos com redes estavam em pé dentro da água verde, escura e espumosa, retirando folhas e outras sujeiras. O trabalho estava sendo supervisionado por um senhor de meia-idade.

"Foi ele quem fundou o *pesantren*", disse Taufiq. "Em 1962."

"Você quer conversar com ele?", perguntou Prasojo.

Eu disse que não; não saberia o que dizer a ele.

Contornamos um dormitório para meninos. Estava atulhado de camas e malas. Era um dormitório para trinta e dois meninos, e alguns deles estavam lá, deitados em suas camas.

"Aquele menino é famoso", disse Taufiq a Prasojo. "O irmão dele é cantor." Mencionou um nome e Prasojo ficou impressionado.

Ao lado de outro dormitório, alguns meninos pequenos estavam em pé junto a malas e outras bolsas e pacotes. Estavam usando seus pequenos bonés pretos e isso fazia com que parecessem estar em trajes completos, como se tivessem acabado de chegar e estivessem esperando que lhes informassem para onde deviam ir.

"Nós trocamos os mais jovens de lugar a cada dez dias mais ou menos", disse Taufiq. "É para a interação. Aqui não importa se eles são da ilha de Java, Sunda ou Sumatra. Eles são indonésios. Está vendo aquele menino?", disse ele, dirigindo-se a Prasojo. "Ele é do Timor."

Prasojo ficou interessado. "Qual?"

"Timor", disse Taufiq, e riu. "Nossa mais recente colônia. Logo estaremos colonizando a Austrália."

"Você não deve *dizer* essas coisas", disse Prasojo.

Ainda pensando nos meninos que eram trocados de lugar, eu disse: "Mas suponha que eles não queiram trocar de lugar. Você diz que não há nenhum professor, que é tudo cooperativo".

"Isso é verdade. É totalmente desestruturado."

"Mas suponha que eles não queiram mudar de lugar."

"Ali adiante", disse Taufiq, apontando para além das árvores e de duas quadras de voleibol, "nós temos um pedaço de terra. Nós a usamos para agricultura."

Esqueci-me dos meninos e perguntei: "De que tamanho?".

"Dois hectares e meio."

Um prédio novo — que deveria ter custado caro — continha instrumentos musicais. Mas era sexta-feira e ninguém estava tocando. Em um quadro de avisos, havia cópias de artigos em indonésio e em inglês sobre o *pesantren*. Três deles estavam em inglês. Um fazia eco ao outro, principalmente sobre a "interação" entre a escola e a comunidade, e provavelmente tomava como base um folheto. Um dos artigos mencionava Ivan Illich — parecia ser difícil evitar seu nome em um *pesantren* — e sugeria que o *pesantren* Pabelan era um exemplo perfeito de "desescolarização".

Taufiq e Prasojo aguardaram enquanto eu lia.

"Você disse que a escola é desestruturada e não tem nenhum professor", disse eu. "Quanto tempo os alunos ficam aqui?"

"Seis anos", respondeu Taufiq.

"Acho que não estou entendendo o que estou vendo."

"Olhe", disse Prasojo. "Um jornal mural."

Em um tosco abrigo aldeão, em chão de terra, o pó grosso e marcado por pegadas, três meninos estavam montando o jornal mural. Os artigos eram datilografados, as margens justificadas à direita e à esquerda: o que significava que, em algum lugar desse agrupamento de cabanas e casas javanesas, havia uma máquina de escrever elétrica e alguém que podia utilizá-la.

Passamos por uma cabana velha com paredes feitas com esteiras de palha de coqueiro. Um velho estava sentado do lado de fora.

"Quem é ele?"

"Um aldeão", disse Taufiq, contente por eu ter perguntado. "E aquele também é um aldeão. Aldeia, escola, nenhuma diferença."

"Prasojo", disse eu, "acho que estou pegando um resfriado. Acho que é melhor voltarmos para Yogya."

Taufiq não tentou me deter. Caminhamos de volta na direção do escritório. Paramos na frente de alguns engradados feitos com ripas de madeira.

"É aqui que guardamos nosso arroz", disse Taufiq. "Ele nos é dado pelos aldeões. E quando eles precisam, nós damos a eles."

Assim era Taufiq, até o fim falando comigo por enigmas.

Quando estávamos no carro, eu disse a Prasojo: "Acho que é uma escola ruim. Por que passar por toda essa dificuldade só para fazer isso? Por que não constroem simplesmente uma boa escola? Alguém ali está conseguindo uma educação? Ou simplesmente estão brincando de ser aldeões?".

"Você não pode dizer isso. Você não pode passar quinze minutos em um lugar e formar uma opinião a respeito."

"Nós não passamos quinze minutos."

"Eu acho que você não entendeu o que viu."

"É isso também o que eu acho."

"As pessoas não faziam camas em minha escola", disse Prasojo. "Não as faziam e vendiam. Essa é uma idéia nova."

"Eu fazia trabalhos em madeira em minha escola."

"Você fazia?", disse ele. E ficou calado.

Atravessamos o leito vazio do rio com sua camada de rochas de lava preta: um dos canais de lava do vulcão do monte Merapi.

"Você já ouviu falar de um escritor inglês chamado Charles Dickens?", perguntei. Achei que aquilo era absurdo, perguntar isso enquanto passávamos pelos arrozais javaneses. "Bem, em 1837 ou 1838, Charles Dickens escreveu um romance chamado *Nicholas Nickleby*, e descreveu uma escola como essa. Ela era administrada por um homem chamado Squeers. Ele acreditava no aprender fazendo. Botânica? Vá praticar jardinagem. Biologia? Vá escovar os cavalos."

"Eu já ouvi falar de Charles Dickens, mas não li *Michael Nickleby.*"

"*Nicholas Nickleby.* Eu odiaria ser obrigado a ficar num lugar como esse."

"Seria *criminoso* se você fosse embora e escrevesse isso. Ninguém está sendo obrigado a ficar lá."

"Eu não quis dizer isso, Prasojo. Eu quis dizer que, se eu fosse menino e meus pais me mandassem para um lugar desses, eu odiaria."

Eu o havia ofendido; eu esgotara sua cortesia javanesa. Ele acreditava no sistema do *pesantren*, como sistema javanês e como sistema muçulmano. Era a primeira vez que ele vinha a Pabelan e talvez estivesse tão confuso quanto eu por aquilo que víramos e pelo que Taufiq nos contara. Mas respeitava a reputação do lugar.

Um pouco mais tarde — aproximando-nos de Yogya, os outdoors aparecendo — ele voltou ao assunto, mas de modo indireto. "Para você, qual é a diferença entre educação e conhecimento?", perguntou.

E, pela primeira vez, pensando nessa frase de Prasojo, pensei ter entendido o que Taufiq talvez tivesse tentado me dizer.

Mas não era o tipo de discussão de que eu gostava. "Não sei se posso responder isso", disse eu. "É uma falsa questão. Educação e conhecimento nem sempre são coisas diferentes."

Ele fingiu entender. Quando entramos em Yogya, no calor do meio-dia — as lambretas e os ônibus fumacentos, as padarias de estilo holandês, os anúncios dos cigarros indonésios de cravo, os riquixás feitos de bicicleta com seus selins altos na parte de trás (o esforço concentrado mais nos braços do que nas pernas, devido à pressão que os condutores constantemente deviam fazer com os braços para manter abaixada a parte dianteira dos riquixás) —, quando entramos em Yogya, Prasojo fingiu brincar com o que eu havia dito.

Mas quando o carro parou no hotel, ele não conseguiu se conter. "Eu não queria ser um guia, entende?", disse ele. "Eu *dispensei* as aulas na escola durante uma semana para ficar com você. Meu professor achou que seria uma boa idéia eu acompanhá-lo. E foi por isso que o diretor concedeu as três licenças."

E, inesperadamente, depois desse ataque, ele se lançou numa desculpa. "Eu sinto muito se o levei para aquela loja de batiques esta manhã. Você não pediu para ver batiques. Foi um desperdício do seu tempo."

Segurei o braço dele, apresentando desse modo minhas próprias desculpas. E ele me deixou segurar seu braço durante algum tempo, antes de abrir a porta do carro.

Mas a idéia de uma comuna educacional aldeã — se o que eu ouvira falar era correto —, concebida nos moldes de uma comunidade de artes menores, não seria um abuso dos pobres?

Um pouco do mistério foi esclarecido na noite em que fomos para uma reunião na casa de Umar Kayam. Os pais de Umar lhe deram o nome em homenagem ao poeta persa, mas, na Indonésia, era um nome comum. Ele era grandalhão, atraente, avançando na casa dos quarenta, professor universitário em Yogyakarta e também escritor; Prasojo tinha um grande respeito por ele. E Umar e seus amigos — um dos quais estudara em Pabelan — tomaram o partido de Prasojo.

Disseram que eu havia entendido mal Pabelan. Eu fora no dia do sabá, quando não havia aulas; e eu fora enganado pela língua. Havia professores em Pabelan. Quando Taufiq dissera que não havia professores provavelmente queria dizer apenas que não havia professores de religião, nada do tipo de um *ustad*, cuja palavra antigamente era lei. Pabelan era basicamente religiosa e islâmica, mas também ensinava outras matérias; tinha uma biblioteca e um laboratório. A tentativa de estabelecer uma escola como essa em uma aldeia, utilizando recursos da aldeia, era nova.

Eu disse: "Mas, Prasojo, Taufiq não nos disse que não havia professores e que o estabelecimento era desestruturado?".

"Talvez Taufiq não soubesse muita coisa. Eu disse que você estava sendo muito precipitado em formar uma opinião. É claro que você é livre para fazer isso. Mas você foi muito precipitado."

Mas não teria acontecido também que em Pabelan haviam me contado aquilo que achavam que eu queria ouvir? Quando Taufiq e o líder aldeão pensaram que eu era muçulmano, possivelmente até árabe, enfatizaram o lado muçulmano. Depois, avaliando-me de forma diferente, Taufiq empregara, talvez com excessiva liberdade, palavras que soavam modernas: "cooperativas", "nenhuma elite", "desestruturado". Talvez fosse apenas a cortesia javanesa — havia indonésios em Jacarta que a amaldiçoavam — que me havia confundido.

Grande parte da conversa na casa de Umar Kayam girou em torno da aldeia javanesa. Havia uma nova variedade de arroz. Crescia duas vezes mais depressa que a anterior e dava duas colheitas por ano. O alimento era necessário, mas as duas colheitas estavam quebrando o ritmo da vida antiga, interferindo nos festivais e no teatro de marionetes, tão importantes para os javaneses. Havia gente demais e a família ampliada estava desaparecendo: os parentes já não eram chamados para colher o arroz e receber parte da colheita em troca. A vida ritualizada da comunidade, da qual Prasojo falara com tamanha emoção, estava se esfacelando. E o islã de localidades como Pabelan era parte da resposta a esse esfacelamento.

Prasojo estava irritado com aquilo, mas, na manhã seguinte, voltamos para Pabelan para ver o que eu havia perdido.

Eu havia perdido o grande portal na entrada para a ruela da aldeia, a placa de boas-vindas. Os coqueiros e os flamboyants de flores vermelhas e o telhado dos prédios do colégio deixaram uma impressão mais pitoresca. Havia menos alunos perambulando. A varanda do prédio da mesquita estava vazia. Por uma porta aberta nos fundos do escritório, vi algumas meninas costurando. Disseram que estavam fazendo uma faixa de boas-vindas para o ministro de assuntos religiosos, que estava para chegar naquele dia. Em seguida, deram risinhos nervosos e saíram correndo.

O homem que estava no escritório nessa manhã, como secretário e porta-voz, era menor do que Taufiq e usava um boné preto. Tive a impressão de que também ele iria me confundir. Podíamos ouvir uma aula de árabe em andamento, garotas entoando respostas a um professor, mas o homem no escritório disse que as aulas não haviam começado. Perguntei se os alunos estavam nos campos. Era uma pergunta provocadora, mas ele deu uma resposta séria. Disse que os alunos iam para os campos à tarde. Perguntei onde estava Taufiq.

"Ele está lavando."

"Tomando banho?"

"Ele está lavando roupas."

"Ele lava muita roupa?"

"Ele lava bastante."

Parecia o tipo de coisa que Taufiq gostaria de fazer no *pesantren*. "Eu quero ir ver Taufiq lavando."

Contornamos por uma passagem nos fundos. Uma canaleta de concreto drenava a água suja de uma casa para uma vala saturada e preta.

"O que é isso?"

O secretário do escritório disse, como se fosse um teste de vocabulário de inglês: "Um canal de água, um canal".

"É um prédio escolar?"

"Pertence a um aldeão."

Ao lado, havia uma fila de banheiros de concreto e, defronte aos banheiros, uma série de lavanderias, semimuradas. Na passagem entre os banheiros e as lavanderias, vi Taufiq com um balde de plástico vermelho: Taufiq, de bochechas rechonchudas e, como sempre, alegre.

"Bom dia", disse ele. "Como é bom vê-lo novamente. Sabia que você voltaria. Mas agora você vai me desculpar, eu preciso lavar algumas roupas."

Logo depois dos banheiros, alguns rapazes estavam cortando o cabelo de outros rapazes. Um rapaz de dezoito anos, com uma toalha sobre os ombros, esperava sua vez de lhe cortarem o cabelo. Ele era de Sumatra e logo estaria voltando para sua aldeia. Disse que pretendia fazer o bem para a aldeia. Isso era correto e cortês; mas eu queria algo mais específico. Ele pensou e disse que ia ser professor. Não conseguiu dizer mais.

Prasojo, eu e o secretário voltamos. Vimos Taufiq novamente: apenas sua cabeça e ombros acima da parede de concreto de uma das lavanderias. Ele estava de camiseta vermelha. Lançou-nos o seu sorriso e disse: "Estou lavando".

Perguntei para o secretário: "Ele lava muita roupa?".

O secretário entendeu a intenção de minha pergunta. "São as roupas dele que ele está lavando."

Chegamos ao prédio novo onde as meninas estavam entoando o árabe. Seus toucados apertados, escondendo-lhes o cabelo, conferiam a todas elas feições mongólicas inexpressivas. A aula estava quase no fim; o professor empilhava os cadernos. Parecia que todas as falas dessa última parte da entoação das meninas começavam com *Alá*, mas Prasojo disse que não era isso.

Eu disse ao secretário: "Taufiq ontem me disse que não havia nenhum professor aqui".

O secretário falou em indonésio com Prasojo enquanto caminhávamos. Prasojo traduziu: "O que Taufiq quis dizer foi que ele era professor, mas, ao mesmo tempo, aprendia com os outros, com pessoas como o líder. Por isso, ele também era um estudante".

Passamos pela casa de estilo javanês que me havia sido mostrada no dia anterior como a primeira construção do *pesantren*. Na porta, alguém havia pintado, em inglês, CASA ANTIGA. As paredes eram de painéis de bambu trançados. No meio do cômodo único havia quatro pilares de madeira com barras transversais em cima para sustentar o telhado. Em três de seus lados havia uma plataforma contínua de bambu, elegantemente confeccionada: bambu grosso nos suportes, tiras mais finas de bambu cortado ao meio para a plataforma, polida pelo uso. Vinte e dois meninos dormiam nessa plataforma. Nas paredes de bambu trançado havia muitos armarinhos pintados em cores diferentes. Essa era a idéia original da escola *pesantren*: a construção aldeã onde os meninos da aldeia vinham aprender o árabe e repetir o Corão entoado por um professor da aldeia.

Havia muita roupa de cama na plataforma de bambu. Mas o que parecia ser roupa de cama embolada era um menino, e ele tinha um pano branco enrolado em volta da cabeça como sinal de que estava doente. Havia ficado de cama no dia anterior; o médico viria naquela tarde. Era coisa sem importância.

Saímos novamente para o mundo mais novo da "interação". À sombra dos coqueiros, ainda estavam fazendo camas: sete ou oito homens, de idades variadas, serrando e aplainando.

"Vocês vão vender essas camas? Foi essa a impressão que eu tive ontem."

"Não, as camas são para nós. Precisamos de muitas camas neste lugar."

"Onde vocês conseguiram o dinheiro para comprar a madeira?"

"Isso eu não sei."

"Então estes homens são trabalhadores? Vocês os pagam?"

"Eles são da aldeia. E estão sendo pagos."

"Ontem nos disseram que era um empreendimento cooperativo. Taufiq disse que eles eram estudantes e aldeões e que estavam aprendendo uns com os outros."

O secretário ficou calado. Olhamos para os homens que serravam e aplainavam. Como trabalhadores ocupados, não prestaram muita atenção em nós.

Prasojo tentou salvar a situação. Apanhou uma picareta e disse: "Mas isso pertence ao *pesantren*, não pertence?".

O secretário, ausente, ainda pensando, disse: "Sim".

"Que belas plainas eles têm!", exclamei.

"Você gostaria de comprar uma?", perguntou Prasojo.

Mas agora o secretário estava falando. "O que Taufiq quis dizer foi que alguns desses homens nunca haviam feito camas antes. Podem ter feito cadeiras. Talvez tenham construído casas. Só aprenderam a fazer camas quando vieram para cá. Nesse sentido, eles são estudantes. Acho que foi isso o que Taufiq quis dizer."

Prasojo disse abruptamente, como se tivesse acabado de elaborar o pensamento: "O lugar é como um campus. Mas um campus onde os estudantes também trabalham".

Era um campus, mas com um toque de terreiro de fazenda. Do lado de fora do dormitório das meninas (que Prasojo desejara visitar no dia anterior), havia poças e, nessas poças, patos e diversos patinhos. Escolhemos o caminho pela lama, passamos pelos monturos, pelas lavanderias enfileiradas. O tanque de peixes estava tão verde e escuro quanto estava antes da limpeza. A bomba Honda ainda estava lá, com a mangueira no tanque.

Saltamos para baixo da parede dos fundos do dormitório das meninas e, nesse nível mais baixo, mais sujo, com um cheiro de curral, ficavam as casas da aldeia com mulheres que sorriam e gritavam para nós no meio do lixo que se esparramava sobre seus quintais e dos quais suas casas pareciam brotar.

"Elas trabalham para o *pesantren*?"

"Elas são aldeãs. Quando dispõem de tempo livre trabalham para a cantina."

A cantina não ficava longe dos currais. O lugar estava cheio de aldeões cavando, limpando, transportando; e, ao fundo, podia-se ouvir a entoação de outra aula de árabe. O campus convertido em curral agora era como um solar de fazenda medieval, fervilhando em atividade camponesa. E, como se evocados pelo pensamento, uma fila de aldeões de aspecto medieval vinha carregando desajeitadas peças de madeira.

Prasojo, agindo por conta própria, deteve um dos homens. O homem era corpulento, musculoso e não era jovem. Carregado como estava, ainda mantinha a cortesia javanesa; e falou para Prasojo que sim, gostaria de ser um estudante. Mas ele não tinha as qualificações e não podia pagar os 10 dólares da mensalidade. Ganhava 500 rupias por dia, 80 centavos de dólar; mas também comprava comida.

A cantoria em árabe vinha de um prédio escolar novo. Na varanda, um grupo de mulheres alegres e mexeriqueiras estava enchendo colchões com paina, da qual voavam lanugens para o ar.

Prasojo falou com o secretário, e depois disse: "Eles têm setenta professores aqui. E mantêm registro de freqüência e todo estudante tem um registro. O lugar não é nem um pouco desestruturado". E riu. "É muito estruturado." Os professores eram voluntários. Depois de terminar seu período no *pesan-*

*tren*, ficavam um ano ou dois para ensinar; ganhavam de 8 a 40 dólares por mês.

Tanto esforço, tanta organização para recriar a atmosfera de aldeia, para ensinar os aldeões a ser aldeões!

Quando estávamos voltando para o escritório, vimos Taufiq, as roupas já lavadas, o balde de plástico e as bacias deixados para trás. Ele tirara a camiseta vermelha e estava com uma camisa florida e calças compridas em tom lilás-claro, que ficavam justas em suas pequenas coxas grossas. Havia acabado de barbear o rosto redondo. Ele parecia pronto para o dia que se seguiria — talvez até pronto para encontrar o ministro de assuntos religiosos. Dirigiu-nos um grande sorriso.

"O líder estava esperando que você passasse a noite aqui", disse ele. "Ele preparou pessoalmente um lugar para você dormir. Mas você foi embora. Ele estava esperando que você ficasse para o almoço. Mandou os meninos pegar peixe e tudo o mais."

Peixe! Eu imaginara que os meninos no tanque estivessem fazendo a limpeza. Foi o que o próprio Taufiq havia dito.

Perguntei se poderia obter cópias dos artigos que haviam sido publicados sobre o *pesantren*. Particularmente, eu queria o artigo no qual Taufiq falava sobre o *pesantren* como "uma comunidade de aprendizagem". Taufiq disse que conseguiria os artigos para mim e se afastou.

Esperamos.

Perguntei ao secretário: "Você acha que ele está fazendo as cópias para mim?".

"Sim. Ele foi para a sala da copiadora."

A sala da copiadora! Uma máquina moderna de copiagem, aqui, onde aprendiam sobre o islã e trabalhavam duro para serem aldeões!

Taufiq voltou com as cópias, não só dos artigos, mas também de uma carta que acabara de receber da Austrália.

Saímos novamente para o pátio e fomos para o carro. Um garotinho maltrapilho passou, levando uma enorme fruta verde às costas.

Para provocar, perguntei para Taufiq: "Ele é estudante?".

Prasojo deu um risinho nervoso.

"Ele é aldeão e estudante", disse Taufiq.

Taufiq sorriu. Mas o sorriso não me enganou: estava falando sério. Eu estava contente por estarmos partindo, porque, com mais cinco minutos, Taufiq, com seu modo altamente filosófico de usar a língua, teria nos confundido novamente.

No carro, passando pela aldeia, examinei a carta da Austrália. Era datada de três semanas antes e era de alguém de uma universidade. Taufiq realmente lera a carta?

"Querido Taufiq. Mais uma vez tenho de lhe agradecer pelo tempo que passamos juntos. Foi tudo muito breve mas espero que possamos continuar nosso diálogo por cartas. Quando reflito sobre minha visita a vocês todos em Pabelan, ainda fico confuso [...] O que você gostaria que os estudantes fizessem quando saíssem de Pabelan? [...] Ele tem as habilidades para desenvolver a aldeia mas o que ele pode fazer por aqueles com pouca ou nenhuma terra? Que tipo de princípios islâmicos ele aprendeu em Pabelan para ajudá-lo nessa situação? [...] O que o islã diz a você sobre a Indonésia e o que fazer sobre a pobreza?"

## 4

## *A DEUSA DO ARROZ*

E era esse o problema. Que mensagem tinha o islã para as aldeias?

Uma semana mais tarde, voltei a Yogyakarta para ir com Umar Kayam até uma das aldeias aos pés do vulcão do monte Merapi. O Merapi tinha uma encosta longa e suave; um tufo de vapor sempre pairava em torno de seu cone e, às vezes, o cone desaparecia enevoado. As lavas fertilizavam a terra. O solo úmido, que os homens nos campos macios aravam fundo com os bois ou reviravam com enxadões, era negro e vulcânico. Os arrozais cercados por montículos de barro chegavam até as aldeias, de sorte que, vistas de cima, as aldeias — telhados vermelhos entre árvores verdes, sombra no descampado tropical — tinham fronteiras nítidas, angulares.

Entrar numa dessas aldeias era encontrar mais do que sombra. Era entrar num mundo encantado e íntegro onde tudo — comida, casas, ferramentas, rituais, reverências — havia evoluído no curso dos séculos e alcançado uma espécie de perfeição. Tudo se encadeava, como os arrozais logo adiante, alguns com menos de um quarto de hectare, tudo se encaixava.

Toda casa, com suas paredes de concreto ou paredes de tiras de bambu trançadas, ficava na sombra; e toda árvore tinha uma serventia, inclusive a paineira, para mim uma novidade na época. Havia muitas variedades de bambu, alguns grossos e escuros, quase negros, outros finos e amarelos com faixas verdes que poderiam ter sido adicionadas por um pincel saturado.

Esses bambus formavam camas, mobília, paredes, tetos, esteiras. Mas o arroz reinava. Era o alimento e a causa do trabalho; marcava as estações. Na casa tradicional, havia um pequeno cômodo nos fundos do cômodo principal sustentado por pilares; esse quartinho, antigamente, era o santuário da deusa Sri, Devi Sri, a deusa do arroz.

Umar me levou até a aldeia de Linus, que seguiu conosco. Linus era um jovem poeta de Yogya cuja única renda até então vinha de suas leituras de poesia. Linus era católico; seu nome completo (ele também tinha um nome indonésio, mas não o usava) era Linus Agustinus. A mãe de Linus era católica; foi para se casar com ela que o pai de Linus se convertera. Eram uma família de agricultores. O pai de Linus era o líder da aldeia. Desde a tomada do poder pelos militares, esse cargo se tornara eletivo, e o líder devia zelar para que os projetos do governo fossem executados — conseguir que os agricultores plantassem o novo arroz, por exemplo. O líder, enquanto detivesse seu cargo, dispunha do uso de 5 hectares de terra; na Java central, isso era um bocado de terra.

A aldeia ficava fora da estrada para Pabelan e Umar conhecia bem a área. Durante a revolução — a guerra contra os holandeses — os holandeses haviam invadido Yogyakarta, e o exército revolucionário se transferira para essas aldeias. Na época, Umar estava no exército dos estudantes, que ficavam alojados nas casas dos aldeões.

"Vocês eram bem organizados?", perguntei. Umar riu diante de minha pergunta. "O que você acha?" Fora um tempo caótico; e era difícil, como o é em muitos lugares em tempos de paz, pensar na guerra em um ambiente ameno como esse; aldeias pequenas e frágeis como essa, campos vulneráveis e carentes de cuidados como esses.

A casa da família de Linus era de concreto, pilares baixos, e piso de concreto. Mas era do padrão javanês. Havia um ícone católico sobre a porta interna. E, na parede, uma figura de couro do teatro javanês de bonecos: a figura do Krishna negro, não o deus brincalhão da lenda hindu, mas o Krishna de Java, o sábio, o visionário, e, portanto, uma figura adequada para a casa de um poeta. Na estante, estavam os livros de Linus do tempo da escola e da universidade, e também *The Collected Poems of T. S. Eliot*, um presente da BBC: Linus havia ganho o segundo prêmio em um concurso de poesia patrocinado pelo serviço da BBC na Indonésia.

Foram trazidos copos de chá com tampas de latão e um prato com uma pilha elevada de espigas de milho fumegantes e, em seguida, um prato igualmente cheio de uma espécie de rolinho. Era o ritual indonésio de boas-vindas, a demonstração de fartura. Como contrapartida, isso despertava cortesia nos convidados. Ninguém queria ser o primeiro a comer ou beber; e muitas vezes acontecia que o chá, por exemplo, era bebido só no final, quando estava frio.

Um dos pratos foi trazido por uma das irmãs menores de Linus, uma linda garota de dez ou doze anos, vestida numa camisola. Depois, outra garota, muito mais velha, saiu e olhou as visitas. Seu rosto era contorcido, os dentes para a frente; sua roupa tinha um caimento estranho. Seus movimentos eram descoordenados, e seus pés nos chinelos arrastavam-se pesados no piso uniforme de concreto. Sentou-se em uma cadeira no outro canto e olhou para nós sem dizer nada; logo depois, levantou-se e saiu com seu passo arrastado.

Alguns minutos mais tarde, Umar disse com delicadeza: "Você deve ter notado aquela irmã de Linus. Ela não está bem". Ela havia adoecido quando jovem. Levaram-na a um médico e um assistente do médico lhe dera uma injeção errada, o que prejudicou o seu sistema nervoso. Desse modo, a casa do poeta, a casa do chefe da aldeia, era também uma casa de tragédia.

A mãe de Linus chegou: a mulher pela qual o pai havia se convertido e por causa de quem a família era católica. Umar se levantou, com uma inclinação precisa, e fez um movimento para o lado, um homenzarrão tentando fazer-se menor do que a mulher baixa. E uma torrente de fala musical verteu de ambos antes de todos nos sentarmos.

Ela era pequena e esguia à moda indonésia, e poderia passar despercebida na rua. Mas agora, apartada da multidão indonésia, em sua própria casa, e nossa anfitriã, sua beleza irradiava;

e era possível perceber o cuidado com que se trajava — blusa, cinturão, sarongue (as filhas usavam camisolas). Era possível enxergar, para além do sorriso indonésio imediato (inquietante após algum tempo), suas maneiras delicadas, e perceber, na mulher do fazendeiro, a representante de uma civilização culta. Seu rosto era sereno e franco; mantinha a cabeça erguida, com uma ligeira inclinação para trás; seus ossos eram finos, os olhos brilhantes, embora afundados nas órbitas, e os lábios eram perfeitamente delineados sobre os dentes perfeitos. Sua fala — sem constrangimento ou embaraço — sempre parecia prestes a converter-se em risada.

Ela e Umar conversaram assim por algum tempo e parecia que tinham muito a dizer. Mas era tudo parte do ritual de boas-vindas, disse-me Umar mais tarde. Usaram a polida linguagem javanesa, que era diferente da linguagem cotidiana; e haviam falado pouco. A mãe de Linus dissera que precisara ir à escola de uma das filhas para apanhar o histórico da menina e que, por isso, não pudera nos receber quando chegamos. Ela estava envergonhada por saudar pessoas tão distintas quanto nós num lugar que mal chegava a ser uma casa, uma simples cabana. E Umar fora igualmente apologético a respeito de nossa intrusão, que talvez estivesse perturbando a harmonia de seu domicílio. Foi assim que a conversa transcorrera, desculpas seguidas de desculpas.

Surgira, porém, alguma coisa de concreto. Umar o mencionou mais tarde, quando saímos da casa e caminhávamos pela aldeia. A mãe de Linus estava preocupada com Linus. Ele não vinha à aldeia com muita freqüência; ficava em sua casinha em Yogya; ele não era casado e não tinha emprego. E ela tinha motivo para preocupar-se: Linus estava com vinte e oito anos.

"Mas", disse eu a Linus, "ela não tem orgulho, no fundo, por você ser um poeta?"

"Ela não faz a menor idéia do que significa ser poeta", disse Linus em inglês.

"Só há uma maneira de Linus fazê-la entender", disse Umar. "É dizer ou sugerir que ele está sendo poeta na tradição clássica. Mas isso seria absurdo. Ela rejeitaria isso como uma impossibilidade."

Para alguém como a mãe de Linus, vivendo numa civilização realizada, poesia era algo que já havia sido escrito, divulgado, uma espécie de escritura; não podia ser melhorado.

Mas algo estava prestes a vir em socorro de Linus. Um jornal de Yogya havia lhe pedido que fizesse uma página cultural, a 25 dólares por mês. Era um trajeto curto de ônibus até Yogya, mas a vida que Linus estava tentando levar ali — leituras poéticas, jornais — parecia um mundo distante da aldeia limitada, criada pelo arroz.

A rua sombria da aldeia fazia uma curva. A terra tinha a cor preta de lava e era ondulada. Os canais estavam cheios de água corrente — sem água não pode haver arroz. A mesquita era um abrigo simples de pilares baixos: nenhuma cúpula, nenhum teto especial. O islã não chegava a Java como civilização; chegava apenas como uma fé, ou um complemento das antigas fés; usava aquilo que já existia. A mesquita estava aberta; dentro, havia algumas esteiras de bambu, nada mais. Poucos passos adiante, numa curva na rua de terra preta, ficava a igreja católica, um abrigo simples como a mesquita, mas com um pórtico de ferro corrugado sobre os degraus de concreto e uma cruz no topo.

A mesquita estava aberta, como devem estar as mesquitas. A igreja estava trancada. No entanto, não era bem uma tranca. Linus quebrou um graveto de um pé de hibisco, empurrou-o para dentro do buraco da fechadura e girou. A igreja era quase tão despojada quanto a mesquita. Tinha um crucifixo. No alto das paredes havia três pequenos quadros da via-crúcis. O vidro estava manchado devido às moscas e cheio de teias de aranha; as gravuras haviam perdido a cor e duas haviam deslizado das molduras. A rede de arame no alto da parede, logo abaixo dos beirais, estava rasgada em diversos pontos.

O cristianismo chegara à Indonésia não muito depois do islã. Era a religião do poder colonial; mas, como o islã, também chegara aos aldeões como complemento das antigas fés. E fora o islã, como religião formal do povo, que servira ao orgulho indonésio durante o período holandês. Não muito distante —

a aldeia era pequena e a caminhada era curta, mas era como um passeio pela história javanesa — ficava uma casa com uma placa que dizia ser o escritório do *Muhammadiyah*. Era um movimento muçulmano reformista e nacionalista da Indonésia que havia sido iniciado no período holandês; agora era considerado "conservador".

Uma pequena aldeia, uma caminhada curta; e agora — nessa aldeia de prédios decadentes — séculos se acrescentavam à história. Caminhamos pela aldeia até a casa do *koum* muçulmano. Umar Kayam traduziu a palavra como "ancião", e me deu alguma idéia sobre as obrigações do *koum*. Ele era chamado pelas famílias muçulmanas em ocasiões importantes — um nascimento, um funeral, um aniversário, ou simplesmente quando uma família desejava celebrar uma cerimônia religiosa; nessas ocasiões, ele celebrava o ritual do *salamatan*. Esse ritual tinha a ver com a consagração do alimento e com a distribuição do alimento consagrado. Devido à minha infância hindu, reconheci a cerimônia como uma sobrevivência hindu e pensei no *koum* muçulmano como uma espécie de sucessor do sacerdote hindu.

Era uma surpresa encontrá-lo morando num casebre ao final da aldeia, logo ao lado dos arrozais, a casa deteriorada, o quarto interno escuro, lixo na varanda, as paredes de bambu cedendo, a caiação tornando-se preta um pouco acima da terra preta.

Não nos convidou para entrar. Saiu e ficou em pé no pátio da frente, na úmida terra negra, à sombra das árvores. Estava de calção e camiseta branca. Sua mulher, à qual não nos apresentou, ficou em pé na varanda e observava. Ele parecia mais um agricultor e camponês do que um sacerdote. E foi uma surpresa ainda maior descobrir suas outras obrigações: como *koum*, ele lavava os corpos dos muçulmanos mortos e os amortalhava para o enterro. Em si mesmo, portanto, o *koum* muçulmano combinava as obrigações rituais de sacerdote e intocável. Esse homem ritual corporificava, e de uma forma extraordinária, o que fora preservado do sistema hindu de castas.

Tinha sessenta e quatro anos, era baixo, musculoso e ainda firme, a pele morena brilhando ao sol, apenas a pele flácida dos joelhos a sugerir sua idade, que transparecia mais no rosto. Seus malares se projetavam como prateleiras; esse traço e uma palidez da fronte e o cabelo achatado sugeriam que ele usava um chapéu pesado ao trabalhar sob o sol.

Era sobre suas obrigações mortuárias que ele estava agora falando com Umar, e sua fala era jovial, como se estivesse prestes a desatar em uma risada. Suas obrigações não o constrangiam. Herdara do pai o posto de *koum* e, também, meio hectare de terra. Isso explicava o seu físico, o trabalho no arrozal. Ele se saíra bem. Considerava-se um homem bem-sucedido que havia levado uma vida boa e útil.

Mas, não tinha arrependimentos? As coisas tinham dado certo para o país?

Pareceu explodir em risada. Dado certo? As coisas saíram cada vez melhor. A vida jamais foi melhor; ele viveu no tempo bom. O que havia no passado para que ele se arrependesse? Tinha havido os holandeses; e, quando ele estava com vinte e seis anos, os japoneses ocuparam Java.

Como era aquele tempo? Como convivera com os japoneses?

Novamente sua fala era como uma explosão de risada. Foi um tempo *pavoroso*, disse ele. Faltava tudo. Não havia roupas. Tinham de vestir calças feitas de sacos. E depois disso houve a revolução, a guerra contra os holandeses. A aldeia era uma das aldeias que os holandeses mais vasculharam após terem invadido Yogyakarta; muitas vezes ele tivera de fugir e se esconder. Não, agora era o tempo bom.

E quanto a Sukarno, o líder na luta contra os holandeses?

E a resposta do velho, o camponês em pé ao lado de seu casebre, foi surpreendente. Seu rosto se suavizou; a voz se suavizou. "Ah. Ele era um homem bonito. Falava bem."

Após traduzir, Umar disse: "A beleza é importante aqui. Um líder precisa ser bem-apessoado. Mas imagino que isso seja verdade em muitos países."

Entretanto, era estranho, mesmo em Java, com seus rituais e cortesias: a beleza e um dom da oratória levando um povo colonizado a guerras cruentas. Não haveria nada mais em Sukarno no início, nos anos 30?

"Pergunte-lhe sobre a primeira vez que ele ouviu falar de Sukarno."

Veio a resposta e Umar riu. "Ele disse 1945. Devo dizer que isso é novidade para mim."

"Eu esperava ouvir sobre o jovem Sukarno dos anos 30", disse eu.

"Eu não esperava isso. Sukarno esteve exilado durante grande parte daquela época. Não havia tanta cobertura da mídia naquele tempo. E a que havia era controlada pelos holandeses. Eu esperava que ele dissesse que a primeira vez que ouviu falar de Sukarno foi durante a ocupação japonesa, quando os japoneses o trouxeram de volta do exílio."

Portanto, o velho ouvira falar de Sukarno apenas depois que a independência fora proclamada, em agosto de 1945. Sukarno aparecera subitamente, como líder, não apenas como um homem com um exército, mas também como um homem a ser seguido devido a sua aparência e porque falava bem.

Duas vacas brancas na outra extremidade do pátio estavam comendo capim cortado. O repicar dos cincerros em volta de seus pescoços acompanhava o balbuciar do velho. No final das contas, a vida transcorrera bem para ele, melhor do que poderia ter esperado durante a ocupação japonesa, quando os tempos eram difíceis e ele não tinha conhecimento nenhum da existência de um líder.

Mas por que, embora estando tão bem de vida, com seu pequeno pedaço de terra, que não passava de um lote, e com suas obrigações como *koum*, por que ele morava numa cabana tão pobre?

Umar e Linus conversaram e depois Umar disse: "Trata-se de um estilo de vida particular". Em seguida, Umar fez a pergunta para o velho, que respondeu: "É o caminho do islã".

Era um caminho que não mais era seguido, disse ele. Apenas um terço dos muçulmanos viviam como muçulmanos; apenas um terço freqüentava a mesquita. Porém, havia uma mudança entre os jovens. Por quê? Talvez, disse ele, fosse porque na escola do governo a religião estava sendo ensinada como uma matéria, e os jovens tivessem de estudá-la se desejassem ter boas notas.

Ele e Umar conversaram um pouco mais. Os galos magros e de pernas compridas de Java caminhavam pelo pátio úmido; os cincerros das vacas tilintavam; a mulher do velho nos observava e sorria, na varanda escura e cheia de lixo.

"Eu estava lhe perguntando sobre o *wayang*", disse Umar. O teatro de marionetes. "Se, como muçulmano, ele tinha objeções quanto às histórias hindus. Ele disse que não; são apenas histórias."

Seguimos de volta para a casa de Linus — mais chá, mais milho cozido, um prato de petiscos quentes feitos de alguma espécie de fruta seca. A mãe de Linus saiu caminhando conosco quando partimos. Espigas de milho em palha estavam secando sobre uma esteira no pátio da frente. As espigas seriam vendidas, para ser moídas e fazer óleo; tudo ali tinha um uso. E dessa vez dei uma olhada para dentro da pequena palhoça da beira da estrada, que era a venda da família: a família de Linus também se dedicava ao comércio.

Umar queria me mostrar a casa javanesa tradicional. Linus sabia onde havia uma. A casa não estava preparada para uma visita, estava atulhada de coisas; mas a mulher da casa sorriu enquanto dávamos uma olhada e nos mostrou onde ficava outrora o templo à deusa do arroz. E me pareceu que, após essa intrusão, Umar, quando saímos, fizera uma reverência particularmente baixa e dera um passo bem aberto para o lado. Aquela elegância arcaica; e a reles rodovia, com suas lambretas, apenas a alguns minutos de distância dali.

Entretanto, havíamos criado ali um tumulto. As crianças haviam saído para espiar. Cada garotinha tinha uma boneca, mas era uma boneca viva: um irmãozinho ou irmãzinha agarrado à sua cintura.

Estávamos a apenas meia hora de Yogya. Mas nem todos podiam fazer a trajetória da aldeia para a cidade, como Linus fizera. Linus era privilegiado. Era um poeta; tinha consciência de quem era; ele podia ser um homem à parte. Poucos aldeões eram assim. Eles haviam sido produzidos pelas aldeias. Precisavam da segurança da família ampliada, a segurança da comunidade aldeã, por mais feudal que fosse sua administração, por mais pesadas que fossem as obrigações da vigília noturna ou o trabalho comunal nos arrozais. Para esses homens as aldeias eram, de fato, lugares encantados, difíceis de abandonar. E se um homem era obrigado a sair — porque simplesmente não havia ali terra que agora o sustentasse — era a família ampliada — e novamente algo como a aldeia — que ele procurava, na fábrica ou no escritório, mesmo em Jacarta.

O islã, como o cristianismo, complementava as religiões mais antigas. A religião da aldeia era uma religião compósita; a idéia da vida boa era uma idéia compósita. As pessoas viviam com tudo de uma vez: a mesquita, a igreja, Krishna, a deusa do arroz, um vestígio da casta hindu, a idéia budista do nirvana, a idéia muçulmana do paraíso. Não havia uma só pessoa, disse Umar Kayam, que conseguisse dizer exatamente o que era. As pessoas diziam: "Eu sou um muçulmano, mas...". Ou: "Eu sou um cristão, mas...".

E Umar contou a seguinte história sobre os aldeões de Prambanam. Em 1965, após a tomada do poder pelos militares, o governo, temendo o comunismo do final do período de Sukarno, exigiu que todos declarassem formalmente sua religião. O povo de Prambanam se viu num dilema. Em certo sentido eles eram muçulmanos, acreditando no Profeta e em seu paraíso. Mas não achavam que pudessem dizer que eram muçulmanos: desobedeciam muitas das regras. Sabiam que seus ancestrais haviam construído os grandes templos de Prambanam do século IX — os quais eram agora visitados por gente do mundo inteiro; e embora já não compreendessem plenamente a importância dos templos, sabiam que eram templos hindus. Gostavam de assistir às peças do teatro de marionetes baseadas no *Ramayana* e no *Mahabharata*, e sabiam que eram épicos hindus. Por isso, as pessoas de Prambanam achavam que deviam se declarar hindus.

O problema, nesse caso, era que não sabiam o que deviam fazer como hindus. Não tinham sacerdotes e não faziam idéia de quais rituais deviam realizar. Mandaram buscar sacerdotes hindus balineses e os balineses chegaram com uma orquestra de percussão e cordas, o *gamelan*, para instruí-los. Mas não adiantou. O passado não podia ser reconstruído; os velhos rituais e a teologia não poderiam vingar novamente. Dessa forma, o povo de Prambanam voltou a ser o que havia sido: um povo de uma religião compósita.

Na quinta-feira, naquela hora do fim da tarde que Prasojo dissera ser a mais bela do dia javanês, uma mulher sentou-se do lado de fora de sua lojinha em uma das ruas principais de Yogya, fazendo pequenos sachês em folha de bananeira com pétalas de rosa, jasmim e flores de cor verde-limão e aroma adocicado do ilangue-ilangue. Ela estava grávida e sentava-se com as pernas apartadas. Os pedaços de folha de bananeira estavam em pratos separados. Ela trabalhava depressa, pegando duas tiras de folha de bananeira, prendendo-as pelo fundo com um pedaço da costela de uma folha de coqueiro, de modo a formar um saquinho, jogando dentro dele pétalas vermelhas e brancas, adicionando jasmim, às vezes perfume de uma garrafa e, depois, fechando o saquinho na parte de cima. Às vezes ela acrescentava uma pasta amarela ou um pedaço de um ramo marrom — dependendo do que o cliente desejasse. Sua clientela no momento eram garotas e mulheres. Os sachês custavam 15 rupias, menos de 3 centavos de dólar. Eram oferendas de flores que seriam feitas aos espíritos dos mortos; seriam usadas nas casas ou colocadas em túmulos; e a noite de quinta-feira era o momento de comprar, porque a sexta-feira, o sabá muçulmano, havia se tornado o dia santo.

Umar Kayam morava em frente a um cemitério chinês. Isso era bom pelo silêncio e a vista ampla, mas alguns de seus conhecidos não queriam visitá-lo. Ele lhes dizia que os chineses eram industriosos e bem-sucedidos e que os espíritos dos cemitérios chineses provavelmente eram bons espíritos. Mas algumas pessoas nem queriam ouvir.

A religião que, num dos extremos, era a religião livre do temor respeitoso, no outro era uma religião de extraordinário refinamento. As pessoas que moravam perto dos espíritos dos mortos também possuíam épicos vivos que haviam se tornado textos morais. Os rituais e a teologia complexa do hinduísmo não poderiam ser restabelecidos. Mas o hinduísmo deixara em Java seu lado mais humano e literário, seus épicos, o *Ramayana* e o *Mahabbharata*; e os épicos viviam no teatro de marionetes, o *wayang*.

O *Mahabbharata* era mais comprido. Durava nove horas e era "pesado" para um mestre de bonecos, que tinha de fazer todos os personagens, todas as diferentes vozes. O *Ramayana* era encenado com mais freqüência; e por toda parte no centro de Java aparecia a palavra *Ramayana* — nas traseiras dos ônibus, nas fachadas das lojas. As histórias, reelaboradas e aumentadas no curso dos séculos, passaram a fazer parte do imaginário popular. Os personagens eram a um só tempo divinos e humanos. Mesmo nos comentários do programa do *wayang* turístico em frente ao hotel Sheraton os personagens eram mencionados como R. Rama, R. Lesmana, R. Hanoman — R de *raden*, um nobre, como algumas pessoas ainda gostavam de se chamar —, de sorte que as sombras dos bonecos arcaicos e estilizados sobre a tela branca, embora ligassem as pessoas a um passado heróico, permaneciam associadas ao presente.

As histórias eram mais do que histórias. Não eram simplistas. Apresentavam ambigüidades. O livro *Human Character in the Wayang*, coletânea de artigos publicados nos jornais por Sri Mulyono, um mestre de bonecos, apresenta uma pequena parte da história do *Ramayana*. O rei Rahwana, de Alengka, raptou Sinta, a bela esposa do rei Rama de Mangliawan. O rei Rama invade Alengka para resgatar a esposa. Wibisana, o irmão mais jovem do rei Rahwana, reprova-o por raptar a bela Sinta e insiste para que ele devolva Sinta a seu marido. Rahwana não lhe dá atenção e Wibisana se junta ao exército invasor. Wibisana tinha razão em servir aquela que considerava ser a boa causa? Ou o ato de Wibisana foi um ato de traição? Era necessário mesmo que ele tivesse agido?

O exército invasor começa a vencer. O rei Rahwana, desesperado, recorre a seu outro irmão, Kumbakarna. Diz a Kumbakarna: "Você é meu último recurso. Meus generais estão mortos. Nosso país está sendo destruído. Ajude-me". Kumbakarna responde: "Devolva Sinta para o seu marido. Você ainda tem tempo". Rahwana se recusa e diz a Kumbakarna: "Seus filhos foram mortos pelos invasores". Kumbakarna, agora enlouquecido, sai para combater os invasores e tem uma morte horrível. A que causa ele serviu?

O bom mestre de bonecos, seja política ou mística a interpretação por ele dada à história, deixa as perguntas em aberto. Cada pessoa da platéia responde de acordo com seu caráter e circunstâncias. E a história é mais densa do que aparenta nesse relato, pois cada personagem tem seus próprios ancestrais e dilemas, mesmo o perverso Rahwana, mesmo a bela Sinta. Cada um está envolvido em sua própria busca e, quando aparece na história, encontra-se em uma crise; de sorte que, tal como no drama ou ficção mais profundos, cada encontro é carregado de significado. O épico é interminável. O teatro de marionetes comporta um número indefinido de repetições; porque, quanto mais a platéia sabe, mais ela entende; e as interpretações dos motivos, do que é certo e errado ou adequado a um propósito, estará em constante mutação.

A salvação é o bem último, o nirvana; deve ser alcançado pela conquista dos sentidos — um caminho pleno de autoenganos. E a idéia islâmica do paraíso se encaixa facilmente no sonho hindu-budista da vida sem apego ou tensão mundanos. A idéia islâmica do deus onipotente se funde no conceito hindu, mais místico, de Wisnu, Vishnu, que, como diz Sri Mulyono, é "a Verdade [...] a Realidade, a fonte de todas as coisas e de toda a vida".

A moralidade óbvia do islã, sempre com suas respostas no livro ou nas ações do Profeta, dá lugar, no teatro de marionetes, a alguma coisa mais. O hinduísmo e o budismo dissolvem sua complexidade. É como se, nesse extremo distante do mundo, o povo de Java tivesse extraído o que era mais humano e libertador das religiões que passaram por seu caminho para convertê-la em sua própria religião. Umar Kayam via o *wayang* e os épicos como cerne da religião e civilização javanesas. Explicavam o ritual, as cortesias, a constante preocupação com o comportamento humano.

Havia outro lado dessa preocupação com a beleza e o comportamento correto. Em 1965, quando Sukarno e seu governo de feições comunizantes foram depostos, entre meio milhão e 1 milhão de pessoas foram assassinadas na Indonésia. Nessa época, todas as frustrações do excesso de refinamento vieram à tona; todo tipo de contenda particular foi resolvido. Na Bali hindu, que os turistas hoje visitam, a matança foi tão feroz quanto em qualquer outro lugar. Mas ali, para dar um toque ritual à carnificina, as gangues da aldeia levavam as orquestras de gamelão quando saíam para matar.

O islã era parte da religião compósita. E as questões levantadas pelo acadêmico australiano em sua carta a Taufiq ainda permaneciam em aberto. O que o novo islã missionário, o islã do *pesantren*, tinha a oferecer a essas aldeias? Que novas idéias de posse da terra, que tipo de debate ele tinha a oferecer a essas aldeias que não eram tão encantadas quanto pareciam, onde o equilíbrio fora rompido?

Havia gente demais. Mas o programa de planejamento familiar do governo estava ameaçando o sistema da família ampliada, a proteção que esse sistema proporcionava. Mais alimentos eram necessários. Mas o novo arroz, que dava duas safras por ano, destruía o antigo ritmo da vida aldeã, interferia nos festivais, não dava ao povo a oportunidade para o teatro de marionetes e, dessa maneira, estava solapando a antiga civilização, rompendo os laços entre as pessoas. Os agricultores tinham dívidas. As duas safras por ano faziam-nos tomar empréstimos do banco para comprar fertilizantes e sementes. A extensão do crédito rural se destinava a ajudar, mas emprestar do banco não era como emprestar do agiota da aldeia, conhecido por todos. Emprestar do banco era tornar-se marionete ou vítima de uma instituição impessoal.

O *koum* da aldeia de Linus dizia que os jovens estavam aprendendo mais sobre o islã na escola e por essa razão estavam se tornando mais interessados na fé. Mas o islã do *koum* era o antigo islã da aldeia; e o *koum*, com as taxas que cobrava por seus serviços religiosos, com seu meio hectare de terra e com seu conhecimento do passado, achava estar vivendo nos bons tempos. Havia muitas pessoas agora que não sabiam nada dos japoneses ou dos holandeses, muitas pessoas para as quais não havia mais espaço na aldeia, pessoas que estavam sendo expulsas ou banidas da única forma de vida que conheciam. Elas viviam em tempos ruins; e o islã que os tocava não era o islã do *koum*, mas um islã que santificava seu senso de injustiça.

Em Pabelan recebi cópia de um artigo de uma revista anônima. Era uma entrevista, feita por "um cristão leigo", com um *kiyai* muçulmano, o líder de um *pesantren*. "Você me pergunta sobre a situação dos agricultores hoje e como o *kiyai* pode mudar essa sociedade injusta? Os agricultores hoje não recebem justiça. A maioria deles é pobre porque não tem terra. Hoje existem mais agricultores sem emprego. Os proprietários de terra usam máquinas em lugar dos agricultores em suas fazendas. Os agricultores recebem preços muito baixos por seus produtos. Enquanto isso, os ricos em nossa sociedade estão muito ricos. Obtêm sua riqueza do dinheiro que é dado ou emprestado ao nosso país por nações muito ricas. Ora, como pode um *kiyai* ajudar na mudança desse tipo de sociedade? Como ele pode fazer com que os proprietários de terra e os ricos desistam de suas propriedades que, de acordo com o islã, pertencem a Alá e devem ser devolvidas ao povo, às criaturas de Alá?"

Mas quem eram e quem não eram as criaturas de Alá? Que terra devia ser devolvida na superpovoada Java? Java não era a Malásia. A maioria das pessoas na aldeia de Linus cultivava um quarto de hectare de terra. Essas pessoas eram ricas? O *koum*, com seu meio hectare, considerava-se bem de vida. Que terra ele tinha para devolver?

O islã que estava chegando às aldeias — retocado por idéias novas e emprestadas sobre a perversidade da máquina, o mau uso da ajuda estrangeira — era o islã que, no final do século XX, havia redescoberto suas raízes políticas. O Profeta havia fundado um estado. Dera aos homens a idéia de igualdade e união. As brigas dinásticas que chegaram cedo a esse estado haviam adentrado a teologia da religião; de sorte que essa religião, que preenchia o cotidiano das pessoas com rituais e cerimônias de adoração, que pregava a vida após a morte, dava a elas, ao mesmo tempo, a mais aguçada percepção sobre a injustiça terrena e a integrava à religião.

Esse islã do final do século XX parecia levantar questões políticas. Mas tinha o defeito de suas origens — o defeito que perpassava toda a história islâmica: para as questões políticas que ele levantava, não oferecia nenhuma solução política ou prática. Oferecia apenas a fé. Oferecia apenas o Profeta, que solucionaria tudo — mas que cessara de existir. Esse islã político era a raiva, a anarquia.

De repente, em Yogyakarta, havia turistas, excursões do Japão, Alemanha, Taiwan e Austrália; e o Sheraton começou a ficar lotado. O que havia para eles em Yogya? O que os australianos faziam? Aonde iam? Os visitantes que vi nos templos de Borobudur e Prambanam eram indonésios e apenas alguns alemães. A orquestra de gamelão tocava no saguão do Sheraton durante uma hora e meia pela manhã e uma hora e meia durante a tarde; mas ninguém parecia ouvir. No restaurante do sétimo andar, durante a noite, havia uma hora de uma modalidade superior de dança javanesa clássica; mas sempre havia mesas vazias. Na verdade, Yogya era apenas uma parada para as excursões, algo introduzido no meio do percurso. A verdadeira meta era Bali, do nome encantado: Bali para o Natal.

Eu estava curioso sobre os australianos. Mas eu sabia o que um deles estava fazendo. Estava preparando um trabalho acadêmico sobre os carvoeiros de Java. Tinha-se descoberto que eram uma espécie em extinção, com a derrubada das florestas de Java; e aparentemente havia pessoas em Jacarta que, embora vendessem tomates ou consertassem sapatos ou empurrassem carroças de alimentos, insistiam que eram carvoeiros. Eu soubera dessa triste idiossincrasia por meio de uma bela socióloga que contraíra febre tifóide ao fazer trabalho de campo, caminhando por uma aldeia javanesa. E eu pensara que isso fosse tudo o que poderia ser dito.

Mas o australiano que eu encontrara na época já havia passado dois meses pesquisando aquele mesmo assunto. Dois meses! Ele riu diante de minha exclamação. Dois meses não eram nada. Um trabalho acadêmico exigia entrevistas, questionários, tabelas. A vida acadêmica podia parecer aprazível, mas tinha seus rigores!

Ele me ligou na noite anterior à minha partida de Yogya. Naquela tarde, avistara na rua um homem carregando, de fato, uma carga de lenha nas costas. Sentira vontade de sair correndo atrás do carregador de lenha, nitidamente um carvoeiro, alguém com carvão para queimar, e entrevistá-lo. Mas não o fez. Estava com seus amigos javaneses — naquela hora agradável do dia; deixara o momento escapar. Observara sua presa rara — quem sabe, talvez o último carvoeiro do centro de Java — afastar-se com sua carga no crepúsculo, desaparecendo na fumaça negra dos ônibus e lambretas de Yogya.

Mas o australiano fizera seus arranjos. Em Yogya ele tinha uma espécie de morada. Eu não. Na véspera do Natal, o Sheraton me dispensou e tive de voltar para Jacarta, para o Borobudur Intercontinental. Dessa forma, o palácio real de Yogyakarta continuou desconhecido para mim; seu mandala budista, inexplorado; os nove portões que correspondiam aos nove orifícios do corpo humano, as salas que simbolizavam tantas coisas, as árvores que portavam significados tão variados; todos os mistérios da mescla hindu-budista-muçulmana da realeza em Java, rivalizando com a maravilha da civilização única.

# 5

# *A PERDA DA PERSONALIDADE*

O Borobudur Intercontinental em Jacarta mudou seu caráter no Natal. Foram-se os homens das companhias multinacionais e os economistas e consultores estrangeiros. Muitos deles eram homens solitários de meia-idade. Alguns iam para casa; outros partiam para as colinas mais frescas ou para as ilhas. O Borobudur oferecia pacotes de férias a preços reduzidos para a população local; e a população local chegava, com suas famílias; entre os abastados, era uma maneira válida de passar os feriados.

Crianças corriam para cima e para baixo de corredores atapetados e brincavam com os elevadores. Babás ou aias, algumas descalças, cuidavam de bebês. Uma família chinesa, fazendo a coisa certa para os feriados mas sem aproveitá-los, passava a manhã inteira sentada em silêncio nos bancos almofadados ao lado dos elevadores do décimo quinto andar. O chefe da família, um velho com o rosto desolado, trajava uma camiseta de baixo, sem camisa. Vistas do décimo quinto andar, as cabeças de cabelo negro na piscina com o desenho ondulado do Borobudur pareciam artificialmente grandes e (também devido ao seu número) sugeriam girinos. Certa manhã contei sessenta e três cabeças na piscina.

Prazeres simples; mas estavam alimentando ressentimentos. Ressentimento contra chineses; contra estrangeiros; contra pessoas com habilidades que os indonésios não possuíam. Ressentimento, talvez, contra as habilidades em si mesmas, e contra a nova ordem que estavam introduzindo, que ninguém ainda aceitava inteiramente: novos homens, novos status, novo poder, novo dinheiro. Os homens errados tinham dinheiro. Homens errados davam a si mesmos ares feudais. Pessoas erradas irrompiam pelo Borobudur e mostravam o outro lado da nova sociedade.

"Barato para o senhor", disse a garota na loja do hotel, quando comprei uma garrafa de vinho do Porto para o feriado. "Mas não para nós." E seu grande sorriso — embora não o seu antigo sorriso, não o sorriso que eu conhecia — era frio.

O sentimento de injustiça estava ali. Tudo o que fora feito durante os quinze anos de paz podia ser ignorado. Quanto mais rico o país se tornava, quanto melhor era administrado, mais fácil era desconsiderar seu lado criativo e mais se tornavam aparentes as novas desigualdades. E as pessoas podiam sentir saudades de 1945, quando todos eram igualmente pobres e todos tinham a mesma idéia do que era certo e errado. Na cidade, como nas aldeias, toda melhoria tornava as coisas piores, deixava os homens mais incertos.

"A perda da personalidade", a perda do sentimento comum do bem e do mau: era este o tema de Darma-sastro.

Darma-sastro era um alto funcionário público de um dos novos departamentos voltados para a tecnologia. Ele me fora descrito como um dos novos homens talentosos da Indonésia; e ele me recebeu em seu escritório certa tarde, após horas de espera. Estava no final de seus trinta ou início dos quarenta. Fumava tabaco holandês aromático em cachimbos americanos de sabugo de milho; na Indonésia, isso lhe conferia um ar distinto. Não era um homem bonito, mas detinha posição de autoridade e respeito. Estava ligado à nobreza superior. Mencionou o fato apenas para relativizá-lo; mas era essa ligação que, indubitavelmente, o distanciava da nova elite — "10 mil, nada mais", conforme ele disse — à qual ele também pertencia.

Disse Darma-sastro: "Entre nós, existem agora pessoas que perderam suas personalidades ou sua identidade. Não pertencem mais à aldeia. Tornaram-se ricas demais ou importantes demais. Para elas, voltar à aldeia seria uma degeneração. Perderam o senso de segurança propiciado pela sociedade de ajuda mútua da aldeia. Ao mesmo tempo, não são indivíduos no sentido ocidental. Não podem se manter por si mesmos e, como indivíduos, interagem numa base de igualdade com os demais.

"Algumas delas estiveram no exterior, porém existem muitas pessoas cujo corpo esteve no exterior mas cuja mente ficou no país. Como descrever essas pessoas?" Era o jeito de Darmasastro conversar, fazendo perguntas e respondendo-as. "Continuam a se reunir entre si mesmas. Continuam a comer a mesma comida. Não se misturarão com ocidentais. Não farão assinatura dos jornais. Conheci indonésios que passaram três anos nos Estados Unidos sem abrir um jornal americano. O que elas olham? Olham para a televisão. O contato com o Ocidente é mínimo e é desse jeito que elas querem que seja. Não conseguem funcionar fora da Indonésia. Continuam a ser aldeões. Estão lá no Ocidente apenas para conseguir o diploma e retornar para a Indonésia com essa dignidade creditada.

"Mas, aqui, não são membros da nobreza. Não possuem os valores feudais da *noblesse oblige*. Dessa forma, com sua nova dignidade, buscam poder e riqueza, principalmente. É este o câncer. Antigamente, as pessoas importantes tinham uma responsabilidade para com a sociedade. Se você fosse da nobreza, devia dar o exemplo. As pessoas de quem estou falando não conseguem funcionar agora como árbitros do certo e do errado, porque elas mesmas não conseguem mais distinguir entre o certo e o errado. Por quê? Em sua perda de identidade, perderam todos os valores, exceto os associados ao poder. São pessoas que continuam a buscar sua própria segurança.

"Isso ainda não se tornou uma selva, mas podemos chegar lá. Existem milhões de pessoas moralmente boas, mas impotentes para implantar o bem. Existem milhares — e isso é importante — que são poderosas mas não estão dispostas a implantar o bem. Portanto, você se sente à deriva. Sentir-se à deriva é assim. Você sabe que deve fazer o bem e evitar o mal. Mas agora você tem de pensar. E quando você se descobre pensando a respeito é quando você começa a sentir-se à deriva. É quando você começa a sentir que a sociedade inteira está à deriva. Estou lhe dizendo: é preciso um esforço consciente, mental e moral, para alguém como eu fazer o bem. O que é errado.

"De onde vem o dinheiro, que está incentivando tudo isso? Vem do petróleo." Ele andava pelo escritório de divisórias de madeira, apontando para os gabinetes de aço, o equipamento moderno. Começou a encenar o que dizia. "Eu vivo principalmente do petróleo: a receita governamental do petróleo e a tarifa sobre outras exportações. Isso quando estou aqui, numa cidade. Quando estou fora das grandes cidades, eu vivo da terra. Nós vivemos das pessoas. Eu as taxo, entende? Imponho taxas a elas. Essas pessoas precisam entender que eu tenho minhas necessidades, elas não podem chegar a mim de mãos vazias.

"Eu o estou surpreendendo? Na Europa, antigamente, a importância do nobre era medida pela extensão de sua terra. Em Java, a importância de um nobre era medida pelo número de pessoas em sua terra. Porque pessoas significavam riqueza: trabalho não pago, parte da produção, exército. Não somos nobres agora, mas não esquecemos que as pessoas significam riqueza."

Vista do céu, Jacarta era uma extensão de árvores e telhados vermelhos. Mas o mapa de Jacarta mostrava apenas umas poucas ruas principais. Eram as ruas pelas quais fluía o tráfego, depois dos novos arranha-céus, parques e monumentos. A cidade estava contida entre essas ruas. Jacarta era uma cidade sem foco, um agrupamento de *kampung* urbanos ou vilas, e essas vilas preservavam a estrutura aleatória das aldeias do campo. Nenhum guia de ruas conseguiria registrar a sinuosidade das ruelas e alamedas.

No centro, as vilas eram de concreto. Mais para a periferia, porém, ainda podiam ser áreas com verde: casas em jardins sem cercas, à sombra de árvores frutíferas, com pátios varridos duas vezes por dia. Essas vilas ainda eram comunidades, ainda tinham seus "líderes" nomeados. Pouco se precisava fazer para corrigir essas áreas. Mas muitas das comunidades aldeãs urbanas eram instáveis. A terra próxima ao centro era valiosa; as vilas podiam ser desapropriadas para projetos imobiliários; e a comunidade tinha então de se mudar para mais longe. E as famílias se multiplicavam; a terra era dividida e novamente dividida; as casas encolhiam e as ruelas entre as casas se tornavam mais e mais estreitas.

Da coleta de lixo, então, nem se fale: era deixada aos trapeiros, os homens que carregavam nas costas os cestos de bambu habilidosamente confeccionados, que reviravam o lixo em busca de tudo o que pudesse ser vendido, toda lata, garrafa, resto de papel que pudesse ser alisado e vendido como papel de embrulho. As preciosas árvores frutíferas eram cercadas, a dádiva de um pequeno pedaço de Java atrás de arame farpado, circundado por casinhas. E sempre as crianças, em todo espaço livre, em pequenas ninhadas, tão numerosas quanto galinhas.

Uma pequena ninhada estava aos pés de um rambotã, na manhã em que Prasojo e eu dávamos uma caminhada. Um velho estava trepado na árvore usando uma vara de bambu para apanhar cachos da fruta vermelha e espinhenta. Prasojo e eu paramos para observar. O filho do homem nos viu. Percebeu que éramos estrangeiros; pegou um cacho da fruta que seu pai apanhara e ofereceu-nos com o gesto hindu-javanês de cortesia: a fruta em sua mão direita estendida, os dedos de sua mão esquerda tocando o cotovelo direito.

A fruta era dinheiro para a família; estava sendo apanhada para ser vendida. A apenas uns 100 metros adiante, para além do labirinto da vila, ficava a rua principal, preta de fumaça de diesel e orlada de barraquinhas. Jacarta era uma cidade de 5 milhões de habitantes. Aqui, entre pessoas à beira do abismo, ainda havia, milagrosamente, os costumes da aldeia rural, as gentilezas de uma antiga civilização.

Prasojo estava menos comovido do que eu pela oferenda da fruta. Ele apenas a via como comportamento correto. "É como eu mesmo me comporto", disse ele. "É o comportamento de um homem ainda em comunidade. Em 'sociedade', aquele mesmo menino provavelmente roubaria de você a fruta."

O homem em comunidade ainda vivia segundo o antigo costume aldeão javanês cooperativo. O homem em "sociedade" era um homem por sua própria conta, um homem que deixara sua aldeia e seus companheiros e se lançara para dentro da cidade. Prasojo achava que as pessoas desse tipo estavam "jogando" com suas vidas; ele as chamava de "jogadores". Eram os homens que se tornavam trapeiros. Eram os que poderiam ser vistos apanhando pontas de cigarros (mas utilizando dois bastões compridos de bambu como se fossem pauzinhos de comer) a fim de vender o tabaco para uma variedade de cigarros para os pobres. Eram os perdidos de Java, e alguns deles nem mesmo tinham "documentos". Eram as pessoas expropriadas da civilização javanesa pela fertilidade de Java, pessoas do nível mais baixo que haviam perdido suas personalidades na mesma medida que as pessoas da cúpula, a que Darma-sastro se referia. Com seus cestos nas costas, seus longos bastões, seu esforço mínimo, seus olhos para sempre cravados no chão, como pessoas retiradas do barulho e da multidão, eram um aviso a todos os demais: as coisas podem facilmente dar errado.

Jacarta passava por um surto de crescimento. A cidade e o campo necessitavam de capital e habilidades. Mas essas coisas geravam divisões traumatizantes, e havia raiva pela perda da velha ordem, a perda do velho conhecimento do bem e do mal.

Os feriados terminaram. Os novos-ricos e seus filhos e aias deixaram o Borobudur Intercontinental. A piscina foi esvaziada para sua manutenção anual; onde a água se ondulava azul, ladrilhos brancos brilhavam e trabalhadores talhavam e martelavam. Os homens das multinacionais e os consultores e economistas regressavam. Havia paz nos corredores. Era a volta aos negócios.

## 6

## *TREINAMENTO MENTAL EM BANDUNG*

Era a estação chuvosa. Mesmo nos dias claros, o sul de Jacarta ficava oculto por névoa, deixando esmaecidos os arranha-céus, áreas verdes e telhados vermelhos. A terra parecia plana, mas havia colinas ao sul, visíveis quando a névoa se retirava mais para o alto. Nessas colinas ficavam os bangalôs de férias das pessoas que desejavam fugir do calor e da umidade de Jacarta.

Uma via expressa, atravessando a área agrícola — causa de protestos estudantis em certa época, mas agora recebendo muito tráfego —, cobria parte do trajeto até as colinas. Quando a via expressa terminava, voltava-se novamente à populosa Java, com uma rua estreita que acabava, depois de passar por uma aldeia interminável (ocasionalmente se adensando em pequenos distritos), depois das barracas de verduras e frutas, nas plantações de chá, sobre as quais vagavam nuvens de chuva e névoa, misturadas com gases negros de escapamentos de ônibus, caminhões e lambretas. Aqui e ali, a terra encharcada em um dos lados da estrada da montanha havia deslizado, e as raízes de um arbusto de chá, surpreendentemente espessas e compridas, pendiam soltas acima da estrada.

Do chá e da névoa, a estrada mergulhava num límpido vale plano de arroz e depois subia novamente, em meio a montes cônicos e pontiagudos, até o platô onde ficava a cidade de Bandung: a Bandung da famosa conferência pós-colonial de 1955, entre o presidente Sukarno e o sr. Nehru; a Bandung do clima fresco, uma das muitas Parises da Ásia, de que as pessoas falavam nos tempos coloniais; a Bandung também do famoso Instituto de Tecnologia, fundado pelos holandeses, e estaleiro obrigatório da revolução. Sukarno esteve em Bandung; seu título de "Doutor Engenheiro" fora dado por esse instituto.

E Bandung ainda possuía uma reputação radical. Era um dos centros do renascimento islâmico na Indonésia. Vários amigos de Prasojo, de Jacarta, tinham partido para lá para o fim de semana prolongado a fim de passar por um "treinamento mental" islâmico de três dias na mesquita do Instituto de Tecnologia.

O curso estava sendo dado por um homem famoso entre os muçulmanos indonésios, o sr. Imaduddin, um engenheiro eletricista e professor do Instituto. Algumas pessoas em Jacarta consideravam Imaduddin audacioso; outras consideravam-no perigoso. Havia sido libertado cinco meses antes, após um ano de prisão. Seu nome, Imaduddin, mais árabe do que indonésio, sugeria o tipo de muçulmano que ele era.

No crepúsculo, os arrabaldes de Bandung eram mais javaneses do que parisienses, com as calçadas sujas e as barracas temporárias da beira da estrada. Mas era a hora encantada, a hora do "namoro" de que Prasojo havia falado, e por algum tempo seguimos um casal de namorados numa lambreta, a garota cuidadosamente maquiada para o passeio (braços em torno da cintura de seu acompanhante), em meio à neblina e confusão do tráfego, sentada com as pernas para o lado, as sandálias perigosamente pendentes.

Prasojo disse: "Você estava perguntando sobre a compleição *langsat*. Ela é *langsat*".

A cor da fruta *langsat* era considerada como a cor perfeita para uma mulher indonésia. A fruta era de tom ocre-claro, uma cor de adobe pálido; e a garota na lambreta tinha uma compleição clara do sul da China.

A garota ficou embaraçada pelo exame. Quando nosso motorista jogou os faróis sobre ela, seu acompanhante, já preocupado com o tráfego, ficou agitado; mais de uma vez ele se voltou franzindo o cenho. Quando por fim se desviaram do caminho, a garota *langsat*, as sandálias balançando, sorriu maliciosamente, e Prasojo disse: "Você *viu*? Você *viu*?".

Tivemos de indagar qual caminho seguir, praticamente a cada rua, até chegar ao instituto e à mesquita. Ficava na parte mais velha e colonial da cidade: imagens, no escuro e à luz artificial, de ruas largas e silenciosas, casas recuadas e um grande edifício administrativo em cujo teto esculpido Java se tornara apenas um motivo arquitetônico, um exemplar do exotismo colonial holandês.

A torre cilíndrica da mesquita era "moderna". Passava das sete da noite e nos espaços abertos pavimentados entre a mesquita e seus grupos de prédios anexos do curso de treinamento mental, rapazes e garotas estavam esperando que a sessão noturna começasse. Delicadas vozes femininas chamaram das sombras: "Prasojo! Prasojo!". O sucesso que aquele rapaz fazia! As garotas gostavam dele tanto quanto ele gostava delas; e agora elas se amontoavam sobre ele como se ele tivesse estado longe delas durante várias semanas. A alegria do grupo era como a alegria de um grupo de campistas. Eram jovens de Jacarta, filhos da classe média. Não eram como as pessoas do *pesantren*, ou como os grupos muçulmanos mais austeros e fechados.

Imaduddin foi contatado por telefone e alguém nos levou até sua casa. Antes que pudéssemos sair do carro, o próprio Imaduddin saiu de sua casa para nos saudar: um homem de altura mediana, ombros largos, rosto amplo, sorridente, franco; e ele nos arrastou para dentro da casa.

Era a casa de um professor universitário, com cadeiras simples, estantes, mas também com um traço indonésio: duas garotas, parentes ou criadas, estavam sentadas no chão, no extremo oposto da sala. Levantaram-se, assim que entramos, e se afastaram, certamente para preparar o chá de boas-vindas.

Imaduddin leu a carta de apresentação que Prasojo havia trazido. Seu rosto se iluminava à medida que lia; disse que se sentia honrado. Aparentava menos do que seus quarenta anos de idade. Sua pele era lisa, os olhos escuros brilhantes, e ele tinha uma boca ampla e bem-humorada. Era simpático e muito atencioso. Mas como, perguntou, eu ouvira falar dele. Mencionei o nome de um jornalista de Jacarta, e Imaduddin disse, com uma risada: "Mas diga a ele que ainda estou lutando por minha liberdade! Depois de cinco meses. O instituto não me deu nenhuma atribuição este ano".

"Por que acha que estão com medo do senhor?"

"Eu não sei. Imagino que estão com medo de minha popularidade com os estudantes."

Perguntei sobre seu nome.

"É Ima-dud-din. Significa o pilar da fé."

"O senhor mesmo escolheu?" Alguns indonésios faziam isso. Prasojo também escolhera um nome para si e depois falara a seus pais sobre ele.

"Não, foi meu pai quem me deu o nome. Ele era um estudante em Al Azhar, no Cairo. Fui Ima-dud-din a vida inteira."

Veio o chá das boas-vindas, em xícaras de porcelana, não em copos. A comida de boas-vindas chegou em potes de biscoitos, de dois tipos. Essa não era a hospitalidade da aldeia.

Os interrogatórios na prisão tinham sido duros. O primeiro levara vinte horas, mas Imaduddin não tinha histórias de maus-tratos. Entre seus colegas de prisão havia alguns famosos. Imaduddin havia conhecido e conversado com o dr. Subandrio, que fora ministro das relações exteriores no tempo do golpe militar de 1965. O dr. Subandrio fora acusado pelo exército de tramar um golpe comunista, juntamente com outras pessoas, e fora sentenciado à morte. Três dias antes da execução, a rainha Elizabeth da Inglaterra havia feito um apelo em favor de sua vida e sua execução fora adiada. E durante todo esse tempo — praticamente esquecido pelo mundo — esse ex-colega de Sukarno ficara na prisão: não era uma coisa fácil de considerar, tomando chá na residência universitária de Imaduddin.

E era estranho também pensar em Imaduddin, o novo muçulmano, e Subandrio, o velho da velha esquerda — em causas opostas, e ambas as causas consideradas prejudiciais ao estado indonésio — encontrando-se amigavelmente na prisão administrada pelo exército.

Como se permitira que Imaduddin conversasse com o dr. Subandrio? Após algum tempo, os carcereiros haviam se tornado amistosos, disse Imaduddin; e ele recebera certos privilégios. O tempo na prisão não parecia tão mau. E, de fato, para Imaduddin, não tinha sido tão desagradável. Pouco antes de ser preso, Imaduddin havia visitado alguns países árabes. Os árabes lhe haviam dado comida sem parar. Ninguém dissera a Imaduddin que quando se comia com árabes devia-se comer muito lentamente, observando o anfitrião, porque enquanto o anfitrião comia tinha-se de comer. Assim, dos setenta quilos que ele tinha ao chegar para sua tarefa islâmica entre os árabes, Imaduddin estava com oitenta quilos no momento em que os deixou. Era o seu peso quando a polícia veio prendê-lo; era o peso que ele ainda estava tentando perder. Havia perdido um pouco na prisão; o médico do exército que o examinara havia ficado satisfeito com seu progresso.

Mas ele não recebera nenhuma atribuição no Instituto de Tecnologia após sua libertação. Tudo o que ele estava fazendo agora era seu trabalho missionário islâmico entre os jovens. Seus cursos de treinamento mental eram famosos. Começara a ministrá-los sete anos antes e já havia até realizado alguns para grupos de estudantes muçulmanos na Inglaterra. A demanda em Jacarta era alta. Sessenta e sete pessoas haviam se inscrito para esse curso de agora; e ele apenas conseguira aceitar quarenta e sete.

Mais um gole de chá, uma mordida num biscoito e momentaneamente era hora de nos separar — eu, para procurar um hotel, nessa difícil temporada de férias, Imaduddin, para ir para o seu curso de treinamento mental.

"Dá para entender por que ele é tão popular", disse Prasojo. "Você notou o modo como ele apertou sua mão? Ele apertou a minha como se me conhecesse há muito tempo, como se ele estivesse realmente contente em me ver. Imagino que é assim que devo me comportar, se eu quiser me dar bem com as pessoas." A experiência americana de Prasojo exercia forte influência sobre ele. Ele trouxera álbuns de fotos de seu tempo nos Estados Unidos pelo American Field Service: festas de estudantes estrangeiros, o Grand Canyon, neve.

O treinamento mental já durava uma hora quando voltei. A aula era na meia-água da clínica anexa à mesquita. O piso era de ladrilhos; a lousa verde já estava escrita; as lâmpadas eram fluorescentes. Os alunos sentavam-se em cadeiras de metal dobráveis com encostos amplos e brilhantes. Havia mais garotas que rapazes, e as garotas sentavam-se à direita, os rapazes à esquerda. As garotas usavam xales ou toucados em belas combinações de cores — amarelo, verde, lilás, cor-de-rosa, púrpura e branco. Cada aluno portava seu nome num crachá verde. O professor era um jovem de bigode trajando uma camisa florida.

Imaduddin estava sentado no fundo da sala. Quando entrei e me sentei ao seu lado, contou-me que estávamos assistindo a um exercício de "comunicação".

Quatro ou cinco alunos foram mandados para fora e o professor, com um gravador, lia uma história para um jovem: uma narrativa sobre um acidente de trânsito. Um dos alunos lá fora, uma garota, foi então chamada a entrar. O jovem começou a contar a ela a história. Ela fez perguntas; ele ficou confuso; a classe riu. Os alunos tinham o hábito de ver espetáculos de marionetes; tinham a sensibilidade de atores. A aula de treinamento mental tornava-se mais e mais parecida com um espetáculo de marionetes; e a hilaridade aumentava à medida que a história era transmitida, cada vez mais distorcida, de um aluno para o seguinte.

"Tudo isto está sendo gravado", disse Imaduddin. "No final, a fita será ouvida, de modo que eles possam ver o quanto mudou a história original. É para ajudá-los quando saírem para o mundo e começarem a pregar o islã."

Mas o exercício nunca chegava à etapa da reprodução da fita. E isso não era necessário. A vocação dos alunos para o teatro de marionetes passou a tomar conta; e o tema — a distorção de uma narrativa contada duas e três vezes — tornou-se objeto de muita comédia.

Chegou, então, o momento da seriedade. E, como bons alunos que haviam se divertido e agora se dispunham a encontrar virtude naquela diversão, os alunos se acalmaram e passaram a contar ao instrutor o que haviam aprendido com o exercício. Aprenderam coisas importantes: o valor da indagação, da análise racional.

Pareceu-me que as conclusões poderiam voltar-se contra eles, porque a mensagem que iriam levar ao mundo era extraordinária: um Profeta divinamente inspirado, regras arbitrárias, uma peregrinação até uma determinada pedra, um mês de jejum. Mas agora estávamos bem no interior do islã, e seus princípios estavam além do questionamento. Indagação e análise destinavam-se a questões internas: os *hadith*, tradições e relatos sobre o Profeta. Alguns *hadith* eram mais confiáveis do que outros; as pessoas que se pautavam por *hadith* questionáveis poderiam facilmente se ver envolvidas em caminhos não islâmicos. E os alunos foram direto ao ponto: o jogo no qual haviam participado levara seus pensamentos diretamente para os *hadith* e até para passagens específicas do Corão. Essas passagens foram lidas. E a garota *langsat* na traseira da lambreta pareceu muito distante, parte de um mundo diferente e frívolo.

O jovem professor com o gravador japonês estava satisfeito. Imaduddin também estava contente. Ele próprio elaborara o jogo; disse que tirara a idéia a partir de várias fontes. Mas a adaptação islâmica era idéia dele mesmo.

O professor falava novamente. Os alunos se levantaram e ruidosamente dispuseram as cadeiras de metal em grupos mais ou menos circulares de cinco integrantes — cinco era o número islâmico. Até o momento eu apenas vira as costas e os xales coloridos da maioria das garotas; agora via-lhes as faces. Não havia nada parecido a uma compleição *langsat* entre elas. A maioria parecia vir de Sumatra, mais muçulmana do que Java.

Eu disse a Imaduddin: "Imagino que identifiquei seis etapas no jogo. O professor conta a história; a história é distorcida; a classe comenta; tira-se a conclusão sobre os *hadith* do Profeta; lêem-se os versos relevantes do Corão; e agora os alunos se sentam em grupos de cinco".

"Está correto. Mas esse sentar-se em grupos de cinco é um novo jogo."

Os alunos receberam envelopes. Cada envelope continha pedaços de papel de formas variadas, e o objetivo do jogo era construir quadrados com os pedaços de papel. Nenhum dos envelopes continha um quadrado completo, mas as peças foram distribuídas de tal maneira que um grupo de cinco, utilizando todos os pedaços que havia recebido, poderia compor cinco quadrados.

"Eles precisam cooperar sem conversar", disse Imaduddin. "Não é permitido que ninguém pegue um pedaço de papel de outro de seu grupo. Mas podem aceitar o pedaço que lhes for dado."

Caminhamos entre os grupos de cinco, que tinham as cabeças inclinadas e próximas, um engraçadinho aqui e ali, um rapaz, exagerando sua confusão, deliberadamente construindo formas absurdas. Constatei com alegria que um deles fez uma rápida trapaça, tirando um pedaço de papel de um vizinho e adicionando-o à forma de outro. Houve um grito e palmas de um grupo de garotas: elas haviam terminado. Era como um jogo de bingo. Mais gritos, contendas amistosas entre rapazes e garotas: o ar estava carregado de sexualidade adolescente. E depois, mais uma vez, o lado sério: as cadeiras novamente no lugar, o professor pedindo comentários. Um a um os comentários foram feitos. E era surpreendente o que haviam extraído do pequeno jogo, o quanto aquilo os fizera avançar no caminho do islã.

O professor escrevia os comentários na lousa verde. Imaduddin traduzia para mim. Haviam aprendido cinco coisas — cinco era um número islâmico saudável, já que havia cinco princípios islâmicos. "Cooperação indispensável para a meta comum. Aqueles que desistem facilmente não conseguem realizar. Deve-se dar aos outros sem pedir nada. O conhecimento mútuo também é indispensável. Perseverança."

"Mas eles já falaram da perseverança", disse eu. "'Aqueles que desistem facilmente não conseguem realizar.'"

Imaduddin concordou.

Mas os alunos apenas momentaneamente haviam saído do caminho. Uma garota com um toucado em tom açafrão ergueu a mão e falou; o professor escrevia na parte inferior da lousa e Imaduddin disse: "Isso é importante. A sensação de pertencer".

Tudo isso lhes ocorrera a partir do jogo. Mesmo com a pequena trapaça ocorrida, haviam se encaminhado diretamente para a idéia islâmica de unidade ou união: homens curvando-se juntos diante do criador e unidos por regras rígidas. Havia um corolário não dito: tudo que fosse externo à comunidade era excluído, tudo do lado de fora era ímpio, impuro, infiel. Eles eram os virtuosos e os seguros; eram felizes em sua fé reforçada. E versos do Corão ocorreram novamente a alguns alunos. Novamente houve aquela exibição de erudição e indagação à medida que as páginas do livro eram viradas e alunos e professor liam vários versos.

Algumas folhas de xerox foram passadas pelo falante professor e Imaduddin disse: "O professor está pedindo que eu leia um poema. É de Iqbal. Esta é a última aula do curso de treinamento mental e eu sempre a concluo com a leitura desse poema de Iqbal. Eu o escolhi porque é muito emotivo. Foi escrito em urdu, como você deve saber. Traduzido para o árabe por Effendi, e traduzido do árabe para o indonésio por Mohammed Natsir". Iqbal, o ideólogo do Paquistão; Natsir, antigo líder do proscrito partido muçulmano da Indonésia.

Imaduddin — com a cortesia indonésia fazendo-o atrasar-se enquanto me explicava o poema — dirigiu-se então para a mesa. Pôs os óculos e começou a ler; estava transformado. Todas as suas gentilezas sociais, todo o seu patente bom humor, foram engolfados nessa nova personalidade; não o ator ou o mestre de marionetes, mas o mulá, o homem numa mesquita, recitando o Corão em algum dia de paixão muçulmana. Ele dissera que o poema era emotivo; e à medida que lia, sua voz se entrecortava. Por vezes ele parecia prestes a soluçar: o islã é angústia, inferno, céu, redenção. E, segundo entendi, o tema do poema de Iqbal era o seguinte: como se poderia suportar o mundo, sem o Profeta ou o conhecimento de sua missão?

Ele dissera que o poema levaria seis minutos. Levou mais de dez. Já passava de dez e meia da noite. A aula de treinamento mental já durava mais de três horas. O curso estava no fim.

Mas os alunos tinham de se levantar às três da manhã. Não, segundo imaginei, em função da disciplina e auto-sacrifício que encorajavam a união; mas porque, como me disse Imaduddin, o Corão estipulava que no meio da noite deviam-se proferir orações especiais, e o meio da noite significava entre meia-noite e seis da manhã.

Os alunos não pareciam se importar. Era como um acampamento feliz, estavam emocionados pelo drama do estágio final de despertar de madrugada. Levantaram-se de suas cadeiras de metal e partiram hesitantes, as garotas de um lado da área da mesquita, os rapazes do outro. Eram filhos da classe média de Jacarta, pessoas confrontadas pela ameaça indonésia específica da perda da personalidade. No islã, na vida da mesquita, com suas regras e rituais, reencontravam, ou reconstruíam, algo como a velha comunidade feudal ou rural que para eles não existia mais.

Imaduddin disse que não iria se levantar para as orações das três da manhã com seus alunos. Mas ele estava em pé às três e meia. Fazia isso às segundas e quintas porque, nesses dias, ele jejuava. O costume era peculiar aos muçulmanos da Indonésia e, segundo me disseram, pode ter se originado de práticas animistas. O jejum não era um jejum estrito; como no mês de jejum do ramadã, era possível comer antes do nascer do sol ou após o pôr-do-sol. Para alguns, nesses dias de jejum, um requinte era comer apenas comida branca, sendo branca a cor da pureza; e também era conveniente, já que permitia que se comesse tanto quanto se desejasse de sua comida favorita, o arroz. Mas ouvi falar sobre a comida branca apenas depois, e não pude perguntar a Imaduddin sobre ela.

Quando o encontrei na manhã seguinte em seu escritório, adjacente à sala de aula da noite anterior, ele disse que jejuava nas segundas e quintas porque o Profeta jejuava nesses dias. Isso não era do Corão, mas havia um *hadith* confiável a respeito. E Imaduddin também estava preocupado com seu peso. Além de seus jejuns islâmicos, ele corria. Disse que precisava cuidar de si; estava com quase cinqüenta anos. Achava que não havia se recuperado plenamente de sua comilança com os árabes. Mas isso ocorrera quase dezoito meses antes. Sua pança me fazia achar, isto sim, que duas vezes por semana, durante seus dias de jejum, ele desenvolvia um apetite voraz.

Ele era muito versátil. Utilizava gravadores e jogos psicológicos ocidentais para o seu treinamento mental islâmico. Tinha a paixão de um mulá; mas também corria. Ele vivera ao longo de um período portentoso da história da Indonésia; havia conhecido grandes indonésios. Beneficiara-se da independência de seu país, de seu desenvolvimento incerto, da abertura do mundo para as pessoas de sua geração. Tornara-se engenheiro eletricista; viajara; fizera pós-graduação nos Estados Unidos.

Vivera em diversas eras; participara de uma grande confluência do mundo. Mas Imaduddin era indiferente à maravilha de sua vida; não dava importância ao seu novo mundo. Não havia nenhum desenvolvimento a explorar. Imaduddin nascera muçulmano em Sumatra. Tudo estava contido nesse início; a esse início apenas foram acrescentados acontecimentos, ferramentas e idade.

O pai de Imaduddin, como ele me contara na noite anterior, era formado pela universidade islâmica de Al Azhar, no Cairo. Ele era importante no partido muçulmano *Masjumi*.

"Meu pai era um professor de religião, vinculado a uma escola religiosa administrada pelo sultanato no tempo dos holandeses. Era uma escola famosa, e meu pai era o diretor. Durante a revolução, a guerra contra os holandeses, eu estive envolvido no exército muçulmano, o *Hizbullah*. Tive um treinamento de duas semanas como guerrilheiro, em 1946, e me deram uma estrela e uma faixa como primeiro-sargento. Com a idade de quinze anos! *Hizbullah* na verdade significa os soldados de Deus."

"Por que você diz exército muçulmano? Vocês não eram indonésios, lutando pela independência da Indonésia?"

"Havia muitos grupos no exército revolucionário daquela época. Os comunistas, o PKI, tinham seu próprio exército; chamavam-no de Exército Vermelho. Os socialistas tinham seus próprios grupos. Os nacionalistas e Sukarno tinham o seu. Às vezes, combatíamos entre nós, quando os holandeses estavam longe.

"Após ganharmos nossa independência, voltei para o colégio. Em 1947, o governo revolucionário abrira a primeira escola secundária em nossa área. Fui para essa escola e fiquei lá até 1953."

"O que o fez optar por ser um engenheiro eletricista?

"Em 1952, o doutor Hatta, o vice-presidente, visitou Sumatra e falou em desenvolver o país. Visitou a maior cachoeira próximo a Medan, em Sumatra, e fez uma palestra sobre a importância da eletricidade. Fiquei encantado por esse discurso. No ano seguinte, em 1953, terminei o colégio. Tirei a nota mais alta. Quando pedi a meu pai que me mandasse para Bandung, ele disse: 'Não tenho dinheiro. Mas se você quiser ir por sua própria conta, eu lhe dou minha permissão e minhas preces'.

"Minha mãe vendeu um de seus anéis e fui para Jacarta com dinheiro apenas para comprar a passagem do navio e me alimentar durante um ou dois meses de estada. O navio partiu de Sumatra cerca de seis horas da tarde. Navegamos por três noites e chegamos a Jacarta de noite. Fiquei impressionado com a multidão.

"Chegamos a Jacarta de noite, mas o porto estava fechado e apenas nos foi permitido desembarcar pela manhã. Na verdade, havia quatro de nós no navio que eram formados. Assim, logo pela manhã fomos até o Ministério da Educação e eu me dirigi diretamente para o departamento de bolsas de estudo. Mostrei a eles minhas notas e a carta de recomendação de meu colégio. Um de meus amigos tinha um amigo em Jacarta, mas ele não sabia se o amigo seria capaz de acomodar a nós quatro no assoalho da sala. A casa era, na realidade, a residência privada do senhor Sutan Sjahrir, secretário-geral do partido socialista indonésio."

"Mas esse é um nome indonésio famoso", disse eu. "Como pode dizê-lo assim tão casualmente?"

E era surpreendente que ele o pronunciasse daquele jeito: Sutan Sjahrir, uma das primeiras figuras nacionalistas da Indonésia, exilado pelos holandeses, de 1934 a 1942, e primeiro-ministro da Indonésia no primeiro ano da independência.

"Na verdade", disse Imaduddin, "Sutan Sjahrir havia nos visitado em Sumatra. Eu era um dos líderes estudantis no meu colégio, em Medan, e foi lá que o conheci. Ele estava à procura de jovens promissores. Os socialistas eram assim. E você pode imaginar o que significava para um jovem estar falando com aquele grande homem.

"Saímos de Jacarta nesse mesmo dia e fomos para Bandung com uma apresentação ao secretário-geral do partido socialista na Java ocidental. E também fomos hospedados por ele durante algumas noites. E fomos para o ITB, o Instituto de Tecnologia de Bandung, e nos matriculamos."

"Mas esta é uma história maravilhosa sobre Sutan Sjahrir!"

"Os socialistas eram assim mesmo. Sempre procurando adeptos. Na verdade, eu não conseguiria ser socialista porque já sou muçulmano. As boas idéias do socialismo eu posso encontrar no Corão."

"Mas o Corão não lhe dá as instituições. É isso que os socialistas tentam fazer. Você precisa mais do que idéias."

"As instituições cabem a nós. O *Hizbullah*, o exército muçulmano, foi criado pelo partido *Masjumi*. Meu pai foi um dos líderes desse partido, representando a região dele, o norte de Sumatra. E ele tinha assento no conselho supremo do clero muçulmano. Dessa forma, embora eu estivesse atraído por Sutan Sjahrir e seu estilo e sua capacidade intelectual, eu não conseguiria ser socialista porque já era muçulmano. Eu o admirava como um de nossos líderes nacionais, mas não mais do que isso."

"No *Masjumi* vocês tinham realmente um programa?"

"Eles tinham. Governo descentralizado. Duas câmaras. Economia cooperativista. Participação dos nativos na economia de cada região."

"Isso é islã? Ou é regionalismo?"

"Eles enfatizavam o desenvolvimento rural. A maioria dos muçulmanos está nas áreas rurais."

Muçulmanos, muçulmanos: ele empregava a palavra onde outras pessoas poderiam ter dito indonésios.

E em sua primeira sexta-feira no Instituto de Tecnologia em Bandung, Imaduddin teve um choque.

"Aqui era muito secular em 1953. Não se conseguia encontrar nenhuma mesquita por aqui. Era preciso andar três quilômetros até a aldeia para achar uma mesquita. A maioria dos professores no instituto era de holandeses, que estiveram aqui até 1957, quando Sukarno os expulsou. A maioria das aulas era em inglês. Essa era a regra, para pessoas que não sabiam falar a língua indonésia. Na primeira sexta-feira, descobri que alguns dos professores estavam dando aula durante a hora das orações. Eu era de Sumatra e fora criado numa família muçulmana rígida. Por isso, para mim, não ir à mesquita para as orações de sexta-feira foi quase um choque mental.

"Levantei-me e pedi permissão ao professor holandês para ir à mesquita. Ele pareceu muito amistoso e permitiu que eu fosse. Dois ou três alunos me acompanharam. Fui até a mesquita, mas perdi a aula. Dessa forma, eu sempre tinha a opção nas sextas-feiras — mesquita ou aula. Foi por isso que surgiu em minha cabeça a idéia de ter uma mesquita próximo ao campus. Dessa primeira vez, apenas três ou quatro alunos me acompanharam. Acho que o *New York Times* fez uma pesquisa e, segundo ele, hoje 2 mil estudantes freqüentam a mesquita."

"Você se candidatou a uma bolsa de estudos. Conseguiu?"

"Após dois meses. O dinheiro de minha mãe, o dinheiro do anel, durou dois meses. Eram 500 rupias." Oitenta centavos agora, após todas as desvalorizações. "A bolsa era de 300 rupias por mês, o que era suficiente. O alojamento custava cerca de cem."

Algumas pessoas entraram no escritório. Entre elas estava um homem de meia-idade, baixo, trajado com esmero, talvez de origem humilde, talvez pai de um estudante. Tinha muito respeito para com Imaduddin; e Imaduddin, com a cortesia imediata que tanto impressionara Prasojo (e a mim) na noite anterior, desculpou-se e se levantou para saudar suas visitas.

Abri mão de minha poltrona e sentei-me à escrivaninha enquanto Imaduddin conversava com suas visitas. Havia um xerox de uma carta sobre outras cartas. Não era bem a circular pública que pensei que fosse. Era pessoal, dos Estados Unidos, de um professor universitário que enviava saudações da temporada com um resumo de fim de ano e notícias de família. Afabilidade americana, boa vontade com todos os homens de todas as culturas: ali, sobre a escrivaninha de Imaduddin. Mestre americano e discípulo asiático, infiel e missionário: como se uniam no desentendimento!

Em 1947, o governo revolucionário, em meio a todas as suas dificuldades, estabelecera uma escola secundária em Sumatra. Desde então, Imaduddin estivera academicamente em ascensão; e, em 1963, dez anos após ter vindo para Bandung com 500 rupias, o Instituto Bandung o enviara aos Estados Unidos para obter um grau superior. Ele havia passado três anos lá, a princípio em Iowa e depois em Chicago. No verão de 1966, ao final de seu curso, conseguiu um emprego de férias em Cornell como consultor em língua indonésia. Ganhou 100 dólares por semana durante nove semanas, e com os 900 dólares foi para a Europa e depois para Meca.

"Eu chorei em Meca. A primeira vez que entrei na mesquita, o lugar com a pedra preta, eu chorei. E também chorei quando estava prestes a partir."

Foi assim que, após suas visitas terem saído, ele falou sobre seus primeiros três anos no exterior. Foi essa a ênfase que ele deu: os três anos de estudos superiores, a sorte do emprego de férias em Cornell, o clímax na grande mesquita de Meca.

"De fato, aquela carta que você viu" — ele percebera, portanto — "era de meu professor. Ele é cristão. Escreveu uma carta de protesto ao governo quando fui preso."

Após aquele período no exterior, seus interesses muçulmanos se tornaram mais internacionais. Em Cornell, encontrara um homem da Malásia. Em 1971, por meio desse homem, foi para a Malásia para ajudar na transformação de um curso politécnico em universidade. Imaduddin ficou dois anos na Malásia, até 1973; envolveu-se com o movimento da juventude muçulmana de lá e ainda considerava as pessoas daquele movimento como seus "irmãos". Achava que foi naquela época que passara a ser considerado suspeito pelas autoridades da Indonésia — estas, tal como outros indonésios, estavam com medo da "doença malaia" e particularmente receavam desdobramentos radicais no Instituto de Bandung.

O ano de 1973 foi o da elevação dos preços do petróleo, ano em que o dinheiro pelo petróleo árabe parecia chegar como uma recompensa pela fé árabe. A atividade missionária muçulmana decolou; em doze países estrangeiros, estudantes muçulmanos semi-evoluídos, até então tímidos no novo mundo, que mal conseguiam vincular seus estudos técnicos aos países de onde procediam, sentiam que chegara a hora de proclamar a verdadeira fé. Imaduddin viajou, para a Líbia, para a Inglaterra, ascendendo mais entre as organizações internacionais de estudantes muçulmanos; a demanda por seus cursos de treinamento mental era cada vez maior, pois conferia uma modernidade agora necessária aos antiquados ensinamentos dos mulás.

Sua prisão não deteve sua ascensão. Seu cartão, branco, preto e verde (a cor islâmica), dizia: "Muhammad Imaduddin Abdul Rahim — Secretário-Geral — Federação Islâmica Internacional de Organizações Estudantis". Ele não tinha um nome indonésio.

"Mas todos os seus nomes são árabes", disse eu.

"Não são nomes árabes. São nomes muçulmanos."

Da torre da mesquita veio o chamado para as orações do meio-dia — a mesquita que não estava lá quando Imaduddin viera pela primeira vez ao Instituto de Bandung para estudar engenharia elétrica. Ele disse que estaria de volta em quinze minutos e me deixou com os livros da estante.

Alguns, em inglês, eram os livros feijão-com-arroz do trabalho missionário islâmico: *The Myth of the Cross*, *Jesus Prophet of Islam*. Outros eram traduções indonésias publicadas pelo movimento, em brochuras. Um livro era de autoria de Qutub, um egípcio. Eu não tinha informações sobre Qutub. Imaduddin disse que ele foi assassinado por Nasser. Outro livro era do *maulana* Maudoodi. Era o fundamentalista indo-paquistanês, tão extremista que se opusera à idéia do Paquistão porque os indianos muçulmanos não eram puros o bastante para um estado muçulmano. Durante trinta anos, após a criação do Paquistão, ele fizera agitação (embora sem nunca oferecer sugestões concretas) em favor de leis islâmicas e de um estado islâmico. Inteiramente destrutivo para o Paquistão, no final de sua vida, ele tomara um avião para ir até um hospital de Boston, rendera-se à ciência ocidental e morrera.

Imaduddin voltava. Estávamos no horário de almoço desse dia de jejum para Imaduddin; e eu percebia que agora, principalmente depois de suas orações, ele estava consciente de que passara sem comer.

"Você é movido somente pelo islã?", perguntei.

"Eu gosto de algumas músicas ocidentais. O *Messias* de Haendel. Gosto de Bach. Da música religiosa."

Mas ele não estava contente com a atenção dada na Indonésia aos monumentos das antigas fés.

"Você já esteve em Canberra?", disse ele. "Já viu a embaixada indonésia de lá? É um prédio hindu. E esse país não é hindu nem budista. Esse país é noventa por cento muçulmano."

"Borobudur e Prambanam são grandes monumentos indonésios."

"Borobudur é algo que deve ser cuidado pela comunidade internacional."

A comunidade internacional, a civilização universal: provedores de gravadores e jogos psicológicos e pós-graduações em engenharia elétrica; e agora, também, guardiões da arte e civilização indonésias.

Para Imaduddin, como muçulmano e nativo de Sumatra, a Indonésia era um lugar a ser purificado. Sua fé era tão grande que ele conseguia separar seu país de sua história, tradições e arte: sua particularidade. Sua fé era simples demais para a Indonésia, certamente para Java; simples demais até para o *koum* da aldeia de Linus. E a Indonésia — superpovoada, com tanta gente comprimida, contando apenas com o exército para manter o campo unido — era frágil demais para o seu tipo de protesto.

"Dê uma volta por Jacarta. Num raio de quinze ou vinte quilômetros em torno de Jacarta você poderá descobrir a verdadeira história do que está acontecendo aqui. A terra não é possuída pelas pessoas que nela trabalham. Segundo o meu entendimento do islã, não posso possuir uma faixa de terra se eu não a cultivar. Somente Alá tem esse direito. Portanto, se este país for administrado como um estado islâmico, o estado deverá organizar a terra de modo que não possa existir latifúndio."

"Existe algum estado islâmico onde isso aconteceu?"

"Sim. No tempo de Abu-bakr e Omar e de todos os quatro primeiros califas."

Portanto, bem no começo do islã, no período de trinta anos que se encerrou em 661 com a morte de Ali, genro do Profeta. Era a resposta que eu obtivera de um mulá aldeão no Paquistão. Não era a resposta que eu esperava de Imaduddin em Bandung.

"Eu vou lhe contar essa história", disse Imaduddin. "Um dos amigos mais íntimos do Profeta era um homem de nome Bilal. Era um escravo negro e foi libertado por Abu-bakr e encarregado de chamar o povo para as orações. Quando o Profeta e seus companheiros migraram para Medina, o Profeta deu a Bilal uma faixa de terra para que ele a cultivasse. Durante o tempo de Omar, o segundo califa, Bilal estava velho e fraco e não conseguiria cultivar toda a terra. E Omar tomou parte da terra e deu-a para outro."

"Você acha que um país pode ser hoje administrado desse jeito? Por um único homem?"

"Isso era adequado à necessidade da época. E estávamos falando sobre reforma agrária, não sobre liderança. E mesmo Omar contava com uma espécie de conselho consultor."

"Por que esse sistema de governo ruiu?"

"Foi derrubado pelo quinto califa. Ele estava interessado em formar uma dinastia. O primeiro feudalismo na história islâmica."

"E desde então o governo islâmico tem sido assim?"

"Sim, penso que sim. Portanto, se você quisesse aplicar o direito islâmico hoje teria de construir um estado com base em uma república."

"Você não está dizendo que o islã fracassou?"

"Não, não o islã. O povo. Os muçulmanos."

"Você acha que pode conseguir que eles o façam agora?"

"Acho que sim. Principalmente a Indonésia. Porque a estrutura política se assemelha muito com o ensinamento islâmico. O presidente, o conselho ou parlamento, o exército. O que precisamos hoje é de homens por trás da estrutura. Eles precisam ser verdadeiros muçulmanos."

"É por isso que o governo tem medo de você? É por isso que algumas pessoas dizem que você é audacioso?"

Ele parecia surpreso.

"Eu não sou audacioso." E ele falava sério: apenas estava fazendo o que tinha de fazer.

Alguns alunos entraram para se despedir. Seus rostos estavam radiantes, admirados. O curso havia sido um sucesso. Todas as camisetas do "*Revival of Islam*" haviam sido vendidas. Imaduddin estava tão comovido quanto os alunos. Acompanhou-os até a porta e ficou em pé ao sol, batendo papo: camisa branca, calças cinza com cinto, forte, atraente, encorajador.

Quando voltou, ele disse: "Estou preparando a próxima geração de líderes da Indonésia. Acredito que a constituição tem em si certo valor islâmico. Estou preparando a nova geração para substituir tudo isso".

*Substituir tudo isso.* Mas pelo quê, e de que forma? Não por novas instituições, mas apenas por homens tão puros e purificados quanto ele mesmo. "Sou apenas um professor, um professor comum, pelo menos segundo meu sentimento", dissera Imaduddin. "Estou interessado em educar os mais jovens. Porque acredito que aquilo de que mais necessitamos neste momento é de um verdadeiro líder muçulmano."

A partir daí, como no tempo de Omar e de outros califas corretamente orientados, todo o bem fluiria. Era para onde levava o seu fundamentalismo: a necessidade do líder devoto, não de um homem de consciência individual, compaixão ou sabedoria, mas de um homem que vivesse em conformidade com o livro, o homem que poderia se postar em favor do Profeta, o homem que conhecia tão bem os feitos e revelações do Profeta que ordenaria as questões tal como o próprio Profeta poderia ter ordenado. Era a idéia de devoção e bondade que separava o islã de outros sistemas éticos.

A lógica da fé de Imaduddin, e sua própria integridade, era simples: a injustiça era antiislâmica e a Indonésia estava cheia de injustiça. E o Imaduddin que lamentava a injustiça no país podia viajar sem problemas para os despotismos islâmicos do exterior. Ele viajava para esses países como se viajasse para terras onde a fé se realizara. Em tais terras não se atentava para a injustiça; as pessoas consideravam apenas o líder, e sentiam-se purificadas pela pureza de sua fé.

Ele me contou que havia passado dois dias no Paquistão. Sobre a fundação e a história do Paquistão, ele parecia saber pouco. Para ele, era apenas um estado muçulmano, tornado especial pela poesia de Iqbal. Das instituições do Paquistão, das leis islâmicas fantasmas, de sua lei marcial e colapso constitucional, sua abjeção política, açoitamentos públicos, censura, humilhação de seus intelectuais — disso tudo ele não sabia quase nada.

Por que ele sabia tão pouco? Ele disse: "Talvez seja por causa da imprensa ocidental". E era devido a sua suspeita dessa imprensa que ele permanecia em dúvida acerca dos acontecimentos no Irã. Ele recebia apenas algumas informações "de dentro".

Um editor muçulmano de Jacarta, a quem relatei isso, disse: "Nada os está impedindo. Eles podem mandar pessoas para descobrir. Se não sabem é porque não querem saber. Isso não serve à causa deles".

E, de fato, essa causa era bem servida pela imprensa ocidental. *"The Revival of Islam"*: as palavras em inglês nas camisetas vendidas ao final do curso de treinamento mental tinham sido popularizadas pelas matérias de capa de diversas revistas internacionais em língua inglesa. O próprio Imaduddin, falando da freqüência à sua mesquita, referira-se ao *New York Times*.

Em Jacarta, o presidente de uma importante organização da juventude anexa a uma mesquita na área da classe média, um dos ex-alunos de Imaduddin, disse que o islã era o grande movimento novo no mundo, conquistando convertidos por toda parte. Tanto a *Time* como a *Newsweek* diziam isso. E a *Newsweek*, numa de suas matérias, incluíra o Profeta e um outro muçulmano numa lista das cinqüenta pessoas que mais haviam influenciado a história do mundo. "Agora está na história", disse o jovem, querendo apenas dizer que estava na *Newsweek*. (A história como um livro razão divino, guardado, como tantas coisas, pela outra civilização.) O jovem era de classe média, era alto e de compleição *langsat*. Desde o seu curso de treinamento mental com Imaduddin, ele ficara obcecado com a morte e o além. Mas havia ainda um canto de sua mente aberto ao orgulho mundano.

A *Newsweek* e a *Time* estavam ajudando a fazer a história que eles registravam. O islã era puro e perfeito; o Ocidente secular e moribundo devia ser rejeitado: essa era a mensagem. Mas o Ocidente estava demorando muito para morrer. E mais e mais pessoas estavam sendo atraídas para o novo mundo. Nesse novo mundo, cujo centro parecia tão distante, tão além do controle, homens recém-evoluídos como o presidente da organização da juventude de Jacarta percebiam apenas suas inadequações. Esses homens não eram camponeses ou rapazes do *pesantren*. Aspiravam às elevadas habilidades ocidentais; necessitavam do encorajamento do testemunho ocidental. Isso era parte de sua grande dependência. Essa dependência despertava a angústia que (como adolescentes) procuravam atenuar nas agruras cotidianas de sua nova prática religiosa: as orações cinco vezes ao dia, os jejuns desnecessários. A religião que era deles, mas que haviam desprezado, tornara-se agora uma área de privacidade especial. Ela dava uma ilusão de integridade; portava uma promessa de triunfo iminente. Era também onde se tornavam novamente interessantes para si mesmos — e, como os jornais os faziam entender, para os outros.

Rejeição e dependência: era difícil para os semi-evoluídos romper esse círculo. Uma das garotas no curso de treinamento mental de Imaduddin — que se sentara separada dos rapazes e cobrira a cabeça e extraíra lições corânicas dos jogos psicológicos ocidentais — estava de partida para Londres. Ela disse que era para ser modelo. Mas era apenas para fazer um curso de modelo. O ofício indonésio-europeu de modelo estava se tornando organizado. Vi um folheto e seu apelo era para a classe média, os semi-evoluídos. Agora atraente, esse ramo, para as garotas e seus pais, era um fácil passo adiante rumo ao novo mundo. Mas bastava uma pequena imaginação para perceber que uma garota ou duas poderiam se perder e que, um dia, esse passo adiante poderia ser mais uma fonte de sofrimento para a comunidade.

# 7

# *AS REVOLUÇÕES INTERCAMBIÁVEIS*

*Substituir isso tudo.* O islã santificava a raiva — raiva na fé, raiva política: uma podia ser como a outra. E mais de uma vez nessa viagem eu encontrara homens sensíveis que estavam preparados para encarar grandes convulsões.

No Irã, houvera Behzad, que me mostrara Teerã e as cidades santas de Qom e Mashhad. Ele era o filho comunista de um pai comunista, e não um muçulmano. Mas seu comunismo era como uma versão da fé xiita do Irã, uma versão da raiva xiita da injustiça: uma raiva enraizada na derrubada do antigo império persa pelos árabes no século VII. Os bons muçulmanos acreditavam que o melhor período do mundo foi o do Profeta e dos primeiros quatro califas virtuosos; Behzad acreditava que o melhor tempo fora o da Rússia entre 1917 e 1953. As trevas haviam se dissipado; uma sociedade injusta fora derrubada; e as prisões e campos de prisioneiros da Rússia estavam cheios de gente perversa. Para Behzad, a idéia de justiça era inseparável da idéia de punição. O aiatolá Khomeini falava em nome do Deus vingador; Behzad, o comunista, falava como Khomeini.

No Paquistão, no vale de Kaghan, no extremo norte, eu conversara com o gentil Masood. Ele era muçulmano apenas sentimentalmente. Mas, parado ao meu lado, acima da garganta do verde e gélido rio Kunhar, deixara as preocupações com sua família e com seu próprio futuro desembocarem num desespero político mais amplo quanto ao seu país e dissera: "Milhões terão de morrer".

E algo parecido me fora dito em Jacarta por um homem de negócios. Encontramo-nos ao final de uma tarde no restaurante do hotel. Haviam me dito que ele era economista, alguém que mantinha contato com departamentos governamentais, um homem planejando para o futuro. Ele era tudo isso, mas também tinha a percepção indonésia das coisas que dão errado. E ele era cheio de raiva: contra os chineses (bem-dotados demais para a Indonésia, "como peças sobressalentes de um Rolls-Royce num carro japonês"), as multinacionais, os bem-sucedidos, os ignorantes que estavam agora governando seu país.

"Os líderes dos países em desenvolvimento", disse ele, "a maioria deles, são prósperos por fora, mas muito pobres por dentro." E levara a mão ao coração. "Conseguem comprar uma Mercedes, mas não têm uma imagem real a seu respeito: não conseguem apreciar a engenhosidade e o trabalho incorporados a esse utensílio. Não faz sentido nenhum comprar uma máquina de escrever IBM se a sua velocidade é de quarenta palavras por minuto." Ele não era um homem bem-humorado, mas sua raiva (e sua predileção pela metáfora científica) parecia conferir-lhe certa espirituosidade.

Era um muçulmano de Sulawesi, antiga Celebes, onde — como em Sumatra e na Java ocidental — nos anos 50 tinha ocorrido um forte movimento separatista muçulmano. E havia nele mais do que um vestígio dessa raiva, embora tivesse se beneficiado com a conservação da unidade do estado indonésio. Começando do nada, tornou-se uma pessoa culta; estudara no exterior, nos Estados Unidos; prosperara no ramo em que se estabelecera; participara do desenvolvimento do país após a dilapidação dos últimos anos de Sukarno. Mas não era o bastante. Seu sucesso o fez sentir-se deslocado. Fez com que ele visse mais claramente o tipo de gente que havia prosperado, e ele queria se ver longe de toda essa gente. Desejava agora derrubar o estado que havia possibilitado sua ascensão pessoal.

"Temos de matar um bocado de gente", disse ele. "Temos de matar 1 ou 2 milhões desses javaneses." Todos que haviam prosperado, como ele mesmo, tinham de ser mortos: todos no governo, nos bons empregos, nas universidades, nas belas residências. "Em Jacarta sinto que perdi minha sensibilidade. Tenho um escritório no nono andar de um desses grandes prédios novos. Ele tem ar-condicionado central. Eu vou para o escritório num carro com ar-condicionado. Ao voltar, fico em casa lendo. Assisto à televisão. Onde estou vivendo? Não consigo entender a pobreza. Como posso entender a queixa da sociedade?"

Havia injustiça demais. Gente demais estava desempregada e seu número crescia ano a ano. Não havia emprego suficiente sendo criado pelo governo, pelas multinacionais, pelos empreendedores chineses de Cingapura e Hong Kong. A raiva era a resposta desse homem: a raiva, aparentemente política, era, na verdade, islâmica, um fim em si mesma; e era raiva racial.

"A maioria dos que têm grau superior é de chineses. São como células cancerosas, cada vez mais numerosas e poderosas, e destruirão seu ambiente, e não podemos evitar isso. Se essas pessoas entrarem em *algum* sistema, sempre serão melhores, em realização e inteligência."

"Mas vocês precisam de gente bem-dotada."

"Essas pessoas" — e agora ele não se referia apenas aos chineses locais, mas também às pessoas das multinacionais e a todos os estrangeiros — "na realidade são como corrente elétrica de 220 volts. A fiação existente na sociedade, porém, tem capacidade apenas para 110, de sorte que qualquer contato direto com a de 220 estragará a de 110. É preciso um transformador. O transformador deve ser o setor governamental e os jovens intelectuais. Entretanto, devido à impaciência para obter bens materiais, esse setor, na maior parte do tempo, é ligado em 220 em vez de ser ligado em 110. Porque esses jovens tecnocratas, se forem começar a dirigir carro, desejarão um Rolls-Royce ou, no mínimo, um Volvo."

Portanto, tudo tinha de terminar. "A luta que virá será entre as pessoas nas universidades e as pessoas nos *pesantren*. Um dia, os estudantes dos *pesantren* virão a Jacarta e queimarão esse belo hotel. O islã pode se tornar uma cocaína. Ele deixa você ligado. Você vai para aquela mesquita e fica ligado. E quando você fica ligado, tudo o que acontece se torna vontade de Alá."

Já acontecera antes na Indonésia, esse assassinato em massa. Em 1965, os comunistas foram arrasados. Um milhão de pessoas foram mortas, disse ele, não meio milhão, como agora se divulgava. E devem ter morrido mais: havia 2,5 milhões de comunistas na época. Portanto, 1,5 milhão escapara ao morticínio e muitos deles ainda estavam por aí.

Eu disse: "Se a matança começar, você pode até acompanhar".

"Posso. Espero que não. Mas posso."

"Disseram-me que em 1965 algumas pessoas levavam a orquestra de gamelão quando saíam para matar."

"Claro. Para adicionar beleza."

Era depois do chá, e a cervejaria do Borobudur Intercontinental — jardins por trás do vidro — estava cheia da gente contra a qual ele estava falando: chineses locais, abastados homens de negócio indonésios, homens de meia-idade das multinacionais. Ele estava falando alto e em inglês.

Eu disse: "Você fala assim quando conversa com o pessoal do governo?".

"Não. Eu converso com eles sobre fatos e cifras, planos e estudos."

"Então por que fala assim comigo?"

"Você não é um cientista. Você quer saber a meu respeito. Está jogando uma partida de xadrez comigo. Então, eu falo com você sobre o outro lado."

Eu não estava jogando nenhuma partida de xadrez com ele. Antes de me encontrar, ele fora informado sobre o meu propósito. Talvez ele não tivesse acreditado. Ele era invulgarmente baixo, com uma ligeira mas perceptível deformidade facial. Aquilo devia preocupá-lo; na Indonésia, amava-se a beleza. Na cervejaria, ele desejava chamar a atenção sobre si. Tinha o senso dramático dos indonésios. Mas essa raiva era bastante real; e sua fantasia de violência podia converter-se em realidade. O ano de 1965 existira.

Um dia, conversei sobre as matanças de 1965 com Gunawan Mohammed, editor de *Tempo*, a principal revista semanal da Indonésia. Naquela época, Gunawan estava com vinte e cinco anos. (Os indonésios passaram por coisas demais: só mais tarde me lembrei de que, em outra ocasião, Gunawan me dissera que em 1946, durante a revolução, quando ele tinha seis anos, seu pai fora executado pelos holandeses. Mas Gunawan não guardava nenhum rancor dos holandeses. "Era uma guerra", disse ele.)

A explicação de Gunawan para as matanças de 1965 era simples. "Medo. Não tenho palavras para lhe dizer o quanto as pessoas estavam apavoradas com os comunistas. Eles eram tão fortes, e ninguém sabia o que iam fazer." O prédio da juventude comunista não ficava muito longe da casa de Gunawan, e durante aqueles dias de medo, Gunawan ficava sentado em casa com uma arma. "Acho que *eu* teria matado, se precisasse."

Deparei-me com um livro indonésio anterior àqueles dias de medo. Era intitulado *Contemporary Progressive Indonesian Poetry*, uma antologia de poesia comunista indonésia em tradução inglesa, que fora publicada em 1962 pela Liga da Cultura Popular. História antiga, ao que poderia parecer; mas tudo o que fora editado pela Liga ainda estava proibido. E foi somente em dezembro de 1979, enquanto eu ainda estava na Indonésia, que o mais famoso escritor participante da Liga, Pramoedra Ananta Toer, foi libertado da prisão, juntamente com os últimos dos 20 mil (o número oficial divulgado) que haviam sido presos desde 1965 como comunistas — o governo indonésio, segundo se dizia, rendera-se à pressão do presidente Carter.

A vida posterior de Pramoedra provavelmente não merecia muita consideração: preso aos quarenta e um anos, devolvido ao mundo aos cinqüenta e quatro, os primeiros livros proibidos, os anos maduros desperdiçados. Era como Sitor Situmorang, a quem conheci apenas alguns dias depois que cheguei à Indonésia, a cuja história eu não dera a devida atenção no momento, e cujos méritos intelectuais e sociais eu subestimara demais.

Em 1962, Sitor era um homem influente na Indonésia. Fizera fama com seus primeiros poemas líricos. Agora ele era mais político, secretário-geral da Liga pela Cultura Nacional; e era representado na antologia por três poemas que escrevera após uma visita à China.

*Zoila é uma donzela de Cuba*
*em Pequim. Com orgulho*
*ela me passa a bandeira*
*de seu país, celebrando*
*a vitória de seu país*
*sobre a agressão americana.*

Era triste e quase inacreditável que uma simplicidade como esta tivesse resultado em tanta dor para Sitor e seu país. Mas Sitor agora não merecia reprovação: como alguém dissera, ele havia sofrido demais. E fiquei com vontade de procurar outras coisas nesses seus poemas políticos.

Certo dia, ele me dissera: "As pessoas aqui perderam sua religião". Falava como alguém que fora ceifado de seu passado tribal, arrancado de sua aldeia com a idade de seis anos e mandado para um colégio interno holandês. Apenas sentira a necessidade de reconstruir ou compreender esse passado quando saiu da prisão, e estava tentando escrever sua autobiografia; sem conhecer suas origens, ele não conseguiria dar sentido à sua vida. E pareceu-me que em 1962 o socialismo e o comunismo haviam lhe fornecido — um homem sem passado ou comunidade — um sucedâneo perfeito. Na China, ele visitara uma comuna.

*Vida social, solidariedade e esperança*
*encontrei e senti*
*nesta comuna. Por isso:*
*desejo beber do calor*
*de vossas esperanças*
*desejo apertar vossas mãos*
*tão ocupadas no trabalho.*

*Desejo comer este pão*
*o pão da comuna, como um símbolo*
*de vida social, solidariedade e*
*esperanças humanas reconquistadas.*
*A liberdade coletiva no amor, nos*
*ideais e na realidade do mundo socialista.*

O pão da comuna; vida social, solidariedade e esperança: o tema não era exclusivo de Sitor. Era o tema indonésio, agora mais do que nunca. Era o tema do *pesantren* muçulmano. E era esta a surpresa da antologia comunista de 1962: grande parte de seus temas e estados de espírito ainda era muçulmana e indonésia.

A injustiça (todas as traduções são de Bintang Suradi, e são transcritas aqui com sua pontuação e emprego de maiúsculas):

*Em bali também o arroz amadurece num raio de*
*[quilômetros*
*mas em bali também milhares de camponeses morrem*
*[de fome.*
*Chegamos a bali e há dançarinos*
*chegamos a bali e há muitos templos*
*ambos são típicos de bali*
*chegamos a bali e o camponês morre*
*não por causa da safra que não amadureceu*
*Isto também é típico de bali*
*isto também tem significado*

Putu Oka, "Bali"

O lamento indonésio e muçulmano pela perda da simplicidade e da fraternidade:

*A vida não deve ser medida pelo luxo*
*embora o luxo seja a meta perseguida*
*mas por até que ponto a pobreza repete seu ciclo*
*e se espalha visivelmente pela terra.*
*no restaurante um cavalheiro janta prodigamente*
*no chão um mendigo com uma lata*
*é a vida quem dá as cartas?*

Putu Oka, "Vida"

Raiva e vingança:

*Adorável Periangan, queimando, avermelhada pelo fogo*
*os camponeses aprisionados, arrasados em sua terra natal*
*camaradas, irmãos, contra esse desafio a vontade é*
[*suprema*
*resistência, vingança em cada coração*
Sobron Aidit, "Tristes memórias de um camponês de Ti-
[jandur"

O trauma político transformando-se em ferida religiosa:

*Mãe!*
*ano após ano esperaste*
*um anseio sem fim em teu coração*
*mas teu sofrimento apenas aumentou.*
*Suor e labuta, sangue e lágrimas*
*terroristas, usurários e donos de terra*
*se juntam para sugar teu sangue.*
*Será verdade Mãe*
*que todas as criaturas da terra têm teu amor?*
Rukiah Kertapati, "Acusação"

O salvador:

*E então, quando os nomes dos juízes insignificantes*
*tiverem todos desaparecido*
*esquecidos, queimados ou devorados pelos ratos*
*teu nome ainda viverá, — Filho das Massas*
*nascido de um poderoso útero*
*teu nome para sempre viverá, morte ele não conhecerá*
*pois tu és a própria vida*
M. S. Ashar, "Liberdade e Prisão"

A vingança, com a promessa de restauração da "união":

*Nada possuímos*
*além de corações queimados endurecidos pelo sofrimento*
*que podem converter-se em lava, chama e trovão*
*destruindo inimigos, reduzindo-os a pó.*
*Nós os oprimidos carregamos nos ombros a liberdade*

*sem nome, sem posição*
*impedimos que nosso país se tornasse uma prisão*
Sabarsantoso Anantaguna, "Os oprimidos carregam nos [ombros a liberdade"

E, finalmente, a fé completa:

*A sociedade de minha classe, há muito tenho sonhado com os raios de sol*
*de um futuro para Udin e para os demais*
*que anseiam pelo amor amigo que une iguais entre si*
*ah, como está hoje negra e enlameada*
*mas espere, pois a fervura queimará, a chama fundida [seguirá queimando*
*tempo virá em que o inimigo encontrará a morte na ponta [do punhal*
*as batalhas pelo povo não foram em vão*
*elas fertilizaram a vigorosa muda semeada por Lenin*

No *pesantren* de Pabelan, recebi uma cópia de uma entrevista com um *kiyai* indonésio, um líder do *pesantren*, extraída, talvez, de uma revista cristã das Filipinas. "Ora, como um *kiyai* pode ajudar na transformação desse tipo de sociedade? Como pode fazer com que os donos de terra e os ricos abram mão de suas propriedades que, segundo o islã, pertencem a Alá e devem ser devolvidas ao povo, aos filhos de Alá? Como pode o *kiyai* fazer os agricultores perceberem sua importância como seres humanos que devem receber justiça?"

As criaturas de Alá, em 1979, as criaturas da terra, em um dos poemas de 1962. E, ponto por ponto, podiam-se perceber as semelhanças: a verdadeira fé, injustiça à solta, as jornadas acríticas rumo às terras da fé realizada.

Imaduddin dissera que não podia ser socialista porque conseguia encontrar no Corão as boas idéias do socialismo. Ele disse mais do que imaginava. O islã do protesto era uma religião que fora revitalizada pelas idéias do final do século XX. Os homens não mais encontravam a união simplesmente numa submissão coletiva a Alá. Os homens eram as criaturas de Alá; e o final do século XX ampliava o significado das palavras: essas criaturas de Alá tinham "sua importância como seres humanos que devem receber justiça". A terra e sua riqueza pertenciam a Alá e não aos homens: o final do século XX transformou isso em uma idéia mais política do que religiosa.

Após uma geração de paz, a corrente revolucionária de 1965 fluía novamente. Era agora islâmica, mas era como a que havia passado antes: como se a raiva e o desejo de vingança tivessem sempre de abastecer-se nessa terra superpovoada, outrora feudal, onde muitos homens eram oprimidos, o antigo equilíbrio estava rompido, onde cada passo à frente levava os homens para mais longe da segurança, onde o novo mundo trazia novos dons mas fazia demandas difíceis, e todos os homens, quer estivessem na cúpula, quer na base, viviam com medo da perda de personalidade.

*RETOMADA*

*A sociedade dos fiéis*

# 1
# *SUBMISSÃO*

Karachi, Paquistão, seis meses depois. Muitas coisas aconteceram nesses seis meses; o mundo muçulmano estivera em ebulição. A embaixada americana em Teerã fora capturada por estudantes iranianos e mais de cinqüenta membros da embaixada foram mantidos como reféns. Tinha havido um cerco e tiroteio na mesquita em Meca, sugerindo movimentos clandestinos no reino da Arábia Saudita. Os russos haviam invadido o Afeganistão.

No Paquistão também haviam ocorrido mudanças. Em agosto e setembro, tinha-se falado em eleições. Essas eleições foram canceladas; a lei marcial fora enrijecida; os jornais censurados; houvera chicoteamentos públicos. Um jornalista de renome fora preso, aparecera no tribunal acorrentado, e fora condenado a um ano de prisão. Multidões — percebendo influência americana nos acontecimentos em Meca — haviam atacado prédios da embaixada americana nas cidades de Islamabad e Rawalpindi, no norte do país. Um cientista paquistanês residente na Europa havia ganho um prêmio Nobel; mas ele pertencia à seita proscrita *ahmadi*, que venerava seu próprio Messias Prometido; e sua visita ao Paquistão levara a um tumulto estudantil.

Parecia terror e despotismo. Mas o estado ainda proclamava sua meta de ser o verdadeiro caminho islâmico. E isso devia ser levado a sério. Na Indonésia, na Malásia e no Irã, o islã servia a outras causas ou as abrangia. No Paquistão — embora houvesse políticos e pessoas ambiciosas entre os fundamentalistas — a fé servia a si mesma.

No mundo muçulmano, o Paquistão era especial, uma criação dos muçulmanos da Índia, minoria que jamais deixara de sentir-se ameaçada. E havia gente no Paquistão que levara a fé ao seu limite. Para eles, o islã era mais do que salvação pessoal, mais do que um corpo de crenças; tornara-se país, cultura, identidade; ele tinha de ser servido, a qualquer custo para o indivíduo ou para o próprio estado. O poeta Iqbal, esboçando seu plano para um estado indiano muçulmano independente, havia dito em 1930: "Não é exagero dizer que a Índia é, talvez, o único país no mundo onde o islã, como força de formação popular, funcionou melhor". E, próximo agora do final de minha própria jornada islâmica, senti que era isso mesmo.

Karachi ficara verde em agosto, após a monção. Nenhuma chuva caíra desde então e agora, em fevereiro, os jardins estavam marrons, as árvores empoeiradas, algumas delas desfolhadas; e nenhuma chuva iria cair até junho.

Pensei em encontrar-me com Nusrat. Ele era o jornalista do *Morning News* que me levara até os tribunais de Karachi. Lembrei-me de sua maneira abrupta de falar, suas bochechas redondas, seu bigode de morsa. Nos tribunais, ele fora veemente sobre a falta de correntes para os prisioneiros, alguns dos quais estavam sendo conduzidos por cordas atadas a seus antebraços. Dissera que iria escrever a respeito — a escassez de correntes, a displicência das autoridades carcerárias. Nusrat estava sempre à caça de reportagens para o jornal. Ele trabalhava duro; gostava de seu trabalho; era movido por algum tipo de ansiedade. Era um homem da fé. Praticamente, as primeiras palavras que me dirigiu foi para me dizer que era um mau muçulmano — querendo dizer que não bom o bastante: porque, para ele, como disse na ocasião, o islã e a vida após a morte eram as coisas mais importantes no mundo.

Eu fora agressivo com Nusrat. Ele dissera que desejava ir para os Estados Unidos para fazer um mestrado em comunicação de massa e daí, talvez, conseguir um emprego em algum organismo internacional. A suposição de que — enquanto o

Paquistão e a fé permanecessem o que eram, especiais e à parte — o mundo exterior existia para ser explorado havia me irritado. Eu dissera que ele não estava qualificado para fazer aquilo que dizia desejar fazer. E esse impulso de agressão contra ele — tão amistoso, franco, ansioso — havia me preocupado.

Tomei um táxi até o *Morning News*. Um painel comprido no andar superior enunciava o nome do jornal; havia uma série de pequenas lojas no nível da rua. Degraus altos de concreto subiam da calçada. Não era como a entrada para o escritório de um jornal diário. Parecia mais a escada para um escritório governamental sem importância. E era o que parecia lá em cima: um assoalho de piso envelhecido, as cores do piso esmaecidas, como se raspadas pela poeira; mobília de escritório caindo aos pedaços; caiação velha nas paredes; alguns homens sentados às mesas sem nenhuma pressa.

Não era o prédio que eu procurava, conforme descobri: era apenas o departamento de publicidade. A redação ficava num prédio nos fundos. Desci por uma escada de ferro em espiral. O ferro dos degraus estava carcomido por furos aqui e acolá. Um faxineiro estava varrendo os degraus de concreto ao lado do prédio da redação, despejando água muito escura de um balde sobre o degrau de concreto, esfregando o concreto, despejando água no degrau inferior: isso explicava os ladrilhos esmaecidos no departamento de publicidade. Ele fez uma pausa e subi pelos degraus.

Era um prédio novo, mas a atmosfera na redação, a essa hora da manhã, era como a atmosfera na publicidade. Em uma sala cheia de arquivos — poeirentos, como se aquilo que fora arquivado tivesse sido posto de lado para sempre — uma garota estava sentada diante de uma escrivaninha. Ela trabalhava para a página infantil do *Morning News*. Estava respondendo cartas de crianças e — como se adequasse a ferramenta para a tarefa — usava uma máquina de escrever muito pequena. Ela não usava véu: isso era estranho. Nas outras mesas, havia máquinas de escrever em graus variados de deterioração — como as máquinas que eu havia visto nas barracas de datilografia da feira de Karachi (um homem de negócios, certa noite em uma das barracas, ditava em tom pomposo para um secretário), próximo aos tribunais. Karachi, onde os degraus de ferro se desgastavam e os ladrilhos esmaeciam, conferia sua própria atmosfera aos escritórios: a sala da redação do *Morning News* tinha o aspecto da seção de registros dos tribunais que eu visitara com Nusrat.

A garota telefonou para a casa de Nusrat para mim. Nusrat não estava. Já havia saído, à caça de alguma reportagem. Nusrat era assim. Deixei um recado para ele com a garota da página infantil. Ele gostava muito de seu trabalho, sempre em constante movimento; era estranho pensar que era para essa sala que ele trazia suas matérias quentes.

Mais tarde, ele ligou.

"Acabei de chegar. Não esperava que você voltasse. Imaginei que nós o havíamos expulsado para sempre. E agora você modificou a minha vida."

Reconheci sua voz agradável, seu estilo enérgico. A hipérbole — que era a hipérbole da poesia urdu — era particularmente comovente. Porque eu já fazia alguma idéia de seu infortúnio.

O escritório parecia parado. Mas, poucos meses antes, tinha havido um drama. O *Morning News* cometera uma gafe na página feminina. Haviam reproduzido um artigo do *Arab News* sobre uma grande mulher árabe. A mulher era a bisneta do Profeta. E o artigo, por diversas razões, havia ofendido a comunidade xiita. Tinha havido manifestações e ameaças e o governo tivera de intervir. O jornal fora fechado por três dias; um inquérito fora instaurado.

Era um momento de perigo. Se as autoridades não tivessem procedido como o fizeram, e se o *Morning News* tivesse um editor mais frouxo, poderia ter sido uma calamidade. Ghauri, o editor, assumira plena responsabilidade por aquilo que saíra em seu jornal; o tempo todo atuara com coragem e dignidade. Ele era um homem muito doente. Estava apenas no final de seus quarenta, mas parecia muito mais velho. Estivera sob cuidados médicos durante meses; sua doença não permitia que ele dormisse regularmente. Quando o vi, ele parecia estar sofrendo alguma dor física, e mal conseguia sentar-se aprumado. Mas encontrara forças para orientar seu jornal ao longo de muitas semanas ruins até que o caso fosse esclarecido pelo inquérito.

A questão agora estava encerrada. Mas não para Nusrat. Era ele quem cuidava da página feminina. Fora ele quem cometera a gafe, quem passara o artigo do *Arab News*. Durante semanas e meses, Nusrat convivera com o perigo e a culpa; o editor assistira a seu encolhimento para dentro de si mesmo.

Qual fora a matéria ofensiva que o *Morning News* publicara? Para entender, era necessário repassar um pouco da história islâmica. Para os muçulmanos xiitas, Ali, o genro do Profeta, devia ser o primeiro sucessor temporal (ou califa) do Profeta. Por três vezes, ele foi preterido; foi apenas o quarto califa e, então (após um reinado de apenas cinco anos), foi assassinado. Ali teve dois filhos. A nenhum deles foi concedido o califado. O primeiro foi envenenado. O segundo morreu em combate quando tentava reclamar o califado. Esse segundo filho, Husain, teve uma filha — neta de Ali e bisneta do Profeta. O artigo ofensivo era sobre ela.

Existe certa controvérsia sobre essa mulher entre as duas principais seitas muçulmanas. Os árabes (ou ortodoxos) tentam sugerir que ela não estava interessada na causa de seu pai, Husain, ou de seu avô, Ali. Afirmam que, após a morte de seu pai, ela se estabeleceu, feliz, na cidade árabe de Medina; que Medina, prosperando com a riqueza das conquistas árabes, tornou-se, no século VIII, uma cidade de luxo e cultura: músicos, cantores, cortesãos, escravos, bordéis requintados; e que a filha de Husain, casada diversas vezes, reinava sobre a cidade.

Para os xiitas, ressentidos por Ali e seus filhos, essa história sobre a bisneta de Ali adicionava insulto à injúria. Eles rejeitam a história. Afirmam que a garota jamais se tornara adulta, morrera na infância. Mas o artigo na página feminina do *Morning News* — reproduzido do *Arab News* — apresentava a versão árabe ou ortodoxa da história dessa mulher, convertendo-a na enganadora e voluptuosa benfeitora das artes na Arábia do século VIII.

O artigo não poderia ter surgido em pior hora. Era o mês de *moburram*, quando os xiitas guardam luto de dez dias pelas mortes de Ali e seus filhos. De acordo com os regulamentos da lei marcial do Paquistão, não eram permitidas concentrações de massa; mas os xiitas tinham liberdade para se reunir, durante esse mês de luto, nas mesquitas ou parques e playgrounds, e nesses locais seus ânimos se exaltaram contra o *Morning News*. Certo dia, quarenta ou cinqüenta estudantes marcharam em direção ao jornal; houve telefonemas de ameaça; falava-se na organização de uma passeata de 40 mil pessoas que iriam até o *Morning News* e o incendiariam. Em outro nível, falava-se de uma conspiração internacional contra o mundo muçulmano. O cerco da mesquita em Meca havia acabado de ocorrer; a embaixada americana fora capturada em Teerã; um avião paquistanês havia caído após decolar do aeroporto de Meca.

Era um período ruim para o jornal. Ele poderia ter sido fechado para sempre e muitas pessoas teriam perdido seus empregos. E havia o perigo físico derivado dos xiitas furiosos de Karachi. E não apenas xiitas: no mês de *moburram*, os sentimentos por Ali e seus filhos são exaltados também entre os ortodoxos. Nusrat deve ter vivido um pesadelo. Ele desejava servir à fé acima de tudo o mais e, na terra da fé, deve ter se sentido muito solitário. O mundo deve ter se modificado para ele: a qualquer momento ele poderia ter sido violentamente atacado.

Ghauri disse — por desespero ou fadiga? — "Existem quatro versões sobre a história dessa mulher. Uma versão é a que foi publicada. A segunda versão é que a mulher morreu com nove anos e meio. A terceira versão é que ela morreu com onze anos e meio. A quarta, e a mais provável, é que ela não existiu".

"Você modificou a minha vida", disse Nusrat ao telefone. Mas ele queria dizer alguma coisa mais.

E quando nos encontramos de fato, deu para reconhecê-lo imediatamente. Vestia um paletó de lã xadrez brilhante, seu tributo ao inverno — ou, como dizem os ingleses, "tempo frio" — de Karachi. Eu ainda não conhecia o paletó, mas era adequado, atrevido, como os óculos de lentes coloridas e o bigode de morsa.

Ele disse: "Estou superatrasado".

"Você está cinco minutos atrasado."

"Sim. Eu estou cinco minutos atrasado."

Tomamos o elevador para o restaurante Chandni, no topo do Intercontinental.

"Como está o jornal?"

"Não muito bom. Eu o fechei por três dias. Mas você deve ter ouvido falar."

Ele falava com vivacidade. Poderia estar falando de alguma atividade sindical, alguma vitória sobre os patrões. E eu estava disposto a deixar assim.

E foi somente na claridade do restaurante da cobertura, quando fazíamos a volta em torno do bufê do Intercontinental, um pouco mais minguado do que eu me lembrava que era em agosto, foi somente então — o tom moreno de Karachi à nossa volta, o tempo frio se esvaindo rapidamente, o céu de fevereiro já muito claro, a porta do restaurante aberta, o ar já morno — que percebi que Nusrat ficara grisalho. Em cinco meses, ele mudara.

"Você ficou grisalho."

"Você notou? Aconteceu", disse ele. "Sem motivo algum. Não pense que existe alguma razão especial. Eu gosto de cabelo grisalho. Gosto de parecer grisalho."

"Fica bem em você. Quantos anos você tem?"

"Trinta e três. Eu já era grisalho antes, quando você me conheceu. Você pode não ter notado, mas eu já era grisalho."

Quando estávamos na mesa, ele disse: "Eu não pretendia ir ao escritório até as quatro daquele dia. O dia em que recebi sua mensagem. Por isso, é meio por acaso que estou aqui. Eu poderia estar fora de Karachi. Poderia ter me desencontrado de você. Isso não faz você acreditar em uma cadeia de acontecimentos?"

"Você está trabalhando demais."

"Eu trabalho muito. Tem muita pressão em cima de mim. Outro dia, na página de entretenimentos, sabe o que eu fiz? Inseri uma foto de uma atriz indonésia em traje nacional. Teria ido para a gráfica se alguém não tivesse me chamado a atenção. A foto mostrava a silhueta do corpo da atriz. Eu não havia percebido. Vi apenas o traje nacional. O que eu devo fazer? Não sei até onde posso ir na página de entretenimentos. Nem mesmo sei se uma página de entretenimentos é desejável em uma sociedade islâmica."

Ele parou, esperando por um opinião minha. Eu não disse nada.

Ele disse: "Isto é sério. É algo que precisa ser discutido em nossa sociedade. E quanto à situação das mulheres? Elas devem ter empregos? Ou devem ficar em casa? Os homens devem ensinar as mulheres? As mulheres devem ensinar os homens? Essas questões são importantes".

"Por que são tão importantes?"

"Porque precisamos criar uma sociedade islâmica. Não podemos nos desenvolver da maneira ocidental. Para nós, o desenvolvimento apenas chegará com uma sociedade islâmica. É o que eles nos dizem."

Tínhamos falado sobre isso em agosto. Ele conhecia a minha posição. Por um segundo ou dois, fiquei imaginando se ele estaria sendo irônico. Mas ele estava sendo sincero. A vivacidade sugerida pelas bochechas redondas, o bigode, o paletó na moda, era falsa. Ele estava sombrio e atormentado. Em cinco meses ele mudara tanto quanto a paisagem de Karachi.

Em agosto, nos jardins dos fundos do Intercontinental, eu havia visto homens cortando a grama com um cortador puxado por bois. Agora não havia grama para cortar; mas os homens ainda estavam trabalhando, puxando um pesado rolo compressor sobre o terreno que era como uma charneca.

Perguntei: "Quando vai chover?".

"Em junho. Ou julho. No mês que vem, começará a esquentar. Depois, haverá falta d'água. Agora só se fala no Afeganistão. Mas quando esquentar e houver falta d'água, as pessoas começarão a falar disso em primeiro lugar."

Agora parecia mais o jornalista, o colunista. Mas, em seguida, ele disse: "Tem a questão dos bancos e dos juros. É nisso que os economistas devem estar pensando. É isso que precisamos elaborar: como criar um sistema bancário sem juros. Agora mesmo, quando recebo minhas 248 rupias do banco, eu fico muito feliz, recebendo esse dinheiro em troca de nada. E minha mulher diz: 'Eu não sei por que você está tão contente'. E ela tem razão. Isso é errado. Minha mulher é uma boa muçulmana. E eu, como você sabe, sou um mau muçulmano".

"Você não pode dizer isso. Quando nos conhecemos, você disse que o islã e o além eram as coisas mais importantes para você. Está lembrado?"

"Mas eu fui educado numa escola secular. Não é sempre que eu faço as orações."

Mais tarde, ele disse: "Acredito que eles acham que eu sou bom".

"Quem são 'eles'?"

"Funcionários públicos, burocratas. Eles mudam, eu sei. Mas o arquivo continua. O que eu quero dizer é que o arquivo — o meu arquivo — deve ser um bom arquivo. Deus tem suas próprias maneiras de ser gentil. Quando certas coisas acontecem, é preciso acreditar. Pense na minha sorte, encontrando-me com você da outra vez, recebendo seu recado desta vez — eu não pretendia ir para o escritório até o final daquela tarde. E agora, almoçando e conversando com você. Pense em todos os elos dessa cadeia."

Olhei para o seu rosto aflito e disse: "Acho que você deveria se afastar por algum tempo. Passe algum tempo em outro país. Você está começando a lutar contra fantasmas".

"Não, não. Se eu for, será para sempre."

"Você precisa descansar."

"Você tem razão. Estou trabalhando demais. Ainda hoje de manhã, eu pensei: 'Se você continuar desse jeito, vai acabar adoecendo'. O que me preocupa agora é que não gosto das pessoas. Eu não procuro ninguém, sabe? Apenas vim aqui por sua causa. Eu posso odiar as pessoas. Ficar irritado com elas. Como outro dia, de manhã. Fui até uma colônia de favelados em Clifton, não muito longe da casa de Bhutto. Fazia muito tempo que eu desejava escrever sobre eles. Eu devia sentir compaixão por aquelas pessoas. Desejava me solidarizar com elas, e sou solidário com elas. Mas me vi ficando irritado com elas. Como podiam ter vivido naquelas condições durante trinta e dois anos? A dois minutos apenas do sr. Bhutto. Por que não marcharam até a casa dele? Por isso, fiquei irritado e não gostei de mim mesmo por ficar irritado. Foi nesse espírito que eu estava quando fui para o escritório e recebi seu recado. Foi por isso que receber seu recado exatamente naquela hora foi, para mim, uma sorte."

Ele havia trazido uma pasta com as colunas que havia escrito nos últimos meses. Uma vez por semana, ele fazia uma espécie de coluna de fofocas e comentários para o *Morning News*. Ele desejava escrever um livro com aqueles trabalhos e queria que eu os examinasse. Achava que eram um registro de um período importante.

Não era bem assim. Mas eram o trabalho de um profissional. Não havia nada nas colunas referente às suas próprias dificuldades durante o período. Escrevia sobre acontecimentos sociais; falava de seu prazer no tempo frio de Karachi, tirando o paletó de lã; falava da falta de açúcar. Havia algo sobre as revistas das "mocinhas" — impróprias "nestes tempos de mudança": isso era o mais perto que ele chegava de suas próprias dificuldades.

Uma coluna que começava com um parágrafo sobre um chicoteamento público acabava sendo um artigo sobre as deficiências do transporte público. As pessoas não conseguiam ir para o chicoteamento porque não havia ônibus. Não havia ironia. No texto de Nusrat, tal como em sua própria pessoa, a despeito da aparente elegância, havia uma certa falta de humor. Isso era parte de sua franqueza, seu magnetismo. No caso de Nusrat, não se tratava de autocensura. Nusrat era um aceitador: vivia com seu país e com a fé de seu país. O Paquistão, agora engajado no caminho do islã, era um estado ideológico. Nusrat aceitava a ideologia. Era um cidadão de um estado ideológico, um fiel, o tipo exato de homem que ficaria atormentado por ser expulso. A desconfiança de seus semelhantes teria sido punição suficiente para ele.

Quando o encontrei novamente, eu lhe disse que não achava que seus artigos no jornal dariam um livro. Ele não gostou de ouvir isso.

Eu disse: “Eles deixam tudo de fora”.

“Mas pessoas como Art Buchwald transformam seus artigos em livros.”

Perguntei sobre sua esposa. Lembrei-me de que ela não estava bem de saúde em agosto.

Ele disse: “Ela passou por uma operação de úlcera. Eu tento evitar discutir com ela o lado negativo da existência humana. Por exemplo: eu não contaria para ela o que você acha das colunas”.

“São ótimas colunas jornalísticas.”

“Se alguém me desse uma surra hoje, eu não iria para casa contar a ela. É claro que, se eu fosse para casa machucado e sangrando, não me sentaria simplesmente numa cadeira e ficaria calado. Eu teria de dizer alguma coisa. Mas, normalmente, eu não o faria. Ela realmente se preocupa um pouco mais do que eu.”

Por isso, durante toda a sua crise, ele não tivera ninguém em casa a quem recorrer. No entanto, como observou seu editor, ele não se abateu. Não havia tentado influenciar nenhum conhecido importante; continuara a fazer seu trabalho. Foi apenas no final que ele desmontou. Depois de encerrado o inquérito do governo, e depois que a questão foi posta de lado, Ghauri, o editor, o convidou para jantar em sua casa.

Ghauri disse: “Está tudo encerrado agora. O jornal continuará. Mas, diga-me, você fez isso deliberadamente? Eu lhe dou minha palavra de que, seja qual for sua resposta, não tomarei nenhuma medida contra você. Eu apenas quero saber”.

Nusrat não compreendeu que a pergunta estava sendo feita a sério. Quando compreendeu, desatou a chorar. A idéia de que o editor, que tanto havia arriscado em sua defesa, pudesse ter alguma dúvida a seu respeito era demais para ele agüentar. Ghauri não pressionou; sua pergunta estava respondida. A sra. Ghauri teve de consolar Nusrat.

Li o artigo ofensivo. Era ilustrado com uma pintura européia do século XIX, de um pintor anônimo, representando uma mulher árabe, sem véu no rosto mas inteiramente trajada, reclinada em um sofá. A ilustração fora tirada, juntamente com o artigo, do *Arab News*. Mas o que hoje podia ser publicado na Arábia ainda era provocador no Paquistão. Havia pouca coisa no artigo em si que não poderia ser encontrada no manual padrão de Philip K. Hitti, *History of the Arabs*. Mas a mulher em questão havia sido bisneta do profeta; e havia pessoas no Paquistão — de ambas as seitas — que achavam que o mero fato de dizer que ela era bonita era demonstrar desrespeito.

A fé estava levando os homens a extremos. Contando apenas com o Corão e as tradições como guia ninguém jamais poderia estar seguro de que era bom o bastante como muçulmano; ninguém jamais poderia ter certeza de que havia se submetido completamente a Alá e que estava inteiramente destituído de motivos egoístas. Homens como Nusrat exigiam mais e mais de si mesmos. Para um homem ansioso em se submeter, em ser puro de coração e alma, o mundo estava cheio de armadilhas: como a alegria de Nusrat com suas 248 rupias de juros do banco, sua irritação com seus companheiros muçulmanos na colônia de favelados.

Eu disse: "Você é propenso a acidentes, não é, Nusrat?".

Eu tocara em algo. Ele disse: "Fui a uma mesquita assistir a um casamento a semana passada. A irmã de um amigo. A noiva estava atrasada. Era hora da oração. Aí, meu amigo disse: 'Vamos rezar'. Fiz as abluções. Era uma noite fria e a água estava gelada. Apanhei um chapéu ou boné de palha — um barrete — da mesquita, coloquei-o na cabeça e comecei a rezar. Quando me curvei, o boné caiu e eu pensei: 'Deus sabe que não vim preparado para rezar'. Vi uma mão se mover e pensei que alguém estava prestes a me interromper. Mas era apenas uma mão que colocava o chapéu em minha cabeça. Quando me curvei novamente, ele caiu de novo e eu o vi rolar para o canto. Disse a mim mesmo: 'A oração pode ser aceita mesmo sem o boné, se a intenção é rezar'. O incidente passou despercebido. Mas por que essas coisas acontecem comigo? É incrível que eu não tenha sofrido um acidente de trânsito. E eu acho que é misericórdia ou bênção divina ou coisa parecida".

Perguntei-lhe sobre o jornalista em Rawalpindi, que fora condenado a um ano de prisão.

Ele estava tranqüilo; fiquei surpreso.

Ele disse: "Talvez ele tenha dito aquilo com muita freqüência. Talvez não devesse ter escrito para um jornal estrangeiro. Algumas coisas podem não ser problema num jornal local mas ser ruins num jornal estrangeiro. E vice-versa".

Ele ainda tinha planos de ir para o exterior e estudar comunicação de massa. Mas agora falava disso de modo diferente. Ele era um penitente e agora desejava servir ao seu país e à sua ideologia.

"Estamos construindo nossas sociedades novamente e temos de moldar os meios de comunicação de acordo com elas. Precisamos entender até que ponto o conceito ocidental de meios de comunicação de massa se coaduna com os países em desenvolvimento em geral e os países muçulmanos em particular. Talvez sim. Talvez não."

Mas, soterrado sob essa nova personalidade, ainda estava o homem que lia Art Buchwald e desejava publicar livros como os de Buchwald.

A última vez que nos encontramos, ele disse: "Ninguém notou que fiquei grisalho, ou mencionou isso para mim". E antes de nos despedirmos ele disse: "Você pode arranjar um jeito de eu ir para um lugar onde eu possa ler, escrever e estudar durante cinco anos? Porque, em cinco anos, se você me encontrar novamente, posso ter me tornado comerciante de cimento ou exportador de roupas prontas. Um lugar onde eu não seria capaz de ter tanto tempo, tempo para sentar, conversar e compartilhar com você".

## 2

## *INVERNO ISLÂMICO*

Em agosto, no aeroporto de Londres, os passageiros iranianos de Teerã estavam carregados de mercadorias da Europa. Mais tarde, no mesmo mês, no aeroporto de Teerã, os migrantes paquistaneses que voltavam para casa estavam carregados de mercadorias da Europa e do Japão. Mercadorias: elas faziam o mundo girar. E agora, em fevereiro, no aeroporto de Karachi, estava a visão complementar: migrantes paquistaneses e suas famílias abandonando a terra da fé rumo às terras do dinheiro.

Eles tinham seus certificados de não-objeção e seus certificados do serviço de proteção dos emigrantes. Mas ainda não tinham certeza. Sabiam apenas que, em uma multidão, tinham de seguir adiante ou se perder; por isso, seguiam e mostravam seus preciosos documentos; e os funcionários verificavam. Uma mulher estava levando cinco de seus filhos. Muitas mulheres estavam com véus, algumas com a pele tingida de branco (com uma espécie de tela de algodão transparente sobre os olhos), outras de preto.

Mulheres e crianças ocupavam a área para não-fumantes do Boeing 707 e lhe davam o aspecto da *zenana*, os aposentos das mulheres. A área para fumantes estava praticamente vazia. Troquei de poltrona.

Vistas de cima, em agosto, as áreas desertas do Beluchistão e do Irã tinham sido marrons e negras, mas esmaecidas no calor. Agora, viajando em sentido contrário, acordei para a neve. As montanhas estavam cobertas de neve. As planícies estavam desnudas, mas cada pequena protuberância estava polvilhada de neve. Voando sobre montanhas cobertas de neve, chegamos a Teerã, imóvel, invernal, com cor de areia. E a garota disse que a temperatura lá fora era de zero grau.

IRMÃOS, CONVIDADOS, BEM-VINDOS AO HIJRA [o novo século da era islâmica] E À REVOLUÇÃO, dizia a placa manuscrita no saguão de desembarque. Lá estavam ainda as grandes fotos — do tempo do xá, e as cores haviam esmaecido — das antigüidades persas. Uma foto colorida do aiatolá Khomeini estava pregada com fita adesiva sobre uma dessas fotos na entrada da seção de imigração.

Formávamos uma fila curta. Poucos de nós vinham para ficar em Teerã. O japonês à minha frente declarou que sua profissão era "correspondente". Isso estava ocasionando algum problema. Outro funcionário o encaminhou para fora da seção. E então houve outro problema. Eu era "escritor". Precisava de um visto; sem um visto eu não poderia ficar.

Ficaram com meu passaporte e o encaminharam para uma pequena sala ao lado do saguão. Estava cheia de oficiais, alguns com jaquetas e estrelas no ombro, outros em mangas de camisa. Eram todos amistosos. Meu passaporte estava junto com outros três ou quatro sobre uma das mesas e ninguém parecia estar fazendo nada com eles. Oficiais de jaleco e sem jaleco estavam andando para lá e para cá; conversavam muito entre si.

O correspondente japonês estava dizendo para alguém: "Mas vocês são um povo revolucionário. No Japão, estamos interessados em povos revolucionários".

Um grandalhão de bigode, trajando um pulôver amarelo, estava dizendo a dois ou três oficiais iranianos: "Vocês não podem me mandar para a Síria. Não vão me deixar entrar na Síria".

"No primeiro vôo", disse um dos iranianos. "O mundo inteiro quer vir para o Irã."

"Mas eles não vão me deixar entrar na Síria. Vão me mandar de volta para cá."

Uma mulher de cerca de trinta anos, usando calças jeans justas e com uma pele bronzeada e cabelo avermelhado (cabelo e pele parecendo ter sido tingidos com hena), disse: "Eu sou turca. Eu sou turca". Parecia apelar para a solidariedade muçulmana.

Eu corria o risco de ser esquecido. Falei com o sujeito que ficara com meu passaporte. Ele estava em pé atrás da mesa e aparentemente sem fazer nada. Pediu-me — com um sorriso — que eu levasse minha mala Lark para fora do escritório, que estava realmente um pouco abarrotado. Levei a mala para fora e a depositei no chão úmido; um homem estava fazendo a limpeza e, depois de tudo o que eu havia lido sobre o Irã, isto me pareceu surpreendente: as pessoas ainda estavam fazendo serviços, mantendo as coisas.

Fiquei desorientado, sem ação. A viagem de seis meses que eu fizera havia sido uma série de acasos; o que entrara em meu caminho, entrara em meu caminho. E eu mal conseguira dormir. Tinha sido um vôo de madrugada e eu fora dormir tarde em Karachi. Estava contente pelo fim da viagem do jeito que parecia prestes a terminar.

O homem que ficara com meu passaporte saiu ao meu encontro. "Por qual companhia você veio?", perguntou.

"PIA."

A garota iraniana que era representante da PIA estava no outro extremo do saguão com sua prancheta: o vôo acarretara alguns problemas. O homem acenou para ela; ela se aproximou e conversaram.

A garota me disse: "Você precisa voltar".

"Eu vou partir."

"Você é escritor e não tem visto."

"Eu sei. Você pode me colocar em um vôo para Londres?"

"Hoje não é possível. Você pode voltar para Karachi."

"Eu não quero voltar para Karachi. Não há vaga no hotel. Está começando hoje uma conferência de pediatria no Intercontinental e todas as vagas estão reservadas."

Para onde mais eu poderia ir naquele dia? Quais eram as cidades com vôos e que não precisavam de visto?

"Posso ir para Atenas?"

Eu não queria ir particularmente para Atenas. O nome me ocorrera apenas porque, em minha leitura compulsiva de anúncios de companhias aéreas nos últimos seis meses e meio, Atenas parecia ser uma cidade para a qual muitas companhias faziam vôos.

A garota pareceu gostar da idéia de Atenas. Agarrou sua prancheta contra o peito e disse: "Tem um vôo da Japan Airlines às quintas-feiras".

"Coloque-me nesse vôo."

"Mas só que é amanhã."

"Mas hoje é quinta-feira."

"Hoje é quarta-feira, dia 13", disse ela, ríspida.

"Para onde eu posso ir hoje?"

"Não há nenhum vôo hoje. Tem apenas o vôo para Karachi, agora. Tem certeza de que não quer ir para Karachi?"

Rejeitando o destino, eu disse: "Sabe, em agosto eu entrei no país sem visto".

Ela se comportou como se eu tivesse resolvido seu problema. "Você entrou sem visto? Disse isto a eles?"

"Está no meu passaporte."

Ela foi para a sala abarrotada e logo voltou, dizendo: "Eles cometeram um engano. Vão deixar você ficar".

E quando fui chamado de volta para a pequena sala, todos pareciam sinceramente contentes por terem encontrado um jeito de contornar a recente orientação do ministério sobre jornalistas e vistos.

"Mas *você*", disse um oficial ao correspondente japonês, que ainda estava na sala, e ainda argumentava, "você terá de voltar."

Também haviam permitido que a mulher turca de cabelo vermelho ficasse no país. Por que tinham achado que ela era jornalista? Ela estava no balcão da alfândega com uma enorme quantidade de coisas, mercadorias de Taiwan e do Japão, a maioria novas, ainda em caixas de papelão e envelopes plásticos de proteção.

Entrei no outro corredor e estudei as costas da funcionária da alfândega, uma jovem trajando uma saia grossa de lã e pulôver, roupas próprias, não um uniforme. Ela estava sentada à vontade diante do balcão, as pernas cruzadas, enquanto verificava os papéis. O pulôver era justo; a saia era justa em volta dos quadris; ela se vestia na moda.

Minha única bagagem era a Lark. Um homem conversou com a jovem da alfândega e pareceu sugerir que eu devia ser liberado. A jovem deu um giro — nenhuma beldade, infelizmente — e deu uma olhada no passaporte que eu carregava e depois me deu as costas novamente.

Quando finalmente chegou minha vez, a jovem da alfândega disse: "Você é inglês?".

"Não."

"Mas tem este passaporte."

"É a minha cidadania."

"Abra."

A visão de meu pijama da Marks and Spencer — o "batique" antiislâmico que Khairul e seu grupo árabe haviam desaprovado em Kuala Lumpur, quando chegaram de surpresa em meu quarto no Holiday Inn —, a visão daquele pijama suavizou a filha da revolução iraniana, fazendo-a pensar, talvez, no pai ou em irmãos.

"Isso é tudo que está levando?"

"Sim."

"Nenhum vinho?"

"Nenhum vinho."

"Está tudo certo."

Lá fora, no ar frio, estavam os bandidos bem nutridos do serviço de táxis do aeroporto, agora mais próspero do que em agosto, com o grande Irã novamente nas manchetes e muitos jornalistas chegando e partindo. Pediam 800 rials pela corrida de 500 rials até a cidade. Pechinchei, mas sem muita firmeza; fizeram um abatimento de 100.

"Esse hotel para onde você vai", disse um dos homens, "está fechado."

"Fechado!" Ele estava em muito mau estado em agosto, lembrei-me. "Tudo bem, vou para o Intercontinental."

"Você tem reserva?"

"Não."

"Então está fechado para você. Apenas cinco hotéis estão abertos para você em Teerã." Recitou alguns nomes.

Entendi que ele estava usando "fechado" e "aberto" de uma maneira especial: estava desviando o tráfego para determinados hotéis. Insisti em meu hotel. Ele pareceu não se importar. Havia cumprido seu dever para com seus hotéis; fazia frio; ele voltou para o abrigo.

Os mesmos engarrafamentos, a mesma fumaça de escapamento; o mesmo modo louco de dirigir, carros guiados como carroças; a cidade de concreto e tijolo, a cor de areia no inverno e no verão, as árvores nuas tão empoeiradas quanto os carros, a lama do inverno secando, as bancas de frutas nas barracas e mercearias — laranjas, maçãs amarelas — atraindo o olhar, os slogans multicoloridos e os impressos e cartazes nas paredes, como cores mescladas numa paleta, parte da impressão geral de confusão. Em um congestionamento, olhei demoradamente para um homem encasacado, de aparência jovem, usando uma vassoura de gravetos para varrer a poeira das ruas para o bueiro de concreto junto ao meio-fio: era novamente uma surpresa essa prova de que a vida municipal prosseguia, aparentemente à parte dos eventos que constituíam notícia.

Eu havia chegado em agosto, num dia de eleições, uma sexta-feira, o sabá. As ruas não tinham o tráfego de dia útil; o comércio estava fechado. Teerã parecera um lugar que fora fechado para sempre; mas, de noite, eu vira urnas sendo colocadas dentro de carros, vigiadas por homens armados. A eleição daquele dia — após um plebiscito anterior sobre uma república islâmica — era para uma Assembléia de Peritos, pessoas que iriam elaborar uma constituição islâmica. Khomeini havia pedido ao povo que votasse pelo clero. E o clero havia vencido.

A Assembléia dos Peritos deliberara sobre uma constituição e consignara a Khomeini um lugar acima de todos os demais, até do presidente. Khomeini tornara-se o regente de Deus, representante na terra (ou no Irã) do décimo segundo imã (escondido ou "encoberto" durante mil anos). Depois, tinha havido um plebiscito sobre essa constituição; eleições municipais; eleição presidencial. O clero perdera a eleição presidencial. Em agosto, os retratos mimeografados afixados nas paredes eram principalmente de Khomeini; agora, havia também o retrato do homem que, duas semanas antes, fora eleito presidente. E, dentro de algumas semanas, haveria outra eleição, para a assembléia nacional.

Em meio a toda essa votação, a embaixada americana fora capturada e comemorara-se o primeiro aniversário da revolução: no tumulto daquele dia, algumas pessoas foram mortas por um tanque. O povo de Teerã vivia em agitação. Após três meses, a história dos reféns americanos era como uma novela popular e muito arrastada, à qual o homem da rua podia recorrer quando não havia nenhum drama maior.

O hotel não estava fechado. Havia pessoas na guarita da entrada; havia carros lá dentro. O jardim da frente assumira um tom pardo devido ao inverno. Os gramados ovais estavam marrons, com faixas verdes, parecendo sombras estranhas sob os arbustos e árvores. Chuva, neve e fuligem haviam tirado o brilho do loureiro e de outras plantas perenes e pinheiros; e o sol invernal e o ar seco do platô de Teerã haviam reduzido aquela lama urbana a uma poeira fina. Mas ainda se trabalhava. O passeio estava varrido; as roseiras haviam sido podadas.

O saguão de entrada era cálido e reconfortante, e o elevador que me conduziu ao oitavo andar funcionava melhor do que em agosto. Havia uma cama de metal ao seu lado no corredor. Mas nenhuma arrumadeira estivera lavando roupas para hóspedes do hotel, como a minha arrumadeira certa vez fizera para mim, em agosto: não havia roupas secando nas maçanetas dos quartos desocupados.

Meu quarto não havia sido devidamente arrumado. Uma cortina perdera alguns ganchos e pendia solta em uma das pontas. Não havia mais cinzeiros; nenhuma literatura de hotel, catálogo de serviços ou papel de carta; nenhum cartão sobre o televisor, como em agosto, fornecendo detalhes da programação do já suspenso serviço "internacional" da televisão iraniana. Mas a mobília estava em bom estado, os encaixes, firmes. Em seis meses, houvera pouca deterioração.

O gerente de meia-idade, porém, alto, magro, calvo e usando óculos, estava completamente atormentado. Era como se o hotel vazio, e sua vida ali, tivessem sido demais para ele; como se ele tivesse deteriorado mais do que o hotel ou o traje de seu auxiliar. Dei 100 rials a ele. Era muito; porém, não o impressionou nem um pouco. Ele disse: "Dê-me alguma coisa. Minha cabeça não está boa. Dê-me alguma coisa". Dei a ele alguns comprimidos para dor de cabeça. Era aquilo que ele desejava, medicamentos e atenção, mais do que os rials.

Mais tarde, desci para o salão de chá no mezanino. Em agosto, ali havia sido um lugar particularmente desolado, ocupado por homens que se angustiavam com a ociosidade e pareciam ter perdido a fé em si mesmos. Agora estava vazio. Algumas de suas muitas mesas estavam postas com xícaras e pires para chá e guardanapos de papel; mas ninguém estava tomando chá nem café.

Em uma mesa sem arrumar, um homem de calças pretas e paletó cinza estava aparentemente adormecido, debruçado sobre seus braços. Era uma imagem de extravagante desespero, alguém abatido pelo drama de Teerã. Seria um garçom ou um cliente? Ambas as coisas eram possíveis. O centro de sua cabeça desabada era calvo, as laterais tinham cabelo farto e desgrenhado. A mistura de tristeza e brilho era comovente.

Ele não estava dormindo. Ergueu a cabeça; seus olhos surpresos, esbugalhados e vermelhos, encovados sob uma fronte projetada, a custo se fixaram em mim. O botão de cima de sua camisa branca estava fora da casa, a gravata preta afrouxada. Ainda apoiado nos braços, disse, por fim: "Você está bem? Tudo certo? De onde vem?".

Contei-lhe.

"Deseja alguma coisa?"

Parecia uma imposição. Mas ele estava ansioso para servir. E o café, quando chegou, não estava ruim.

"Café bom? Serviço bom?"

"Sim, sim. Mas como vai você?"

"Nada bem. Gripe. Estou gripado."

Ele estava mais do que gripado. Estava desesperado em busca de um segundo emprego, e achava que eu poderia ajudá-lo. No final, tive de me esconder dele.

Em agosto, havia vinte e sete hóspedes, em um hotel que poderia receber quatrocentos. Agora — conforme percebi quando desci para a sala da telefonia, onde as garotas estavam comendo sementes de melancia de um saco plástico cor-de-rosa e tentando lidar com o equipamento da ITT — havia quarenta e dois. Não o bastante para fazer diferença. Mas o pessoal do hotel estava tentando. No saguão, havia uma mesa com um telefone livre sob uma placa que dizia: REPÓRTERES, BEM-VINDOS! e, em seguida, em inglês, francês e italiano, LINHA DIRETA PARA JORNALISTAS. Atrás do balcão da recepção, em volta de um bar com uma máquina de café expresso (a área fora fechada em agosto), havia uma tentativa de dar um toque alegre, com pequenos móbiles escritos à mão, dançando no ar e oferecendo CHÁ PERSA.

Como o pessoal da imigração e a garota da alfândega no aeroporto, o pessoal do hotel dava agora a impressão de estar brincando um pouco. Todos estavam menos ásperos, mais amistosos e gentis. Em agosto, o hotel não tinha administração, estava sendo supervisionado por um *komiteh* revolucionário. Às sextas-feiras, o rádio no restaurante ressoava com os discursos que eram realizados nos encontros de oração em massa na Universidade de Teerã. Mas, com a liberdade e exaltação religiosa, havia temores concretos. Um dos homens na recepção — cujas tradicionais habilidades persas renasciam — havia passado a negociar moedas antigas. Outro, sempre rude, certa vez me falara de modo frenético (quando estava servindo também de taxista do hotel) sobre o futuro de seus filhos. Pedira meu conselho e conversamos sobre as universidades da Índia. Quando agora levantei o assunto, ele me repeliu. A educação de seus filhos voltara a ser assunto privado.

No hotel — não mais gerido por um *komiteh* — pareciam pessoas que haviam se habituado não só à crise mas também à liberdade, liberdade dentro e fora do hotel. Eram como pessoas devolvidas a si mesmas. Um garçom, a quem eu dera 50 rials por trazer um bule de chá até o meu quarto, apareceu quase de imediato com dois bolinhos em um prato, dizendo em inglês: "Você é meu convidado".

Em agosto, havia um cartaz revolucionário na porta de vidro da frente do hotel: Yasser Arafat, da OLP, de um lado, Khomeini, o vingador, do outro. Agora não havia nenhum cartaz na porta. Em vez disso, do lado de dentro, havia grandes retratos emoldurados de Khomeini, retratos oficiais do homem que era mais do que chefe de estado. Seus olhos não eram mais desconfiados e raivosos; seus olhos de velho expressavam vitória. Nenhum franzido, nenhum gesto de desafio, nenhum punho cerrado: as mãos eram as do homem da paz, do homem em paz. Jaziam em seus joelhos, e os dedos eram longos e delicados.

Havia neve nas montanhas ao norte de Teerã. A luz matinal, incidindo na neve, revelava a direção e o contorno de cada cume. Depois, a fumaça da cidade de carros motorizados se acumulava e vedava as montanhas. No verão, a névoa fora como que a cor das montanhas; e, na época, parecia que a única coisa que ocultava as montanhas era a aura veranil do platô poeirento. Agora, a névoa podia ser vista elevando-se contra a neve como uma nuvem escura. Por volta do meio-dia, montanhas e neve não podiam mais ser vistas, até que, durante uns poucos minutos no fim da tarde, o pôr-do-sol incidia vermelho sobre a neve dos cumes mais altos, e estes pareciam um rochedo vermelho suspenso sobre a cidade enevoada, que escurecia depressa, salpicada aqui e ali por luzes elétricas e logo pulsando em luzes de néon: visivelmente, o velho resplendor sobrevivia.

A cidade era livre, mas continuava a ser uma criação do xá. Um ano depois da revolução, ainda aguardava um propósito. Para muitos — como o pessoal do hotel que se reunia para conversar nos quartos vagos, semi-arrumados, como o homem na sala de telefonia da ITT, que dormia no assoalho como se fosse a areia do deserto, coberto da cabeça aos pés por uma manta —, para muita gente, a cidade ainda era como um acampamento.

Aqui e acolá, havia obras de construção de pequena escala. Mas os guindastes no alto de prédios inacabados não se mexiam. Com a chuva e a neve, as vigas de metal haviam enferrujado; e paredes de alvenaria sem reboco e com uma argamassa grosseira pareciam desgastadas. As lojas estavam cheias de produtos importados: era para onde ia o dinheiro, o dinheiro do petróleo que jorrava diariamente como por um passe de mágica. A grande e súbita riqueza havia criado — importado — a cidade moderna e fomentado as desigualdades que haviam levado à revolução. Essa mesma riqueza havia ganhado tempo para a revolução.

Na avenida da Revolução (antiga Xá Reza), ao sul da Universidade de Teerã, os vendedores de quadros ainda ofereciam paisagens de lagos suíços, florestas; quadros de animais; um garotinho subindo o zíper da calça, uma garotinha experimentando o sapato da mãe; quadros de crianças e belas mulheres com lágrimas rolando por suas faces. Paralelamente, havia ainda o tema da revolução. Os vendedores de fitas cassete reproduziam em seus gravadores velhos discursos de Khomeini. Alguns ainda ofereciam os velhos álbuns de fotos da revolução: execuções, corpos em necrotérios, sangue. Agora havia também quadros de Che Guevara, e cartazes coloridos ilustrando vários tipos de metralhadora. E ainda, separadas por poucos passos de distância, pilhas compactas de literatura russa comunista em inglês e persa — a despeito da charge que mostrava o Irã na figura de um vigoroso camponês, cortando duas cobras, uma com o nome da Rússia e a outra com o nome dos Estados Unidos; a despeito da caveira de capacete que, em outra charge, representava o inimigo misto: a Rússia em uma das cavidades oculares, os Estados Unidos na outra, um manto saindo do capacete com a bandeira da Grã-Bretanha numa ponta e a de Israel na outra.

Teria parecido brincadeira — se não tivesse havido uma revolução e sangue de verdade. O sangue parecia distante dessa atmosfera de campus e feira de rua no inverno. Nas esquinas e na calçada, havia barracas de doces de beterraba, cheirando a caramelo quente: espetos de fatias de beterraba em volta de um caldeirão de xarope borbulhante, a beterraba constantemente embebida, adoçada e aquecida no xarope: uma comida de inverno, melhor de ver e cheirar do que saborear, quase sem gosto sob o caramelo.

Na assembléia de orações de sexta-feira na Universidade de Teerã, ainda havia uma multidão, mas nada como o milhão ou mais de pessoas que eu havia visto na segunda sexta-feira de agosto, quando fui com Behzad, meu intérprete e guia, e durante duas horas observamos os homens e as mulheres cobertas de negro afluindo em colunas separadas até lotar o terreno da universidade e entupir as ruas, quando o som de pés caminhando fizera o ruído de um rio, e a poeira se elevara e pairara sobre a multidão na universidade. Esse tipo de entusiasmo — a perfeição da união islâmica, como alguns o consideravam — não podia durar. E o venerado aiatolá, Taleqani, que iniciara essas assembléias, havia morrido; e era inverno, e não era fácil sentar-se e ouvir discursos revolucionários proferidos por aiatolás menores que usavam armas como cajados de pastores.

A atividade revolucionária nessa sexta-feira de inverno estava nos portões frontais da universidade, onde estavam sendo coletados mantimentos para as vítimas das enchentes no Khuzistan, a província petrolífera no sudoeste. Voluntários estavam dirigindo o trânsito; outros estavam jogando ou carregando fardos para dentro de furgões e caminhões, onde outros voluntários, em grande número, esperavam para acomodá-los. Havia voluntários demais, gritando demais, gente demais tentando controlar o trânsito, gente demais ocupada e sem fazer nada.

O que iria acontecer àquele carregamento de pão chato persa? Custara dinheiro; fora trazido quente; fumegava quando era carregado nos ombros no ar frio; e depois foi freneticamente acondicionado — como se fosse uma questão de vida ou morte — em sacos plásticos e despejado em um caminhão com cobertores e roupas. Aquele pão não teria virado tijolo no momento em que chegasse ao Khuzistan?

Mas o pão não importava. O que importava era o gesto e a agitação. Esses voluntários usando jaquetas acolchoadas e pulôveres eram revolucionários que, um ano depois, ainda estavam ali tentando viver a revolução, ainda ansiosos para dirigir o trânsito (para demonstrar sua solidariedade com a polícia, agora do povo, não do xá), ainda ansiosos para demonstrar a "união" islâmica que lhes trouxera a vitória. Eram revolucionários — como os que haviam invadido a embaixada americana e capturado os reféns — cuja causa estava esmorecendo.

Em agosto, Behzad dissera sobre aquela grande assembléia de orações: "Esta não é uma ocasião religiosa. É uma ocasião política".

Filho comunista de pai comunista perseguido, Behzad interpretara a seu próprio modo a união islâmica, interpretara o triunfo e a misantropia xiita a seu próprio modo, vira uma revolução que poderia ser levada adiante em outra revolução. E esses revolucionários islâmicos, em seu traje de Che Guevara, se consideravam revolucionários do final do século XX.

A fé xiita do Irã, comprometida durante mil e trezentos anos com a causa perdida de Ali (a quem fora rejeitado seu quinhão terreno, que fora assassinado, e cujos filhos também foram mortos), era a religião dos insultados e injuriados. "Os habitantes da terra são apenas cães latindo e feras acuadas. Uns gritando contra os outros. Os fortes devoram os fracos; os grandes subjugam os pequenos. São bestas de carga, algumas arriadas, outras em liberdade." Essa passagem era das *Máximas de Ali*, um livro que me havia sido presenteado pelo gentil médico xiita em Rawalpindi, no Paquistão. Era o seu livro de consolo; ele achava que também poderia ser o meu.

A injustiça, a perversidade humana, a indignidade do mundo como tal, a vingança que virá, a alegria da "união": Behzad era comunista, mas a paixão xiita era semelhante à dele. E, em agosto, como um xiita, Behzad estava cobrando suas próprias injustiças: a revolução de Khomeini havia começado a se voltar contra os homens da esquerda.

Havíamos viajado juntos para a cidade santa de Qom, 160 quilômetros ao sul de Teerã. Havíamos encontrado estudantes de teologia; esperáramos para conhecer o juiz islâmico da revolução, o aiatolá Khalkhalli. No caminho de volta pelo deserto até Teerã, ouvíramos no rádio do carro que o jornal de esquerda que Behzad lia, o *Ayandegan*, havia sido fechado e suas oficinas ocupadas por Guardas Revolucionários.

Mais tarde, fomos até a cidade santa de Mashhad, no extremo nordeste, próximo à fronteira afegã. Voltamos de trem com a namorada de Behzad. Ela também era comunista, filha de uma família que outrora fora grande proprietária de terras. Durante a viagem, ela lera ostentosamente certo panfleto comunista local. E ela e Behzad jogaram cartas até que um Guarda Revolucionário entrara no compartimento e dissera a Behzad que o jogo de cartas estava proibido durante o mês do ramadã, e particularmente naquele dia de luto por Ali. Behzad depois se enfurecera. Não considerara o guarda como homem do povo; vira-o como um lacaio da classe opressora.

E ele encontraria mais problemas em sua volta a Teerã. Guardas Revolucionários haviam capturado a sede do grupo comunista de Behzad. Mais tarde, eu assistiria à cena: de um lado da rua movimentada, sacos de areia, metralhadoras, jovens, revolucionários islâmicos, em roupas de guerrilheiros; do outro lado da rua, os homens de esquerda, expulsos e desarmados, vestidos como estudantes ou trabalhadores urbanos, apenas esperando. E, naquela tarde, o próprio Behzad iria juntar-se aos que esperavam.

A imagem que eu levara era a de Behzad e sua namorada na plataforma da estação de trens de Teerã, após a viagem de uma noite inteira desde Mashhad. Os amigos da garota estavam esperando por ela; e ela e Behzad seguiram à minha frente. Ele era alto, magro, o corpo atlético devido à prática do esqui e do montanhismo. Ela era baixa, mancava de uma perna e tinha o quadril encolhido do lado daquela perna. Ela era a ousada — sem véu, deixando sobre o assento do trem o panfleto comunista com a capa virada para cima, para que todos no corredor pudessem ver a foice e o martelo vermelhos na capa amarela. Ele era o protetor, que se inclinava ligeiramente para ela quando caminhavam, mais feliz em sua companhia do que ela aparentava estar na companhia dele.

* * *

Behzad havia se mudado e estava ocupado com uma prova. Quando finalmente consegui falar com ele ao telefone e perguntei como ele estava, ele disse, entendendo minha preocupação: "Não se preocupe. Não me aconteceu nada".

No dia seguinte, dois dias antes de uma prova de seis horas de duração, ele chegou bem cedo ao hotel para me levar até o apartamento que ele estava dividindo com um amigo. Eu me lembrava de alguém infantil, alguém que dava risinhos nervosos no compartimento do trem e jogava um jogo simples de cartas com uma garota. O Behzad que foi ao meu encontro no saguão era um homem, e sério. Estava de paletó; em agosto, ele me dissera que não tinha um paletó. Parecia também ter mais cabelo.

"Você enrolou o cabelo, Behzad?"

"Ele sempre foi assim."

"Você parece mais velho."

"Eu tenho vinte e cinco. Não sou jovem."

Saímos e caminhamos na direção da avenida da República Islâmica, antiga avenida Xá.

Eu disse: "O pessoal do hotel parece bem mais feliz".

"Todo mundo começou a entender que a vida vai continuar."

"Acho que eles se acostumaram com sua liberdade."

"Liberdade para eles, talvez. Mas não para pessoas como nós. Terá de haver outra revolução."

Atravessamos a avenida, Behzad me conduzindo em meio ao trânsito, como o havia feito em agosto, e esperamos por um táxi de linha. Os que não estavam ocupados avançavam e nos abandonavam quando Behzad dizia ao motorista aonde queríamos ir. Estava frio; eu não tinha nenhum pulôver ou casaco. Estávamos parados na rua, a cerca de um metro do tráfego e, logo atrás de nós, estava um dos bueiros profundos de Teerã, agora com uma corrente de água lamacenta.

Eu disse: "Vamos voltar e apanhar um carro do hotel".

"É assim que as pessoas de Teerã viajam. Nós vamos conseguir um táxi."

Por fim, um dos táxis alaranjados parou. Uma mulher gorda de preto, que estivera esperando a alguns passos adiante de nós, moveu-se para entrar.

"Como nos sentaremos?", perguntei.

"Eu me sento ao lado dela."

Quando o táxi partiu, perguntei: "Como vai sua namorada?".

"Eu não a vejo mais. Aconteceu não muito depois que você partiu. Estive com ela apenas uma vez."

"Depois de Mashhad?"

"Desde que parei de encontrá-la. Ouvi dizer que ela tem um novo namorado agora."

"Mas por quê? O que aconteceu?"

"Foi decisão minha. Era uma questão de personalidades. Eram incompatíveis."

Estávamos no trânsito do começo da noite de Teerã. As lojas estavam iluminadas: um esplendor metropolitano. Oito anos antes, em Buenos Aires, uma cidade com a qual Teerã se parecia em determinados aspectos, um argentino me dissera com certa acidez durante a hora do rush: "Você poderia achar que estamos em um país desenvolvido". Eu pensava naquelas palavras agora, sentado ao lado de Behzad, sentindo sua nova seriedade, tentando olhar para a sua cidade com os seus olhos.

"Mas eu ainda a amo", disse ele, após algum tempo. "Ainda penso nela."

"Com que freqüência você pensa nela? Todo dia? Uma vez por semana?"

"Penso nela quando minha mente está limpa. Existe muita coisa agora. Mas eu penso nela."

Saltamos na rua chamada Felestin, Palestina, assim chamada por causa do escritório da Organização para a Libertação da Palestina. Era mais escura, mais silenciosa e havia plátanos dos dois lados da rua.

Perguntei: "Era política essa incompatibilidade de personalidades?".

"Tinha isso também. Eu queria começar alguma atividade política organizada. Ela não queria isso. Ela queria que continuássemos como estávamos, combatendo o regime onde quer que pudéssemos."

"Atividade guerrilheira? Efeito dramático?"

"Alguma coisa assim."

Fazia sentido: a revolucionária que era também filha do latifundiário, a mulher culta em um país muçulmano, a mulher que tinha muitos motivos para exagerar sua posição. Ela gostaria de procurar fogo.

"Mas não foi o que aconteceu entre nós", disse Behzad. "Politicamente não havia diferença entre nós. Você precisa entender que foi a coisa da personalidade."

Fizemos uma conversão para uma rua transversal e depois entramos num beco. Era uma área de prédios baixos de apartamentos. Os carros estavam estacionados encostados aos prédios. Estava silencioso e escuro, com poucos postes de luz na rua, e dos apartamentos com cortinas vinha uma luz fraca.

No escuro, Behzad disse, pensativo: "Acho que não conseguirei terminar meu curso. Se eu tivesse conseguido um emprego, já teria desistido. Mas não há emprego".

"Há quanto tempo você está fazendo esse curso?"

"Cinco anos."

"Quanto tempo falta para você terminar?"

"Um ano."

"Então por que desistir agora? Um ano não é nada."

"Mesmo se eu terminar, não haverá emprego."

"Mas nem sempre vai ser assim. O que quer que aconteça, seja qual for a atividade política que você estiver realizando, sempre será melhor para você ter uma qualificação definida."

"Sim, seria desperdiçar cinco anos."

Parecia algo que ele já havia ponderado muitas vezes.

Chegamos ao prédio de Behzad. Um apartamento em um andar superior estava aceso, as cortinas abertas, e havia som de música pop.

"Que tipo de área é esta, Behzad? Classe média?"

"Não, não. Estamos bem no centro de Teerã. Esta é uma área de classe alta. Não é estranho que eu esteja vivendo em uma área de classe alta?"

(Mas era estranho? O filho revolucionário de um professor provinciano; a universidade na capital; a namorada ou ex-namorada de uma família latifundiária; o círculo crescente de conhecidos, os contatos no exterior: Behzad não estava se movimentando na única direção em que poderia, se desejasse estar com pessoas como ele?)

Uma área de classe alta, mas o apartamento alugado tinha pouca mobília; e parecia um apartamento dividido por dois homens solteiros. Uma área de estar central, sugerindo — a despeito da mobília — espaço à espera de ser ocupado; uma vista rápida de um quarto — ou um quarto com uma cama — de um lado; a cozinha do outro lado. Uma escrivaninha, cheia de livros e trabalhos de Behzad esparramados, ficava no canto distante, próxima a uma pequena estante com volumosos manuais e dicionários. Não era acolhedor.

Da cozinha, aonde fora fazer chá, Behzad disse: "Houve uma greve e não tivemos óleo para aquecimento. Nenhum óleo no Irã. Ontem não houve aquecimento durante 24 horas. Agora está ligado".

Mas os aquecedores estavam frios. A música que ouvíramos no beco vinha diretamente do andar de cima, e em volume alto.

Behzad disse: "É um casal divorciado, e eles dão festas toda noite".

"Um casal divorciado?"

"Eles eram casados. Depois se divorciaram. Então, passaram a viver juntos novamente, e agora eles dão festas toda noite. Isso os distrai bastante." Saiu da cozinha e disse: "Tenho estado tão ocupado nesses últimos meses. Tem tanta coisa. Mas eu apenas penso e não faço nada. Não sei o que fazer".

"Você quer dizer atividade política?"

"É uma confusão! Eu passo tempo demais pensando no que fazer. Não se pode dizer que isso seja atividade política, mas é. Você precisa saber para onde está indo. Nada mudou aqui desde o xá, você sabe. Os trabalhadores e as classes mais baixas estão vivendo nas mesmas condições. Nada mudou para eles. Portanto, pela terceira vez neste século, o povo do Irã foi enganado. É nisso que eu penso todo dia. Isso às vezes me impede de estudar. Setenta anos atrás desejávamos nos livrar dos reis Qajar. Conseguimos uma constituição na época. Mas ela nunca foi aplicada. Essa foi a primeira vez em que fomos enganados. A segunda vez foi em 1953, quando queríamos nos livrar dos Pahlevis, que haviam substituído os Qajars. O golpe de estado americano estragou tudo. E agora, pela terceira, você vê o que está acontecendo. Uma revolução e, depois, nada. Khomeini é um pequeno-burguês. Eles vão começar o sistema todo de novo e vão chamá-lo de islâmico. Só isso."

Imaginei que eram pensamentos que ele repassara muitas vezes.

Eu disse: "É um modo estranho de definir Khomeini".

"Ele viveu duas vidas. Era o líder revolucionário contra o xá. Nunca devemos tirar isso dele. Nenhum dos jornalistas americanos que vieram aqui entendeu realmente Khomeini, sua grandeza como revolucionário. Mas ele viveu duas vidas, antes e depois da revolução."

"A chaleira está fervendo." Ela roncava na cozinha.

"Não está fervendo. Eu conheço aquela chaleira. Ela faz outro barulho quando está fervendo. No Irã e em países como o Irã, existem três classes, basicamente. A burguesia, a pequena burguesia e o proletariado. Em uma revolução democrática burguesa, a pequena burguesia pode ser revolucionária. Mas quando parece que o sistema do país será realmente alterado, essa classe, a pequena burguesia, resiste à revolução. Khomeini pertence a essa classe. Ele é um pequeno-burguês e não consegue aceitar o socialismo."

"Mas não era desse jeito que você sempre viu as coisas, Behzad? Quando Khomeini falava sobre tirania, fraternidade e igualdade, você não sabia que ele estava falando sobre o islã? O islã pode soar como uma ideologia política. Você não sabia disso?"

"As pessoas encontram maneiras diferentes para dizer o que querem. E por isso a pequena burguesia diz: 'Nós somos muçulmanos. O islã não é a favor do socialismo'."

"Não foi este o seu erro? Quando fomos para a assembléia de orações de Taleqani em agosto, você disse que aquela era uma ocasião política. Eu não vi assim."

"Talvez eu não pense assim agora. Mas eu disse aquilo porque a religião no mundo inteiro está morrendo. Há muita gente tentando mantê-la viva, mas não consegue. Mesmo os americanos agora estão tentando mantê-la viva, chegando e falando conosco sobre Alá. Mas eles não conseguem."

Ele resolveu que a chaleira estava fervendo e fui com ele até a pequena e desordenada cozinha de solteiros. Após ele preparar o chá, usou a chaleira de alumínio como um samovar, invertendo a tampa e apoiando o bule sobre ela — como eram freqüentes, no Irã, esses lembretes da proximidade da Rússia.

Bebemos o chá em copos.

"Para nós", disse Behzad, "agora não existe liberdade." Referia-se ao seu grupo. "Fecharam nosso jornal. Isso foi em agosto. Você se lembra de quando ouvimos a notícia ao voltar de Qom. Depois, eles tomaram nossa sede. Você se lembra da manhã em que voltamos de Mashhad? Alguns amigos de minha namorada — minha ex-namorada — vieram até a estação para encontrá-la. Contaram-lhe a notícia e a levaram com eles. De tarde, juntei-me à manifestação contra a ocupação do jornal."

"Foi quando fiquei preocupado com você."

"Aquela manifestação durou três dias. No terceiro dia, convocaram um ato público contra nós. Foi uma manifestação muito grande, muito poderosa. Não pudemos resistir. Eles nos derrotaram. E agora não podemos fazer nada."

"Mas os vendedores de livros do lado de fora da universidade estão cheios de literatura comunista. Ninguém parece estar impedindo isso. E existem todos aqueles cinemas exibindo filmes russos."

"Vender literatura comunista não é nada. Você pode ler e escrever o quanto você quiser. Mas não deixarão você fazer nada. Dois meses depois que nos expulsaram de nossa sede em Teerã, houve esse problema no Curdistão. Você leu a respeito? Khomeini apareceu na televisão e disse que o exército iria esmagar o movimento com todo o poder de que dispunha.

Enviaram tanques, helicópteros, canhões de 106 milímetros. Mataram pelo menos quinhentas pessoas. Depois, Khomeini disse que havia cometido um engano; fora mal informado sobre os acontecimentos naquele país. Você sabe das execuções que aconteceram lá? Quer ver fotos?"

"Não me mostre. Já vi demais essas imagens no Irã."

Ele não ouviu. Foi até o quarto — a música pop acima de nós estava diminuindo — e voltou com duas fotos e uma xerox de um panfleto em persa. As fotos não eram tão chocantes quanto eu temia. De fato, eu já as vira antes. Eram fotos oficiais: dez homens vendados aguardando execução pelos Guardas Revolucionários postados a alguns metros de distância. A cena fora fotografada duas vezes, uma vez da direita, de frente para os homens que seriam executados, outra da esquerda. Na segunda foto, um homem fora morto e estava no chão; a poucos metros de distância, estava o guarda agachado com a arma apontada: um ato pessoal, não havia nada de neutro naquela chacina. Igualmente comovente era a imagem de um dos homens vendados à direita: estava mantendo a cabeça erguida. Era um bom modo de morrer. Mas com que propósito? Tinha ele, pelo menos, servido sua causa?

Behzad disse: "As pessoas que você vê nessas fotos são pessoas de esquerda. Algumas foram executadas quatro horas depois de terem sido presas. Khomeini enviou Khalkhalli e ele prendeu todo mundo".

Khalkhalli, o juiz, o machado da revolução: o gordo e risonho camponês do Azerbaijão que nunca sentira dúvidas acerca de si mesmo, que, de menino pastor (não obstante nunca pensar em si mesmo como pobre), se elevara ao poder e matara Hoveyda, o primeiro-ministro do xá.

Eu disse: "Em agosto, você me disse que Khalkhalli era um palhaço, que ele não tinha poder nenhum". Mas isso fora em agosto, quando Behzad tinha sua própria idéia sobre o sentido que a revolução ainda poderia tomar.

"Eu estava enganado. Você se lembra de que ele lhe disse que tinha a arma com a qual Hoveyda foi morto. Sabe quem realmente matou Hoveyda? Foi um mulá, um desses homens de barba e turbante. Um jovem, nos seus trinta anos. Ele é conhecido."

As fotos da execução eram fotos oficiais, mas as cópias de Behzad eram documentos sagrados, talvez para ser futuramente colocadas em outro álbum iraniano de revolução e mártires. Nas fotos oficiais, os homens vendados eram anônimos, apenas rebeldes. Nas cópias de Behzad havia um numeral arábico sobre cada homem vendado: eram todos conhecidos. Eram pessoas de classe média, da cidade. E embora Behzad não me dissesse, eram (como descobri de outra fonte) da ala de seu grupo que optara pela atividade guerrilheira, filiando-se a diversos movimentos de minorias étnicas. Os líderes haviam passado para a clandestinidade; um deles era uma mulher.

Os amigos haviam morrido e — tendo rompido com a namorada — ele ficara em Teerã continuando seus estudos e ganhando o dinheiro que conseguisse ganhar. Desde outubro, Behzad se debatia em torno de sua própria inatividade.

Ele apontou para o panfleto persa. "Neste momento, existem 1500 prisioneiros políticos no Irã. Eu já disse: imprimir e vender literatura comunista não é nada."

O chá quente foi bem-vindo no apartamento frio. Behzad foi até a cozinha e encheu os copos novamente. Soltou os cubos de açúcar em seu chá e mexeu.

Eu disse: "Você não segura o açúcar na boca enquanto toma o chá?".

Ele sorriu. "Às vezes."

"Como era sua namorada, em termos intelectuais?"

Ele ficou calado. Parecia não haver entendido. Mas, em seguida, disse: "Ela era legal. Nos éramos legais, em todos os sentidos. Foi apenas o que eu já lhe disse: as personalidades".

"Você disse que a família dela era muito muçulmana."

"Apenas o irmão dela. Ele não gostava de mim. Ele é um homem de negócios. Mas não tinha nada contra mim. Apenas achava que eu era um chato, sempre interessado em política." Seu rosto se iluminou; sorriu. "Mas o pai dela gostava de mim. Acho que ele gostava bastante de mim." Apontou para o livrinho sobre a mesa baixa entre nós. "Você se lembra de que conversamos sobre esse homem?"

O livrinho era escrito em persa. Tinha uma foto de Stalin na capa e outra imagem de Stalin, um retrato a lápis em estilo realista russo, na folha de rosto. Eu havia visto o livrinho sem abri-lo: parecia-se muito com os livros e folhetos da avenida da Revolução, em frente à universidade.

"Onde este foi impresso?", perguntei.

"Tabriz." No Azerbaijão, no extremo noroeste.

"O que você acha dele agora?"

"Eu *adoro* ele!", disse Behzad. "Quanto mais leio sobre ele, mais gosto dele. Ele foi um dos maiores revolucionários. Você conhece o discurso dele no início da guerra?"

"1939 ou 1941?"

"Quando os alemães invadiram a Rússia."

"1941."

"'A mãe-pátria convoca...' Você conhece esse discurso?"

"Por que você diz que ele foi um dos maiores revolucionários?"

"Porque ele construiu o socialismo na Rússia. Foi a primeira revolução socialista no mundo, e foi a maior guinada na história humana. Talvez ele tenha cometido alguns erros. Mas eu posso dizer que ele foi o homem mais adequado para fazer o que ele fez. O que ele fez na Rússia nós precisamos fazer no Irã. Nós também temos de matar muita gente. Muita." Começou a sorrir, como se estivesse preocupado com o fato de que eu poderia achá-lo ridículo, sonhando, em seu desamparo atual, com tão grande tarefa. "Temos de matar *toda* a burguesia. Toda a burguesia da classe opressora." E ele sorria como havia sorrido quando disse que o pai de sua ex-namorada havia gostado dele.

Ele não poderia me acompanhar até a avenida da República Islâmica para apanhar um táxi de linha. Tinha de ficar com seus livros. Chamou um carro de aluguel para mim.

Ele disse: "Alguém está dando uma festa amanhã. Sei que minha ex-namorada vai estar lá. E a pessoa que está dando a festa me ligou para me convidar. Eu disse: 'Mas você sabe que eu não a vejo mais'. E ela disse: 'É por isso que estou convidando você'. O que acha disso?".

Deixei-o com seus livros e trabalhos. Seu trabalho de matemática estava em sua elegante escrita persa, com numerais ocidentais (ou arábicos, ou indianos). Diversos de seus manuais eram americanos. Ele fora nutrido por muitas civilizações; muita coisa contribuíra para fazer dele o que ele era. Mas agora, no que deveria ter sido o início de sua vida intelectual, ele — como os muçulmanos aos quais ele se opunha — havia se excluído.

Behzad e os outros estudantes do Irã — e os prováveis 300 mil estudantes iranianos no exterior — eram realmente todos filhos do xá, os primeiros frutos intelectuais do estado que o xá tentara construir. Mas eram novos demais, crus demais, sem o apoio de uma tradição intelectual; eram numerosos demais; e nem eles, nem o estado, haviam sido capazes de resistir.

O Royal Tehran Hilton, imponente no norte da cidade, e com neve no terreno, era agora o Tehran Hilton International. Em agosto, apenas deixara de ser "Royal". A palavra — em letras de estilo oriental — fora retirada da placa sobre o passeio e da parede de mármore da entrada; mas, em ambos os lugares, as letras em relevo haviam deixado uma impressão fantasmática. Já não era mais assim. A parede de mármore da entrada fora polida e combinava com o novo nome; e as chuvas do inverno haviam lavado a mancha de poeira da velha palavra da placa branca no passeio.

O hotel tinha uma nova abreviação. Mas THI fora grafada de modo a ficar tão parecida com a antiga RTH que levava algum tempo para perceber que os guardanapos de papel na cafeteria ainda eram "royal". Deviam fazer parte de um vasto estoque — como as notas da moeda corrente, cuja maioria ainda trazia a efígie do xá.

Em agosto, o Hilton parecera um lugar desolado. Agora, havia renascido. Ele anunciava um serviço rápido de lavanderia (uma hora). A camisa que eu entregara me foi devolvida na cafeteria (onde a porcelana era Rosenthal) meia hora depois, lavada, passada e embrulhada.

Behzad me dissera que os hoteleiros de Teerã haviam ficado receosos depois que alguns estudantes ocuparam um hotel famoso. As pessoas que haviam reclamado de quartos vazios começaram a mudar um pouco de quarto, acender luzes à noite nos quartos vazios e tentar sugerir — como faziam as pessoas em meu próprio hotel — que estava tudo bem com elas.

Mas a vida real chegara a hotéis como o Hilton, e fora trazida pelos jornalistas e equipes de televisão que haviam afluído em função da história da embaixada americana — as redes de televisão americanas haviam sido particularmente extravagantes. Era estranho: americanos mantidos reféns em uma parte da cidade, americanos mais do que bem-vindos em outras partes. E não apenas americanos: havia correspondentes japoneses, franceses e espanhóis. Alguns deles, os da imprensa escrita, haviam chegado por causa da história, que agora mal parecia evoluir. O pessoal das redes de televisão, como todos os seus auxiliares e equipamento, podiam chamar mais atenção do que os acontecimentos que eles noticiavam. Como o correspondente francês que vi certo dia, falando seu texto para a câmera bem em frente ao Intercontinental: para mim, que saía do hotel após o almoço do bufê, a cena era estranhamente inconseqüente.

O drama da embaixada capturada e dos reféns atrás do muro; um pano de fundo de montanhas cobertas de neve — e aqui, ao norte da cidade, as montanhas estavam bem perto, sem nenhuma névoa ou edifícios altos para bloquear a vista. O comprido muro da embaixada estava empastelado de slogans em persa e em inglês; e havia mais slogans em faixas de algodão, cinzentas e desbotadas após mais de três meses. A calçada estava isolada por cordas, amarradas de um tronco de árvore a outro, e jovens armados, trajando calças cáquis, botas pretas e jaquetas acolchoadas também cáquis, guardavam cada portão. Do lado de fora do portão principal, o cordão da calçada dava lugar a uma plataforma de aços tubulares, montada, segundo parecia, menos por segurança do que como forma de controle da multidão.

No primeiro dia em que fui até lá, no crepúsculo, hora das orações, havia um pequeno grupo de manifestantes, entoando respostas a um líder, exatamente como poderiam ter respondido ao mulá de uma mesquita; e as respostas se misturavam aos sons de uma transmissão, em muitos aparelhos de rádio, que chamava para as orações de fato. Os guardas permaneciam sérios em face do tributo indireto da pequena multidão. Nuvens do entardecer se formavam no céu frio; a luz da noite caía sobre as montanhas cobertas de neve. A manifestação, como as orações do rádio, terminava. A multidão conversava e tomava chá.

Exceto pela loja de artesanato do governo, que, curiosamente, estava fazendo uma venda promocional de uma semana, as lojas do outro lado da rua pareciam ter fechado, e algumas janelas estavam tapadas com massa ou tinta do lado de dentro. Na calçada daquele lado da rua, e sobre parte da própria rua, havia uma atmosfera de feira: bancas de livros, barracas de comida (principalmente roscas), barracas de chá (saquinhos de chá imersos em copos com água quente).

Além do palanque no portão principal, o muro da embaixada tinha, pendurado, um painel revestido de isopor exibindo fotos de revoluções e atrocidades: Vietnã, África, Nicarágua: as causas do final do século XX a que os estudantes muçulmanos desejavam vincular a sua própria. Havia sacos de areia em um canto do muro da embaixada e o beco que saía daquele lado do terreno da embaixada estava barrado e vigiado.

Do outro lado do beco, havia outra banca de livros e, depois, uma banca de quadros: novamente a beleza das lágrimas, lágrimas inexplicáveis rolando pela face de belas mulheres e crianças inocentes. Mas esse sentimentalismo persa, o outro lado da misantropia xiita, servia aqui à revolução: um quadro, todo em marrom, retratava uma criança chorando, maltrapilha, olhos encharcados de lágrimas, as bainhas da camisa puídas, paletó rasgado no cotovelo, apoiando a mãozinha no ombro de Khomeini. Ele, Khomeini, o cenho franzido, parecia olhar para além da criança; era como um homem meditando a vingança. Era uma imagem poderosa. Uma mulher de meia-idade, usando um xador negro, vislumbrando a imagem na semi-escuridão, estremecia, e colocava sua mão sobre o lado esquerdo do peito.

O serviço de televisão terminou naquela noite com um estudo de câmera de cinco minutos, sem comentários, de Khomeini repousando em seu quarto no hospital de Teerã, após seu ataque cardíaco. Estava sentado em uma cadeira preguiçosa; as pernas e os pés estavam cobertos por um cobertor amarelo. A câmera movia-se lentamente do homem para o seu leito e a mobília simples do quarto e voltava para o homem. Numa passagem, a câmera parou em sua mão esquerda: dedos longos, a pele extraordinariamente lisa para um homem de oitenta anos. Por uma ou duas vezes, o dedo mínimo se ergueu, como se involuntariamente, e depois baixou de novo. Não houve nenhum outro movimento nele durante os cinco minutos desse estudo de câmera, nenhum sinal de emoção. Ele não era um homem meditando vingança; era um homem cujo trabalho estava concluído. E o tempo inteiro, ao fundo, um coro masculino entoava um canto de três palavras: "*Khomeini e Imam! Khomeini e Imam!*" [Khomeini é o imã]. O governante acima de todos os demais, o representante do encoberto décimo segundo imã, o regente de Deus.

Na segunda vez que passei pela embaixada americana, havia uma multidão menor e nenhuma manifestação. Em uma barraca verde, não muito distante do portão principal, um jovem e uma jovem em trajes militares acolchoados estavam vendendo grandes cartazes em quatro cores: as mãos do povo iraniano em volta da garganta do presidente Carter, a boca do presidente escancarada regurgitando um pequeno xá, inclinando-se para fora da boca do presidente com um saco de dinheiro em cada uma das mãos suspensas.

Um fotógrafo estrangeiro, alto, numa jaqueta de couro marrom, com seu equipamento pendurado no ombro, estava conversando com um guarda no portão principal, aparentemente suplicando para entrar. O portão se abriu, mas foi apenas para deixar outro guarda entrar. Nenhum drama, nada mais para ver.

Outra coisa aconteceu, em meu caminho de volta para o hotel. Na avenida da Revolução, uma esquina depois, em uma área de lojas outrora elegantes, parte da grande cidade de classe média criada pelo xá no norte de Teerã, um garoto estava sentado na calçada não muito longe dos sacos plásticos do lixo das lojas. Ele acendera uma fogueira no meio da calçada, usando lixo dos sacos.

A fogueira era recente. Fagulhas e papel em chamas voavam sobre os passantes. O garoto, que tinha cerca de dez anos, sentou-se bem defronte ao fogo. Mas não estava se aquecendo. Com uma expressão de raiva, estava rasgando a camisa; e já estava despido da cintura para cima. Estava muito frio; o vento soprava. O garoto, quase sentado em sua fogueira, com duas caixas de fósforos ao seu lado, não parava de rasgar a camisa; e as pessoas que haviam parado continuaram a caminhar. Um corcunda, mentalmente deficiente, saindo da multidão da calçada, caminhou em volta do garoto e da fogueira, as mãos suspensas, a boca escancarada; e continuou a caminhar, descoordenado.

Uma fogueira no meio da multidão da hora do rush: um sinal de perturbação, mas não houve ninguém capaz de reagir. Era apenas nos quadros que as lágrimas das crianças eram belas. A histeria dessa criança, levada ao ponto de ruptura, teria correspondido ao humor de muitos dos que passavam; e era, além disso, assustadora.

Era assustadora para mim, também. E, sem a língua, eu podia fazer menos ainda do que as pessoas que, a princípio, haviam parado para conversar com o garoto. Continuei a seguir pela Revolução, que se tornava Hafiz, evitando o tráfego nas ruas transversais (uma delas, antiga França, agora rebatizada como Neauphle-le-Château, em homenagem à cidade francesa da qual Khomeini, no exílio, dirigia a revolução). Passei pelo longo muro de tijolo da embaixada russa (algo parecido com uma caixa-d'água estava sendo instalado no topo de um moderno bloco de apartamentos: os prédios de embaixadas das potências do século XIX, Grã-Bretanha, Rússia, França,

Turquia, ocupam grandes nacos do centro de Teerã); e, por fim, após as butiques e lojas, a oficina de máquinas de escrever, a livraria francesa e a loja com um grande estoque de produtos elétricos (uma garotinha, envolta em um xador de algodão florido, estava sentada na entrada e vendia goma de mascar tirada de uma pequena caixa), cheguei — agora na sombra do enorme viaduto cujos pilares avançavam pelo meio da avenida Hafiz, muito revirada por buracos de obras — ao meu hotel, atrás de seu próprio muro alto.

Se eu tivesse seguido meu plano original, se não tivesse sido desviado pelo garoto com a fogueira, eu teria seguido pela avenida da Revolução até a Universidade de Teerã. E ali teria deparado com o grande evento do dia. Sessenta mil estudantes *mujahidin* haviam se reunido no terreno da universidade. Os *mujahidin*, "soldados da fé", eram muçulmanos, mas também eram de esquerda, e por esse motivo não eram aceitos por todo mundo. Elementos da multidão da rua Teerã, "o povo", haviam atacado violentamente os *mujahidin*, e houvera brigas de paus, facas e pedras. Trinta e nove pessoas ficaram feridas.

Nem uma ondulação sequer desse grande distúrbio ocorrido a apenas uma curta caminhada de distância atingira o hotel. E se eu não tivesse ouvido a seu respeito mais tarde naquela noite, por meio de um correspondente estrangeiro, talvez nunca tivesse ficado sabendo. O dia seguinte era sexta-feira, o sabá, e o jornal de língua inglesa, o *Tehran Times*, não era publicado naquele dia.

Um ano depois da revolução, Teerã ainda estava à deriva. Todo mundo estava livre; todos estavam esperando; todos estavam nervosos. A cidade podia parecer estar sem acontecimentos. Mas era um campo de batalha, cheio de guerras particulares.

O drama — da embaixada americana — que trouxera centenas de jornalistas a Teerã havia, ironicamente, esfacelado a imprensa local de língua inglesa. Onde estava *The Message of Peace*, tão combativo em agosto, tão cheio da retidão da fé e da improbidade de tudo o mais? E por que o *Iran Week* (com a tipologia da capa igual à da *Newsweek*) — com os novos escritórios e as pessoas lá dentro um pouco vaidosas por sua revolução — era tão difícil de ser encontrado? *The Iranian* (semelhante ao *New Statesman*) era considerado o melhor semanário, mas descobri que a edição que comprei era a última. A decisão de fechar deve ter sido tomada às pressas: a contracapa pedia contribuições, a meia coluna do editorial se despedia.

O jornal diário, *Tehran Times*, havia encolhido. Agora tinha quatro páginas, uma única folha dobrada. Em agosto, tinha sido um jornal de oito páginas, promissor em termos de anúncios, redatores e matérias religiosas. Tinha sido um jornal da revolução e da fé. A redação era movimentada; havia até alguns europeus ou americanos dando uma força (um americano, supostamente convertido ao xiismo, mais xiita do que todos os demais). O sr. Parvez, o editor, ocupado com suas provas de composição, havia pensado, quando fui vê-lo, que eu desejava um emprego. E, gentil como era, parecia disposto a me contratar.

Nenhum erro desse tipo podia agora ser cometido. Não havia mais aquela atividade. O sr. Parvez não estava sentado diante de uma mesa cheia de provas esparramadas. Estava caminhando pela sala vazia, desanimado. Não se lembrava de mim, mas pareceu contente por ver alguém, contente por conversar. Sentou-se à sua escrivaninha e convidou-me a sentar sobre ela.

As coisas estavam ruins, disse o sr. Parvez, muito ruins. Desde que os estudantes haviam tomado a embaixada, muitas firmas estrangeiras haviam fechado. Ele perdera anúncios e leitores. A circulação do jornal era agora de apenas 13 mil exemplares, e ele não estava sequer recuperando seus custos de impressão. Perdia 300 dólares com cada edição. De forma que, para ele e seus sócios no negócio, a sexta-feira, o sabá, quando o jornal não era publicado, era realmente um dia de descanso.

Eu disse: "Por que você não suspende a publicação até que os tempos voltem ao normal?".

"Não, não! Eu digo que se perdermos *uma* só edição..."

Ele não concluiu a frase. Falar de desastre era trazer o desastre para mais perto.

Ele estava com quarenta e nove anos. Em agosto, eu entendera ele dizer que era um iraniano da Índia. Agora, sob menor pressão profissional, mais nostálgico, disse que era do Bhopal, na Índia central. Começara sua carreira literária naquele país como poeta, escrevendo em urdu, a língua meio persa, meio indiana, particularmente cara aos muçulmanos indianos. Parvez era seu pseudônimo daquele período indiano. No Irã, onde se naturalizara, voltou-se para o jornalismo em língua inglesa. Todo o dinheiro que ganhara em empreendimentos anteriores investira, depois da revolução, no *Tehran Times*. Não recuperara nada daquele dinheiro até agora. “Não vi nem um único rial.” Fracassar agora seria perder tudo.

“Tomaremos dinheiro emprestado, encontraremos dinheiro em algum lugar e continuaremos até o Ano-Novo.”

O Ano-Novo iraniano, na terceira semana de março, cinco semanas pela frente: era a data mágica a que muitos se referiam em Teerã. Nesse bom dia, segundo se achava, as coisas poderiam mudar. Alguma coisa poderia dar certo e os reféns americanos poderiam ser libertados e o país começar novamente. A revolução na revolução havia deixado o país prostrado. Os estudantes que estavam mantendo os reféns presos haviam se guiado por seus próprios princípios. Chamavam a si mesmos de “Estudantes Muçulmanos Seguidores da Linha do Aiatolá Khomeini”, mas não havia quem os controlasse ou controlasse o que poderiam fazer. Eram críticos em relação a todos; estavam utilizando documentos da embaixada para fazer “revelações” sobre todos; haviam feito “revelações” até sobre o *Tehran Times*.

O sr. Parvez disse: “Eles podem manter os reféns durante um ano”. Sua voz ia ficando muito fraca. “Os reféns podem até ser mortos.”

Ficou sentado em silêncio em sua cadeira. Mas seu rosto, nem sempre voltado para mim, estremecia com pequenos movimentos nervosos: as sobrancelhas grisalhas, os olhos, os cantos da boca. Ele falava em tom baixo, a surpresa sempre presente em sua voz, como se, de um minuto para o outro, despertasse novamente para a sua calamidade.

Ele disse: "Estávamos planejando aumentar para doze páginas. Tivemos uma reunião em outubro. A partir de primeiro de janeiro, iríamos ter doze páginas. Daí, aconteceu isto".

Os cartazes ainda estavam nas janelas que davam para a rua: TODO MUNDO ESTÁ LENDO O TEHRAN TIMES. PROCURE-O A QUALQUER HORA E LUGAR. TEMOS NOVIDADES PARA VOCÊ.

As máquinas de escrever ainda estavam descobertas sobre as escrivaninhas vazias. No outro lado da sala estava a máquina de escrever na qual o sr. Jaffrey trabalhava em agosto. Foi para o sr. Jaffrey que o sr. Parvez me passara quando entendeu que eu apenas desejava conversar com alguém. E o sr. Jaffrey, embora com uma coluna pela metade em sua máquina, concedera-me um pouco do seu tempo.

"Como está o senhor Jaffrey?"

"Tive de deixá-lo partir. Tive de deixar todos partir. Nós éramos vinte aqui."

Como o sr. Parvez, o sr. Jaffrey era um xiita da Índia. Migrara para o Paquistão antes de vir para o Irã, o coração do xiismo. Foi o sr. Jaffrey quem me introduzira na lógica bizarra da ressurreição islâmica — para mim, tão bizarra ao final de minha jornada quanto o fora no início. Falando das injustiças do Irã, o sr. Jaffrey dissera que havia começado a sentir, ainda no tempo do xá, que "o islã era a resposta". Isso me intrigara. A afirmação religiosa como resposta a problemas políticos? Por que não trabalhar por salários justos e a soberania da lei? Por que trabalhar pelo islã e a totalidade da crença?

Entretanto, o sr. Jaffrey havia revelado seus anseios mais fundos, os anseios que residiam abaixo de sua queixa original, política. Como muçulmano e xiita, disse ele, sempre esperara pela *jamé towhidi*; e traduzira isso como "a sociedade dos fiéis".

Essa sociedade chegara ao Irã: êxtase na posse de um verdadeiro imã, assembléias de orações em massa, a perfeição da união islâmica. Mas dessa sociedade não surgiram lei nem instituições; essas coisas estavam tão distantes como sempre estiveram. Essa sociedade trouxera anarquia, histeria e esse escritório vazio. E agora a máquina de escrever do sr. Jaffrey, da qual saíram matérias islâmicas, estava parada: descoberta, empurrada para um lado da mesa vazia. (Nenhum office-boy agora trazia um prato de ovos fritos até a mesa do atormentado jornalista.) Aquela máquina de escrever, o escritório moderno, o equipamento de impressão, anunciantes, distribuidores, leitores: isso exigia a sociedade complexa, "materialista" — da qual, sem saber, o sr. Jaffrey fazia parte. Essa sociedade complexa tinha suas próprias regras rígidas. Exigia mais do que a fé; exigia algo além da fé.

Perguntei ao sr. Parvez: "A situação agora está difícil para o senhor Jaffrey?".

"Está difícil para ele. Está difícil para todo mundo."

"A máquina de escrever dele ainda está lá."

O sr. Parvez considerou o escritório. Suas pálpebras tremeram. Disse, com a voz entrecortada: "Aquela... aquela era uma área especial". Com um balanço lento, indiano, da cabeça, disse, falando como se tivesse uma antiga e doce recordação, algo que poderia ter sido tema de seus versos em urdu: "Costumava ser nossa seção financeira. E aquela" — a sala às suas costas — "era a nossa sala dos repórteres. Agora somos apenas dois".

"Quem escreve os editoriais?"

"Eu os escrevo."

"São ótimos." E, no campo minado iraniano, eram mesmo.

"Eu não consigo me concentrar. Os problemas financeiros são grandes demais, complicados demais."

"É aí que você necessita de sua fé."

Mas depois de três meses, ele estava esgotado. Todo dia, desde que a embaixada fora capturada, havia alguma declaração ou incidente que o encorajava a pensar que a crise estivesse perto do fim; todo dia essa esperança se frustrava. E havia também problemas familiares. Ele tinha um filho que estava estudando nos Estados Unidos; felizmente, o rapaz escrevera que no momento ainda não precisava de dinheiro. Outro filho estivera prestes a obter um visto de estudante para os Estados Unidos quando a embaixada foi tomada.

Eu disse: "Senhor Parvez, o senhor é um bom muçulmano e um bom xiita. Seu jornal costumava ter muitas críticas às civilizações materialistas. Por que seus filhos estão estudando nos Estados Unidos?".

Não era o momento para insistir na pergunta. Ele estava angustiado demais. Referindo-se ao segundo filho, o que não conseguira o visto, ele disse: "É o futuro dele. Ele está estudando engenharia de computação. E a Inglaterra... é caro".

Portanto, no fundo, ele estava dividido. Uma parte dele era favorável à fé, e se opunha a tudo que era exterior a ela; em um mundo cada vez mais estranho, ele desejava continuar fiel a si mesmo enquanto fosse possível. Outra parte dele reconhecia o mundo exterior como supremo, parte do futuro de seus filhos. Era nessa divisão da mente — tanto quanto nos excessos do xá — que se iniciara a revolução islâmica no Irã. E era nela que ela estava terminando.

No *Tehran Times* do dia seguinte, havia uma entrevista com um muçulmano indiano visitante. Os não-muçulmanos, dizia o visitante, sempre se impressionavam com "o sistema abrangente do islã" quando este lhes era descrito; entretanto, sempre perguntavam em que país o sistema era praticado. "A resposta a essa importante pergunta pode ser mais bem oferecida pelo Irã", dizia o *Tehran Times*, citando as palavras do visitante, "porque a nação iraniana iniciou o único e mais corajoso movimento revolucionário na história da humanidade para estabelecer o governo do islã."

Ainda palavras elevadas; mas, no Irã e em outros lugares, os homens teriam de fazer as pazes com o mundo que eles sabiam existir para além da fé.

A vida que chegara ao islã não viera de dentro. Viera de acontecimentos e circunstâncias exteriores, a propagação da civilização universal. Era o final do século XX que tornara o islã revolucionário, dera novo sentido a antigas idéias islâmicas de igualdade e união, abalara sociedades estáticas ou atrasadas. Era o final do século XX — e não a fé — que poderia fornecer as respostas — em instituições, legislação, sistemas econômicos. E, paradoxalmente, a partir do renascimento islâmico, do fundamentalismo islâmico, que parecia olhar para trás, continuaria a persistir, em diversos países muçulmanos, com toda a carga emocional derivada do Profeta, a idéia da revolução moderna. Behzad, o comunista (para quem a revolução russa, e não a iraniana, foi "a maior guinada na história"), era mais fruto do islã do que ele admitia. E agora, cada vez mais, nos países islâmicos haveria os Behzads que, em uma inversão da paixão islâmica, teriam a visão de uma sociedade limpa e purificada, uma sociedade de fiéis.

*Agosto de 1979-fevereiro de 1981*

ESTA OBRA FOI COMPOSTA PELA HELVÉTICA EDITORIAL EM GARAMOND E IMPRESSA PELA PROL EDITORA GRÁFICA EM OFF-SET SOBRE PAPEL PÓLEN SOFT DA COMPANHIA SUZANO PARA A EDITORA SCHWARCZ EM JUNHO DE 1999.